HEYNE
BÜCHER

ESOTERISCHES
WISSEN

Rüdiger Dahlke

Reisen nach Innen

Geführte Meditationen
auf dem Weg zu sich selbst

WILHELM HEYNE VERLAG
MÜNCHEN

HEYNE ESOTERISCHES WISSEN
Herausgegeben von Michael Görden
Nr. 08/9718

Umwelthinweis:
Dieses Buch wurde auf
chlor- und säurefreiem Papier gedruckt.

Inhalt

Für Anregungen und Unterstützung danke ich meiner Frau Margit, Robert Stargalla und Josef Hien.

EINLEITUNG

Das Thema Meditation hat in den letzten Jahrzehnten auch im Westen jene Popularität erlangt, die es im Osten schon immer hatte. Während die Grundmaximen der westlichen Leistungsgesellschaft ihren Siegeszug im Osten antraten, kam im Gegenzug eine wahre Flut von östlichen Meditationspraktiken zu uns. Wo wir Entwicklungshelfer für technisches Know-How in die »unterentwickelte Welt« sandten, kamen von dort Gurus, um uns Meditation und vor allem Lebensphilosophie zu vermitteln. Daß der Westen, so wie er Technik exportiert, anfangs auch nur Meditationstechnik importieren wollte, darf nicht verwundern. Nach unserem, von männlichem Denken geprägten Weltverständnis läßt sich mit der richtigen Technik alles in den Griff bekommen. Einige der Gurus paßten sich dieser dem Osten an sich fremden Haltung an und boten tatsächlich Meditationen als reine Techniken an, wohl in dem Wissen, daß die Praxis der Meditation ganz von selbst die Lebenseinstellung beeinflußt und auf die Dauer nach einer Philosophie verlangt.

Unsere Erfolge im Westen beruhen auf dem funktionalen Denken der linken Gehirnhälfte, die mit ihrer Macherpolitik Enormes geleistet hat und dem biblischen Auftrag, sich die Erde untertan zu machen, erschreckend nahe gekommen ist. Für die Verfechter der Fortschrittsideologie verblüffend, hat aber der beeindruckende Fortschritt die Menschen nicht glücklicher und zufriedener gemacht. Im Gegenteil, das Anspruchsniveau stieg mit den Errungenschaften und schafft Leid bei denen, die mit dem rasanten Tempo nicht Schritt halten und sich nicht alles leisten können. Mit der Zeit wuchs selbst bei den Vorreitern des Fortschritts ein Gefühl, daß etwas fehlte in dem äußerlich so perfekten System. Der männliche Pol erwies sich zunehmend als eine Seite der Medaille, deren Fehler in der fehlenden weiblichen Seite immer offenkundiger wurden. So-

funktional anters Macherpolitik

11

gar Spitzenvertreter der Industriegesellschaft erkennen inzwischen, daß mit noch so vernünftigen und hochintelligenten, aber staubtrockenen Analytikern die kommenden Aufgaben nicht zu bewältigen sind. Die Industrie schickt ihre Manager zunehmend auf Selbsterfahrungs- und Meditationsseminare. Dort lernen sie dann wieder – ihrer inneren Haltung entsprechend mühsam und ihrer Wichtigkeit entsprechend für teures Geld –, was jedes Kind noch kann: phantasieren und träumen, kreativ spielen und meditieren.

Bei genauerer Betrachtung fällt auf, daß viele der wirklichen Errungenschaften der Machergesellschaft von Menschen beigesteuert wurden, denen der weibliche Pol mit seinem ganzheitlichen Denken in Mustern und Bildern sehr nahe lag. So ließ Albert Einstein keinen Zweifel daran, daß seine bahnbrechenden Erkenntnisse, die einem neuen Weltbild Vorschub leisteten, ganz wesentlich seiner Intuition und damit gerade nicht seinen analytischen Fähigkeiten zu verdanken seien. Watson und Crick, die Entdecker der DNS-Struktur, jener Doppelspirale, die unser Erbgut birgt, enthüllen in einem Buch, welch große Rolle der weibliche Pol bei ihrem Durchbruch gespielt hatte. Zwischen Urlaub, Alltagsproblemen und zwanglosem Herumspielen mit Modellen fiel ihnen gleichsam nebenbei der Schlüssel zum genetischen Code allen Lebens zu. Hier liegt wohl auch das Geheimnis, daß gerade diese beiden – damals jungen Forscher – das Rennen für sich entschieden, obwohl viele altgediente Wissenschaftler mit mehr Fleiß und Kopfzerbrechen schon viel länger über dem Problem gebrütet hatten. Geradezu sprichwörtlich wurde Kekules Suche nach der Benzolformel, dem zur damaligen Zeit größten Geheimnis der organischen Chemie. Im Traum soll er eine Schlange gesehen haben, die sich in den eigenen Schwanz biß.[1] Beim Aufwachen wußte er dann, daß es sich um eine Ringstruktur handeln mußte.

Den Seinen gibt's der Herr im Schlaf weiß das Sprichwort, und ganz offensichtlich bedient Er sich dabei nicht des Umweges über den Intellekt. Die alte Medizin kannte den Tempel-

Den Seinen gibt's der Herr im Schlaf

schlaf, bei dem Asklepios, der Gott der Heilung, den Heilsuchenden im Traum erschien und auf diesem Weg mitteilte, was ihnen fehlte. Die Medizin der Antike verfügte über wenig mehr als eben diesen Zugang zu den inneren Bilderwelten. Allein damit aber konnte sie den damaligen Menschen so weitgehend helfen, daß diese jedenfalls zufriedener mit ihrer Medizin waren als die heutigen Patienten mit unserer hochmodernen High-Tech-Medizin, die so vieles *machen* kann und dabei so vieles offen läßt.

Auch aus der Geschichte wissen wir, daß herausragende Menschen sich auch auf andere als intellektuelle Erkenntnisse verließen. Von Richelieu ist bekannt, daß er sich vor allen wichtigen Entscheidungen erst einmal eine Stunde aufs Ohr legte. So verschloß er es und damit sich für die äußere Welt und ihre Ratschläge und Argumente und hörte nach innen. Der Volksmund weiß von der Nützlichkeit, große Entscheidungen noch einmal zu überschlafen. Vom englischen Seehelden Sir Francis Drake wird berichtet, er habe sich angesichts der Bedrohung durch die spanische Armada erst einmal schlafen gelegt. Als die feindliche Flotte in Sichtweite kam, habe er zwar das Bett verlassen, aber noch auf einer Partie Boule mit seinen vor Nervosität vergehenden Admiralen bestanden. Dann erst ging er an Bord und schlug mit der viel kleineren englischen Flotte den übermächtigen Gegner vernichtend.

Selbst moderne wissenschaftliche Forschung kann inzwischen belegen, wie sehr der Mensch auf innere Bilder und Stimmen und damit auf den weiblichen Pol angewiesen ist. In Schlaflabors wurde experimentell nachgewiesen, daß wir ohne nächtliche Traumbilder schwer erkranken. Bei entsprechenden Versuchen legen sich gesunde Menschen im Labor mit zwei Klebeelektroden in den äußeren Augenwinkeln schlafen. Sobald sie eine Traumphase erreichen, was typische schnelle Augenbewegungen[2] auslöst, werden sie geweckt. Die Versuchspersonen erreichen so ihre normale Schlafzeit, ohne zu träumen und fühlen sich nach einer solchen Nacht meist wie gerädert. Nach einigen Nächten fangen sie an, tagsüber mit offenen Augen Traumbilder zu sehen, die außer ihnen natürlich niemand wahrnehmen kann. Das aber erfüllt aus der Sicht der Psychiatrie bereits den Tatbestand einer optischen Halluzination. Beginnen sie Stimmen zu hören, spricht man von akustischen Halluzinationen. Damit aber befinden wir uns bereits auf psychiatrischem Terrain, denn Halluzinationen gehören zu den sichersten Anzeichen von Psychosen.

Die nächtlichen inneren Bilder sind also notwendig, um unser Leben zu bewältigen, ob wir sie nun bewußt wahrnehmen oder nicht. Daß so viele moderne Menschen ihre Träume nicht mehr erinnern, ist ein weiteres Zeichen für unsere Entfremdung von der weiblichen Seite der Wirklichkeit. Einer überwiegend vom männlichen Pol bestimmten Welt erscheint das »Fehlen« von Träumen kaum noch der Rede wert. Ein Indianer wäre ohne Erinnerung an seine Träume in einer grauenhaften Situation. Wie sollte er Visionen erlangen, die seinem Leben Sinn geben? Wir dagegen haben uns so daran gewöhnt, ohne Vision auszukommen, daß wir sogar Politiker zu unseren Häuptlingen wählen, die gar nicht wissen, was Visionen sind, geschweige denn, wie man sie erlangt.

In Afrika gab es bis in dieses Jahrhundert einen Stamm, der die Träume in den Mittelpunkt des Lebens stellte. So wie wir die Nacht benutzen, um uns für den nächsten Tag zu regenerieren, nutzten die Senoi den Tag, um sich auf die Nacht vorzubereiten. Sie war ihnen als Möglichkeit, auf den Schwingen der Träume Kontakt zu Göttern und Ahnen herzustellen, weit wichtiger als der in äußerlicher Geschäftigkeit vergehende Tag. Mit ihrer Ausrichtung auf den weiblichen Pol der Wirklichkeit sollen die Senoi über die Maßen friedliche und zufriedene Menschen gewesen sein.

Wir modernen Menschen dagegen erwarten zwar einiges von der weiblichen Seite, ohne aber bereit zu sein, ihr entsprechende Beachtung zu schenken. Was die Nacht, die weibliche Seite des 24-Stunden-Tages, angeht, wird das sehr deutlich. Am liebsten fallen wir abends müde ins Bett, schlafen sofort ein und wachen am Morgen erfrischt und ohne unangenehme

Erinnerungen an die Nacht wieder auf. Kommt der weibliche Pol wieder zum Leben, zum Beispiel während einer Fastenzeit, beschwert man sich bereits über die unruhigen, von Traumfetzen gestörten Nächte.

Erfahrungen archaischer Kulturen und moderne Experimente veranschaulichen Macht und Notwendigkeit innerer Bilder und damit der weiblichen Seite. Wir können die eine Hälfte der Wirklichkeit nicht aus der Welt schaffen, sondern höchstens ignorieren und beseitigen, was bedeutet, sie auf die Seite zu schieben. Aber auch dort bleibt sie wirksam, und so erleben wir den weiblichen Pol in modernen Gesellschaften vielfach von seiner unerlöstesten Seite. Das in den letzten Jahrzehnten aufkeimende Interesse an Meditation und esoterischer Philosophie bietet die Chance, hier auf eine bewußtere und damit weniger leidvolle Ebene vorzustoßen.

TEIL 1

Sich auf's Ohr legen
die äußere Welt zum Schweigen
bringen
Meditieren – Maß finden
Mitte alles kommt von ihr
u. kehrt zurück

Der Anspruch von Meditation

Die Auseinandersetzung mit dem weiblichen Pol führt fast zwangsläufig ins Reich der Bilder, das eng mit dem weiblichen Weltverständnis verbunden ist. Meditation zielt in letzter Konsequenz sogar noch über diesen Bereich hinaus auf die Mitte. Schon das Wort Meditation birgt diesen Anspruch in sich. Wie auch im Wort *Medizin* steckt das Lateinische »mederi[3] – messen, das rechte Maß finden« darin, das wiederum eng mit dem Begriff Mitte verbunden ist. Die Mitte im Mandala[4] verdeutlicht dieses Ziel aller Entwicklung am klarsten. Der Mittelpunkt hat zwar keine Ausdehnung, enthält aber doch alles: Alles kommt aus ihm und alles kehrt in ihn zurück. So ist er auch Ausdruck der Einheit in unserer polaren Welt. Wer sich auf den Entwicklungsweg macht, steuert auf dieses Ziel zu und ist damit fast zwangsläufig auf einem meditativen Weg.

An diesem Punkt mag schon deutlich werden, daß Meditation im Gegensatz zu einem im Westen verbreiteten Vorurteil nicht zwingend schön und angenehm sein muß. Wer sich auf diesen Pfad begibt und sich auch nur zu einer einzigen Meditation niedersetzt, kann grundsätzlich mit zweierlei rechnen: entweder er wird eins mit der Mitte und damit erleuchtet oder er erlebt, was seiner Erleuchtung im Wege steht, ihn von der Einheit trennt. In der Praxis wird letzteres häufiger der Fall sein und naturgemäß sogar viel mit eigenen Schattenseiten zu tun haben. Dabei ist es ganz egal, nach welcher Methode meditiert wird. Die Mitte, das Ein-und-Alles, kennt keine Ausnahmen und Fehler als Ausdruck von Fehlendem mehr. Hier ist alles bewußt und existenzberechtigt. Hier hat die Welt der Polarität, in der alles seinen Gegensatz braucht, aufgehört.

Es gibt viele Methoden, die zu diesem Ziel der Befreiung führen können und noch mehr, die dies versprechen. Erleuch-

Was trennt mich von der Einheit?

tungserlebnisse werden aus allen Kulturen und Traditionen berichtet und mit entsprechend vielfältigen Namen bezeichnet. Sie können sich auch bei alltäglichen Beschäftigungen, beim Musizieren oder Sporttreiben ereignen und sind nicht auf Meditationen beschränkt. Das Fernziel ist in allen Traditionen, diesen Zustand auch im Alltag und sogar in der Nacht aufrechtzuerhalten. Will man aus der Vielzahl der zur Befreiung verwendeten Techniken die besten Elemente heraussuchen und zu einer noch wirksameren Methode zusammenfügen, wie es dem westlichen Denken durchaus entsprechen würde, findet man bei der Analyse wenig Verbindendes. Die Methoden sind zum größten Teil grundverschieden, lediglich die Erleuchtungserlebnisse zeigen wieder verblüffende Übereinstimmung. Ob die Erleuchtung durch eiserne Disziplin gefördert wird oder gerade durch das Gegenteil, ob durch zum äußersten getriebene Bewußtheit oder durch spielerische Selbstvergessenheit, ob enorme Anstrengung sie möglich macht oder totale Entspannung – immer beschreiben die Glücklichen ihren Zustand als frei von jedem Widerstand. Sie sind im Einklang mit dem Augenblick und haben an nichts etwas auszusetzen. So wird die Abwesenheit von Widerstand zur treffendsten Definition der Erleuchtungserfahrung.

So wie aber Erleuchtung frei von Widerstand ist, ist Widerstand auch frei von Erleuchtung. Das bedeutet nichts anderes als: Wer nicht erleuchtet ist, lebt im Widerstand. Das klingt nur auf den ersten Blick so erstaunlich. Tatsächlich verbringen wir unser Leben weitgehend in Gedanken an die verflossenen Möglichkeiten der Vergangenheit oder hängen mit Hoffnungen und Befürchtungen irgendwo in der Zukunft. Es ist gerade dieser Widerstand gegen die augenblickliche Situation, der uns so anstrengt und ermüdet. Eltern kennen die Lage, wenn sie, geschafft vom Tage, den sie im Widerstand erlebt haben, am Abend versuchen, ihre Kleinen ins Bett zu bringen. Oft ist das schon deshalb schwierig, weil die gar nicht müde sind, wenn sie ihren Tag – im Augenblick versunken – *spielend* verbracht haben.

Meditation und Widerstand

Wenn das letzte Ziel der Meditation Freiheit von Widerstand ist, wird es auch bei den Vorbereitungen und auf dem Weg sinnvoll sein, den Widerstand so gering wie möglich zu halten. Das ist natürlich leichter gesagt als getan, setzt es doch die endgültige Lösung schon voraus. Gelingt es, den Widerstand von Beginn an fast auszuschalten, ist die Lösung auch schon nahe. Was so einfach klingt, ist in der Praxis schwer. Allerdings wird beim Zurückschauen, wenn das Ziel einmal erreicht ist, klar, daß es eigentlich doch ganz einfach gewesen wäre. Ein simples Beispiel mag das veranschaulichen: Für die meisten Menschen bedeutet Glück, alles zu bekommen, was sie wollen. Sie bräuchten nur alles zu wollen, was sie bekommen, schon wären sie glücklich. Was als banales Wortspiel erscheinen mag, enthält letztlich die Lösung, auch wenn man sie offenbar erst hinterher verstehen kann. Von verschiedenen Zenmeistern ist ihr nicht enden wollendes Lachen im Moment der Befreiung überliefert, wenn sie erkennen, wie einfach alles war und die ganze Zeit über gewesen wäre und wie sie sich angestellt haben.

Jedenfalls ist es sinnvoll, beim Meditieren Ablenkungsmöglichkeiten wie zum Beispiel das Telefon auszuschalten, um nicht durch äußere Widerstände blockiert zu werden. Je idealer die äußeren Bedingungen sind, desto weniger kann man die Probleme auf sie projizieren und desto sicherer wird man sie bei sich selbst finden, wo sie letztlich immer liegen. Wenn wir in östlichen Schriften lesen, daß man inmitten eines belebten Marktplatzes genauso meditieren könne, stimmt das natürlich letztlich, und doch ist es nicht der ideale Platz, um zu beginnen.

auf Marktplatz meditieren nicht ideal um damit zu beginnen

21

Die zwei Grundrichtungen der Meditation

Es ist lohnend, sich den Weg von Anfang an möglichst zu erleichtern, denn an sich ist er schwer genug. Je leichter man es sich macht, desto sicherer findet man die eigentlichen Hindernisse an der richtigen Stelle, nämlich bei sich selbst. Der Erleuchtung ist es bekanntlich egal, wie man sie erlangt. Insofern ist es sinnvoll, eine Meditationsform zu wählen, die einem nicht zu wesensfremd ist. Natürlich stellen die Zazen- oder Vipassana-Meditation[5] geniale und über Jahrhunderte im Osten bewährte Systeme dar, aber eben im Osten. Für westliche Menschen sind die Anforderungen hier hoch und in vielen Fällen für den Anfang unnötig hoch. Was natürlich nicht heißt, daß man nicht später auf solche Systeme wechseln kann.

Legt man die Kriterien des Yoga-Systems zugrunde, ist es zunächst einmal überhaupt nicht möglich zu meditieren, weil man die Voraussetzungen bei weitem nicht erfüllt. Unter Meditation wird hier per Definition ein sehr weit fortgeschrittener Zustand verstanden. Anders im Buddhismus, der jedes bewußte Bemühen auf dem Weg als Meditation einschätzt. Deshalb wollen wir uns hier eher die buddhistische Auffassung zu eigen machen.

Hinzu kommt die mit den meisten östlichen Richtungen verbundene Forderung nach Gedankenfreiheit, die in erheblichem Ausmaß überfordert. Es ist praktisch unmöglich, auch nur eine einzige Minute ohne Gedanken zu sein. Ein kleiner erster Meditationsversuch mag das zeigen.

ÜBUNG:
Legen Sie eine Uhr mit Sekundenzeiger vor sich und versuchen Sie mit offenen oder geschlossenen Augen eine Minute ohne Gedanken zu bleiben.

Diese eine Minute zeigt Ihnen, wie lange eine bewußt wahrgenommene Minute ist und wie unmöglich es ist, keinen Gedanken zu haben. Zumindest ist da der Gedanke, daß man keinen Gedanken haben sollte, der ja aber auch schon ein

Gedanke ist. Und wenn man ehrlich ist, waren da wohl noch eine Menge anderer Gedanken.

ÜBUNG:
Etwas mehr Aussicht besteht, wenn Sie die Übung wiederholen, sich aber auf einen einzigen Gedanken festlegen, zum Beispiel auf den Atem.

Aber selbst jetzt wird aller Wahrscheinlichkeit nach eine Fülle anderer und damit störender Gedanken dazwischen gekommen sein.

Was wir aber – wie etwa Gedanken – als störend einstufen, bringt uns natürlich sofort in Widerstand. Insofern wäre es naheliegend, die Gedanken nicht als Störenfriede aus der Meditation auszuschließen, sondern sie im Gegenteil als Teil der Meditation zuzulassen.

Das bringt uns zur geführten Meditation, die die Gedankenbilder für ihren Fortschritt nutzt. Damit kommen wir zur zweiten Richtung unter den Meditationen, jenen nämlich, die die Gedanken wichtig nehmen, anstatt sie zu verbannen.

Die geführte Meditation

Die geführte Meditation ist durchaus kein Kunstprodukt der neuen Esoterikszene, sondern hat eine ähnlich lange Tradition wie ihre auf Gedankenfreiheit zielenden östlichen Verwandten. Bereits in den Mysterienkulten der Antike führten die Hierophanten die Einzuweihenden in geführten Reisen in deren eigene Innenwelt und bereiteten die notwendigen Entwicklungsschritte in innere Seelenlandschaften vor.

Wahrscheinlich waren Reisen nach innen in jenen Zeiten so selbstverständlich wie die heutigen nach außen. Wohl zu keiner Zeit wurde so viel nach außen und so wenig nach innen gereist wie in unserer modernen. Selbst die wenigen äußeren

*wie alle reisen lieber in ferne Lande
als in unsere innere Seelenlandschaft*

23

Reisen waren früher häufig Pilgerreisen, wo das innere Erleben über dem äußeren stand. Dieser vertraute Umgang mit Reisen in die inneren Räume der Bilder und Symbole war sicherlich einer der Gründe, warum die Menschen der Antike ohne Psychotherapeuten auskamen. Sie hatten noch lebendigen Zugang zu ihren Mythen und erlebten im Theater die klassischen Tragödien in einer Weise mit, wie es sich heutige Menschen, selbst wenn sie ins Theater gehen, kaum mehr vorstellen können. Wo wir heute durch Film und Fernsehen geradezu von Bildern überschwemmt werden, hatten die Menschen der Antike nur wenige, aber dafür gut vertraute Bilder, die sie leicht in direkte Verbindung zu ihrem Leben bringen konnten. Betrachtet man die Einfachheit ihres Theaters und die Bedeutung, die es trotzdem oder gerade deshalb hatte, stehen wir Menschen der Moderne vor einem Rätsel. Fast ohne Illusionen und frei von Effekthascherei, die Schauspieler hinter Masken verborgen, erfüllte eine antike Vorstellung nicht im mindesten unsere Erwartungen an das Theater. Es ging damals ganz offensichtlich nicht um Ablenkung von den Alltagssorgen und Entführung der Zuschauer in eine bessere Welt mit vordergründigem Happy-End. Im Gegensatz zu heute rangierten Tragödien noch vor Lustspielen und machten den Hauptteil der Vorführungen aus. Heute ist es gerade umgekehrt, Komödien beherrschen die Bühnen, man will sich amüsieren. Für die Menschen der Antike war Theater mit seinen archetypischen Bildern und Urmustern Seelennahrung.

Solche Nahrung halten wir heute für unbekömmlich und verbringen die Zeit, statt im Theater sitzend, lieber beim Therapeuten liegend. Inwieweit das wirklich bequemer ist, hängt ganz von der jeweiligen Therapie ab. Sicherlich ist es kein Zufall, daß die analytischen Psychotherapien der Freudschen und mehr noch der Jungschen Richtung so viele Anleihen beim Mythos genommen haben. Ebenso sicher ist es nicht Zufall, sondern kluge Voraussicht, wenn immer mehr Richtungen der humanistischen Psychotherapie sich den inneren Bildern zuwenden. Ein Verfahren wie das katathyme Bilderleben stützt sich ausschließlich auf innere Bilder und hat sich mit wissenschaftlich klingendem Namen schon fast etabliert.

Die öffentliche Geringschätzung der inneren Bilderwelten war ein neues und durch die Esoterikwelle auch schon wieder zu Ende gehendes Mißverständnis unserer Zeit. Unseren Großeltern waren Märchen noch wichtig, spielten sie doch in ihrer Kindheit eine zentrale Rolle. Daß die folgende Generation solch wichtige Kinderseelennahrung fast vom »Speisezettel« gestrichen hatte, muß als eigenartiger Ausrutscher gelten. Wer Kinder beobachtet, mit welcher inneren Anteilnahme sie erzählte Märchen miterleben, kann keinen Zweifel haben, daß sie sie in innere Bilder von großer Lebendigkeit umwandeln. Selbst mit raffiniertestem Special-effect-Aufwand nach bester Hollywood-Manier verfilmte moderne Märchen wirken oft enttäuschend auf die kleinen Zuschauer, weil sie nach der Erzählung ganz andere, eigene Vorstellungen hatten.

So betrachtet sind geführte Meditationen unserem westlichen Verständnis sehr nahe und leicht zugänglich. Wahrscheinlich haben die meisten Menschen in ihrer Kindheit schon eine Reihe solcher Reisen mit gutem Erfolg und einigem Spaß hinter sich gebracht.

Märchen Kinderseelennahrung nicht vom Speiseplan streichen

Wirkungsmechanismen

Für einen ganz auf rationale Betrachtung gepolten Menschen, der noch im alten mechanistischen Weltbild gefangen ist, grenzt die Wirksamkeit von inneren Bildern ans Wunderbare, oder ist überhaupt schon ein Wunder, das es eigentlich gar nicht geben dürfte. Für einen mit den Gesetzen der Psyche vertrauten Menschen sind diese Wunder dagegen leicht durchschaubar. Wir streben bei der geführten Meditation hypnoide Trancezustände an. Die Phänomene der Hypnose können erhellen, was hierbei passiert und darüber hinaus, wie Seele »funktioniert«. Tatsächlich gibt es im seelischen Bereich ein

seel. Speiseplan!

relativ mechanistisches und damit vorhersagbares Funktionieren, was gerade die Anhänger der mechanistischen Weltsicht häufig irritiert.

Wenn man einem Menschen in tiefer Hypnose suggeriert, er bekäme eine glühende Kohle auf die Hand gelegt und gibt ihm dann tatsächlich eine kalte Kartoffel, wird er Brandblasen bekommen, obwohl die Kartoffel nicht einmal warm war. Ganz offensichtlich funktionieren Menschen auf Grund von bestimmten Programmen, und Hypnose kann auf diese Programmebene vordringen und hier mit entsprechend verblüffenden Effekten manipulieren. Daß Hypnose diese Programmierbarkeit des Menschen bewußt macht, hat sicherlich erheblich zu ihrem schlechten Ruf beigetragen. In den ehemaligen kommunistischen Ländern, wo die Programmierung und vor allem Umprogrammierung von Menschen in hohen Ehren stand, hatte auch die Hypnose entsprechendes Ansehen. Soviel sich westliche Menschen aus den Industriegesellschaften aber auch auf ihren freien Willen und ihre Unabhängigkeit einbilden, die Programmierbarkeit des Menschen bleibt doch eine Tatsache, die jede Showhypnose zumeist recht primitiv und gerade dadurch eindrucksvoll demonstriert. Vor vielen Jahren mußte die Hypnoseshow »Hypnoland« unter Proteststürmen aller möglichen Gruppierungen abgesetzt werden, weil sie durch ihre witzigen Umprogrammierungen aufzeigte, wie stark die grundsätzliche Programmierung des Menschen ist, und wie sehr wir alle zu Rationalisierungen neigen. Solche Beobachtungen decken schonungslos auf, wie Programme das Leben bestimmen, die erst hinterher als sogenannter freier Wille rationalisiert werden. Sie zeigen darüber hinaus, wie enorm schwer es ist, sich einprogrammierten Befehlen zu widersetzen. Selbst Menschen, deren Intelligenz gut trainiert ist, haben größte Mühe, sich unsinnigsten posthypnotischen Befehlen zu widersetzen, und neigen dann dazu, mit ihrer hohen Intelligenz besonders lächerliche Rationalisierungen zu erfinden. Bei all dem ist zu bedenken, daß es dem Menschen mit Hilfe spiritueller Disziplinen möglich ist, über diese Stufe des programmierten Automaten hinauszuwachsen. Gurdjieff benutzte folgendes Bild, um den Zusammenhang darzustellen: Er sagte, die Menschheit sei mit einem Saal schlafender und dabei lebhaft träumender Menschen vergleichbar. Sie träumten natürlich alle in ihren ganz verschiedenen Träumen, daß sie lebendig seien. Nur in der einen Ecke sei jemand erwacht, und allein der könne sehen, daß alle anderen schlafen, und daß ganz hinten in der gegenüberliegenden Ecke ein weiterer gerade erwache. In diesem Sinne können uns Hypnosezustände helfen, unsere Situation zu durchschauen; Meditationen können uns über den Automatenzustand hinaus in wirkliche Freiheit führen.

All das Gesagte bezieht sich bisher lediglich auf Phänomene im Bereich des Unterbewußten. Erfahrungen unserer Vergangenheit, die wir einmal gemacht haben, die aber längst vergessen sind, wie zum Beispiel die Speisenfolge beim Fest zu unserem fünften Geburtstag, sind im Unterbewußtsein gespeichert. Auch die Mehrzahl unserer Körperprozesse wie Atmung, Verdauung oder Drüsentätigkeit ist uns nicht bewußt und gehört doch nicht zum Unbewußten. All diese Steuerungsphänomene gehören in das Reich des Unterbewußten.

Geführte Meditationen können, entsprechende Entspannungstiefen vorausgesetzt, bis auf diese Stufe des Unterbewußten und damit die Programmierebene vordringen und hier im therapeutischen Sinne für neue Weichenstellungen sorgen. Diese verlockende Aussicht hat jedoch ihre Grenzen und gibt machtorientierten Menschen im Endeffekt nicht die Möglichkeit, die sie sich erträumen und die andere befürchten. Grundsätzlich hat Hypnose einen erheblichen Machtschatten, der bei den meisten Hypnotiseuren leicht erkennbar ist. Auch geführte Meditationen bergen prinzipiell die Gefahr in sich, daß die Leiter Macht über die Meditierenden anstreben. Meditation in eigener Regie ist wesentlich gefahrloser. Im übrigen reicht die Macht geführter Meditationen und auch der raffiniertesten Hypnose nicht aus, um das Schicksal zu manipulieren. Das Niveau von Schicksal ist so viel höher und zugleich tiefer, daß

Meditation — wirkliche Freiheit führen

27

es noch genug Wege findet, die anstehenden Lernaufgaben durchzusetzen.

Die dennoch vorhandene enorme Durchsetzungskraft hypnotischer Befehle und, in abgemilderter Form, auch hypnoider Suggestionen liegt in der Einengung des Bewußtseins auf einen sehr schmalen Bereich. Man blendet das allermeiste aus und fokussiert die Bewußtheit auf eine einzige Stelle. Eine Analogie liefert die Lupe, die an sich harmloses Licht so konzentriert, daß es erstaunliche Kraft bekommt. Ein anderes Anschauungsbeispiel liefert der Laserstrahl, der seine Kraft ebenfalls aus der Fokussierung und aus der Gleichrichtung aller Wellen bezieht. Durch analoge Phänomene können auch hypnoide Zustände verstärkt werden. Man bemüht sich, die Meditierenden in jeder Hinsicht auf das eine Ziel der Bewußtseinszentrierung und auf wenige entscheidende Bilder hinzuführen. Die suggestive Stimme, das Licht, duftende Essenzen und Musik dienen vor allem diesem einen Ziel. Auch die Verwirrtechniken, die sich auf den Intellekt richten, wollen ihn im wesentlichen zur Ruhe bringen, um ihn dann gleichzuschalten und auf die Bilder festzulegen, auf die es ankommt. Die Außenreizverarmung der gewohnten Hauptsinne Sehen und Hören ist dabei das stärkste Mittel der Fokussierung. Bei entsprechend starker Konzentration der Kräfte bekommen diese die Macht, die Oberfläche zu durchdringen und in neue Dimensionen vorzustoßen. Wie das gebündelte Licht die Oberfläche wegbrennt, kann auch die gebündelte Gedankenkraft die Oberfläche des Bewußtseins durchstoßen und ins Unterbewußte vordringen. Tiefe Meditation kann noch weiter bis ins Unbewußte eindringen und so Zugang zu den Tiefen der eigenen Seele schaffen. Grundsätzlich ist es sogar möglich, bis in Bereiche des kollektiven Unbewußten zu gelangen, jene Ebenen, die die Inder Akasha-Chronik nennen. Auch wenn solche Tiefen für die geführten Meditationen anfangs gar nicht sinnvoll sind, liegt doch in der Möglichkeit, die gewohnte »Benutzeroberfläche« unseres Gehirncomputers zu transzendieren, eine wesentliche Chance.

In unserer Gesellschaft ist das Wissen um die Möglichkeiten solcher Meditations- und Trancezustände naturgemäß gering; wir kümmern uns vor allem um die Oberfläche der Phänomene und lassen die Tiefen der Seele ziemlich unberücksichtigt. In jenen Kulturen, die wir so gern und so falsch »primitiv« nennen, ist das anders. Dort gehören Tranceheilungen oder ekstasische Tanzerfahrungen zum rituellen Leben; hier werden Menschen in Trance so unempfindlich, daß sie sich Speere durch die Haut schieben können, ohne Schmerzen zu spüren, und auf Glutteppichen tanzen, die in ihrem Ausmaß mit denen der New-Age-Szene wenig gemein haben. Allein die Tatsache, daß auch bei uns inzwischen viele Menschen solche Erfahrungen gemacht haben, zeigt aber, wie stark das Bedürfnis nach Tranceerlebnissen ist.

Daß Trancephänomene keine Wunder sind, sondern häufig und leicht geschehen, zeigen uns gewohnte Alltagserfahrungen. Ein interessantes Gespräch oder ein spannender Film kann bereits zu einer Außenreizverarmung führen, die uns Straßenlärm völlig überhören läßt. Wenn wir uns auf eine Arbeit konzentrieren, blenden wir alle möglichen Störungen einfach aus. Bei Vorgängen, die wir völlig beherrschen, wie etwa Autofahren, rutschen wir so schnell in Trance, daß wir manchmal ohne die geringste Erinnerung an die letzten fünfzig Autobahnkilometer an unserem Ziel ankommen. Jeden Abend fallen wir durch Außenreizverarmung in eine Art Trancezustand, der uns mehr oder weniger schnell die Ebene wechseln und vom Tages- ins Schlafbewußtsein sinken läßt. Selbst bis in Heiltrancetiefe können wir ganz nebenbei kommen, wenn wir uns etwa völlig verschnupft einen Film ansehen, der uns immer mehr gefangen nimmt, das heißt unser Bewußtsein stark fokussiert. Sogleich ist die Nase wieder frei, wir haben die Ebene, wo wir *die Nase voll haben*, verlassen und sind tiefer gesunken.

Spirituelle Übungen benutzen fast immer Techniken der Außenreizverarmung einerseits und der Bündelung des Bewußtseins andererseits. Ob wir an Gebete wie den Rosenkranz denken, Mantrentechniken, Atembeobachtung, Konzentrationsübungen und dergleichen mehr. Was bei der Hypnose oder bei Techniken, die auf hypnoide Zustände zielen, leicht einen negativen Beigeschmack erhält, ist letztlich nichts anderes als eine sehr wirksame Technik, die in jeder Richtung einsetzbar ist. Was die Kraft hat, zu nutzen, kann, entsprechend mißbraucht, in seinem Schatten auch schaden. Diese Polarität teilt unser Verfahren mit Lupe und Laser. Alle drei können sehr nützlich sein und gleichwohl auch Schaden anrichten.

Die Gefahr bei Techniken, die mit hypnoiden Zuständen arbeiten, wird spätestens dann akut, wenn der entsprechende Leiter anfängt, Eigeninteressen in die Übungen einzubauen. So haben viele Bühnenhypnosen neben dem entlarvenden Effekt bezüglich der Bewußtseinsfunktionen auch die Tendenz, den Showmaster auf Kosten seiner sich meist lächerlich machenden Versuchskaninchen zu profilieren. Die hohe Wirksamkeit einer Methode macht sie aber nicht prinzipiell verdächtig, sondern erfordert lediglich ein waches Bewußtsein für ihre Möglichkeiten. Der Versuch, die geführten Meditationen harmloser zu machen, indem man weniger tiefe Entspannungszustände anstrebt, würde ihnen auch die Wirksamkeit nehmen. Dieses Dilemma kennen alle Traditionen. Die auf dem Weg sozusagen als Nebenprodukt anfallenden Siddhis oder übersinnlichen Möglichkeiten[6] können in geringem Maß für den Weg genutzt und im übrigen in Demut ignoriert oder zu Angabe und Machtzwecken mißbraucht werden. Das Beruhigende ist allerdings, daß sich diese Systeme bis zu einem gewissen Grad selbst schützen und nicht beliebig zu mißbrauchen sind. Bei der Hypnose wäre es für machtbesessene Anwender besonders interessant, mächtige und einflußreiche Menschen unter ihren Einfluß zu bringen. Gerade solche Menschen sind aber kaum in entsprechend tiefe Hypnose zu bekommen. Machtmenschen ziehen nach dem Affinitätsprinzip ihresgleichen an. Tiefe Trance setzt aber Vertrauen voraus, und gerade das fehlt hier. Hypnotiseure zum Beispiel sind selbst kaum zu hypnotisieren.

Wissenschaftliche Erklärungsversuche

So wie Albert Einstein, ausgehend von den kleinen Unstimmigkeiten des physikalischen Weltbildes, zu seinem kühnen Entwurf eines neuen Weltbildes kam, eröffnet der englische Biologe Rupert Sheldrake der Biologie neue Dimensionen. Er ging wissenschaftlich an die Biologie heran und begann die Unstimmigkeiten zu untersuchen, anstatt sie zu überspielen. In diesem Sinne werden Biologie und vor allem Medizin bisher über weite Strecken ihrem eigenen Wissenschaftsanspruch gar nicht gerecht, weil sie nicht die unerklärlichen Phänomene und Wunder untersuchen, sondern geradezu verschweigen. Wissenschaft aber muß den Mut haben, an jedem neuen Problem alles Bisherige in Frage zu stellen. Die Hypothese, daß alle Schwäne weiß sind, kann viele tausendmal bestätigt sein, die Entdeckung des ersten schwarzen Schwanes muß sie zu Fall bringen. In der Wissenschaft erledigt die Ausnahme die Regel; in Medizin und Biologie muß sie sie – wie im Sprichwort – häufig bestätigen, etwa nach dem kindlichen Motto: einmal ist keinmal. Die Physiker bewiesen wissenschaftlichen Mut, als sie ihr altes, gut funktionierendes Weltbild an einer winzigen Unstimmigkeit scheitern ließen und sich dadurch ein neues, viel anspruchsvolleres, ohne Kausalität und verläßliche Zeit, einhandelten.

Ähnlich ist der englische Biologe Rupert Sheldrake in seiner Disziplin, der Biologie, Unstimmigkeiten nachgegangen, die bis dahin unbeachtet geblieben waren. Ein solch rätselhaftes Experiment sei hier exemplarisch zitiert. Bei der Untersuchung der Frage, ob erlerntes Wissen vererbbar sei, hatten Biologen ein Labyrinth gebaut und die Zeit gemessen, die Ratten brauchten, um sich daraus zu befreien. Anschließend trainierten sie die Ratten, bis sie dies in deutlich kürzerer Zeit schafften, und kreuzten sie dann untereinander. Als ihre Jungen die Aufgabe in derselben Zeit wie ihre trainierten Eltern bewältigten, glaubten die Wissenschaftler, die Vererbung von erworbenem Wissen bewiesen zu haben. Als aber weiterhin skeptische Biologen in einem anderen Teil der Welt mit einem entsprechenden Labyrinth, aber ganz anderen Ratten von neuem experimentierten, stellten sie mit Verblüffung fest, daß diese Ratten gleich mit der Zeit ihrer trainierten Artgenossen begannen. Nach verschiedenen Wiederholungen gab man schließlich mit dem eigenartigen Gefühl auf, daß die Ratten dieser Welt immer auf dem letzten Stand zu sein schienen.

Nach der Sichtung verschiedener ähnlich mysteriös gelagerter Ergebnisse formulierte Sheldrake seine Theorie der morphogenetischen Felder. Formgebende Entwicklungsfelder sind danach in der Lage, ohne Vermittlung von Materie und Energie Entwicklungen zu steuern und Information synchron verfügbar zu machen. In Sheldrakes Arbeit wird die Nähe zu Platos Vorstellung deutlich, daß die reale Welt, die wir sehen, Spiegelbild einer transzendenten Welt vorgegebener archetypischer Ideen und Formen ist. Einfach ausgedrückt formuliert Sheldrake, was die Religion längst wußte: Am Anfang ist ein Bild, Muster oder Feld des bereits fertigen Dinges, Wesens oder Ablaufs. Dieses Muster gibt den Rahmen, in den hinein sich Materie und Energie ergießen, um das vorgegebene Ziel zu verwirklichen. Sheldrakes nichtenergetische formbildende Verursachung entspräche etwa der im Bauplan eines Hauses festgelegten Vorstellung. Die Idee des Hauses ist die immaterielle Basis, ohne die nichts in Gang kommt und die doch nicht greifbar ist; das Papier des Planes ist lediglich Träger dieser immateriellen Information. Sheldrake postuliert, daß jede Form ein übergeordnetes, morphogenetisches Feld braucht.

Mit diesem Ansatz lassen sich viele bisher unverständliche Phänomene erklären, wie etwa die Regenerationsfähigkeit des Eidechsenschwanzes, aber auch die des Gehirns nach großen Zerstörungen. Das Gehirn scheint alles zu unternehmen, um seinem zugrundeliegenden morphogenetischen Feld wieder gerecht zu werden. Auch Impfungen lassen sich so erklären, reicht dem Organismus doch ein Bild des Erregers. Er muß weder wirksam noch überhaupt lebendig sein. Noch nach Jahrzehnten ist der Organismus nach dieser einmal eingespeicherten Vorlage fähig, sofort Antikörper zu produzieren.

Auf diese Weise würde auch verständlich, warum Zellen in Kulturen wuchern, in Organen aber nur in der vorgegebenen Form wachsen. Im ersten Fall fehlt ihnen mit dem morphogenetischen Feld die Vorlage. Die Homöopathie, die durch Verschütteln Information auf Wasser überträgt, fände hier eine ebenso befriedigende Erklärung wie chemische Phänomene, wie etwa das Beimpfen von gesättigten Lösungen zur Erleichterung der Kristallisation. Bekommt die Lösung eine Bildvorlage der zu produzierenden Kristalle, kann sie sofort mit deren Produktion beginnen. Selbst Teile von Darwins Evolutionstheorie ließen sich bei Zugrundelegung von formgebenden Feldern retten.

Das Ganze ist mehr als die Summe seiner Teile, wissen die alten Weisheitslehren. Den Teilen fehlt noch das Bild, das Feld – ein Haufen Steine wird von sich aus nicht zu einem Haus.

Sheldrake geht von Hierarchien aus, an deren Spitze das jeweilige Feld steht: Das Feld für die Mitochondrien (die Zellkraftwerke) liegt demnach im Zellkern, dasjenige der Zelle im Gewebe, dessen Feld im Organ. Die Felder für die Organe könnten in übergeordneten Organen wie den Chakren liegen, die Felder für die Chakren im ganzen Menschen. Das Bild des Menschen wäre bei Gott zu suchen, wie es uns die Bibel ja auch berichtet.[7]

Bei Krankheitsbildern liegt folglich die primäre Störung nicht im jeweiligen Organ, sondern im übergeordneten Feld, in einer Störung des hier verankerten Bildes. Anliegen der Imaginationstherapie aber ist es, intakte Bilder in Übereinstimmung mit dem Gesamtfeld von Körper, Seele und Geist wiederherzustellen und auf der richtigen Ebene zu etablieren.

Soviel Sheldrake mit seiner Theorie erklären kann, die Frage nach der Entstehung der ersten Bilder löst er nicht. Dazu sind wir weiter auf die Schöpfungsgeschichte der Heiligen Schrift oder die noch unfertigen der Wissenschaft angewiesen. Wie

Max Planck und Albert Einstein landet auch Sheldrake zum Schluß wieder bei Gott. Wer immer ganz zu Ende denkt, kommt zwingend von der Polarität zur Einheit und damit zu Gott.

Sinn und Anspruch dieses Buches

Wie alle anderen Meditationsarten leben auch die geführten Reisen von der Erfahrung und nicht vom Wissen über sie. Ein Lehrstuhl für theoretische Meditationskunde wäre ein typisch westliches Mißverständnis. Insofern ist es mein Hauptanliegen, einen weiten Bereich von Erfahrungsmöglichkeiten zur Verfügung zu stellen. Andererseits erscheint es aber auch wichtig in einer Zeit, in der geführte Meditationen unter den verschiedensten Namen in verschiedenste Bereiche Eingang finden, das Notwendigste über ihre Chancen, aber auch Gefahren aufzuzeigen.

Die praktischen Möglichkeiten im Umgang mit diesem Buch sind vielfältig, wobei vor allem an denjenigen Leser gedacht wurde, der sehr schnell zum Benutzer und Reisenden werden will. In einer Zeit, wo fast alle Menschen versuchen Zeit zu sparen und gerade deswegen keiner mehr Zeit hat, kommen Märchen und Geschichten im Alltagsleben zu kurz. Wir haben weder Zeit noch Lust, uns am Abend, nach getaner Arbeit, in irgendeiner Weise geistig-seelisch zu betätigen. Abgekämpft sinken viele Menschen vor dem Fernseher zusammen und lassen sich mit konservierter Fertigkost berieseln. Zugleich werden die Filme einerseits immer realistischer, andererseits immer phantastischer. Die Möglichkeiten der Computeranimation erlauben uns heute, die Reiche der Phantasie in spektakulärer Weise auf die Bildschirme zu zaubern. »Fantasy« nennt sich das Genre und ersetzt die eigene Phantasie über weite Strecken. Sicher sind äußere Bilder auch Bilder, und sicher sind sie manchmal besser als gar keine Phantasien, aber die eigene Bilderwelt können sie nicht ersetzen; zum Teil behindern sie sie sogar deutlich.

Kinder, die lesen, sind auf ihre Phantasie angewiesen, um die gelesenen Geschichten mit inneren Bildern zu illustrieren. Kindern, die statt dessen Videos schauen, wird alles vorgefertigt und damit fertig vorgesetzt, die eigene Phantasie wird nicht gefordert, und diese Kinder werden folglich kaum gefördert. Die Gutenachtgeschichte regt die Phantasie an, die archetypischen Strukturen von Märchen lassen genug Raum, die eigenen Bilder in die Struktur einfließen zu lassen. Das Erzählen von Geschichte und Geschichten, wie es in alten Zeiten üblich war, läßt Raum für die eigene innere Aus- und Mitgestaltung der Themen. Solche Geschichten leben aus sich und erfüllen eine Gemeinschaft mit Leben. Sie regen eigene Träume an, ohne die inneren Reiche mit fertigen Schablonen auszufüllen.

Menschen, die sich dagegen Abend für Abend stundenlang mit Fernsehprogrammen abfüllen lassen, werden davon weder angeregt noch lebendig – im Gegenteil, sie sind nach solchen Abenden eher ausgelaugt und schleppen sich mühsam ins Bett, wenn sie nicht bereits vor der »Glotze« eingenickt sind. Allein der Ausdruck »glotzen« verrät, worum es hier geht. Auch das Wort »fernsehen« ist insofern ehrlich, als es die Menschen von sich selbst entfernt. Sowohl beim Geschichten- und Märchenerzählen als auch beim Zuhören beschäftigt man sich mit der eigenen Seele. Beim Fernsehen schweift man von sich fort. Was nicht heißen soll, daß ausgesuchte Themen, die einen wirklich berühren, auch in Filmform inneres Erleben anregen können.

Vielleicht ist die Meditationswelle, deren Zeugen wir gerade werden, auch eine Reaktion auf die Veräußerlichung und die Entfernung von den eigenen Seelenkräften. Die geführten Meditationsreisen könnten eine Verbindung herstellen zwischen der alten Tradition des Geschichtenerzählens und dem wiederaufgetauchten, modernen Bedürfnis nach Meditation und seelischer Nahrung. Erzählte Seelenreisen können Märcheninhalte genauso transportieren und auf diese Weise Kontakt zu eigenen inneren Märchenstrukturen herstellen, wie sie das eigene Geschichtsbewußtsein durch gesprochene Geschichten anregen oder religiöses Empfinden durch eigene Erfahrungen vertiefen.

Das Lesen und Hören von Legenden hatte früher eine solche Funktion. Die Menschen erlebten die Geschichte von Heiligen mit, als wäre es die eigene. Sie belebten ihre Seelen an Beispielen besonderer Menschen, die archetypische Muster in aller Öffentlichkeit vorgelebt hatten. Was schließlich als Legende übrigblieb, hatte oft nur noch wenig mit der historischen Geschichte zu tun; aber dies war gleichgültig.

Es geht nur um das Muster, das es innerlich nachzuvollziehen gilt. Aus diesem Grund können auch die Gleichnisse und Geschichten der Heiligen Schrift eine wesentliche Quelle für geführte Meditationen werden. In diesem Sinne hatte Ignatius von Loyola seine Ordensbrüder angeregt, im Rahmen ihrer Exerzitien die Evangelien wie geführte Meditationen selbst zu durchleben. So mag es auch kein Zufall sein, daß die Jesuiten bis heute diesen Kontakt zu den inneren Ebenen mit ihren Erfahrungsmöglichkeiten wichtig nehmen, und daß es auch Jesuiten waren, die die Zen-Meditation im Westen einführten.

Der Übergang vom Geschichtenerzählen zur geführten Meditation ist vielfach fließend. Bei der Gutenachtgeschichte für Kinder, deren Ziel aus Erwachsenensicht häufig im Einschlafen liegt, empfiehlt sich etwa nach ein paar Minuten, die Aufforderung in die Geschichte einfließen zu lassen, nun die Augen zu schließen und sich alles weitere vorzustellen. Wenn das nicht nur ein Trick ist, um sich der Aufgabe schneller zu entledigen, werden Kinder solche Anregungen aufnehmen und oft einen fließenden Übergang aus der geführten Reise in die Welt ihrer Träume finden. Diesbezüglich hängt natürlich alles von der Geschicklichkeit der erzählenden Erwachsenen ab, die Fäden der Geschichte entsprechend stimmig und einfühlsam zu knüpfen.

Die Gelegenheiten, wieder Zugang zur Welt der inneren Bilder zu finden, sind naturgemäß enorm vielfältig, und so seien hier nur einige beispielhaft angeführt. So könnte Weihnachten, sofern es überhaupt noch im überlieferten, christlichen Stil begangen wird, eine Möglichkeit sein, die Weihnachtsgeschichte mit geschlossenen Augen und im eigenen Erleben mit zu vollziehen. Eine Umgebung mit Kerzenlicht und Düften wäre in idealer Weise geeignet, die entsprechende Trance herzustellen.

In diesem Sinne könnten alle besonderen Zeiten und Feste zu solchen vertieften Erfahrungen genutzt werden. Jedes Jubiläum bietet die Möglichkeit, einen Rückblick in inneren Bildern zu erleben und sich noch einmal mit den besonderen Vorkommnissen der vergangenen Periode auseinanderzusetzen. Vielfach lassen sich im Rückblick wesentliche Dinge besser und einfacher durchschauen. So kann auf einfache Art aus der Vergangenheit gelernt und eine Aussöhnung erreicht werden. Ob es sich dabei um den Hochzeitstag oder ein Firmenjubiläum handelt, ist im Prinzip gleichgültig.

Eine Meditation bietet sich zu Silvester an, indem man das alte Jahr in seinen wesentlichen Bildern Revue passieren läßt. Am Neujahrstag gibt es dann Gelegenheit, etwaige Vorsätze für das neue Jahr über die Bilderebene auf ihren Sinngehalt zu prüfen und die verschiedenen Möglichkeiten in Bildern zu durchleben. So müssen wir nicht aus Fehlern lernen, sondern können auf sehr viel angenehmere Weise in Gedankenmustern probehandeln.

Auch für Geburtstage empfiehlt sich diese Methode sehr. Die vorletzte Meditation aus dem hinten angefügten Zyklus »Mikrokosmos Mensch = Makrokosmos Erde« ist besonders geeignet, um sich mit der eigenen Geschichte auszusöhnen. Einem nahestehenden Menschen solch eine Meditation zu schenken, wäre ein Geschenk, das mehr geben kann als manche materielle Bemühungen.

Die vielleicht einfachste und lohnendste Übung ist es, jeden Abend im Bett vor dem Einschlafen sich selbst den vergangenen Tag in Form einer Bildmeditation zu erzählen. Das ist die Gutenachtgeschichte für einen selbst, und sie könnte wie zu

Kinderzeiten zu einem angenehmeren Eintauchen in die Bilderwelt der Träume verhelfen und zusätzlich mit der Zeit für einen enormen Zuwachs an Bewußtheit und Wachheit im Tages geschehen sorgen.

Die Meditationstexte in diesem Buch stellen die Brücke zu solch einer Rückkehr zu erzählten und erlebten inneren Bildergeschichten dar. Man kann sich mit einem Seelenverwandten gemeinsam auf den Weg machen und sich gegenseitig geführte Meditationen schenken. Zu der geeigneten Hintergrundmusik liest man den ausgewählten Meditationstext beziehungsweise spricht ihn. Es empfiehlt sich hier eine sehr einfache Methode: Gelesene Texte sind leicht als solche zu erkennen und wirken schnell langweilig. Deshalb ist es gut, sich jeden Satz und jede Wendung erst einmal still durchzulesen und dann »frei« zu sprechen. Auch bei der Kassettenmethode ist so zu verfahren, da das eigene Gelesene leicht zu monoton erscheint. Dieses Vorgehen hat den Vorteil, daß man sich notgedrungen die Zeit läßt, die die Meditierenden grundsätzlich notwendig brauchen. Es gibt natürlich auch Menschen, die in einer Art und Weise lesen, daß sich diese Methode erübrigt. Das Vorsprechen ist dabei mehr als ein Notbehelf, denn gesprochene Meditationen sind lebendig und den besten Konserven auch dann vorzuziehen, wenn diese technisch besser gelungen sind. Der Unterschied entspricht dem zwischen einem erzählten Märchen und einem auf Video.

Trotzdem drängen sich in unserer Zeit technische Hilfsmittel geradezu auf. Und es ist auch kein Zufall, daß wir diese Möglichkeiten haben. Deshalb kann man sich mittels der hier angebotenen Information über das Thema ausführlich unterrichten, um dann mit Hilfe von Kassetten die ersten – in diesem Fall wenigstens sicheren – Schritte zu unternehmen. Auch Märchenkassetten sind viel besser als gar keine oder zu wenige Märchen. Das gleiche gilt für Meditationen. Wenn die Alternative ist, einmal im Monat eine vorgesprochen zu bekommen, sollte man diese Möglichkeit dankbar wahrnehmen und sich ansonsten mit eigenen oder fertigen Kassetten ausrüsten.

Mit Hilfe der Meditationen im praktischen Teil ist es sogar möglich, sich in vollkommen eigener Regie auf den Weg zu machen. Dazu ist es nötig, sich die Texte auf Kassetten zu sprechen. Spielt man parallel dazu die entsprechende Musik ab, hat man eine Kassette, die, was Musikwahl und Sprachgeschwindigkeit angeht, ganz den eigenen Bedürfnissen entspricht. Dieser Prozeß läßt sich mit jedem einfachen Mischpult beliebig verfeinern. So kann man zum Beispiel passende Naturgeräusche dazumischen. Nach einiger Übung mit den vorgegebenen Meditationstexten können auch den eigenen Bedürfnissen angemessene Textveränderungen und -erweiterungen vorgenommen werden.

Die vier Meditationen auf den beiden Kassetten zum Buch weisen in diesem Zusammenhang die Richtung. Sie erfüllen die Anforderungen von den ersten bis zu deutlich fortgeschrittenen Schritten. Mit ihrer Hilfe kann man sich eine innere Führung verschaffen, einen geeigneten inneren Meditationsort aufbauen und erste Problemlösungen angehen. Die beiden Reisen der zweiten Kassette führen in die uns seelenverwandte Welt der Pflanzen- und Tierwesen, mit dem Ziel, sich mit den eigenen inneren Kräften auszusöhnen und seinen Tierverbündeten zu finden.

Wenn man Kassetten besitzt, empfiehlt es sich, sie auch immer wieder anzuhören. Daß sie dem Intellekt bald langweilig werden, sollte nicht zum Problem werden, denn es ist hier ja nicht in erster Linie der Intellekt angesprochen. Im Grunde sind alle Meditationen und auch Exerzitien für den Intellekt ziemlich langweilig. Was ist langweiliger, als während vieler Stunden den eigenen Atem zu beobachten, wie bei der Vipassana- und Zen-Meditation, oder immer an denselben Klang zu denken, wie bei Mantra-Meditationen?

Das häufige Wiederholen derselben Kassette gilt vor allem bei Meditationen, die um ein bestimmtes Problem, wie zum Beispiel ein Krankheitsbild, kreisen. Hier ist es auf jeden Fall sinnvoll, sich, falls vorhanden, eine Kassette zum Thema zu besorgen. Wenn keine fertige existiert, ist es am zweitbesten, sich eine nach dem Muster der fertigen zu erstellen. Entsprechende Möglichkeiten, um sich aus der Literatur die Themen zu erarbeiten, finden sich im Anhang bei den Büchern zur Krankheitsbilder-Bedeutung. Statt die Kassette einmal anzuhören und dann auf ein Wunder zu warten, ist es ratsam, die Meditationen einen Monat lang jeden Tag zu erleben. Steter Tropfen höhlt auch hier den Stein. Ein Krankheitsbild ist in keinem Fall über Nacht und aus heiterem Himmel entstanden; das kann man sich höchstens mit viel Mühe einbilden. So braucht es auch Zeit, bis es die in ihm verborgenen Botschaften und Geheimnisse preisgibt. Ein Mondzyklus hat sich in der Praxis dafür gut bewährt.

Generell ist es sinnvoll, einem Krankheitsbild, das sich ja doch jeden Tag seine Aufmerksamkeit erzwingt, lieber freiwillig täglich eine halbe Stunde einzuräumen, in der man ihm und seinen Beschwerden ungezwungen und bewußt zuhört. In aller Regel wird es einem dann in der übrigen Zeit viel mehr Ruhe gönnen, und so ist diese halbe Stunde in jedem Fall bestens investiert. Bei schweren Krankheitsbildern empfiehlt es sich, auch danach noch weiterzumachen. Allerdings sollte man zwischendurch auch andere Meditationen, wie etwa die der Kassette »Innerer Arzt«[8], dazwischenschalten. Bei chronischen Krankheitsbildern ist die Kassette auch deswegen geeigneter, weil das ständige Vorsprechen die Helfer auf die Dauer überfordert. Hinzu kommt, daß hier die Texte wirklich gut passen sollten, da häufig wenig Zeit zu verlieren ist.

Auch wenn solche Meditationen gleichsam etwas Erzwungenes haben und Not(wendigkeit) die Haupttriebfeder darstellt, lassen sich nicht alle Gesetze der Meditation außer Kraft setzen. Mit Meditation läßt sich grundsätzlich nichts erzwingen, schon gar kein Wunder. Zwang und Gewalt sind dem Wesen der Meditation völlig fremd. Man kann sich aber für Wunder reif machen. Die Problematik dabei mag folgende wahre Zen-Geschichte erläutern.

An einer bekannten US-amerikanischen Universität werden paranormale Kräfte untersucht. In dem Forschungsprojekt unternehmen einige Personen den Versuch, durch Gedankenkraft eine Kompaßnadel aus der Nord-Süd-Richtung abzulenken. Der Test ist auf vier Wochen ausgelegt, aber da sich bei keiner Versuchsperson irgend etwas rührt, beschließt man nach einer Woche anstrengender Konzentrationsarbeit, das Projekt auf die halbe Zeit zu verkürzen. Dem wissenschaftlichen Anspruch verpflichtet, bleiben die Testpersonen bis zur letzten Minute bei der Sache, obwohl sich weiterhin nichts tut. Im Moment des Aufgebens aber bewegen sich die Nadeln bei den meisten. Nach längerer Untersuchung dieses eigenartigen Phänomens stellte man fest, daß beides notwendig ist, um einen meßbaren Effekt zu erzielen: zuerst die anstrengende Konzentrationsarbeit und dann das Loslassen. Eines von beiden allein hat keine Wirkung.

Eine praktisch identische Geschichte, wenn auch in ganz anderem Gewand, kennt die Zen-Tradition: Ein Mönch ist seit fünfundzwanzig Jahren im selben Kloster, ohne ein Satori (Erleuchtung von begrenzter Dauer) erlebt zu haben, obwohl er sich unter Aufbietung aller Kräfte um Erleuchtung bemüht. Viele der nach ihm Gekommenen haben schon Erleuchtungserfahrungen gemacht. Nach fünfundzwanzig Jahren ohne Klage und voller ununterbrochener eiserner Bemühung geht er zum Abt und fragt um Rat. Der Abt sagt: »Ich glaube, du bist hier wirklich nicht am rechten Ort«, und schickt ihn fort. Nach fünfundzwanzig Jahren verläßt der Mönch zum ersten Mal das Kloster und fühlt sich in den Straßen von Kyoto fremd und verloren. Zum Glück kommt er bald in eine Straße, wo die Menschen ihm über alle Maßen freundlich begegnen. Schließlich folgt er der Einladung einer hübschen jungen Frau, die ihn zu seiner Überraschung ganz unerwartet verwöhnt. Als sie ihn dann auch noch in ihren Körpertempel hereinholt, verliert er fast die Besinnung und erlangt im selben Moment Erleuchtung. Diese wundervolle Möglichkeit will er nun allen Suchern zugänglich machen und gründet ein entsprechendes »Kloster«. Zu seiner Verblüffung erlangt keiner seiner Schüler nach dieser angenehmen Methode Erleuchtung. Auch diese Geschichte will sagen, wie notwendig beides ist: konzentriertes Bemühen und Loslassen – der männliche und der weibliche Pol –, Yin und Yang.

Anforderungen an die Meditierenden und Gesetze der Meditation

Ein weiterer Vorteil dieser Art von Meditation liegt darin, daß die Anforderungen denkbar gering sind. Jeder Mensch kann sie erlernen, und wer nicht unter schweren seelischen Störungen[9] leidet, auch recht gefahrlos. Diese Meditation nicht zu können ist praktisch unmöglich, da jeder Mensch sich Gedanken macht und in Bildern denkt, ob er sich das bewußt macht oder nicht.

ÜBUNG:
Versuchen Sie einmal, folgendem »Befehl« nicht zu folgen: Denken Sie jetzt an eine Wiese. – Es ist völlig unmöglich, dieser Aufforderung nicht zu folgen, einfach, weil jeder in sich Bilder von Wiesen hat.

Allein die Erwähnung des Begriffes »Wiese« bewirkt Gedanken an irgendeine Wiese, und das ist bereits alles, was für eine geführte Meditation nötig ist. Selbst wenn die Aufforderung lauten würde, *denken Sie jetzt einmal nicht an eine Wiese,* würde man nicht umhin können, im selben Moment an eine Wiese zu denken. Versuchen Sie es bei der nächsten Übung.

ÜBUNG:
Denken sie nun einmal nicht an ihre Nase. Sofort kommt jedem die eigene Nase ins Bewußtsein, selbst wenn man vorher schon lange nicht mehr an sie gedacht hatte.

Viele kennen diese paradoxe Erfahrung auch vom Zahnarzt-besuch. Nie muß man so dringend schlucken wie in jenem Moment, wo der Zahnarzt es verbietet.

Für die Welt der Bilder, wie für die ganze weibliche Seite der Wirklichkeit, gelten ganz andere Gesetze als für die männliche Welt des Intellekts. So haben Verneinungen hier keine Bedeu-tung, sie werden einfach übergangen. Sehr deutlich kann man das auch bei der Kindererziehung erleben, da vor allem kleine Kinder noch ganz wesentlich in der weiblichen Welt der Bilder leben. Die Aufforderung »Schütte deinen Kakao bitte heute nicht wieder um!« kommt beim Kind ohne die Verneinung an und heißt dann bezeichnenderweise »Schütte deinen Kakao heute bitte wieder um!«

Je mehr ein Mensch noch verbunden ist mit der Welt der Bilder und Muster, desto weniger reagiert er auf Verneinun-gen. Bei den Zehn Geboten, die ja nicht zufällig vor allem aus verneinenden Verboten bestehen, ist der Effekt unübersehbar. *Was man nicht darf macht einen gerade scharf*, weiß das Sprichwort, und was die Welt der Bilder angeht, stimmt dies.

Wir können nicht umhin, gehörte Worte in Bilder umzufor-men und erfüllen damit schon die wesentlichste Voraussetzung für geführte Meditationen. Lediglich Abstraktionen im Sinne mathematischer Begriffe wie 10^7 entziehen sich diesem Zu-gang, diese spielen aber in der Meditation sowieso keine Rolle. All die anderen Begriffe sind mit konkreten Bildern verbunden und für die Reisen nach innen bestens geeignet. Daraus ergibt sich die wichtigste Regel für geführte Meditationen: Die For-mulierungen müssen so bildhaft, so anschaulich und so kon-kret wie möglich sein. Alles zu Abstrakte wird einfach über-gangen wie Verneinungen, die ja ebenfalls Abstraktionen sind.

Die Möglichkeiten der inneren Bilderebene gehen aber noch wesentlich weiter. All die Grenzen, die dem intellektuellen Denken durch die äußere Realität gesteckt sind, haben in der inneren Welt keine Bedeutung. Was denkbar ist, kann hier Gestalt annehmen, von Fabelwesen bis zu Erfindungen der fernsten Zukunft. Folgende Übung mag das veranschaulichen:

Denken Sie nun einmal nicht an ein hellblaues Hausschwein mit weißen Streifen und grünen Ferkeln.

So sehr Sie sich auch bemühen, es ist nicht möglich, der Aufforderung zu widerstehen, und sofern Sie Schweine kennen und die Farben Blau, Weiß und Grün, können Sie sich die surreale Schweinefamilie vorstellen.

Diese Möglichkeit, Dinge Gestalt annehmen zu lassen, die es in der äußeren Realität nicht oder noch nicht gibt, ist vor allem für therapeutische Bereiche interessant. Hier kann man sich zum Beispiel der besten vorstellbaren Therapiemethoden bedienen, schon lange bevor diese in der äußeren Realität erschaffen werden.

Aus der Welt der Märchen und Mythen sind uns diese größeren Möglichkeiten der Bilderwelten seit Kindheit vertraut. Die Märchen nehmen keine Rücksicht auf den engen Vorstellungsrahmen männlicher Logik, sondern bewegen sich frei in der viel ausgedehnteren Welt der Seelenmuster.

Falls diese eigentlich von Anfang an vertraute Welt wider Erwarten doch Schwierigkeiten macht, liegt es mit großer Wahrscheinlichkeit am eigenen Anspruch. So kann es sein, daß man die Bilder zu realistisch erwartet, zu plastisch oder einfach anders als die mit Sicherheit vorhandenen Vorstellungen. Tatsächlich reichen auch schon sehr vage »Einbildungen« für den Anfang. Mit der Zeit und mit entsprechender Übung werden die Bilder plastischer und deutlicher. Es mag allerdings einige Zeit dauern, bevor sich unser über die Jahre gewachsener Anspruch an Kompliziertheit mit so einfachen Dingen wie Vorstellungsbildern abfindet. So wie es einige Zeit gedauert hat, den natürlichen Zugang zur Bilderwelt zu verlernen, dauert es auch, sich nun wieder daran zu gewöhnen. Natürlich konnten wir alle von frühester Kindheit an träumen, phantasieren und uns in den inneren Welten zurechtfinden. Erst mit Schulbeginn und dem hereinbrechenden Ernst des Lebens hörten wir dann von unseren Lehrern: *Träum nicht! Spinn hier nicht herum! Schlaf nicht! Phantasiere nicht, sag die Wahrheit!* und vor allem *Konzentriere dich!* Wir lernten allmählich, welche Wahrheit gemeint war, und wie man alles Unwichtige und Phantastische ausblendet und sich auf das wenige Wichtige und Wesentliche konzentriert. Das ist für jedes Kind ein herber Schritt, zumal es ja gerade nicht um das Wesentliche, das Wesen der Dinge, geht, sondern fast ausschließlich um Vernünftiges. Je besser die neue Botschaft aufgenommen wird, daß das Rationale und Funktionale allein wesentlich ist, desto mehr treten die kreativen Bereiche der Vorstellung und Phantasie zurück. Im Erwachsenenalter dann wieder Zugang zu ihnen zu gewinnen, mag verständlicherweise mit einiger Skepsis von seiten des Intellekts verbunden sein, der inzwischen die Alleinherrschaft übernommen hat. Das Problem liegt aber nicht in der Kompliziertheit der Meditation, sondern gerade in ihrer Einfachheit und der Leichtigkeit des Zugangs. Nicht selten hört man, wenn der berühmte Groschen schließlich gefallen ist: »Ach, so einfach ist das, das hätten Sie doch gleich sagen können. Nur die Vorstellungen und Gedanken so nehmen, wie sie kommen, na dann ...«

Eine andere, ebenso einfache Regel bereitet häufig ebenfalls Probleme, das heißt intellektuelle Menschen neigen dazu, aus ihr ein Problem zu machen. Es geht bei den geführten Meditationen jeweils darum, den ersten auftauchenden Gedanken anzunehmen. Auf die zuerst erschienene Wiese kommt es an. Diese wahrzunehmen ist an sich leicht, aber für den an Alternativen gewöhnten Intellekt trotzdem manchmal ein Problem. Die verschiedenen Möglichkeiten der Auswahl geben dem Ego ein Gefühl von Freiheit und die Macht, Entscheidungen zu fällen. Um diese Möglichkeit zu bekommen, muß es aber erst eine Auswahl schaffen. So mag es den ersten auftauchenden Gedanken beiseite schieben, was dem Meditierenden dann ein Gefühl von Beliebigkeit den Bildern gegenüber vermittelt. Tatsächlich ist die Auswahl des Intellekts für diesen zwar befriedigend, weil er so alles unter Kontrolle behält, für den Übenden ist sie aber eher unbefriedigend.

Grundsätzlich kann man dem Ego, in dessen Dienst der Intellekt steht, für diese Politik nicht böse sein, denn es hat tatsächlich viel zu verlieren. Im letzten und tiefsten Sinne zielt Meditation auf die Mitte und damit auf Befreiung aus der Polarität. Das aber ist zugleich die Befreiung vom Ego. Letztlich riskiert das Ego bei diesem Unterfangen alles, und so ist ihm ein gewisser Widerstand nicht zu verdenken. Allerdings kann man das Ego beruhigen – so schnell und so früh muß es auch wieder nicht abdanken.

An diesem Punkt läßt sich der Intellekt im übrigen mit seinen eigenen Waffen schlagen, denn es ist wesentlich eine Angelegenheit der Konzentration, gleich den ersten Gedanken wahrzunehmen und dabei zu bleiben. Daß das erste Bild und der erste Eindruck entscheidend sind, lehrt bereits der Volksmund. Häufig zeigt auch die eigene Lebenserfahrung, daß im Anfang alles liegt.

ÜBUNG A:
Erinnern Sie sich an eine Situation in Ihrem Leben, wo Sie einem Menschen begegnet sind, der Ihnen spontan unsympathisch war, und wo Sie sich vom Intellekt eines »Besseren« haben belehren lassen.

ÜBUNG B:
Erinnern Sie sich an eine Situation, wo Ihnen jemand vom ersten Augenblick an ausgesprochen sympathisch war und wo sie sich ebenfalls vom Intellekt durch vernünftige Argumente umstimmen ließen.

Schauen Sie, wer rückwirkend betrachtet mit seiner Einschätzung besser lag.

Wenn Sie anfangen, ihren ersten Eindrücken und Eingebungen zu vertrauen, werden Sie feststellen, daß vielleicht nicht immer, aber doch meistens der erste Eindruck sehr treffend ist. Natürlich haben die Argumente des Intellekts ihren Wert und sollen hier nicht herabgesetzt werden. Es reicht, sie richtig einzustufen, und dann ergibt sich, daß wir ihnen den größten Teil unserer Wissenschaft und damit unseres technologischen Fortschritts verdanken. Andererseits vertrauen wir dem Intellekt im täglichen Leben viel weniger, als wir uns gemeinhin eingestehen. Untersuchungen ergaben zum Beispiel, daß der Inhalt einer Rede gerade für 10% des Gesamteindrucks verantwortlich ist, den ein Politiker bei seinen Zuhörern hinterläßt. 90% stammen aus anderen Quellen wie Ausstrahlung, Sympathie und nonverbaler Kommunikation.

Bei den geführten Meditationen wird der Intellekt anfangs nicht einmal so zurückstehen müssen wie in den nächtlichen Träumen. Er kann aus dem Hintergrund beobachtend Zeuge bleiben. Sogar der Aufbau der Meditationen entspricht zumindest anfangs noch weitgehend seiner Logik. In Träumen und später bei der freien Imagination, die sich aus den geführten Meditationen zwanglos ergibt, spielen die normale Logik und Chronologie nur noch eine untergeordnete Rolle, was den Intellekt zusätzlich herausfordert. Im Traum passieren die unlogischsten Dinge, und die Zeiten geraten beliebig durcheinander. Insofern kann sich das Ego beruhigen, und das ist auch das beste, was es zur Meditation beisteuern kann.

Einfluß und Auswirkungen innerer Bilder

Am Anfang ist es für intellektuell gebildete Menschen schwer annehmbar, daß vorgestellte innere Bilder wirksam sein sollen. Zu lange haben wir gehört, daß Träume, Phantasien und Einbildungen nicht nur nichts wert, sondern sogar schädlich seien. Andererseits zeigt die Alltagserfahrung, daß eingebildete Ängste erheblich ängstigen, eingebildete Krankheitsbilder schrecklich leiden lassen und sogar eingebildete Schmerzen entsetzlich schmerzen können. Das Wort Einbildung belegt, daß bei diesem Prozeß Bilder die entscheidende Rolle spielen, wie übrigens auch bei unserer ganz normalen *Bildung*. In beiden Fällen geht es um Bilder, die sich im Innern festsetzen. Ein gebildeter Mensch verfügt über eine Menge innerer Bilder, die er sich bei Bedarf bewußt machen kann. Solche Bilder schätzen wir, und sie sind ohne Zweifel wirksam, wie der Kontrast des ungebildeten Menschen zeigt. Die eingebildeten Bilder des Hypochonders, des eingebildeten Kranken, schätzen wir nicht, aber sie sind ebenfalls innen und ebenso wirksam, beschäftigen sie doch manche Patienten und ihre mit Bildern unvertrauten Ärzte oft lebenslang.

Innere Bilder sind nicht nur die Basis unserer Bildung, sondern auch unserer Kultur. Der Kult, der ihr zugrunde liegt, beruht auf Ritualen, die wieder von Symbolen abhängen. Symbole aber sind nichts anderes als Urbilder der Seele, die immer innen sind und lediglich ab und zu im Außen von bewußten Menschen manifestiert werden.

Bei genauerem Hinsehen wird deutlich, daß letztlich alle Bilder innere Bilder sind. Wenn wir draußen etwas sehen, fallen Lichtstrahlen von diesem Objekt auf unser Auge und lösen auf der Netzhaut in der Tiefe des Auges einen elektrischen Reiz aus. Die Fülle dieser Reize führt zu elektrischen Reizmustern, die, über den Sehnerv zum Sehzentrum des Gehirns geleitet, hier zu einem Bild verrechnet werden. Das eigentliche Sehen geschieht damit immer im Gehirn und folglich eindeutig innen. Die Medizin kennt deshalb zwei Arten von Blindheit. Bei der häufigeren, auf Augenfehlern beruhenden Variante[10], kann man immer noch innere Bilder sehen. Bei der Seelenblindheit liegt der Defekt im Gehirn, und erst dann ist die Vorstellung von Bildern verhindert.

Alle Bilder sind also innen, und doch sind die Bilder geführter Meditationen und Traumbilder in besonderem Maße innen. Diese Besonderheit liegt aber offenbar nicht in ihrer Wirksamkeit und Bedeutung. Den bereits erwähnten Indianern sind sie sogar wichtiger als die meisten äußeren Bilder. Selbst uns waren sie immer dort wichtig, wo sie »veräußerlicht« wurden. Es ist noch kein Haus auf dieser Erde errichtet worden, das nicht vorher in der Phantasie des Architekten oder Baumeisters als inneres Bild existierte. Jeder technischen Erfindung geht ein inneres Bild voraus. Zuerst ist immer die Vorstellung da, und erst daraus ergibt sich die materielle Manifestation.

Dieser Schritt in die Manifestation ist für uns wichtig und bleibt es auch bei den geführten Meditationen. Erlebt man eine wesentliche Erkenntnis oder einen tiefen Einblick, ist es immer ratsam, dem auch einen äußeren Ausdruck zu geben in Form eines kleinen Rituals. Damit erhöht sich einerseits die Bedeutung der Erfahrung für uns, andererseits wird sie tiefer im Gedächtnis verankert, denn ähnlich wie Träume versinken auch die Erfahrungen geführter und freier Bildermeditationen ansonsten schnell wieder im Unbewußten.

Die Belege für die Wirksamkeit der inneren Bilder bis in körperliche Strukturen werden im Bereich der Psychotherapie immer zahlreicher. Schon seit vielen Jahren werden geführte Meditationen in der Psychoonkologie mit Erfolg eingesetzt. Dieser Name steht für jenen Bereich der Krebstherapie, der sich mit den seelischen Anteilen von Tumorerkrankungen beschäftigt. Carl Simonton[11] konnte belegen, daß sich durch den Einsatz innerer Bilder die Überlebenszeit bei Krebspatienten mehr als verdoppeln läßt. Selbst Schulwissenschaftler sind inzwischen auf diese Phänomene aufmerksam geworden und haben sogleich ein neues Ressort eröffnet, das sich in Zukunft mit solchen Auswirkungen beschäftigen soll: die Psychoneuroimmunologie. Der etwas hochtrabende Name kann doch nicht verbergen, daß es sich hier vor allem um die an sich einfache Wirkung seelischer Bilder auf den Körper handelt.

Die Macht der Vorstellungen mag folgendes von Simonton angeführtes Extrembeispiel belegen: Einem Patienten im Endstadium einer schweren und nicht weiter therapierbaren Krebserkrankung, voller Metastasen und ohne Hoffnung, wird angeboten, ein neues, am Menschen noch nicht erprobtes Krebsmittel an sich erstmals ausprobieren zu lassen. Da seine Lebenserwartung auf nur wenige Wochen veranschlagt wurde und die Situation praktisch nicht mehr zu verschlechtern war, wagten die Ärzte diesen Schritt. Der Patient stimmte zu und erlebte eine wundervolle Genesung. Nach einigen Wochen waren keine Anzeichen von Krebs mehr vorhanden, und er konnte als geheilt entlassen werden. Einige Monate später las der immer noch gesunde Mann in einer medizinischen Zeitschrift, daß das Medikament, das er erhalten hatte, die Erwartungen nicht erfüllen konnte und keine Wirkung bei Krebs gezeigt habe. Darauf erkrankte der Patient sofort wieder an »seinem« Krebs und starb einige Monate später.

Solche Geschichten tauchen hin und wieder auf, und da man nicht weiß, wo und wie sie einzuordnen sind, erscheinen sie in den Zeitungen unter *Verschiedenes aus aller Welt* und geraten schnell wieder in Vergessenheit. Dabei ließe sich viel von ihnen lernen und Hoffnung schöpfen bezüglich der Möglichkeiten, die in Vorstellungen und inneren Bildern liegen. Bereits das Für-möglich-Halten, das mit jeder weiteren Geschichte wächst, fördert die eigenen Aussichten und die unbewußte Bereitschaft zu »Wundern aus der Vorstellung«. In diesem Sinne sei hier auch auf jenen Bericht von einer amerikanischen Mutter verwiesen, die einen mehrere Tonnen schweren Lkw hochhob, um ihr darunter geratenes Kind zu befreien. In ihrer Vorstellung, in die wohl die ganze Verzweiflung der Situation hineinfloß, schaffte sie es, und dann geschah es auch – entgegen aller Physik – konkret.

In München hatte der Fahrer eines Transportunternehmens für Gefrierwaren seinen Lkw am Freitagnachmittag in den Fabrikhof gefahren und war noch kurz auf die leere Ladefläche geklettert. In diesem Augenblick kam ein anderer Fahrer in den Hof, sah die angelehnte Tür und warf sie zu. Der nun sozusagen im Gefrierfach eingesperrte Fahrer bekam sicherlich schreckliche Angst zu erfrieren. Und das tat er dann auch. Am Montagmorgen wurde er mit Erfrierungen tot aufgefunden. Nur kalt war er nicht, denn der andere Fahrer hatte auch das Kühlaggregat ausgeschaltet, weshalb der Fall überhaupt bis in die Zeitungsspalten gelangte. Der »Erfrorene« hätte genügend Luft und sogar Wasser gehabt, um die 2½ Tage bei sommerlichen Temperaturen zu überstehen. In seiner Vorstellung aber hatte er gefürchtet zu erfrieren, und diesem inneren Bild war er gefolgt. Er hatte sich das Erfrieren also »nur« eingebildet.

Natürlich gibt es keinen Grund, nur die negativen Wunder zu bestaunen, es lohnt sich vielmehr, sich auf positive Möglichkeiten bis hin zu Wundervollem einzustellen.

Chancen und Gefahren von Wundererwartung

Hier liegen Segen und Fluch nahe beieinander. Tatsächlich kann der Glaube Berge versetzen, und Wunderheilungen sind durchaus keine Seltenheit. Bezeichnenderweise haben allerdings weder Wissenschaft noch Kirche großes Interesse an ihnen. In Lourdes, wo nach wie vor gläubige Katholiken Wunder erleben, hat die Kirche eine Kommission zu deren Überprüfung mit so strengen Kriterien eingesetzt, daß nur noch wenig Wundervolles übrig bleibt, aber immerhin doch einiges. Es dürfte kaum einen Arzt geben, der nach nur einem Jahrzehnt Arbeit mit Patienten nicht schon einige Wunder erlebt hat. Die Medizin tut sie ihrerseits als Spontanremissionen ab. Warum gerade solche Phänomene nicht äußerst intensiv erforscht werden, bleibt wohl eines der Geheimnisse der Wissenschaft. Wunder sind also nicht nur möglich, sie sind gar nicht so selten, wie unsere Zeit in ihrem Skeptizismus annimmt.

Es gibt viele Gründe, das Glas lieber halb voll als halb leer zu sehen. Sogar wissenschaftlich läßt sich untermauern, daß ein gewisser Optimismus die Immunitätslage verbessert. Problematisch wird es allerdings, sobald sich jemand bewußt einbildet, es sei ganz voll. Es liegt ein grundsätzlicher Unterschied zwischen dem Sehen und Setzen innerer Bilder. Das Sehen ist immer in Ordnung, das Setzen geschieht natürlich in geführten Meditationen, aber hierbei sind Regeln zu beachten. Solange es sich bei den gesetzten Mustern um archetypische Strukturen handelt, die jeder Seele ursprünglich zugänglich sind, handelt es sich gleichsam um ein aktives Wiedererkennen ureigener innerer Strukturen. Sobald jedoch Wunschvorstellungen gesetzt werden, wie es zum Beispiel auch bei den erwähnten Krebstherapien geschieht, ist Vorsicht geboten. Hier beginnt Magie, denn es wird mittels Gedankenkraft Macht ausgeübt. Nun heißt das nicht, daß man solche Ansätze aufgeben sollte; es wäre nur gerade jetzt wichtig zu wissen, was man tut.

Solange Bilderreisen zum Aufdecken innerer Strukturen genutzt werden, ist das Ganze relativ unproblematisch, selbst wenn es sich um düstere Schattenseiten handeln sollte. Werden aber Bilder aktiv gesetzt, beginnt die Gefahr allen Tuns. Man wird tendenziell schuldig. Macht man das eine, bleibt das andere ungetan und umgekehrt. Hier beginnt mitten in der Meditation, dort wo man es wohl zuletzt vermutet, wieder die ganze Problematik des männlichen Macherpols. Natürlich liegt es nahe, bei einer Krebserkrankung etwas zu unternehmen und sei es, mit Bildern zu zaubern. Allerdings wäre es gut, sich gleich von Anfang an einzugestehen, daß hier die Gefahr besteht, neuen Schatten zu schaffen und so dem eigentlichen Anliegen der Meditation entgegenzuarbeiten.

Sobald man beginnt, sich gegen etwas zu wenden, ist Achtsamkeit vonnöten und offenbar Widerstand im Spiel. Somit entfernt man sich vom eigentlichen Ziel der Meditation, die ja aus dem Widerstand hinausführen will. Diesen Widerstand auszuleben, kann trotzdem sinnvoll sein, etwa im engagierten Kampf gegen Krebszellen, schafft aber nichtsdestotrotz neuen Schatten. Hier wäre es wesentlich, herauszufinden, was einem fehlt und wodurch der Krebs notwendig geworden ist. Hat man erkannt, daß es in der Vergangenheit an Durchsetzungs- und Kampfkraft für den eigenen Lebensweg gemangelt hat, ist es doppelt sinnvoll, diesen Kampf auch auf der Ebene der Bilder aufzunehmen und gegen die Krebszellen zu richten. Das Wort Meditation ist hier aber im eigentlichen Sinn schon nicht mehr angemessen.

Jene uns so vertraute Haltung des Gegen-etwas-Angehen ist medizinisch gesprochen der Allopathie zuzuordnen und damit nicht an sich schlecht, nur anders. Meditation würde erfordern, mit den Dingen, auch im Fall von Symptomen, in Einklang zu gehen und entspricht damit eher dem Ansatz der Homöopathie. Die Meditation mit inneren Bildern ist nur ein Werkzeug und kann für beide Richtungen benutzt werden. Wird sie allerdings im Kampf gegen irgendwelche eigenen Eigenschaften eingesetzt, die mittels Affirmationen wie beim positiven Denken zugedeckt werden sollen, ist höchste Vorsicht geboten. Hier wird Schatten produziert, und man sollte sich klarmachen, daß das dem Anspruch von Meditation zuwiderläuft. Notwendig mag es trotzdem sein, denn sicher ist es besser, mit Affirmationen zu überleben, als sich aus Liebeskummer umzubringen. Allerdings sollte nicht die Illusion entstehen, dadurch sei das zugrundeliegende Problem gelöst. Wird die innere Bilderebene mißbraucht, um Probleme im Sinne des positiven Denkens »niederzumeditieren«, widerspricht das dem Ansatz der Meditation und wird sich irgendwann rächen. Das heißt, der unterdrückte Schatten wird sich wie bei allen allopathischen Therapieversuchen je später desto massiver in Szene setzen.

Der Weg zur Mitte muß Offenheit für alle Erscheinungsformen der eigenen Existenz beinhalten, und das schließt ausdrücklich auch die dunklen Seiten mit ein. In Extremsituationen können einem auf diesem Weg auch wundervolle Erfahrungen zufallen, und je näher die Mitte rückt, desto wahrscheinlicher werden sie. Bei aller Offenheit für solche Erfahrungen kann es jedoch nie darum gehen, Wunder zu erzwingen. Im übrigen verschließt sich das Wunder von sich aus dem Macherbestreben, das es erzwingen will.

Gefahren und Hilfen bei inneren Reisen

Reisen *bildet* einerseits, andererseits kann es – abhängig vom Reiseziel – auch gefährlich sein. Das unterscheidet innere wenig von äußeren Reisen. Wird bei normalen Kulturreisen die Bildung durch äußere Erfahrungen gewonnen, die zu inneren Bildern verarbeitet werden, geschieht dies bei inneren Reisen direkt durch die Hinwendung zu inneren Bildern und Mustern.

Kurzfristig betrachtet ist Reisen immer gefährlicher als zu Hause bleiben. Auf Reisen kann und soll einem ja sogar Fremdes und Unbekanntes begegnen. Die alljährliche Badereise an den immer gleichen Strand desselben Meeres bildet ja nicht. Langfristig schaut die ganze Sache dagegen ganz anders aus, was folgende einfache Überlegung zeigen mag.

ÜBUNG:
Stellen Sie sich für einen kurzen und schrecklichen Augenblick vor, Sie würden von nun an nie mehr verreisen und den Rest ihres Lebens an ihrem Heimatort verbringen, eingebettet in gefahrlose und vertraute Gewohnheiten. Noch sicherer wäre es, Sie verließen ihr Haus gar nicht mehr. So könnten Sie wirklich sicher gehen, die noch verbleibenden Lebensjahre ohne Gefahr für Leib und Leben zu überleben.

Ganz offensichtlich ist Leben aber mehr als Überleben. Und wo keine Gefahr für Leib und Leben bestünde, wäre die Seele in großer Gefahr, bei lebendigem Leib zu verhungern. Solch einem ewig zu Hause Sitzengebliebenen könnte jeder jeden Unsinn über die Welt erzählen. Würde ihm eingeredet, aus den Nachbarländern drohten aggressive und gefährliche Feinde, würde er sich vielleicht sogar zum Krieg gegen sie aufhetzen lassen und seines und das Leben anderer riskieren. Vorherige Reisen in die Nachbarländer hätten ihm derlei erspart. So aber können ihn weder eigenes auf Erfahrung gründendes Wissen noch lebendige Bildung vor nachteiliger Beeinflussung schützen. Zu Hause bleiben ist also langfristig noch gefährlicher als Reisen. Analoges gilt für die inneren Reisen. Wer sich nie nach innen wendet, entfremdet sich gegenüber seiner eigenen Seele. Nicht wer auf seine innere Stimme hört, ist gefährdet, sondern derjenige, der das niemals wagt. Wenn solch ein außenorientierter Mensch in einer schwierigen Lage anfängt, Stimmen zu hören, ist das meist eine Situation, die nach einem Psychiater verlangt, der den Stimmen dann aber auch wieder nicht zuhört. Sich inneren Bildern und Stimmen rechtzeitig und freiwillig zuzuwenden, ist der beste Schutz vor einer unfreiwilligen Überschwemmung durch sie.

In jedem Fall ist ein gesundes Verhältnis zwischen Reisen und zu Hause bleiben anzustreben. Wer sich nur noch in der weiten Welt herumtreibt, verliert den Bezug zur Heimat und gefährdet sich von dieser Seite durch Entwurzelung. Dies gilt ebenso für innere Reisen. Sich in übertriebener Weise auf innere Seelenlandschaften stürzen und daneben nichts anderes mehr gelten lassen kann den Bezug zur äußeren Realität und den Notwendigkeiten des Alltagslebens gefährden. So sinnvoll es ist, die Bedeutung der Außenwelt zu relativieren und sich um Sinn und Ziel des Lebens zu kümmern, so verheerend ist es, den Bodenkontakt zu verlieren und nur noch in geistigen Ebenen zu schweben, mit der noch größeren Gefahr, gänzlich in andere Welten zu entschweben. So wie einige recht peinliche, irdische Weltenbummler verächtlich auf die Spießer zu Hause herabblicken, neigen die entsprechenden »esoterischen Weltenbummler« häufig zu milder Verachtung all jener, die ihr Leben wirklich zu bewältigen versuchen in den Niederungen der dafür notwendigen physischen Welt.

Solange man aber die Meditationsfrequenz nicht über zwei Reisen von einer halben bis dreiviertel Stunde pro Tag erhöht, befindet man sich – eine gewisse seelische Stabilität vorausgesetzt – auf sicherem Terrain. Falls bereits das die Sensibilität zu sehr erhöht, was man an zunehmender Empfindlichkeit bis hin zu Reizbarkeit merken kann, ist an eine zeitliche Verkürzung der unternommenen Reisen zu denken. Im allgemeinen ist dieser Effekt aber gerade bei geführten Meditationen nicht so stark, weil hier die aufgetauchten Dinge auch gleich eine gewisse Verarbeitung erfahren.

Eine weitere Gefahr großer Reisen liegt in der Möglichkeit, sich zu verirren. Bei Reisen in die äußere Welt kann man dem mit guten Karten und gegebenenfalls einem kompetenten Führer oder überhaupt einer Gruppenreise vorbeugen. Derlei ist aber natürlich nur dann notwendig, wenn man sich in ferne, gänzlich fremde und dunkel-unerforschte Bereiche vorwagen will, was man im allgemeinen vorher weiß. Entsprechendes gilt für die inneren Reisen.

Tatsächlich können geführte Meditationen bis an die Grenze zur Psychotherapie und manchmal auch ein gutes Stück hinein führen. Von Freuds freier Assoziation ging Jung den Schritt zur aktiven Imagination, und diese ist wiederum auch das Ziel geführter Meditationen. Denn wenn man sich in den vorgegebenen seelischen Mustern gut zurechtfindet und die notwendige innere Sicherheit erlangt hat, geht der Weg weiter zu eigenen Ausflügen in die inneren Reiche, die die Domäne der Psychotherapie sind. Die Entscheidung über diesen weiteren Weg liegt dabei immer bei einem selbst. Bei entsprechenden Zweifeln ist es besser, für die ersten Schritte die Geborgenheit einer Gruppensituation zu suchen oder sich für anstehende heikle Schritte der Führung eines in den Bilderwelten erfahrenen Psychotherapeuten zu versichern.

Die sicherlich beste Möglichkeit findet sich in der Bilderwelt selbst. Wie an Beispielmeditationen praktisch gezeigt werden soll, ist es leicht möglich, eine Führerin oder einen Begleiter in der inneren Welt zu finden, die dann bei allen weiteren Reisen schützend und beratend zur Verfügung stehen. Früher war den Menschen die Vorstellung solch einer Hilfe auf dem Weg eher geläufig. Der Gedanke an den Schutzengel ist es für viele Kinder bis heute. Im Augenblick erleben wir gerade eine gewisse Renaissance dieses Gedankens, tauchen doch seit einiger Zeit zunehmend Bücher auf, die sich des Engel- und insbesondere Schutzengelthemas annehmen. Im Rahmen der eigenen Reisen nach innen ist es jedem auf gänzlich unkitschige Weise möglich, die entsprechende Begleitung für zukünftige Reisen ins weite Innenreich zu finden.

Die Betonung liegt hier auf *finden,* nicht etwa auf *suchen.* In dem Kinderbuch »Oh, wie schön ist Panama«[12] macht es der kleine Tiger vor, indem er nicht Pilze suchen, sondern finden geht. Tatsächlich wird er auch jeweils fündig, denn der Erfolg entscheidet sich eben nicht erst im Wald und durch die botanischen Gegebenheiten, sondern ist eine Frage der inneren Einstellung. Wer den Gedanken an einen Schutzengel oder ein entsprechendes Wesen von vornherein ausschließt, wird auf eine vergebliche Suche gehen. Die inneren Ebenen sind nicht dazu da, unsere intellektuelle Skepsis zu therapieren, sondern eine gute Möglichkeit, mit echten Anliegen weiterzukommen. Für möglich halten und *finden gehen* sind die beiden Erfolgsgaranten. Eigentlich wäre es ein Wunder, wenn bei jemandem gar kein Schutzwesen auftaucht, denn das würde bedeuten, er kann sich überhaupt keine Hilfe auf seinem Lebensweg vorstellen. Erstaunlicherweise legen besonders intellektuelle und akademisch gebildete Menschen manchmal Wert darauf, auf diese unerquickliche Weise wundervoll zu sein.

Menschen mit religiöser Bindung haben damit naturgemäß weniger Probleme. Katholiken haben sogar ganz offiziell ein ausgefeiltes System von Schutzheiligen zur Seite. Für fast jede Eventualität äußerer oder innerer Bedrängnis steht die oder der zuständige Heilige zur Verfügung. Obendrein haben nicht nur fast alle Katholiken, sondern die meisten Menschen des christlichen Kulturkreises einen Namenspatron, der zumindest nach der ursprünglichen Anschauung für den persönlichen Schutz des Betreffenden zuständig ist. Wie wirksam solch ein System innerer Hilfskräfte sein kann, zeigen uns Indianerkulturen. Hier hatte nicht nur jeder seinen Namen(spatron), der oft auch erst verdient sein wollte, sondern darüber hinaus eine Fülle von Schutzgeistern bis hin zu einem Totemtier.

Kinder haben ebenfalls meist keinerlei Problem, ein Schutzwesen zu finden, ja man bekommt bei Übungen dieser Art oft den Eindruck, daß auch abendländische Kinder ein besonderes Tier, fast im Sinne des Totems haben. Während Erwachsene bei entsprechenden »Indianer«-Workshops mit Totemsuche zu besonders eindrucksvollen Tiergestalten neigen oder einfach auf ihr Sternzeichentier zurückgreifen, tendieren von Egowünschen unbelastetere Kinder auch schon mal zu einer Ratte oder einem Schaf. Kindern, denen aus verständlichen Vernunftgründen »echte« Tiere vorenthalten werden, können auf diese Weise wenigstens innere Tiergefährten finden. Entsprechend dankbar nehmen sie sie an und gewinnen an ihrer Seite Vertrauen und innere Sicherheit.

Innere Sicherheit bis hin zu Urvertrauen wäre natürlich der beste Schutz und zugleich die beste Hilfe auf Reisen, inneren wie äußeren. Es ist selbst in aufwendigen Psychotherapien nicht leicht, das in früher Kindheit versäumte Urvertrauen später noch zu gewinnen. Innere Reisen und die damit verbundene Kontaktaufnahme mit bisher zu kurz gekommenen Teilen der eigenen Seele sind eine der besten Hilfen, so wie das gewonnene Vertrauen seinerseits wieder zur Hilfe auf dem weiteren Weg wird. Und innere Sicherheit ist hier natürlich ganz persönlich und innerseelisch gemeint.

Die öffentlich so heiß diskutierte »innere Sicherheit« ist demgegenüber ein scheinbar ganz äußeres Problem. Aber genaugenommen kann dieses Thema überhaupt erst zu einem politischen Problem werden, wenn es um die persönliche »innere Sicherheit« der Bürger schlecht bestellt ist. Ein in sich sicherer Mensch wird wenig um die äußere »innere Sicherheit« des Staates bangen.

Ähnlich steht es mit der »Inneren Führung«, ein Konzept, das bei der Bundeswehr viel diskutiert und in der Praxis kaum umgesetzt wurde. Es macht für Soldaten, die ja bei ihrer Ausbildung vor allem auf Parieren gedrillt werden, auch wenig Sinn. Auf inneren Reisen aber kann es sich sehr segensreich auswirken. Alle Arten von Reisen gewinnen durch kompetente

Führung. Kommt die Führung von innen, ist man sein eigener Führer, und der ist natürlich allen äußeren überlegen. Mit einem guten (Schutz-)Engel an der Seite stehen sie von vornherein unter einem guten Stern.

Die sichere Rückkehr

Ein ganz wesentlicher Schritt bei Reisen ist natürlich die sichere Heimkehr. Bei Flug- und Schiffsreisen ist die abschließende Landung überhaupt der entscheidende und zugleich schwierigste Schritt. Ähnlich ist es auch bei Reisen auf den Schwingen der Gedankenbilder, die ja symbolisch sehr eng mit dem Luft- und Wasserelement verbunden sind. Nachdem man sich alle vorigen Schritte viel zu schwer vorgestellt hat, neigt man gerade beim Schluß dazu, ihn zu leicht zu nehmen. Besonders, wenn man nicht das Gefühl hatte, sehr weit weggewesen zu sein, mag es verlockend erscheinen, einfach die Augen wieder aufzureißen. Tatsächlich liegt aber gerade hier eine gewisse Gefahr.

Selbst für die äußerst seltenen Schwierigkeiten in der Meditation, wo man Angst bekommt, sich zu verirren oder aber von Bildern überschwemmt und mitgerissen zu werden, liegt die entscheidende Sicherheit darin, einen verläßlichen Ausstieg zu kennen. Ein gleichsam ritualisiertes Auftauchen aus der inneren Bilderwelt ist daher Rettungsring, Fallschirm und Schlußritual in einem.

Dazu hat es sich über viele Jahre in Einzeltherapien und Gruppen bewährt, sich auf folgende vier Schritte zu stützen, um sicher zurück in die Welt der Vierheit zu gelangen.

Die vier Schritte der bewußten Rückkehr

1. Zuerst einmal kehrt man in der Bilderwelt zurück zum Einstiegsbild, das damit auch zum Ausstieg wird und macht sich bewußt, daß es keinen Grund gibt, etwas von den gemachten Erfahrungen zu vergessen.

2. Dann läßt man die inneren Bilder sich zurückziehen, koppelt das eventuell an das allmähliche Verschwinden der Töne der Hintergrundmusik.

3. Jetzt macht man einen tiefen Atemzug und verbindet sich damit ganz bewußt mit der Polarität in Form des Ein- und Ausatmens.

4. Schließlich beginnt man mit kleinen Bewegungen der Finger und Zehen und läßt sie zum Beispiel in ein genüßliches Strecken und Räkeln übergehen, mit dem man sich wieder im eigenen Körper orientiert. Und dann erst öffnet man die Augen und orientiert sich zusätzlich sehr bewußt in Raum und Zeit.

Zum letzten Punkt gibt es eine sehr schöne Alternative beziehungsweise Weiterentwicklung. Um sich wieder ganz sicher und angenehm im Körper zurechtzufinden, kann man ihn mit einer Ganzkörpermassage begrüßen, die man sich selbst gewährt. Der einfachste Weg dazu führt über die Ohren. Da in den Ohrreflexzonen der ganze Mensch mit all seinen Organen abgebildet ist, läßt sich über sie jeder Körperbereich leicht erreichen. Noch mit geschlossenen Augen läßt man beide Hände langsam hochwandern und nimmt sich mit Daumen und Zeigefingern bei den eigenen Ohr(läppch)en. Man stellt sich die Anordnung des Körpers im Ohr am besten wie einen zusammengerollten Embryo vor, mit dem Kopf nach unten, wie kurz vor der Geburt. Der Rücken weist dabei nach hinten zum äußeren Rand der Ohrmuschel.

ÜBUNG:
Kneten und drücken Sie die Ohrläppchen (etwaige Ohrgehänge sind am besten bereits vor Beginn der Meditation zu entfer-

nen), bis sie sich prall und warm anfühlen, was schon nach kurzer Zeit der Fall sein wird. Damit ist bereits der ganze Kopf einschließlich Gehirn massiert.

Lassen Sie dann Daumen und Zeigefinger beider Hände am äußeren Ohrrand ein kleines Stückchen hinaufrutschen und massieren so Ihre Halswirbelsäule.

Anschließend wandern Sie ein weiteres Stückchen hinauf und wenden sich damit der Brustwirbelsäule zu. Letztlich ist es natürlich gar nicht wichtig, zu wissen, was Sie da gerade in den Fingern haben, solange Sie nichts auslassen.

Über die Lendenwirbelsäule am oberen Ohrrand gelangen Sie dann mit ihren Zeigefingern in die Berg- und Tallandschaft der Ohrmuschel und damit zu allen inneren Organen und Geweben. In der Tiefe des Ohrkraters könnten Sie sogar ein wenig Massageöl gewinnen.

Mit wenigen Minuten Massage kann man sich so sicher und wohlbehalten zurückholen und gegen Ende auch allmählich die Augen wieder öffnen. Wird diese einfache Übung zum festen Punkt des Wiederauftauchrituals und die Meditation zu einem Bestandteil des täglichen Lebens, so geschieht nebenbei noch eine in ihren positiven Konsequenzen unübersehbare Belebung des Organismus in körperlicher und seelischer Hinsicht, da zu jedem massierten Organ entsprechende seelische Themen gehören.

Mit diesen Maßnahmen ist das Zurückkehren in die alltägliche Welt der vier Dimensionen und vier Himmelsrichtungen gesichert. Dieser Vierstufenplan der Orientierung ist so wirksam, daß er sich sogar in schwierigsten Krisensituationen bewährt hat, wie sie Psychosen darstellen. Durch konsequente Orientierungsübungen lassen sich Menschen, die gerade erst in eine psychotische Wirklichkeit geflohen sind, zurückholen, was allerdings nicht heißt, daß man ihnen dann immer etwas anbieten kann, was sie bewegt, in unserer Realität zu bleiben.

In fünfzehnjährigen Erfahrungen, auch mit Gruppen von manchmal über hundert Personen, habe ich nie die Entgleisung einer geführten Meditation in psychotische Bereiche erlebt. Im Gegenteil – wie eingangs erwähnt – gewährt diese, regelmäßig geübt, sogar einen gewissen Schutz vor psychotischen Überfällen aus dem Unbewußten. Allerdings sollte man, wenn man diesbezüglich gefährdet ist, sehr vorsichtig sein und lieber vorher mit einem bilderfahrenen Therapeuten sprechen.

Grundsätzlich aber stellen die meisten Psychosen auch Reisen durch Raum und Zeit und in andere Dimensionen dar. Der wesentliche Unterschied zu den geführten Meditationen und auch der freien Bilderreise ist, daß sie sich unter innerem Druck von selbst erzwingen und praktisch von Anfang an außer Kontrolle sind. Der bewußt auf die Reise gehende Meditierende, der sich nach den bereits erwähnten Regeln richtet, ist in sicherer eigener Kontrolle, auch wenn diese zunehmend weniger vom Intellekt ausgeübt wird. Je mehr der weibliche Pol der Bilder, oder Animabereich, wie Jung ihn nannte, zu seinem Recht kommt, desto weniger hat er es nötig, sich mit seelischen Gewaltmaßnahmen (Be-)Achtung zu verschaffen.

Äußere Haltung

Natürlich erlaubt der Lotossitz zwar eine besonders vollendete Meditationshaltung. Er bleibt aber für Menschen, die nicht damit aufgewachsen sind, eine Zumutung und führt – mit zuviel Nachdruck erzwungen – eher zu Verletzungen als zu Erleuchtung. Tatsächlich gibt es mit dem ägyptischen Sitz eine ideale Meditationshaltung für westliche Menschen, die selten gewohnt sind, auf dem Boden zu sitzen. Mit aufrechtem Oberkörper, das Kreuzbein leicht an die Stuhllehne angedrückt, bildet der Körper im Hüft- und im Kniegelenk rechte Winkel. Ägyptische Statuen zeigen sehr häufig diese gerade, aufrechte und elegante Haltung. Sie gelingt auf jedem normalen Stuhl auf Anhieb und erfordert keinerlei Verrenkungen, sondern nur eine gewisse Bewußtheit bezüglich der *Aufrichtigkeit* von Oberkörper und Kopf. Am besten drückt man sein Kreuzbein[13] leicht gegen die Rückenlehne des Stuhls und lehnt sich ansonsten nicht an die Lehne. Nach Auffassung verschiedener Traditionen ist die aufrechte Wirbelsäule wesentliche Voraussetzung für das Aufsteigen der Energie. Die Inder gehen davon aus, daß die Energieschlange Kundalini in Shushumna, dem mittleren von drei Kanälen, vom untersten Chakra Muladhara ausgehend bis zum obersten aufsteigt. Erleuchtung ist erlangt, wenn sie dieses siebente Chakra, Sahasrara, erreicht. Dieser Ebene der Verwirklichung entspricht im christlichen Bereich der Heiligenschein, mit dem unsere Tradition verwirklichte Menschen darstellt.

Da vor allem zu Beginn der Meditationspraxis mit dem Aufsteigen der Kundalini-Schlange nicht unmittelbar zu rechnen ist, ist es durchaus verantwortbar, geführte Meditationen auch im Liegen durchzuführen. Das hat den großen Vorteil, daß sich etwaige Probleme mit der Körperhaltung auf Null reduzieren. Mit ausgestreckten Beinen und locker neben dem Körper abgelegten Armen auf dem Rücken liegen kann wirklich jeder.

Ansonsten empfiehlt es sich, zumindest anfangs dafür zu sorgen, daß der Platz ruhig und ungestört ist, man vor äußeren Überraschungen verschont bleibt und sich vor allem wohl fühlen kann. Mit wachsender Meditationserfahrung wird es zunehmend möglich, hier Abstriche zu machen, und schließlich kann man mit Kopfhörern, aus denen sanfte Meditationsmusik rieselt, auch im vollbesetzten Flugzeug auf innere Reisen gehen.

Innere Haltung

Sie ergibt sich eigentlich schon aus dem bisher Gesagten. Am geeignetsten erscheint mir eine pragmatische Grundeinstellung, die das Ganze nicht zu »heilig« einstuft, denn das ist es ja auch nicht. Die Motivation zur Meditation ergibt sich bei den meisten Menschen aus der Erkenntnis des eigenen Unheils(eins). Andererseits ist es auch nicht sinnvoll, Meditation zu locker zu nehmen, denn ohne eine gewisse innere Disziplin schläft sie schnell wieder ein. Macht man sich klar, daß sie Zugang zu einer ganzen und ganz anderen Hälfte der Wirklichkeit erschließt, und setzt man sich nicht mit irgendwelchen Zielvorstellungen unter Druck, sind die besten Voraussetzungen gegeben. Es kann tatsächlich nichts schiefgehen, geht es doch nur darum, geschehen zu lassen, was von selbst geschieht.

Ohne alle Erwartungen begonnen, kann einen nichts enttäuschen. Erlebt man wider Erwarten doch eine Enttäuschung, weiß man sofort, daß sich doch noch eine Erwartung eingeschlichen und man sich diesbezüglich getäuscht hatte. Um so besser, daß die Enttäuschung diese Täuschung nun beendet hat. Der Ballast für den weiteren Weg ist um ein Thema verringert worden.

Meditationszeiten

Grundsätzlich ist es nicht sinnvoll, feste Regeln im Sinne von Rezepten aufzustellen. Bei der Idealsituation, wo man nicht wegen eines Problems, wie etwa einem Krankheitsbild, mit der Meditation beginnt, ist eigentlich nur die Obergrenze von zwei Meditationen, eine morgens und eine abends, erwähnenswert. Mehr dürfte mit einem normalen Alltagsleben sowieso kaum vereinbar sein. Im Urlaub kann das einmal anders sein; dann ist es sinnvoll, gut zu beobachten, ob man nicht zu sensibel und empfindlich wird.

Wird als anderes Extrem nur ab und zu meditiert, wird sich daraus kaum eine Disziplin ergeben, aber auch das kann sinnvoll sein, denn schließlich unternimmt man ja auch nicht jeden Tag eine äußere Reise. Verwendet man die inneren Reisen zur Lösung sporadisch auftretender Probleme, wird sich ganz von selbst ein eher unregelmäßiger Rhythmus ergeben.

Die ideale Mitte wäre sicherlich, so wie man an den meisten Tagen einen Ausflug nach draußen unternimmt, auch einen nach innen zu wagen, dabei aber offen zu sein für Ausnahmen und ab und zu auch für eine größere Reise in tiefere Bereiche des eigenen Seelenreiches.

Selbst in Situationen, wo man sich meditativ mit einem Krankheitsbild beschäftigt, hat sich eine ein- oder zweimalige Meditation bewährt. Ist das Krankheitsbild sehr bedrängend oder sogar bedrohlich, kann die Frequenz auch erhöht werden. Die Gefahr der Übersensibilisierung besteht dabei praktisch nicht, da die überschüssige Energie vom Krankheitsprozeß absorbiert wird.

Auch für die Meditationszeiten gibt es wieder Idealvorschläge aus dem Osten, die weitgehend mit westlichen Erfahrungen aus Klöstern übereinstimmen. Die Zeit um Sonnenaufgang eignet sich energetisch am besten für die Meditation. Das klingt schön und ist für die meisten westlichen Menschen Theorie, da unser Leben im *Abendland* sich mehr auf den Abend konzentriert. Für viele Menschen beginnt das eigentliche Leben überhaupt erst nach der täglichen Arbeit. Sicherlich ist es besser, gegen Morgen zu meditieren als am Abend, wenn man fertig mit und von der Arbeit ist. Aber auch am Abend, wenn endlich Ruhe eingekehrt ist, kann noch eine gute Zeit für die Meditation sein. Hier wäre allerdings mit häufigem Einschlafen zu rechnen, das dann ganz einfach auf Erschöpfung zurückgeht. Einschlafen aus der Meditation heraus ist in keiner Weise bedenklich, im Gegenteil, man schläft dann gleich auf einer recht tiefen Ebene.

Die Länge der einzelnen Meditationen ist ebenfalls nicht verschreibbar. Im allgemeinen wird es sich um eine halbe Stunde handeln, was aber bei einiger Erfahrung auch erheblich verkürzt oder verlängert werden kann. Reisen zum eigenen Mythos oder Märchen können länger dauern. Bei Sitzmeditationen wird der aufrechte Sitz am Anfang sehr lange Perioden verhindern. Hier kann eine Liegemeditation zwischendurch Entspannung bringen.

Feste Meditationszeiten, die täglich an einem bestimmten Ort eingehalten werden, haben einen spürbaren Vorteil, da sich durch sie viel schneller ein Feld für Meditation aufbaut. Viele Menschen haben Erfahrung mit solchen immateriellen Feldern, ohne sich dessen bewußt zu sein. Man macht zum Beispiel in einem Kloster ein sehr strenges Meditationsseminar und wundert sich selbst, wie gut man all die Mühsal, einschließlich Morgenmeditation um 5 Uhr früh, aushält. Nach zwei Wochen, man ist inzwischen so richtig in die Meditation eingetaucht, beschließt man, zu Hause mit den Übungen fortzufahren. Am Montag sitzt man um 5 Uhr im eigenen Schlafzimmer und wundert sich, daß sich das Gefühl nicht so richtig einstellen will. Am Dienstag sitzt man schon widerwillig, und bereits am Mittwoch ist die Ausrede stärker als die Tat. Was ist passiert? In dem Kloster bestand seit vielen Jahrhunderten ein Feld für diese Meditation, und die Mitglieder der Gruppe haben zusammen dieses Feld noch verstärkt. Je größer ihre Zahl und je konzentrierter ihre innere Haltung, desto stärker das Feld. Zu Hause in den eigenen vier Wänden bestehen ganz andere Felder – und jedenfalls keines für diese Meditation. Es muß erst aufgebaut werden und braucht viel Zeit und Energie, wobei der erste Schritt immer der schwerste ist. Ist das Feld aufgebaut, wird es umgekehrt geradezu schwer, einmal nicht zu meditieren. Jetzt droht die Meditation zur Gewohnheit zu werden, und es braucht weiterhin Bewußtheit, um das Feld einerseits weiter mit Energie zu speisen und andererseits nicht in Routine zu erstarren, denn das wäre wieder der Gegenpol des Weges zur Mitte.

Solch ein Feld ist etwas Immaterielles – der englische Biologe Rupert Sheldrake spricht von morphogenetischen Feldern, die keine materielle Grundlage, aber erhebliche Auswirkungen haben. Trotzdem können auch materielle Dinge den Aufbau eines Feldes erleichtern, wie zum Beispiel ein mit Liebe aufgebauter Meditationsplatz, das eigene, selbst gestopfte Kissen oder eine besondere Meditationsdecke, der Duft von Räucherstäbchen zur Meditation und so weiter. Am wichtigsten sind aber auch hier die inneren Weichenstellungen: die Bereitschaft, etwas für den eigenen weiblichen Seelenanteil zu tun, die Lust, ihm Zuwendung und Zeit zu geben, ohne ihn unter Druck zu setzen, die in die Praxis umgesetzte Erkenntnis, daß es genauso sinnlos ist, schnell zu meditieren wie schnell zu singen, zu beten, zu rezitieren, zu lieben ... Wer dem weiblichen Pol Beine macht, tötet ihn gleichzeitig und damit die eine Hälfte von sich.

Eine Hilfe aus der Meditation selbst zum Aufbau des Feldes ist die aus der eigenen Erfahrung geborene Selbstsuggestion am Ende jeder Sitzung, daß der Weg in die eigene Tiefe mit jedem Mal leichter wird, weil sich die eigenen Spuren der Bilderwelt mit jedem Mal tiefer einprägen. Ebenso sinnvoll ist es sich klarzumachen, daß man alles Erlebte erinnern und einem noch mehr dazu einfallen wird, wenn man sich, aus der Meditation zurückgekehrt, weiter mit dem Thema beschäftigt. Was anfangs wie Stimmungsmache wirken mag, stimmt erstens oder wenn nicht, dann wenigstens zweitens.

Trickreiche Hilfen auf dem Weg in die Tiefe

Nicht selten spielt sich aus den schon erwähnten Gründen der Intellekt als Hüter der eigenen Tiefen auf, um aus egoistischen Gründen seine Jungfräulichkeit zu bewahren. So wird er zum Verhinderer, der – da es um Meditation geht – nicht zu bekämpfen, wohl aber auszutricksen ist. Es gibt eine Reihe von Ansätzen, um Botschaften am Intellekt vorbei in seelische Tiefen zu schleusen. All diese Wege sind bei näherer Betrachtung nicht besonders ehrlich. Selbst so weithin akzeptierte Verfahren wie das autogene Training bedienen sich doch recht platter Unwahrheiten, um die gewünschten Ergebnisse zu erzielen. Wer sich fortgesetzt einredet, sein rechter Arm sei schwer, ganz schwer, belügt sich anfangs selbst, denn der Arm ist keineswegs schwer und jedenfalls nicht schwerer als der linke. Fährt man aber lange genug mit solchen Behauptungen fort, entwickelt sich die Schwere. Solche Suggestionen sind nur auf den ersten Blick unrichtig, werden aber auf den zweiten wahr. Das autogene Training bedient sich nun einer sehr durchsichtigen und damit auch für den Intellekt durchschaubaren Methode. Verfahren wie Neurolinguistisches Programmieren (NLP) bedienen sich viel raffinierterer Tricks. In manchen der später benutzten Einleitungstexte werden Passagen auffallen, wo scheinbar die Grammatik nicht mehr stimmt. Da werden dann die letzten Worte eines Satzes schon in den kommenden mit hinübergenommen wie im folgenden Beispiel:

»Zeit und Raum werden immer unwichtiger und gleichgültig, wie tief Sie schon sind, können Sie mit dem nächsten Atemzug noch mehr loslassen geschieht so leicht und ganz von selbst sinken Sie tiefer und tiefer in die Entspannung breitet sich aus der Tiefe dringen Töne an ihr Ohr ...«

Alle unterstrichenen Worte erfüllen hier eine Doppelfunktion, die der Intellekt nicht gewohnt ist. Wenn solche Techniken noch mit anderen Verwirraktionen gekoppelt werden, wie zum Beispiel Pseudoalternativen und ungewohnte Betonungen, führt das dazu, daß der Intellekt zunehmend aufgibt und sich etwas mehr zurückzieht, was die Tore zum Unterbewußten weiter öffnet. Pseudoalternativen sind zum Beispiel die unterstrichenen Teile folgender Formulierungen:

»Jetzt schon oder gleich gleiten Sie in so tiefe Ruhe, daß Sie ganz bei sich sein können und doch auch schon über alle Maßen offen sind oder bald, während Sie noch tiefer in die inneren Welten sinken und sich bereits in diesem Augenblick oder in den nächsten Minuten noch weiter der Unterlage anvertrauen können und der ganzen Situation.«

Die vergrößerten Passagen[14] könnten zusätzlich besonders betont werden. Der Effekt ist, daß neben dem noch halbwegs logischen Text, der seinen Weg über den Filter des Intellekts nimmt, ein zweiter Inhalt praktisch ungefiltert am Intellekt vorbei in die Tiefe dringt, der nur noch aus einigen besonders geladenen Worten besteht, die aber die Stimmung vermitteln, um die es eigentlich geht. Im Fall unserer beiden Beispielpassagen sind es folgende Botschaften:

Tief – leicht – Tiefe – Ruhe – über alle Maßen offen – innere Welten – Vertrauen –

Bei Meditationskassetten ist dieser Effekt noch dadurch zu intensivieren, daß man den normalen Text auf eine gesonderte Spur spricht und über Kopfhörer nur in das rechte Ohr speist, während die gefühlsbetonten Worte des anderen Textes nur in das linke Ohr geleitet werden. So kommen die Botschaften ganz gezielt an die richtige Stelle, unbemerkt vom Intellekt, der nicht imstande ist, so vielen verschiedenen Spuren gleichzeitig zu folgen, geschweige denn, diese zu kontrollieren.[15]

Die Pseudoalternativen machen es dem Intellekt nicht leicht: Eigentlich liebt er Alternativen, geben sie ihm doch die Möglichkeit, sich zu entscheiden. Dies vermittelt ihm Gefühle von Macht und Kompetenz, die er am meisten braucht. So läßt er sich bereitwillig auf die Alternativen ein und entscheidet sich. Bis er schließlich merkt, daß, egal wie er sich auch entscheidet, es immer auf dasselbe hinausläuft, ist es auch schon zu spät. Tatsächlich ist es dem Meditationsleiter egal, ob sich der Meditierende jetzt oder gleich entspannt, Hauptsache, er entspannt sich. An solchen Punkten bleibt der Intellekt gerne hängen und kann dem Text nicht mehr folgen. Wenn er aber zurückbleibt und über den erlebten Schwindel nachsinnt, versäumt er bereits die nächsten Klippen und läßt eine sonderbare Betonung außer acht oder eine eigenartige Satzverknüpfung unkontrolliert passieren. So entgleitet ihm immer mehr die Kontrolle, was ja das Ziel des ganzen Unternehmens ist.

Natürlich ist es keine besonders ehrenwerte Taktik, jemanden so zu verwirren und aufs Glatteis zu führen, andererseits ist es einer der besten Wege, um Zugang zum Unterbewußten zu schaffen. Dem Intellekt entspricht das Urprinzip Merkur. Hermes-Merkur ist der antike Gott der Verbindungen und der Kommunikation. Es unterstehen ihm die Wege, die geraden und die krummen (Touren), der Handel, aber auch jede Form von Kuhhandel; letztlich sogar Betrug und Diebstahl, denn wie der Händler sorgt ebenso der Dieb für Austausch, wenn auch auf seine unerlöste Art. Deshalb gehören auch alle Tricks zu diesem Archetyp. Mit raffinierten trickreichen Formulierungen behandelt man den Intellekt sozusagen homöopathisch und schlägt ihn mit seinen eigenen Waffen.

Natürlich gibt es auch Methoden, die statt auf krumme Touren auf Einfühlung setzen. Am idealsten ist es, beide Arten zu kombinieren. Wenn man für einen einzelnen eine Meditation spricht, ist es zum Beispiel sehr hilfreich, die auf Entspannung zielenden Passagen in das Loslassen des Ausatmens hineinzusprechen, also Wendungen wie *Loslassen – Fallen lassen – Geschehenlassen* nur dann, wenn der Meditierende tatsächlich gerade eine Erfahrung des Loslassens macht. Es ist wichtig, daß die Suggestionen anfangs nachvollziehbar stimmen, weshalb man gut mit ganz banalen Beschreibungen jener Situation beginnen kann, in der sich der Meditierende gerade befindet, solange er jedes Wort in seiner äußeren und inneren Wirklichkeit bestätigt findet. Wenn auf diese Weise eine verläßliche Verbindung hergestellt ist, kann man allmählich Formulierungen bringen, deren erster Teil nachweislich stimmt, deren zweiter Teil aber bereits ein Anliegen transportiert, das vielleicht noch gar nicht stimmt, jedenfalls nicht kontrollierbar ist. Hier helfen wieder Pseudoalternativen: »*Ihr Atem fließt ruhig und rhythmisch* (stimmt, nachvollziehbar), *während Sie jetzt oder gleich so tief sinken, daß Sie sich sehr angenehm und wohl fühlen und Bilder wie von selbst auftauchen.*«

Daß der Meditierende sich angenehm und wohl fühlt, wollen wir erreichen. Ob dies auch stimmt, wissen wir nicht, doch der Meditierende selbst kann es ebenfalls nicht entscheiden, da die Formulierung ja auch dann noch stimmt, wenn er sich erst demnächst wohl fühlt, was er jetzt aber noch nicht wissen kann. Er muß also für den Augenblick erst einmal zustimmen und befindet sich zugleich in der offenen Erwartung, daß er sich vielleicht gleich angenehm wohl fühlen wird und wie von selbst Bilder auftauchen. Da Bilder und Gedanken ständig ohne sein Dazutun auftauchen, kann er diesen Teil wieder sicher bestätigen, und so wird in ihm der Verdacht reifen, daß, wenn sonst alles stimmt, wahrscheinlich auch der mittlere Teil bezüglich des Wohlfühlens stimmen wird – und schon beginnt er sich wohl zu fühlen.

Es ist also wichtig, lieber sehr einfach und nachvollziehbar zu beginnen, und die Meditierenden genau dort abzuholen, wo sie sich wirklich gerade befinden. Die schönsten und bestgemeinten Suggestionen voller guter Wünsche und herrlicher Erfahrungen bleiben wirkungslos, wenn der Einstieg nicht gelingt. Ist die Verbindung einmal hergestellt und haben die Meditierenden Vertrauen gewonnen, kann man mutiger in den Formulierungen werden und sie dann auch zu neuen Erfahrungen anregen. Je besser die Anpassung des Sprechers an die Meditierenden ist, desto bereitwilliger und sicherer können sie folgen. Dieses Sicheinschwingen auf eine gemeinsame Ebene gelingt erfahrungsgemäß anfangs am besten mit nur einem Meditierenden. Eine gute Möglichkeit ist, sich zunächst selbst dem Atemrhythmus des Meditierenden anzupassen, und, sobald man einige Zeit in einem gemeinsamen Rhythmus war, diesen auf den Weg mitzunehmen. Die Wirksamkeit solcher Anpassung kann der folgende Versuch zeigen:

ÜBUNG:
Wenn Sie bei nächster Gelegenheit zu Ihrem bereits schlafenden Partner ins Bett gehen, kuscheln Sie sich eng an ihn und gehen ganz bewußt in denselben Atemrhythmus. Wenn Sie eine Zeitlang im gleichen Rhythmus geatmet haben, können Sie anfangen, ihren eigenen allmählich zu verändern, und Sie werden wahrscheinlich feststellen, wie ihr schlafender Partner Ihnen bereitwilliger folgt als Sie das vielleicht gewohnt sind.

Probleme bei der Meditation

Eigentlich kann es in dieser Form von Meditation keine Probleme geben, denn alles, was geschieht, ist in Ordnung – folglich darf auch alles geschehen und gehört in jedem Fall dazu. Was es aber geben kann, sind Mißverständnisse.

Einschlafen in der Meditation ist zum Beispiel kein Problem, sondern – wenn es geschieht – eine Notwendigkeit und das beste, was in diesem Moment passieren konnte. Wie schon erwähnt, kann der Grund in akuter Erschöpfung liegen. Dann ist Schlaf das, was dem Einheitssystem von Körper, Seele und Geist am meisten fehlt, und es ist gut, sich auf der erreichten – zumeist tiefen – Entspannungsebene diese Regenerationszeit zu gönnen.

Wenn keine akute Erschöpfungssituation vorliegt, könnte es auch eine chronische sein, deren man sich gar nicht bewußt ist. Solche Schlafdefizite sind durchaus nichts Seltenes. Kurz gesagt, wer im Besitz eines Weckers ist, steht auch im Verdacht, ein Schlafdefizit zu haben. Hier kommt die schon eingangs gestreifte Mißachtung des weiblichen Poles zum Tragen. Wir verkürzen die Nacht, den weiblichen Teil des 24-Stunden-Tages, die der Regeneration vorbehalten sein sollte, abends mittels künstlichen Lichtes und morgens mit dem Wecker. Noch deutlicher wird es, wenn wir *die Nacht zum Tage machen* und zum Beispiel in Schichtarbeit unser natürliches Regenerationsbedürfnis strapazieren. Daraus entstehende tiefsitzende Schlafdefizite können durch normales Ausschlafen nicht mehr aufgeholt werden. In solchen Situationen ist es sogar wichtig, daß sich der Organismus auf den tiefen Ebenen der Meditation die Regeneration verschafft, derer er dringend bedarf. Meditation wird dadurch zu einer der wenigen Möglichkeiten, ein Schlafdefizit definitiv zu beheben. Das Heilverfahren ist denkbar leicht durchzuführen:

ÜBUNG:
In diesem Fall ist es am einfachsten, eine Meditationskassette zu verwenden und sich zur Übung hinzulegen, um dann ir-

gendwann einzuschlafen. Sobald Sie erwachen, drehen Sie die Kassette einfach um und beginnen wieder mit der Meditation. Das machen Sie so lange, bis Sie einmal die ganze Meditation wach erleben. Je nach Schlafdefizit kann das bis zu einem halben oder auch ganzen Tag dauern. Die aufgewendete Zeit lohnt sich aber, denn Sie werden sich danach generell sehr viel wacher und besser fühlen.

Schlafdefizite entstehen zum Teil so schleichend, daß man sich ihrer gar nicht unbedingt bewußt ist. Erst der befreite Zustand danach macht durch seine positive Lebensqualität den Unterschied deutlich.

Schließlich kann Einschlafen auch ein Abwehrzeichen sein. Wenn Studenten in Vorlesungen einschlafen, könnte es eher ein Schlafdefizit als der oft vorgeschobene Sauerstoffmangel sein. Am ehesten ist es noch Abwehr gegen die erzwungene Anwesenheit bei Vorlesungen, die oft wirklich verlesen werden und damit sterbenslangweilig sind. Da der Schlaf der kleine Bruder des Todes ist, liegt es nahe, sich in seine Arme zu verflüchtigen. Bei der Meditation ist das naturgemäß seltener der Fall, da sie im allgemeinen freiwillig geschehen wird. Allerdings gibt es, wenn Schulklassen unter Leitung ihrer Lehrer meditieren, auch diese Möglichkeit.

Auftauchende Emotionen sind noch weniger als Problem einzustufen. Das einzige Problem könnte entstehen, wenn ein paar Tränen zum Anlaß dienten, nach einem Taschentuch zu kramen und so die Meditation zu unterbrechen. Viele Menschen haben in unserer Gesellschaft Schlafdefizite, die allermeisten aber Emotionsstaus. So ist es völlig natürlich, wenn diese sich beim Meditieren entladen. Statt sich zu sorgen müßte man eigentlich froh darüber sein. Nicht derjenige, der ab und zu weint, hat ein Problem, sondern derjenige, der gar nicht mehr weinen kann. Wir haben ja nicht zufällig Tränendrüsen.

Auch wenn sich Aggressionen in Form von Hustensalven entladen, ist das offenbar das Beste, was momentan geschehen

Schlafdefizite
Emotionsstaus

– entladen nie bei Meditation

kann. Hat man es oft versäumt, jemandem etwas zu husten, kann sich auch diese gestaute Energie beim Meditieren lösen. Es ist deshalb naheliegend, froh zu sein über die Hustenstöße, die man auf diese Weise endlich los wird.

Noch harmloser sind Darmgeräusche, die sich zum Beispiel besonders leicht ergeben, wenn ein chronisch eingezogener Bauch wieder Lebensmut faßt. Es gibt sogar Körpertherapiesysteme, die den Erfolg ihrer Entspannungsbemühungen am Auftreten entsprechend zustimmenden Gurgelns aus den Tiefen des Darms messen.

Musik auf dem Weg

Hintergrundmusik ist für geführte Meditationen wichtiger, als dieses Wort verrät. Musik hat grundsätzlich die Tendenz, mehr das Gemüt als den Intellekt anzusprechen, wobei alles, was Musik normalerweise interessant macht, für Meditationen weniger geeignet ist. Weder sind besonders eingängige Melodien noch ein hervortretender Rhythmus sinnvoll, sondern Töne, die eine Art unaufdringlichen Klangteppich weben und wirklich im Hintergrund bleiben. Sphärenmusik wäre der Maßstab. Günstig ist natürlich, wenn die Musik über längere Zeit, am besten während der gesamten Meditation, ohne Unterbrechung durchläuft und dabei ihren Charakter nicht zu sehr und vor allem nicht abrupt verändert. Ziel ist, die inneren Bilder weder zu beeinflussen noch zu bestimmen. Ravels Bolero zum Beispiel wäre viel zu aktiv und lenkend. Überhaupt ist klassische Musik, sowohl westliche als auch östliche im Sinne der indischen Ragas, weniger für Meditationen geeignet.

Grundsätzlich ist Musik Geschmackssache, und so kann und soll hier nur ein gewisser Rahmen abgesteckt werden. Die Auswahl kann bei der Fülle inzwischen existierender Meditationsmusik keinerlei Anspruch auf Vollständigkeit erheben und hängt naturgemäß sehr vom Geschmack des Autors ab.

Ausgezeichnete Musik für viele Meditationen ist »A Calmer Panorama« von Tim Wheater. Hier handelt es sich um 25 Minuten lange, sanfte Querflötenklänge, die mit unaufdringlichen Naturgeräuschen unterlegt sind und über längere Meditationsphasen tragen. Das ist besonders vorteilhaft, weil beide Stücke auch problemlos ineinander übergehen und dann einen Klangraum von 50 Minuten bieten, der für alle geführten Meditationen ausreicht. Diese Musik hat allerdings einen eher fröhlichen Charakter, was ihre Anwendung wieder etwas einschränkt. Hier handelt es sich im Gegensatz zu vielen anderen Stücken um ganz natürliche Klänge. Der Künstler verläßt sich ganz auf seine Querflöte. Gut geeignet sind auch einige seiner anderen CDs wie »Eclipse«, »Shadowlands« und »Green Dream Before the Rains«.

Schöne, ohne Unterbrechung 30 Minuten tragende Musik bieten die CDs »Herz-Chakra« und »Wurzel-Chakra« aus der Chakren-Reihe des Windpferd-Verlages. Auch wenn diese Musikstücke gezielt auf die Chakren wirken sollen, handelt es sich doch um bestens geeignete Meditationsmusik für die meisten geführten Meditationen. Ähnliches gilt für die CD »Reiki« desselben Verlages, die viel zu schön ist, um allein Reiki-Behandlungen vorbehalten zu bleiben. Ebenfalls von Windpferd ist »The Spirit of Capricorn«, eine Musik zum Sternzeichen Steinbock, die jedoch auch für andere Zwecke gut geeignet ist und ebenfalls über die ganze Länge läuft.

Für die meisten Meditationen ebenfalls sehr gut geeignet ist auch die Musik von Arnd Stein, die sogar eigens für solche Zwecke komponiert ist. Stein ist Psychologe und spricht auch selbst geführte Meditationen. Er hat seine Stücke sozusagen für Entspannungen geschrieben. Sie haben deshalb auch alle eine ausreichende Länge von 29 Minuten. Besonders hervorzuheben ist die Reihe »Harmonie« Vol. 1–4, und unter diesen CDs besonders Vol. 4, das mit den beiden Stücken »Träume« und »Phantasie«, die gut hintereinander passen, ideale Musik für 60 Minuten bietet.

Durchgehende Klänge von 60 Minuten Dauer bietet auch

die CD »Air-Sculpture« von Johannes Cernota bei Erden-
klang.

Eine angenehme, in einem Stück durchlaufende Musik, mit
ganz eigenem Charakter ist »el-Hadra – the Mystic Dance«
von Klaus Wiese und Ted de Jong. Es handelt sich hier um
Sufi-Meditationsmusik, die geprägt ist vom tragenden Rhythmus der Tabla und deshalb für ganz sanfte Meditationen weniger in Frage kommt. Allerdings ist der Rhythmus so durchgängig und harmonisierend, daß diese Musik auf alle Fälle einen
Versuch lohnt.

»The Eternal OM« ist ein über eine ganze CD und damit
jede Meditation tragender Gesang der heiligen Silbe OM. Es
dürfte eines der ganz wenigen »Gesangsstücke« sein, das sich
auch für geführte Meditationen eignet.

Für sehr themenzentrierte Naturmeditationen gibt es Pro-
duktionen wie »Ocean Waves« aus der Reihe »The Sounds of
Nature«. Ähnlich gibt es auch spezielle Naturaufnahmen aus
Auwäldern und von Frühlingswiesen mit den verschiedensten
Vogelstimmen, wobei diese gutgemeinten Versuche, was ihre
meditative Wirkung angeht, nicht an Stücke wie »A Calmer
Panorama« heranreichen, die Naturtöne mit komponierter
Musik verweben.

Ein in dieser Hinsicht sehr beeindruckendes Stück ist
»Dschungelmeditation« von Bruce Weber, der die natürliche
Geräuschkulisse des Urwaldes mit eigenen Trommelkomposi-
tionen sehr gelungen verbindet. Allerdings handelt es sich
dabei um eine eher prägende Musik, die speziell zum Thema
gewählt werden müßte. Diese Kassette ist nur über den Künstler selbst erhältlich.[16]

Eine Fülle von sehr guter Meditationsmusik bietet Edition
Neptun in der Reihe »Tierkreismusiken«, wobei die Stücke
leider zu kurz sind, um durch eine ganze Meditation zu tragen.
Wer allerdings über einen CD-Recorder verfügt, kann diesen
über die Repeatfunktion oder durch das Programmieren geeigneter Stücke nutzen und sein Meditationsmusikrepertoire so
noch einmal erheblich erweitern und verbessern. Eine weitere

Möglichkeit ist es, sich die Mühe zu machen, passende Stücke mittels Tonbandgerät hintereinander zu schneiden. Die kurzen Pausen zwischen den Stücken sind dann auch wenig störend, wenn die Titel musikalisch zusammenpassen.

Ein besonders schöner und ruhiger Titel mit immerhin 22 Minuten Dauer ist »Through the Valley of Dreams« von Gomer Edwin Evans von der CD »Krebs«. Vom selben Künstler und ähnlich positiv sind die Titel »Beyond the Stars« von der CD »Skorpion« und »Quiet Waters« von der CD »Widder«. Die CD »Steinbock«, ebenfalls von Gomer gestaltet, ist insgesamt sehr gelungen, und die drei Titel fließen so ruhig ineinander über, daß sie für die allermeisten Meditationen bestens geeignet erscheint. Von Lawrence Carls und Volker Zöbelin stammen die CDs »Zwilling«, »Stier« und »Waage«, deren einzelne Stücke zwar längstens zwölf Minuten dauern, aber ebenfalls so gut zueinander passen, daß man sie problemlos während einer Meditation durchlaufen lassen kann. Alle drei Produktionen sind sehr ausgewogen und gut für unsere Zwecke geeignet. Ebenfalls sehr gut brauchbar ist von H. Thors die CD »Jungfrau«. Bei all diesen Sternzeichenmusiken sollte man allerdings nicht den Anspruch haben, daß sie zu den jeweiligen Sternzeichen in innerer Verbindung stehen. Was für Astrologieinteressierte von Nachteil sein mag, ist für die geführten Meditationen zu begrüßen, denn diese Musiken sind so wesentlich vielfältig einsetzbar.

Von Oliver Shanti ist die CD »Listening to the Heart« zu empfehlen, die neben einem zwölfminütigen verschiedene kürzere Stücke enthält, die so gut ineinander übergehen, daß die CD auch zusammenhängend verwendbar ist. Bettine Clemen und Kim Robertson verbinden in »Love Song to a Planet« Flöte und keltische Harfe zu verschiedenen, sehr schönen Meditationsstücken. »Romances« von Tim Wheater enthält zwölf Stücke, die ebenfalls in so harmonischem innerem Zusammenhang stehen, daß diese CD durchaus geeignet ist, zumal die unverkennbare Querflöte von Tim Wheater sich für diese Art von Meditation besonders eignet.

Grundsätzlich schön, wenn auch ebenfalls aus kürzeren Stücken bestehend sind »Music for Zen-Meditation« von Tony Scot, »Inside the Taj Mahal« von Paul Horn, »Haleakala« von Deuter oder »Tunhuang« von Kitaro oder auch die frühen Stücke von Hamel wie »Nada« und »Dharana«, mit denen die Meditationsmusik bei uns begann.[17]

Bei den Beschreibungen wurde jeweils von CDs ausgegangen, wobei es die meisten Produktionen auch auf Musikkassette gibt. Einige ältere Kompositionen gibt es nur auf Kassette, wie etwa »Music Mantras I« und »II« aus dem Bauer Verlag, die sehr schöne und geeignete Stücke enthalten.

Perspektiven

In dem Maße, wie man sich sicher in den vorgegebenen Strukturen geführter Meditation fühlt, kann man den Rahmen erweitern und auf Entdeckungsreisen in eigener Regie und unter innerer Führung gehen. Tatsächlich ist der Übergang von der geführten Meditation zur freien Bildermeditation oder aktiven Imagination fließend. Im vertrauten Rahmen einer geführten Meditation beginnend, kann man sich in einem zeitlich vorgegebenen Freiraum oder nach Ende der Führung selbst auf den Weg machen, zum Beispiel in das eigene Märchenland, um dort sein persönliches Märchen zu durchleben. Erfahrungen mit geführten Meditationen sind die beste Vorbereitung für die fortgeschrittenere, freie Bildermeditation, die schon zunehmend therapeutische Qualitäten hat.[18]

Die Zeit ist reif, wenn die Bilder lebendig und vom Gefühl her echt geworden sind, die äußere Führung überflüssig erscheint und vorgegebene Strukturen zunehmend einengend erlebt werden. Der Schritt zu eigenen und damit gänzlich individuellen Reisen sollte sich gleichsam von allein anbieten und nicht ehrgeizig erstrebt werden. Das nämlich würde den richtigen Zeitpunkt nur hinausschieben.

78   sein pers. Märchen zu durchleben

Das Vorgehen an sich ist denkbar einfach. Man wählt sich eine für das Vorhaben passende Musik und geht auf den vertrauten Wegen in die Entspannung, um sich dann dem neuen persönlichen Thema zuzuwenden. Trotzdem sind einige Besonderheiten zu beachten. Die Möglichkeiten pendeln zwischen zwei Extremen: Man kann dazu tendieren, die auftauchenden Figuren völlig zu dominieren, was die Erfahrungsmöglichkeiten sehr begrenzt. Wird dieses Problem deutlich, lohnt es sich, ein paar Schritte zurückzugehen und sich mit dem Thema Vertrauen zum ersten auftauchenden Gedanken von neuem zu beschäftigen.

Umgekehrt kann man sich aber genauso von den Figuren beherrschen lassen. In diesem Fall ist es nötig, sich immer wieder klarzumachen, daß es sich hier sehr wahrscheinlich um Seelenanteile handelt, die lange Zeit unterdrückt waren und nun ihre Chance wittern. Das aber bedeutet noch nicht, daß sie berechtigt sind, nun ihrerseits das ganze Leben zu bestimmen. Hier wäre es ratsam, im Kontakt mit den Figuren in der Bilderwelt das Thema zu klären. Häufig werden diese Seelenanteile sofort weniger besitzergreifend, wenn ihnen zugesichert wird, daß diese Meditation nicht ihre einzige Chance bleibt, sondern sie auch in Zukunft weiterhin inneren Raum erhalten.

Menschen können grundsätzlich aus drei Hauptzentren heraus agieren: Germanische Menschen des Nordens tendieren dazu, sich vom Kopf und damit Intellekt beherrschen zu lassen, weshalb sie zumeist ihre Emotionen bestens im Griff haben und den Zugang zur Intuition immer mehr verlieren. Mediterrane Menschen des Südens leben viel mehr aus dem Herzen und damit aus ihren Emotionen. Diese herrschen nicht selten über den Kopf, so daß die hochschlagenden Wellen der Emotion die Vernunft überdecken können. Mit der Intuition, die im Bauchraum anzusiedeln wäre, haben auch sie zumeist wenig Verbindung. Sie ist noch am ehesten bei den wenigen verbliebenen archaischen Kulturen zu Hause. Indianer etwa vertrauen vor allem auf ihr Bauchgefühl, haben weniger Zu-

79

gang zu den Emotionen des Herzens und kaum zum kühlen Kalkül des Kopfes.

In den freien Bildermeditationen ist es möglich und auch sinnvoll, zu den weniger gelebten Möglichkeiten, die ja immer auch vorhanden sind, Kontakt aufzunehmen, etwa zum eigenen inneren Kind, das weitgehend dem emotionalen Teil entspricht. Es ist jedoch unangemessen, sich von diesem Kind beherrschen zu lassen. *unseres Kind darf mich beben*

So wie es wichtig ist, in der äußeren Welt Bescheid zu wissen, ist es auch notwendig, sich in der inneren zu Hause zu fühlen. Man kann sich an beiden Welten übernehmen, indem man sich zum Beispiel zuviel Besitz zumutet, der dann anfängt, von einem Besitz zu ergreifen und Leben eher verhindert, oder indem man sich zu viele und zu mächtige innere Themen vornimmt, die ebenfalls in der Lage sind, das Leben in Beschlag zu nehmen und zu behindern. Ein anderes Beispiel mag das verdeutlichen. Wenn ein Homöopath nach einer intensiven Anamnese zwischen zwei Mitteln schwankt, kann es durchaus sinnvoll sein, seine Intuition zu befragen, zum Beispiel mit Hilfe eines Pendels. Wenn er es aber von vornherein nur auf seine Intuition anlegt und nur pendelt, dabei kaum etwas von den Mitteln versteht, geht die Sache meistens schief. Wir tragen ganz offenbar nicht zufällig die Hauptsache, unseren Kopf, an oberster Stelle. Sollten wir ihn generell dem Bauch und Herzen unterordnen, trügen wir ihn wahrscheinlich noch zwischen unseren Vorderbeinen baumelnd in Bodennähe und nicht über den beiden anderen Zentren. Wenn wir uns zum Beispiel im Schlaf der Regeneration hingeben und über die Träume Zugang zu anderen Ebenen schaffen, legen wir ihn doch ebenso nieder bei der Liebe, wo er auch besser seinen Herrschaftsanspruch ablegen sollte.

Hier liegt auch eine weitere und tiefergehende Möglichkeit, die Meditationshaltungen zu verstehen. Am Anfang, wenn es darum geht, überhaupt einmal Kontakt zum Unterbewußten[19] herzustellen, ist die Rückenlage sogar förderlich, bringt sie doch die drei Zentren auf eine Ebene. Mit Fortschreiten der

Zu viel Besitz in allen Welten anreizt Kopf Herz Bauch

Erfahrungen ist es dann aber sinnvoll, die typisch menschliche Hierarchie wieder herzustellen und den *Kopf oben* zu *behalten*. Allerdings wäre es sinnvoll – und hier unterstützt die Praxis die Meditation sehr –, das Wort Hierarchie wieder in seiner ursprünglichen Bedeutung zu verstehen, nämlich als die Herrschaft des Heiligen.[20] Der Kopf steht hier als Symbol des Heil(ig)en oder Einen, das alles enthält, und natürlich nicht die Hierarchie zu einer alles andere unterdrückenden Gewaltherrschaft nutzt. Tatsächlich hat er ja auch anatomisch gesehen nicht nur das für die intellektuellen Prozesse notwendige, entwicklungsgeschichtlich moderne Großhirn, sondern auch die Zentren für Emotionen und Gefühle und in seinen uralten Hirnanteilen auch die Basis für Intuition und sogar für Funktionen wie Instinkte. Daß wir heute das Wort Hierarchie bereits mit Unterdrückung und Machtmißbrauch assoziieren, hängt sicher mit der Erfahrung zusammen, daß unser Kopf ständig in diesen Gefahren schwebt.

Hier schließt sich eine weitere Gefahrenquelle der freien Bildermeditation an, die sich aus der Möglichkeit ergibt, Menschen des realen Lebenzusammenhangs auf diesen Ebenen zu imaginieren. Vor dieser Möglichkeit sei ausdrücklich gewarnt, da hier die Versuchung, zu manipulieren und eine Macht auszuüben, die einem nicht zukommt, enorm ist. Hier beginnt der Bereich der eigentlichen Magie, und dort sollte man sich, wenn überhaupt, nur unter kompetenter und integrer Führung hineinwagen. Da das eigene Ego noch sehr weitgehend in die Bilderwelten hineinwirken kann, ist von ihm diese Integrität kaum zu gewährleisten. Nach meiner Auffassung sollte man selbst Heilungsmeditationen für andere Menschen nur dann durchführen, wenn diese davon wissen und einverstanden sind.

Neben solchen Gefahrenmomenten dürfen aber die Chancen nicht übersehen werden. Die freie Bildermeditation bietet eine Fülle wundervoller Möglichkeiten. In der Bilderwelt lassen sich alltägliche und größere Probleme unter allen möglichen Aspekten betrachten und damit auch umfassende Lösungen finden. Die Menschheit hat sich in ein Stadium der Evolution entwickelt, wo das praktische Lernen durch Versuch und Irrtum viel zu gefährlich geworden ist. Wir könnten ein solches Vorgehen in vielen Punkten gar nicht mehr überleben. Deshalb wird das Erproben von Möglichkeiten auf inneren Ebenen geradezu zwingend. Die innere Bilderwelt bietet hier eine ideale Plattform, sich die verschiedenen Seiten eines Problems zu betrachten und die Auswirkungen unterschiedlicher Lösungswege auf das Leben abzuschätzen.

Eine wesentliche Möglichkeit ist auch das Ausleben von Persönlichkeitsanteilen, die man vielleicht schon auf den geführten Reisen entdeckt hat, und die im täglichen Leben zu kurz kommen. Das kann von so geläufigen Lebensthemen wie der Rolle einer Mutter bis zu dem einer Nonne gehen, da können Abenteurer und Priester, Künstler und Playboys, Prinzessinnen, Ritter, Narren und Kinder auf ihre Erlösung warten. Die freie Bildermeditation bietet Gelegenheit, solchen und andern Persönlichkeitsanteilen Raum zur Selbstdarstellung zu geben und sie in ihrer Eigenart zu erleben. Aber natürlich kann man auch in einem nahestehende, mythische oder märchenhafte Rollen schlüpfen, könnte zum Beispiel sogar für eine gewisse innere Zeit das Leben seines Totemtiers leben oder die Welt als Baum betrachten. Wenn man die ersten Stufen des Weges in die Bilderwelten bewältigt und sich die Zeit genommen hat, wieder lebendigen Kontakt zu den eigenen Bildern zu finden, werden solche Reisen zu ungewöhnlich tiefen Erfahrungen, die durchaus einen erweiternden Einfluß auf das tägliche Leben haben und es nicht selten um wesentliche Themen bereichern. Eine einzige Erfahrung, etwa als Baum, kann die gesamte Einstellung zur Natur verändern.

Schließlich ist es sogar möglich, auf Bilderebenen Reifungsschritte zu machen, die in der seelischen Entwicklung mißlungen oder gar nicht in Angriff genommen wurden. Die Tatsache, daß wir irgendwann Periode oder Stimmbruch bekommen haben, bedeutet ja leider nicht, daß wir damit erwachsen geworden sind. Auf der äußeren gesellschaftlichen Ebene ist es

Wir haben uns eingerichtet in einer Kindergesellschaft zu leben

heute gerade in den angeblich hochzivilisierten Gesellschaften annähernd unmöglich geworden, die notwendigen Rituale für diesen lebenswichtigen Schritt zu finden. Auf den inneren Bilderebenen stehen neben der Fülle der archaischen Rituale auch eine beliebige Menge eigener Kreationen zur Verfügung, die zwar nicht Rahmen und Macht eines großen kulturellen Feldes bieten können, aber wesentlich besser als gar keine Rituale sind.

Der häufige und intensive Umgang mit inneren Bildern wird ganz nebenbei das Symbolverständnis so stärken, daß sich Rituale wie von selbst entwickeln. Wer Macht und Einfluß solcher rituellen Wege durch die großen Lebenskrisen bezweifelt, braucht sich nur zu betrachten, wie gekonnt sogenannte Primitive mit Hilfe ihrer Symbole und überlieferten Rituale damit umgehen, und wie hilflos wir mehrheitlich vor diesen Situationen scheitern und uns bereits allmählich darauf einrichten, in einer Kindergesellschaft zu leben, die dann aber auch den natürlichen Umkehrpunkt zur Krise der Lebensmitte verkommen läßt und ihre Alten abschiebt. Sie sterben dann meist auf Krankenhausgängen und in Badezimmern, häufig gänzlich unvorbereitet, weil wir auch mit dem letzten Übergang nicht mehr zurechtkommen. Uns fehlen heute vor allem die inneren Bilder und Rituale, um wieder zu einem würdigeren Umgang mit den Entscheidungszeiten des Lebens zu gelangen und wirklich in des Wortes ursprünglichem Sinn mit ihnen fertig zu werden, anstatt sie ein Leben lang halbverdaut mit uns herumzuschleppen. Bei der Bewältigung solcher Schritte kommt uns eine natürliche Entwicklungsrichtung im inneren Bildergeschehen entgegen.

Je länger man sich mit den inneren Ebenen beschäftigt, desto deutlicher wird sich die Tendenz von den vorgegebenen archetypischen Mustern der geführten Meditationen zu ganz speziellen individuellen Themen wieder umkehren. Die Bilder werden allmählich wieder weniger individuell und dafür archetypischer. Es tauchen immer häufiger mythische Vorstellungen auf und schließlich sogar religiöse Urmotive. Ignatius von

Loyola, der Gründer des Jesuitenordens, verband beide Möglichkeiten und ließ die Passionsgeschichte Christi in geführten Meditationen erleben. Je intensiver die Übungen betrieben werden, desto tiefer wird man mit der Zeit gelangen und kann schließlich Anschluß an jenen Bereich gewinnen, den Jung das kollektive Unbewußte nannte und den die Inder als Akasha-Chronik kennen. Hier hat man Zugang zu allem Wissen, das je existierte und nach östlicher Vorstellung auch je existieren wird. Daß die Erfahrungen mit zunehmender Tiefe wieder einheitlicher werden und schließlich bei Erleuchtungserlebnissen eine völlig überpersönliche *einheitliche* Qualität erreichen, mag zunächst verwundern, hat aber auf den zweiten Blick vielfältige Parallelen und entspricht einem Urmuster. Auf der äußeren Hautoberfläche unterscheiden sich auch alle Menschen sehr deutlich durch ihre Gesichtsform und noch klarer durch die Hautlinien, wie sie sich in den Fingerabdrücken zeigen. Ein bißchen tiefer, auf der Ebene der Fettzellen des Unterhautgewebes, ist der Unterschied bereits minimal. Auf der Ebene des Blutes gibt es dann bloß noch vier große Gruppen, denen alle Menschen zuzuordnen sind. Auf der Molekülebene gibt es in einigen Bereichen völlige Identität, und auf der Atomebene schließlich müssen wir uns eingestehen, daß wir alle aus genau denselben Atomen bestehen, die sich wiederum aus denselben Protonen, Neutronen und Elektronen zusammensetzen.

So ist es nicht mehr so verwunderlich, wenn die letzten Ausblicke und Visionen zu religiösen Urmotiven führen, die sich äußerlich in ganz ähnlicher und inhaltlich in identischer Form bei primitiven Urvölkern und den verschiedenen Hochreligionen gleichermaßen finden – und wenn Erleuchtete in verschiedenen Worten und Sprachen dasselbe Eine beschreiben.

Auch wenn die Meditationen in weit fortgeschrittene Bereiche führen, bleibt es unvermindert wichtig, die gemachten Erfahrungen aufzuschreiben und in kleinen Ritualen im normalen Alltagsleben zu manifestieren. Das Aufschreiben kann im Sinn eines Reisetagebuches geschehen, die Rituale können

jede beliebige Form einer kurzen bewußten Handlung annehmen. Wenn einem gar nichts anderes einfällt, erfüllt auch das
Malen eines Symbols aus der Meditation oder einer Episode
von der inneren Reise diesen Zweck.

Dieses Aufschreiben mag vielleicht als Rückfall ins Intellektuelle erscheinen, hat sich aber in der Praxis sehr bewährt. Es
ist ein bewußter Akt, die Dinge in der Polarität zu manifestieren, und nicht zufällig hat man sie danach *schwarz auf weiß*.
Sie zusätzlich zu malen und wesentliche Dinge in einer bewußten rituellen Handlung auszudrücken, vertieft den Bezug dazu
auf allen Ebenen und bringt den Meditierenden dem Ziel
näher: seine drei Zentren in Bewußtheit zu integrieren und ein
intuitiver, herzlicher Verstandesmensch zu werden.

[handschriftliche Notizen:]

Die Menschen unterscheiden
uns vom Heutobert. betrifft
etwas tiefer gelegen die Fettzellen
sind schon gleich bei allen
minimale Vorteil!
kollektive Tendbereiche
synchronisch - Zugang zu
allen Wissen

Erleuchtung - Erlebnis
von einheitl. Qualität
Ebene des Deut[s]
4 große Gruppen

religiöse Urmotive

3 Zentren Kopf des Bauch
zu integrieren u. ein intuitiver
herzlicher Verstandesmensch
zu werden.

85

TEIL II

Praktische Hinweise

Die einzelnen Meditationen haben zumindest am Anfang eine gewisse Aufeinanderfolge und führen der Reihe nach wichtige Elemente ein, beginnend mit einer Seelenbegleiterin, und gehen weiter zur Suche eines geeigneteren inneren Meditationsfeldes. Mit der Zeit wird die Reihenfolge immer weniger wichtig, und auch die Meditationen des Anfangs sind außerhalb der angegebenen Reihenfolge zu verwenden, wobei nur kleine Veränderungen anzubringen sind.

Gesprochene Texte wirken geschrieben leicht etwas eigenartig, und hier kommt noch hinzu, daß grammatikalische hinter praktische Erwägungen zurückgestellt wurden. Die Texte laufen weitgehend ohne Punkt und Komma durch, da sie auch verbunden und ohne große Pausen gesprochen werden sollten. Andererseits ist es aber auch sehr wichtig, langsam zu sprechen, um die Meditierenden nicht zu hetzen. Eine Überforderung des Intellekts ist zwar durchaus eingeplant, sollte aber nicht über Geschwindigkeit angestrebt werden. Am besten ist es, die Texte immer mit Blick auf die Meditierenden zu sprechen, in doppelter Hinsicht. Solange man sie im Auge hat, verfällt man kaum in das normale (zu schnelle) Lesen und kann andererseits häufig auch am Gesicht ablesen, ob die Betreffenden wirklich in die Entspannung sinken. Pausen sind in den Texten durch Gedankenstriche angedeutet, kurze durch zwei – –, etwas längere durch drei Striche – – –, sehr lange werden durch eine in Gedankenstriche eingeschlossene Zeitangabe ausgedrückt, – 1 Minute –

Unterstrichene Passagen hingegen bedeuten, daß dieser Satzteil gedanklich sowohl zum letzten als auch zum neu beginnenden Satz gehört.

Vergrößerungen der Schrift wollen andeuten, daß solche

Worte betont werden sollten, um noch eine zweite Botschaft mit auf den Weg zu geben. Wenn es sinnvoll erscheint, einen Satz offen ausklingen zu lassen und dem Meditierenden die weitere Ausgestaltung selbst zu überlassen, deuten das einige Punkte an ...

Die Texte sind in der Du-Form gehalten, da das die häufigste Anwendungsform ist. Sie sind allerdings sehr leicht in die Sie-Form zu übertragen, für all die Situationen, wo man es mit Menschen zu tun hat, die man auch sonst nicht duzen würde. Ein plötzliches Umschwenken in der Meditation auf die in diesen Fällen unvertraute Du-Anrede bewährt sich nicht, da es den Intellekt zu eigenen Überlegungen und Gedanken anregt. Der Intellekt soll keineswegs angeregt, sondern im Gegenteil abgelenkt werden – aber auch das nicht in einer Weise, die ihn in seinem üblichen Denkrahmen beschäftigt. Die Meditierenden sollten also nicht durch eine ungewohnte Anrede dazu verleitet werden, über ihr Verhältnis zum Sprecher nachzusinnen.

Der Meditierende sollte voll respektiert und nicht etwa in kindischer Form behandelt werden, wie es Kleinkindern oft widerfährt. Diese Gefahr liegt nahe, weil die Meditation auf den weiblichen Pol der Wirklichkeit zielt, der dem Mondprinzip zuzurechnen ist, zu dem neben dem Weiblichen auch das Kindliche gehört. Selbst wenn der Gesichtsausdruck der Meditierenden in tiefer Entspannung etwas Kindliches annimmt, sollte alles Abgleiten in süßliche oder besonders naive Sprechweise unterbleiben, weil dadurch einerseits die Meditation gekünstelt wirkt, andererseits wiederum der Intellekt herausgefordert wird und wir ihn ja im Gegenteil zum Abschalten verleiten wollen. Die Sprechweise sollte sanft und einfühlsam sein, aber nicht süßlich oder betont heilig. Die Meditierenden, die in tiefer Entspannung sehr viel sensibler und intuitiver reagieren, könnten hinter letzterem Versuch das Scheinheilige spüren, und das hat stets der Entwicklung des Heil(ig)en geschadet.

Schließlich gehen die angeführten Meditationen davon aus,

90 *Denkrahmen*

daß die Meditierenden liegen, was für den Einstieg wohl die angenehmere und daher bessere Lösung ist. Wie schon erwähnt, können sie aber genausogut, und später sogar besser, im Sitzen mit aufrechtem Oberkörper durchgeführt werden.

Zur Einleitung der Entspannung werden absichtlich jeweils verschiedene oder immer wieder abgewandelte Ideen benutzt, um den Meditierenden die Möglichkeit zu geben, die ihnen am besten zusagende Methode auszuwählen. Ist diese gefunden, bewährt es sich unter Umständen, diesen einen Text beizubehalten, da sich so der Entspannungseffekt mit jedem Mal noch zusätzlich intensivieren kann. Es bilden sich gleichsam bedingte Reflexe, die den Weg in die Tiefe wesentlich erleichtern. Auch wenn man die Meditationen frei spricht, ist es zumindest anfangs ratsam, bei jener Idee zu bleiben, die die leichtesten Fortschritte ermöglicht.

Die Einleitungen sind jeweils durch einen normalen Absatz vom eigentlichen Thementext abgesetzt, so daß sie leicht gegen andere ausgetauscht werden können. Da in der Meditation an dieser Stelle – wie auch sonst – kein Bruch auftreten darf, fällt dieser Absatz also ganz absichtlich mitten in einen Satz. Es empfiehlt sich, diese Übergangsstelle gegebenenfalls vorher zu üben, damit wirklich keine Unterbrechung und Störung entsteht.

Bedingte Reflexe bilden sich leicht und ständig, und es ist sehr sinnvoll, sie in diesem Rahmen bewußt zu nutzen. Wir Menschen reagieren wesentlich mehr, als uns lieb ist, auf Programme. Ähnlich wie Pawlows Hunde, die bei der Fütterung immer eine Glocke hörten und bald schon die Töne der Glocke mit Futter assoziierten, neigen auch wir dazu, Dinge sehr schnell in einen inneren Zusammenhang zu bringen. Bereits beim Klang der Glocke lief den Hunden das Wasser im Maul zusammen, und so können allmählich auch die vertrauten Bilder allein bereits das Gefühl »Entspannung« auslösen.

Aus demselben Grund empfiehlt es sich auch, eine einmal gewählte Musik, die gut »angekommen« ist, beizubehalten. Das fördert ebenfalls die Bildung eines Reflexes, der sehr schnell im Unterbewußtsein genau diese Klänge mit Entspannung assoziiert und das ganze Vorhaben fördert.

Ähnliches gilt für etwaige Räucherstäbchen. Auch hier läßt sich ein bestimmter Duft an die Erfahrung »Entspannung« binden und so zur Vertiefung der Meditation nutzen. Allerdings sei hier vor zu intensiven Räucherungen gewarnt, die – wenn sie zur Haupterfahrung werden – mehr stören als nutzen.

Ebenso ist es denkbar, jeweils dasselbe Licht einzusetzen, um der Meditation auch in dieser Hinsicht einen gleichbleibenden Rahmen zu geben. Natürlich empfiehlt sich dazu eher ein gedämpftes, warmes Licht. Sehr günstig ist ein Licht, das während der ersten Minuten der Entspannungsphase heruntergedimmt werden kann, weil es den Meditierenden – trotz geschlossener Augen – gleich das richtige Signal mit auf den Weg gibt, der zumeist als ein Abstieg in die dunklen Bereiche des tiefen Unter- und Unbewußten empfunden wird. Der Höhepunkt der Stimmigkeit ist schließlich der jeweiligen Situation angepaßtes Licht, wie es allerdings wohl nur im therapeutischen Bereich zu verwirklichen ist und auch nur noch eine kleine Verbesserung bringt. Zur Einstimmung würde man dann beruhigendes blaues Licht wählen, das man langsam herunterdimmt, während der inneren Reise vielleicht dunkelgrünes und zum Auftauchen rotes oder noch besser violettes. Das rote betont die kommende Aktivität und regt die Energien an, das violette, als Mischung von rot (heiß) und blau (kühl), symbolisiert die Mitte. Insofern würde es sich auch während der Reise bewähren.

Musik, Duft und Licht müssen jeweils so gewählt werden, daß sie immer im Hintergrund bleiben. Sobald sie sich in den Vordergrund drängen, stören sie, selbst wenn sie noch so gut gemeint sind. Bei all diesen zusätzlichen Maßnahmen ist tatsächlich weniger mehr, was nicht heißt, daß man sie lieber gleich weglassen soll. Die besondere Wirksamkeit der Maßnahme beruht auf ihrer Sparsamkeit und auf ihrem einfühlsamen Einsatz. Dann bewähren sie sich vorzüglich und erhöhen den Effekt, indem sie die Entspannung vertiefen und die dazu nötige Zeit verkürzen.

1. Meditation
Seelenbegleiter(in) – Innere Führung finden

Als erster Schritt bietet sich die Begegnung mit der Seelenbegleiterin oder dem Seelenbegleiter an, da dieses Wesen, wenn es gut eingeführt ist, alle weiteren Schritte nachdrücklich erleichtern kann und häufig eine für den Anfang beruhigende Sicherheit vermittelt. Man braucht danach nie mehr ganz allein auf den inneren Reisen zu sein.

Da man nicht weiß, ob eine weibliche Seelengefährtin oder ein männlicher Begleiter auftauchen wird, empfiehlt es sich, die Worte so verschwommen auszusprechen, daß beides gemeint sein könnte. Die Meditierenden, für die das Geschlecht meist völlig klar ist, nehmen sich dann automatisch den richtigen Begriff heraus. Wenn das am Anfang zu schwierig erscheint, wäre es auch möglich, entweder beide Möglichkeiten anzusprechen oder die weibliche zu nehmen, da es sich häufig sowieso um weibliche Wesen handelt, die in einer weiblichen Bilderwelt die Führung übernehmen. Außerdem könnte die gewählte weibliche Form von Meditierenden zumeist leicht und emotionslos auf eine eventuell männliche Gestalt übertragen werden. Das Umgekehrte ist häufig nicht mehr ohne Emotionen möglich. Aus diesem Grund empfiehlt es sich nicht, wie vielfach üblich, einfach die männliche Variante zu wählen.

Leg (oder: setz) dich locker und entspannt hin, die Beine nebeneinander, die Arme seitlich vom Körper und spüre dann für einen Moment ganz bewußt zur Unterlage hin – während deine Augen wie von selbst allmählich zufallen oder gleich – spür das Gewicht des Körpers in diesem Augenblick ganz deutlich und in allen seinen Teilen – die Beine, wie sie so untätig daliegen und ausruhen können – – und die Arme und Hände, die alles losgelassen haben, – – den breiten Rücken, der sonst so vieles trägt und jetzt im Moment wieder das Gewicht des Oberkörpers – – und dann das Becken, das sich am tiefsten in die Unterlage drückt und nun ebenfalls loslassen kann – – und sogar der Kopf kann loslassen, und auch sein ganzes Gewicht trägt sich gleichsam von selbst – – während du das eigenartige Gefühl hinter den geschlossenen Augenlidern wahrnimmst und – wann immer du willst – deutlich spüren kannst, wie dein Atem fließt und sich in seinem Kommen und Gehen der Oberkörper leicht bewegt, während du mit deinen Gedanken ganz frei bist und sie hinschweifen lassen kannst, wo immer du willst. So ist es jetzt in diesem Moment zum Beispiel sehr leicht möglich, an einen fernen Ort zu denken, selbst wenn du noch nie an diesem Ort warst, ist es möglich, ihn dir vorzustellen – und schon taucht ein Gedanke an solch einen Ort auf, ob du ihn nun aus eigener Erfahrung oder sonst woher kennst – – – und genausogut, kannst du in der Zeit zurückreisen und dich an irgendeine Situation deines Lebens erinnern, die dir jetzt als erste ins Bewußtsein kommt, – die ist es – – – und du hast gemerkt wie leicht es ist, sich zurückzuerinnern und so gleichsam auf den Schwingen der eigenen Gedanken durch die Zeit zu reisen. – Und so erinnerst du dich nun einmal an eine Situation, wo es dir irgendwann in deinem Leben richtig gut gegangen ist, du dich wohl-gefühlt hast und es dir sogar zum Lachen zumute war. Nimm die erste Situation, die dir diesbezüglich einfällt und bleibe bei ihr – und wenn dir gar keine einfällt, stellt dir einfach eine vor – eine Situation, wo du dich so glücklich fühlst, daß dir zum Lachen ist – und mit jedem neuen aufsteigenden Gedanken laß diese Situation deutlicher werden – so deutlich, daß du sie dir immer besser vorstellen kannst, ja so deutlich, daß diese Situation jetzt noch einmal vor deinem inneren Auge abläuft und du sie gleichsam noch einmal erlebst – – die Situation ist jetzt, und du fühlst dich noch einmal wie damals – jetzt in diesem Moment – geht es dir so gut, daß dir zum Lachen ist – – – und es ist auch nicht schwer vorzustellen, denn du weißt ja, was Lachen ist und hast auch schon gelacht, und so taucht jetzt solch ein Lächeln auf deinem Gesicht auf – in dem Maße, wie du an dein Gesicht denkst, kannst du es schon spüren oder gleich, wenn du noch ein wenig

94 zu reisen auf den Schwingen der eigenen Gedanken

tiefer in die Entspannung gesunken bist, geht es noch leichter und lockerer, und das Lächeln wird mit jedem Gedanken daran deutlicher und vielleicht auch jetzt sogar schon spürbar, während du an dein Gesicht denkst und es sehr bewußt empfindest. – – Es ist ja wirklich leicht, einfach Lächeln zu denken und an sein Gesicht zu denken, das im selben Moment gar nicht anders kann, als das Lächeln auf seinen Zügen zu denken – – – und wenn du dem Lächeln an seine Quelle folgst, mag es sein, daß du sie jetzt schon oder bald in der Tiefe deiner Augenhöhlen wahrnehmen kannst. Hier auf dem Grund der Augenhöhlen beginnt jedes Lächeln, und hier ist es auch zuerst spürbar, und so brauchst du jetzt nur an die Tiefe der Augenhöhlen und an Lächeln zu denken und wirst beides spüren – – und ganz gleichgültig, was sich bisher auf deinem Gesicht getan hat, kannst du nun dieses Lächeln aus den Augenhöhlen aufsteigen lassen, bis es sie ganz ausfüllt – – – und dann, und vielleicht ist das schon jetzt, beginnt das Lächeln überzulaufen, sich über die Schläfen und die Wangen zu ergießen und bis zu Mund und Kinnpartie hinunterzufließen – – – und jetzt oder gleich auch schon hinauf zur Stirn zu steigen – – so daß allmählich das ganze Gesicht unter diesem vielleicht ganz sanften oder auch schon vollen Lächeln zu strahlen beginnt, während du einfach ganz nebenbei loslassen kannst und tiefer in die Entspannung sinken ist so leicht und angenehm in diesem Moment, wo sich das Lächeln mit dem Gesicht immer mehr verbindet und du das vielleicht genießen kannst, während du einfach da bist und geschehen läßt, was da von selbst weiter geschehen will mit diesem vielleicht schon vertrauten Lächeln, das sich sogar noch mehr ausbreiten kann. – – Und du brauchst nur an dieses Lächeln zu denken und an deine Hände, und schon wirst du erleben, wie sich beides verbindet, das Lächeln mit den Händen – und wenn du nun sehr bewußt zu deinen Händen hinspürst, wirst du möglicherweise jetzt schon oder in jedem Moment erleben, wie auch deine Hände lächeln können, natürlich nicht wie das Gesicht, sondern auf ihre ganz eigene Art, wie eben nur Hände lächeln können, aber eben doch

Lächeln verbindet sich mit Gesicht ganz nebenbei loslassen

95

lächeln – und so spürst du nun in den Händen dieses wahrscheinlich noch ungewohnte, aber doch immer deutlicher werdende Lächeln – – vielleicht fühlen sie sich bereits jetzt ein wenig weicher und weiter an oder offener oder einfach anders oder sogar etwas komisch – oder du bist schon viel tiefer in der Entspannung, und das Gefühl deiner Hände ist schon ein gutes Stück weiter oben. – – Es mag ein wenig verwirren zu Anfang, und doch ist es so leicht, denn du brauchst ja nur daran zu denken, um es herbeizuzaubern. Wo immer du im Körper hindenkst – an jeden beliebigen Ort – dort kannst du auch das Lächeln hindenken – genauso, wie du in deinen Gedanken auch sonst alle möglichen Dinge zusammenführen kannst, die normalerweise gar nicht zusammengehen: Wenn du jetzt an einen lila Elefanten denkst, ist er im selben Moment in deiner Vorstellung da, und du kannst dir ein Bild von solch einem unmöglichen Tier machen – – um wieviel leichter ist es da noch, ein Lächeln zu den Händen zu denken. – – – Und genauso leicht kannst du nun mit deinen Gedanken beim Lächeln bleiben und zu den Füßen gehen – und im selben Moment sind deine Gedanken bei den Füßen, und das Lächeln ist in den Füßen – – das mag sich wieder ganz anders anfühlen als das Lächeln des Gesichtes, das dort oben ruhig auch bleiben darf, und zusätzlich ist da nun das Lächeln in den Füßen – und du kannst es vielleicht sogar jetzt schon sehr deutlich vom Lächeln des Gesichts und dem der Hände unterscheiden, während du immer mehr zum Lächeln der Füße, deiner Wurzeln, hinspürst – tatsächlich sind die Füße ja unsere Wurzeln, denen wir die ganze Last des Körpers an Vertrauen und die uns klaglos tragen und jetzt lächelnd ausruhen dürfen. – – – Und dann schickst du dein Lächeln noch zu deinem Bauch – denkst Bauch und denkst Lächeln und erlebst im selben Moment, wie beide sich verbinden und der Bauch vielleicht auch bereits auf die Zuwendung, die mit dem Lächeln fließt, reagiert oder gleich, während er sich erst einmal entspannen und ganz loslassen kann von all der Anspannung, die hier so häufig sitzt – – und das Lächeln tut ein übriges, und der Bauch findet zu seiner ganz eigenen Art der lächelnden Entspannung, die sich vielleicht ganz ungewohnt anfühlt oder auch gleich schon angenehm offen und warm – hier in der eigenen Körpermitte – und du kannst dir genausogut vorstellen, wie Offenheit und Weite des Lächelns in die Tiefe fließen und nun auch schon allmählich das Innere des Bauchraumes ausfüllen – und möglicherweise reagiert der Bauch darauf mit seiner Art von zustimmenden Tönen aus der Tiefe geschieht Entspannung am natürlichsten und leichtesten, während das Lächeln den Bauch weitet und öffnet, und Zeit und Raum immer unwichtiger werden und gleichgültig, wie tief du nun schon bist, kannst du noch weiter gehen in die Welt der Vorstellungen und Bilder – Empfindungen und Töne, und dein Lächeln begleitet dich während der ganzen Reise, und du kannst es nun dorthin im Körper fließen lassen, wo es jetzt am dringendsten gebraucht wird – und wieder brauchst du nur an diese Region zu denken, schon fühlt sie sich nach Lächeln an und füllt sich immer mehr mit dieser weiten offenen Energie, die ganz automatisch zum Lächeln gehört und nun auch in dieser Körperregion die ihr eigenen Veränderungen bewirkt, während du noch tiefer gleiten kannst und in jedem Moment wach und offen bist für all die Möglichkeiten, die in dir liegen und die du nun vielleicht auch schon spüren kannst – in diesem Augenblick oder gleich,

wenn sich vor jenem inneren Auge nun die Vorstellung einer Landschaft aus deiner Phantasie entwickelt, jene Landschaft, die jetzt am besten zu dir paßt und in der du die Erfahrungen der Meditation noch vertiefen kannst – und während die Vorstellung der Landschaft mit jedem neuen aufsteigenden Gedanken noch deutlicher wird oder gleich, kannst du das Lächeln weiterfließen lassen und doch ganz bei den Bildern der Landschaft bleiben und dir anschauen, was dort wächst, wenn etwas wächst – in der Nähe und in der Ferne – und immer wird dir der erste aufsteigende Gedanke Antwort geben und dich wieder ein weiteres Stückchen klarer sehen lassen – und so kannst du dir den Horizont in deiner Landschaft betrachten

– – und die Nähe direkt vor deinen Füßen – – welches Wetter hier herrscht – – und welche Tages- und welche Jahreszeit – – – und dann stellst du dir vor, wie du selbst in dieser Landschaft bist, den Boden unter deinen Füßen spürst und die Luft auf dem Gesicht und nimmst nun mit vollen Zügen die Atmosphäre auf, die hier herrscht. Und dann fängst du an, in die Landschaft hineinzugehen – in die Richtung, die dir zuerst einfällt und Dich vielleicht auch irgendwie anzieht – eine Richtung jedenfalls, in die du noch nie gegangen bist, selbst wenn du die Landschaft doch schon kennen, solltest – und während du gehst, kannst du sehr bewußt deine Umgebung in dich aufnehmen, ja es ist fast, als begegnete dir diese Landschaft auf eine persönliche Art – jedenfalls kann es sogar sein, daß du Lust hast, dein Lächeln auch dieser Landschaft zu schenken, und dann kannst du es ganz nach Belieben tun, während es auch in dir sehr deutlich bleiben kann, <u>wenn du Dich immer wieder einmal auch nach innen wendest und das Lächeln in Gedanken erneuerst,</u> wird es dich den ganzen Weg über begleiten und deine Schritte gleichsam leicht und beschwingt sein lassen – so leicht und sanft wie eben ein Lächeln, das sich über ein Gesicht legt oder hier nun eine Landschaft einhüllt – – – und immer neue Gedanken werden dir noch mehr von deinem Weg durch diese innere Welt enthüllen, während du all diese Eindrücke in dich hineinfließen läßt, ohne viel Dazutun – und vielleicht sogar gerne in dich aufnimmst, was so bereitwillig und von selbst in deinen Gedanken auftaucht – und dir diese innere Landschaft nahebringt, die nun immer mehr die Züge einer äußeren Landschaft annimmt, durch die du spazierst mit einem Lächeln auf den Lippen und möglicherweise auch schon mit dem Gefühl, einer inneren Spur zu folgen, denn all diese Gedanken sind ja wie von selbst aufgetaucht ohne Plan oder Vorsatz und waren wohl schon immer da und in dir – und so kann es sehr erfreulich sein, sie nun bewußt kennenzulernen auf so leichte und angenehme Weise in der Entspannung dieses Augenblicks, wo Zeit eine ganz andere Rolle spielt und nicht begrenzt, sondern ermöglicht – innere Zeit und äußere können weit auseinanderfallen, und das ist gleichgültig in solchen Momenten tiefer Entspannung, wo in jedem Moment alles möglich ist, und so brauchst du nicht mehr lange zu gehen, dann wirst du in einiger Entfernung jemanden auftauchen sehen, ein Wesen, von dem du sofort spüren wirst, daß es hier in diese Welt gehört und hier noch viel mehr zu Hause ist als du. – – Und ganz gleichgültig, ob es sich da um eine Frau oder einen Mann handelt, kannst du vielleicht schon spüren, daß dieses Wesen etwas mit dir zu tun hat – und während ihr euch näher kommt, wird dir das immer bewußter – du hast hier die Chance, deiner Seelenführerin, deinem Seelenbegleiter zu begegnen, jenem Wesen, das in diesen inneren Welten lebt und hier Bescheid weiß, wie niemand sonst. Es könnte sein, daß dir ihre oder seine Züge irgendwie vertraut vorkommen oder einfach eigenartig berührend oder noch ganz anders, und vielleicht ist da jetzt zu Anfang auch noch eine gewisse Scheu, diesem Wesen so direkt ins Gesicht zu schauen – und dann ist es genausogut, wenn du dir seine Züge mit der Zeit einprägst und jetzt erst einmal akzeptierst, daß ihr euch begegnet seid und nun miteinander weitergehen könnt – Seite an Seite – ohne viele Worte zu machen – – sie sind gar nicht nötig zwischen euch – und auch wenn dir das jetzt noch nicht so klar ist, kannst auch du dich auf ein inneres Band stützen, das euch irgendwie gefühlsmäßig verbindet und mit jedem Schritt – und ganz unmerklich – noch intensiver werden kann – während du nur so nebenbei feststellst, daß nun deine Betreuerin – dein Begleiter – die Führung übernommen hat. Vielleicht wunderst du dich am Anfang noch, wie natürlich dir dieser Führungswechsel vorkommt, jedenfalls fällt es nicht schwer, sich auf so unaufdringliche Art leiten zu lassen und miteinander weiterzugehen, und wenn dir danach ist, erneuere immer wieder einmal dein Lächeln im Gesicht und spüre dann auch wieder die Offenheit und Weite, die mit ihm einhergeht und dir den Weg erleichtert, und vielleicht magst du ganz nebenbei auch deiner Begleitung etwas von deinem Lächeln schenken, indem du einfach daran denkst, jetzt eine Seelengefährtin oder einen Seelengefährten für deine inneren Reisen gefunden zu haben und lächelnd denkst und wieder erlebst, wie sich beide miteinander verbinden – Lächeln und Begleiter – und wie du dabei ein noch verläßlicheres Gefühl für deine inneren Kräfte bekommst, denn ganz sicher ist dein Lächeln angekommen, wie du vielleicht auch schon spüren kannst oder gleich in den freundlichen und offenen Reaktionen deiner Begleitung, die nicht von deiner Seite weicht und vielleicht jetzt schon oder allmählich und unbemerkt dein Gefühl von Sicherheit und Geborgenheit erhöht, während du dich schon ganz vertraut und fast selbstverständlich durch die Landschaft bewegst – – – und nur ganz nebenbei bemerkst, daß ihr euch scheinbar allmählich schon wieder auf den Rückweg begeben habt – und so kannst du – wenn du magst – die Gelegenheit wahrnehmen und auch einmal eine Frage; die dich gerade bewegt, an deine Begleitung stellen – – – und wirst Antwort finden im ersten bei dir aufsteigenden Gedanken – 30 Sekunden –

Mit der Zeit wird dir immer deutlicher werden, daß die Antworten, die du von deiner Begleitung erhältst, dir nicht wesensfremd sein werden – auch wenn sie häufig einen ganz anderen Teil deines Wesens mitberücksichtigen, der sonst kaum eine Rolle bei den Antworten spielt, die du dir auf Fragen deines Lebens gibst. – – Das Wissen, daß du jederzeit weitere Fragen stellen kannst und deine Begleitung auch jederzeit auf diesen inneren Ebenen wiedertreffen kannst, mag bereits etwas Beruhigendes und Angenehmes haben und dich irgendwie an dein inneres Lächeln erinnern, das dir vielleicht schon jetzt so viel vertrauter ist, daß du spüren kannst, wie es dir bereits viel schneller und bereitwilliger gehorcht und jederzeit bereit ist, an jeder Stelle deines Körpers und der Welt – wo immer du es hindenkst – zu erscheinen. Und so lächelst du nun über den zurückgelegten Weg, der allmählich zu Ende geht, und du stellst fest, daß ihr euch jenem Ort in der Landschaft nähert, wo du deine Reise begonnen hast. Mach dir noch einmal den Unterschied klar zwischen dem Schluß jetzt und den ersten

Schritten des Anfangs – und dann kannst du dich in dem Wissen, jederzeit hierher zurückkehren zu können, von deiner Begleitung verabschieden – – und dir klarmachen, daß jeder weitere Besuch dieser inneren Ebenen, das Hinabsteigen in die Entspannung leichter machen wird, da du nun deinen eigenen Spuren folgen kannst. Der erste Schritt ist der schwerste und wenn der Bann einmal gebrochen ist, gehen alle weiteren in seinem Windschatten leichter und angenehmer. Und mit dieser Gewißheit tauchst du nun ganz allmählich und genau meinen Worten folgend wieder auf: Du läßt die Augen auf alle Fälle zu, bis ich es sage und läßt die inneren Bilder nun ganz los, allerdings ohne irgendeines davon zu vergessen. Ja es kann sein, daß dir noch mehr Bilder und Eindrücke dazu einfallen, wenn du deine Erfahrungen anschließend aufschreibst oder in einem gemalten Bild festhältst. Erst einmal ziehen sich nun aber alle Bilder zurück, und du nimmst deinen Atem wieder aktiv und bewußt in die Hand und verbindest dich mit einem tiefen Atemzug ganz bewußt mit der Polarität. – – – Dann fängst du – jetzt – mit kleinen Bewegungen der Finger und Zehen an und läßt sie ganz allmählich größer werden und in ein Räkeln und Strecken übergehen, wenn dir danach ist. Und dann erst öffnest du vorsichtig die Augen und orientierst dich wieder ganz bewußt in Raum und Zeit. Schaust dir deinen Meditationsplatz an und machst dir auf deiner Uhr bewußt, wieviel äußere Zeit vergangen ist, und wieviel Uhr es jetzt ist.

NACHTRAG:

Die Seelenbegleiterin kann nun immer am Anfang mit eingeführt werden. In den vorgegebenen Texten geschieht das später nicht mehr, um Wiederholungen zu vermeiden. Trotzdem ist es sinnvoll, wenn die Begleitung positiv aufgenommen wurde. In diesem Fall ist das Treffen mit ihr an vielen Stellen der Meditation zwanglos einzuführen. Die Führerin könnte auch später noch von dem Meditierenden selbst in jede Meditationsphase hereingeholt werden, zum Beispiel, wenn sich einmal plötzlich Schwierigkeiten ergeben sollten.

Für den Sprecher ist daran zu denken, daß die Stimmlage beim Zurückholen wieder ganz normal werden sollte, und ein deutlicher Bruch zum Meditationsgeschehen für den Meditierenden auch in der Stimme hilfreich ist. Hier gilt genau das Gegenteil vom Anfang, wo die Meditierenden mit normaler Stimme in ihrem Normalbewußtsein abgeholt werden. Dann aber schleicht man sich auch stimmlich in sanftere Bereiche, ohne daß der Übergang spürbar würde.

2. Meditation
Der innere Meditationsort
und Problembetrachtung

Nachdem man sich einen äußeren Raum gesucht oder geschaffen hat, an dem Reisen nach innen in angenehmer und geschützter Atmosphäre möglich sind, ist es mindestens ebenso wichtig, einen inneren Ort der Ruhe und Besinnung zu finden, von dem jetzt und in Zukunft die Ausflüge beginnen können. Am besten geschieht diese Suche aus der Meditation heraus, etwa im Stil folgender Reise:

Leg dich nun wieder entspannt und bequem hin – die Beine ausgestreckt und die Arme locker seitlich vom Körper. Leg alles Unbequeme ab, öffne enge Stellen der Kleidung, vor allem den Gürtel (nimm die Ohrringe ab) und laß die Augenlider langsam zufallen, während du selbst dich ebenfalls losläßt und jetzt schon ganz von Anfang an spürst, wie leicht und angenehm Loslassen sein kann und sich der Unterlage an Vertrauen ist in jedem Augenblick möglich, und so spürst du schon gleich von Beginn, wie du getragen wirst von der Unterlage und der Situation des sanften Atmens und Tiefergleitens in die Entspannung breitet sich wie von selbst aus der Tiefe des eigenen Ausatmens geschieht Fallenlassen so selbstverständlich – – und im Kommen und Gehen des Atmens spürst du deinen

Laß Augenlider langsam zufallen

eigenen Rhythmus, der dein Leben ausmacht und dich über die Höhen des Einatmens und durch die Tiefen des Ausatmens sanft geleitet, und du gibst dich einfach all dem hin – in diesem Augenblick, wo es leicht ist, sich zurückzuerinnern an die Situation, wo es dir so gutgegangen ist, und das Lächeln von innen heraus so nahelag, daß es sich gleichsam von selbst verbreitete – ein Gedanke genügt, und du kannst diese Erinnerung in aller Deutlichkeit zurückholen und vielleicht auch jetzt schon oder gleich dieses Lächeln wieder spüren, wie es sich aus der Tiefe der Augenhöhlen entwickelt und dann – jetzt langsam aufsteigt, bis es die Augen völlig ausfüllt und gleich schon über sie hinausquellen wird – – dabei brauchst du nur Lächeln zu denken und Augen und schon verbindet sich beides wieder zu dieser Erfahrung lächelnder Augen, die du ja schon kennst und nun wieder deutlicher spüren kannst oder gleich, und dann fließen die Augenhöhlen auch schon über, und das Lächeln kommt jetzt bereits über die Schläfen zur Seite und über die Wangen hinunter zum Mund, und du denkst das Lächeln und denkst Mund und erlebst im selben Moment, wie dein Mund zu lächeln beginnt und allmählich das ganze Gesicht – – und dann reicht ein Gedanke an deine Hände, und auch die fangen auf ihre ganz eigene Art wieder an zu lächeln, während du weiter und tiefer in die Entspannung gleitest – – – und dann wieder wahrnimmst, wie dich dein Atem so sanft wiegt und du dich in ihm geborgen fühlen kannst – – und wie du mit deinen Gedanken so beim Atmen bist, spürst du plötzlich, wie sich auch der Einatem mit dem Lächeln verbindet und du auf einmal anfängst, Lächeln einzuatmen – – – mit jedem Einatemzug kommt Lächeln herein, und mit jedem Ausatmen sinkt es tiefer in deine Lungen – – – und so füllen sich Zug um Zug deine Lungenflügel mit dieser weiten offenen Energie des Lächelns und du wirst voller und voller davon und erlebst den Atem lächelnd und sehr bewußt und damit etwas anders als gerade noch – und auch ohne daß du es merkst wird der ganze Brustkorb mit jedem Zug voller von dieser lächelnden weiten Energie, und du spürst sehr bewußt, wie

Dein Atem wiegt dich sanft

Dich der Einatem öffnet und mit Energie füllt und wie der Ausatem sie in den Brustkorb lenkt – – und vielleicht spürst du zum ersten Mal so deutlich, daß du mit der Brust wirklich einen Korb hast, der so viel Energie aufnehmen kann wie jetzt gerade mit jedem Atemzug – und wenn die Lungenflügel dann immer voller werden, fängt die Energie an, mit dem Ausatmen auch in den Herzraum, im Zentrum des Brustkorbs, zu fließen – – und es reicht, wenn du Herz denkst und Lächeln, um im selben Moment zu spüren, daß natürlich auch dein Herz lächeln kann – auf seine ganz eigene Art und Weise und ganz anders, als Gesicht und Hände lächeln – – – und mit jedem Einatmen strömt die Energie des Lächelns herein und breitet sich mit dem Ausatmen im Herzraum aus, so daß du dir nun vielleicht schon vorstellen kannst, wie das Herz von Lächeln umflossen ist, und wie dieser ständige Zustrom von offener weiter Energie allmählich seinen Weg auch ins Innere des Herzens findet. Am Anfang mag es eigenartig und ungewohnt sein, wenn das Herz so einfach vor sich hinlächelt, aber mit jedem Atemzug kommt mehr von dieser Energie herein, und so wird es immer selbstverständlicher, daß sie sich auch durch das Herz im Zentrum der Brust ausdrückt, und du gewöhnst dich vielleicht schon daran in dem Maße wie es angenehm ist, so offen und weit in der Herzgegend zu sein – – – und dann ist allmählich der ganze Brustkorb mit Lächeln angefüllt, und während dein Atem weiterfließt, beginnt der Korb überzufließen und die Energie tropft gleichsam innerlich hinunter in den Bauch, dem das Lächeln schon vertrauter ist, und so bildet sich im Zentrum des Bauches, um den Bauchnabel herum, eine Kugel aus Lächeln, die mit jedem Atemzug wächst und zunimmt, während der Einatem neues Lächeln hereinbringt und der Ausatem es tiefer sinken läßt, so daß der Brustkorb mit jedem Zug überfließt und den Bauchraum mit neuer Energie speist. Du denkst Lächeln und Bauch und spürst, wie der Bauch aus seiner Mitte heraus anfängt, seinerseits Lächeln auszustrahlen und Zug um Atemzug sinkst du tiefer in die Entspannung, die mit der Kugel aus Energie wächst

Energie beginnt zu fließen
Herz beginnt zu lächeln

und allmählich auch den ganzen Bauchraum auszufüllen beginnt, der sich entspannt und weitet und dem Strom des Lächelns öffnet, so daß vielleicht Bilder an lächelnde Buddhabäuche auftauchen mögen oder Stimmungen von satter Zufriedenheit – Bilder jedenfalls, die der Entspannung in der Körpermitte Ausdruck verleihen – – – und wenn dann auch der Bauchraum ganz gefüllt ist, fließt die Energie von der Kugel im Bauchraum hinunter in die Beckenschale – und du denkst Becken und Lächeln und erlebst auch schon, wie nun das Becken auf seine ganz eigene Art zu lächeln beginnt und sich mit jedem Loslassen des Ausatmens mehr mit Lächeln füllt – – – und dir wird klar, daß dein Becken ganz zuunterst im Körper wirklich eine Schale ist, die alles Übriggebliebene und Abgesackte auffängt und sich nun mit der weiten offenen Energie des Lächelns Zug um Zug füllt, während du einfach nur atmest und dich diesem Augenblick hingeben kannst, während alles Notwendige ganz von allein geschieht und in einer Haltung der Offenheit und Weite auf sehr angenehme Weise, die dir vielleicht sogar Spaß macht. – – – Und nun füllt sich auch die Schale des Beckens immer mehr, und wenn sie randvoll ist, kannst du die überschüssige Energie dorthin lenken, wo sie jetzt gerade am dringendsten vom Körper gebraucht wird, und auch das geht wie von selbst – wieder brauchst du nur an diese Stelle des Körpers zu denken und an das Lächeln, und im nächsten Moment ist es auch schon dort, und in Gedanken kannst du diese Kaskade der Energie begleiten: das Hereinströmen des Lächelns durch die Einatemluft und ihr Absinken in den Brustkorb, der überläuft in die Energiekugel des Bauches, und von dort tropft die Energie in die Beckenschale, und erst aus dem Überfluß dieser geräumigen Schale speist du jenen Ort, der jetzt gerade zusätzliche Beachtung und Aufmerksamkeit braucht – – und dieser Fluß wird weiterfließen, solange diese Region Energie aufnehmen kann und sich dann andere heilende Wege suchen, während du – vielleicht ohne es zu merken, tiefer in die Entspannung gesunken bist und noch weitersinkst mit jedem Loslassen des Atems ein wenig mehr

105

und so immer tiefer gelangst, so daß du jederzeit in die Welt der Bilder und Farben, Schwingungen und Töne eintauchen kannst, in die Welt deiner inneren Seelenbilder und Träume

und so läßt du jetzt vor deinem inneren Auge jene Landschaft auftauchen, die du schon von deiner letzten Reise nach innen kennst, und die jedenfalls jetzt zu dir paßt und in der Lage ist, dir tiefere Erfahrungen auf dem Weg zur Mitte zu ermöglichen. Wieder bringt dir immer der erste gerade auftauchende Gedanke das nächste wichtige Bild, und du erkennst jetzt schon oder mit der Zeit immer mehr, wie wichtig es ist, das erste Bild, die erste Vorstellung und den ersten Gedanken wahrzunehmen und mit ihnen zu bleiben. Und so ist es jetzt die erste Landschaft, die aufgetaucht ist, die die weiteren Gedanken ausbaut und immer deutlicher macht, so daß du dir vorstellen kannst, was dort wächst und gedeiht, wenn etwas wächst, und wie die Nähe und wie die Ferne aussieht, wie das Wetter zu dieser Tageszeit ist, und in welcher Jahreszeit du dich dort findest. Und mit jedem weiteren Gedanken wird das Bild deiner Landschaft genauer und anschaulicher, und stell dir dann wieder vor, durch diese Landschaft zu gehen – in jene Richtung, in der du zuletzt deine Seelenführerin oder deinen Seelenbegleiter getroffen hast, jenes Wesen, das in diesen inneren Landschaften und Bilderwelten zu Hause ist und mit allen ihren Möglichkeiten und Chancen aufs engste vertraut ist – – und du brauchst nicht lange zu gehen, bis du deine Begleitung wieder auftauchen siehst und auch sofort wieder die schon entstandene Nähe und Vertrautheit spürst, und in diesem kurzen Aufeinanderzugehen mag dir bewußt werden, was es heißt, solch eine enge Freundschaft zu haben zu einem Wesen, das das eigene innere Wesen sogar besser kennt, als man selbst und anderes noch dazu. Und ihr geht, ohne daß Worte notwendig sind, in stillem Einverständnis nebeneinander her, und wieder spürst du, wie ganz unmerklich die Führung auf deine Begleitung übergeht und du ganz bereitwillig folgst, selbst wenn das sonst weniger deine Art sein sollte – – – und während ihr so nebeneinander geht, spürst du auch weiterhin das Fließen dieser lächelnden Energie des Atems und spürst, wie du mit jedem Zug und Schritt deine Lungen füllst, und du bemerkst dabei, daß du wirklich Flügel hast – wenn auch innere – und in diesem Erkennen liegt so etwas wie Freude und ein Gefühl von Freiheit – – mit jedem Einatmen spannen und weiten sich diese Flügel und füllen sich mit Luft, und du fühlst dich im Einatmen ein wenig leichter werden, wenn du einmal genau darauf achtest, während mit dem Ausatem die Flügel wieder sinken, und wie ein Vogel mit rhythmischem Flügelschlag segelst auch du gleichsam dahin ohne Pause und Unterbrechung tragen dich deine inneren Schwingen, und das mag sich jetzt schon oder gleich sehr gut anfühlen und so leicht wie das Schweben auf den Flügeln der Gedanken, die dich ständig begleiten und, durch jeden Tag tragen – – – und während du auf den Schwingen der Gedanken und des Atems an der Seite deiner vertrauten Führung unterwegs bist, hat sich die Landschaft schon wieder etwas verändert, und du bemerkst, daß dieser Weg ganz bewußt gewählt ist – wieder kannst du die Gedanken deiner Begleitung fast erspüren und bist ganz einverstanden, dich mit auf die Suche nach deinem Meditationsplatz zu machen – – du achtest nun genau auf die Landschaft, und vielleicht achtest du auch besonders auf Zeichen in dieser Landschaft, die dich jetzt führen und dir später als Wegweiser dienen können – – – Spüre auch einmal, inwieweit deine eigene, dir bereits bewußte Intuition dir denselben Weg weisen würde. – – – Zwischendurch kannst du immer wieder zu deinem Atem zurückkehren und ihn als Wegweiser zu einem harmonischen Gefühl von Rhythmus nutzen, während du Dich auch äußerlich nun schon dem einen besonderen Platz näherst, wo Meditation für dich noch leichter und einfacher möglich ist und gleichgültig, ob du schon gespannt bist oder ganz ruhig und gelassen deinem Ort der Meditation und Kraft entgegensiehst, präge dir Landschaft und Wege genau ein und auch die nähere Umgebung des besonderen Ortes: Es mag ein alter Tempel sein oder ein Platz in der Natur, auf einem Hügel oder inmitten von Bäumen, ein heiliger Hain oder ein Steinkreis, eine Höhle oder ein ganz anderer Ort, einer, dem man seinen herausragenden Charakter gleich ansieht oder genausogut einer, der ganz unscheinbar und wenig auffällig wirkt und ganz aus seiner inneren Kraft heraus lebt. Und dort angekommen, spüre, wo im engeren Sinn der beste Platz ist, in welche Richtung dein Kopf weisen soll, und ob du dich überhaupt hinlegen oder eher setzen möchtest. Laß dir gegebenenfalls von deiner Begleitung helfen und begib dich dann ganz bewußt in Meditation an diesem Ort – richte dir alles genauso, wie es dir am besten entspricht und so, daß es diesem besonderen Platz gerecht wird – – schließe dann die Augen und laß dich tiefer sinken in die inneren Räume der Ruhe und des Friedens, Räume der Kraft aber auch und des Gleichgewichts, und erlebe nun noch einmal die Räume deines Körpertempels aus deiner eigenen Mitte heraus – spüre ins Zentrum deines Herzraums – denke Herz und Wärme und spüre die Welt aus deiner Herzensmitte – 20 Sekunden – deine Welt und die Welt – 20 Sekunden – und dann laß dein Bewußtsein hinunter in den Bauchraum sinken – spüre die Kugel im Bauch und denke Kraft – – und spüre die Welt aus dem Bauch und aus deiner Kraft – 30 Sekunden – und nun laß dein Bewußtsein noch tiefer hinunter in die Mitte der Beckenschale und denke Becken und Stille und spüre deine Welt von der Basis des Beckens aus – 30 Sekunden – und dann wandere mit dem Bewußtsein ganz hinauf in den Kopf und betrachte ganz bewußt aus der Mitte des Kopfes die Welt – 20 Sekunden – und nun nimm dir irgendeines deiner Probleme vor – das erste, das jetzt gerade auftaucht, und betrachte dir dieses Problem aus der Ruhe dieses besonderen Ortes und von den verschiedenen Ebenen aus und achte jeweils auf die ersten Gedanken, Bilder und Einfälle, die auftauchen: Laß dich also nun ganz hinunter zur Beckenbasis und betrachte dein Problem von hier aus: – 15 Sekunden –

Steige nun ins Zentrum des Bauchraumes hinauf und betrachte das Problem von hier: – 15 Sekunden –

Hebe dein Bewußtsein nun zum Herzen und betrachte das-selbe Problem aus dieser Sicht: – 20 Sekunden –

Und nun ganz zum Schluß betrachte es auch noch aus der Sicht des Kopfes: – 15 Sekunden – Und schau dir jetzt noch einmal an, ob sich deine Sicht dieses Themas irgendwie ver-ändert hat, und präge dir etwaige neue Gesichtspunkte oder auch Bauch- oder Herzpunkte gut ein, bevor du dann deinen Meditationsplatz wieder verläßt und dich an der Seite dei-ner Begleitung auf den Heimweg machst, verabschiede dich und präge dir noch einmal alles genau ein, damit du dich beim nächsten Besuch noch leichter und schneller zurechtfinden kannst und so noch tiefer in die inneren Räume absteigen kannst – verabschiede dich dann auch von deiner Begleitung, in dem Wissen, daß sie dir mit jedem Treffen vertrauter werden wird und kehre dann zurück an den Platz in der Landschaft, an dem du diese Reise begonnen hast – – – und du kannst vielleicht schon wahrnehmen, daß du dich auf diesen Ebenen mit Leichtigkeit und in Gedankenschnelle bewegen kannst und so sehr schnell zu deinem Ausgangspunkt zurückkehrst – – – und hier angekommen, erlaube allen Bildern, sich ganz bewußt zurückzuziehen in dem Bewußtsein, daß du dich an alles genau erinnern wirst, ja daß dir beim Aufschreiben und Malen sogar noch mehr Einzelheiten dazu einfallen können – und nimm jetzt einen tiefen Atemzug und verbinde dich mit ihm wieder bewußt mit der Polarität von Nehmen und Geben und beginne nun mit kleinen Bewegungen der Finger und Zehen und laß während all dem die Augen noch geschlossen –

Vielleicht magst du dich auch mit den Daumen und Zeigefin-gern an den Ohrläppchen fassen und sie massieren, bis sie ganz warm und prall und gut durchblutet sind und dir damit über die hier liegenden Reflexzonen den ganzen Kopf massieren. Wenn du am Ohrrand mit Daumen und Zeigefingern knetend hoch-wanderst, massierst du zuerst die Halswirbelsäule, kommst dann allmählich zur Brustwirbelsäule und schließlich am oberen Ohr-rand zur Lendenwirbelsäule – und von hier aus kannst du deine Zeigefinger in die Hügellandschaft der Ohrmuschel wandern

Organe mit Aufmerksamkeit u. Bewußtheit versorgen

und massieren lassen und wirst dabei alle Organe des ganzen Organismus berühren und mit Aufmerksamkeit und Bewußtheit versorgen. Erst ganz zum Schluß – in einigen Minuten vielleicht –, wenn die Ohren schön warm und lebendig sind, öffne die Augen und orientiere dich wieder ganz bewußt in Raum und Zeit.

NACHTRAG:

Die hier angeführte Ohrmassage läßt sich genauso an andere Meditationen anhängen und wird immer gewährleisten, daß auch der Körper genug Zuwendung bekommt. Besonders, wenn man den Eindruck hat, daß die Meditierenden ungewöhnlich tief in die Bilderwelt eingetaucht sind, wenn sich Schwierigkeiten mit der Orientierung ergeben oder eine Geringschätzung des Körpers vorliegt mit Fluchttendenzen in Bilderbereiche, ist diese Methode besonders geeignet, da sie mit großer Sicherheit gut zurück in den Körper und damit in die alltägliche Welt der Polarität holt.

So wie die Ohrmassage lassen sich natürlich auch andere Elemente im Sinne eines Baukastensystems aus verschiedenen Meditationen herauslösen und in anderer Reihenfolge wieder zusammenbauen. Der Kreativität sind hier lediglich durch die Gesetze der Bilderebenen Grenzen gesetzt, und diese sind sehr wenig einengend.

Baukastensystem der Meditation

3. Meditation
Pflanzenwesen

Leg dich bequem und entspannt hin – die Beine nebeneinander, die Arme locker seitlich vom Körper, und laß los von allem, was dich bisher noch beschäftigt hat – öffne dich ganz bewußt für die kommenden Erfahrungen und laß dafür die Augen jetzt sehr bewußt zufallen – in dem Bewußtsein, daß alles Wichtige nun vor den inneren Augen ablaufen wird und das Außen immer mehr zurücktreten kann, so daß sich die äußeren Augen

Öffne Dich für die kom. Erfahrung

wunderbar ausruhen werden, während du tiefer sinken und ebenfalls ausruhen kannst – und beginne dann ganz bewußt, die Töne der Musik, die du im Hintergrund hörst, zu dir hereinzulassen, es ist möglich, sie mit dem Einatem einzuatmen und mit dem Ausatem tiefer sinken zu lassen, so daß sie gleichsam durch den Körper fließen und sich überall ausbreiten können, wo immer du nun gerade hinspüren magst – – – und die Schwingungen der Musik tragen dich weiter – – weiter und tiefer – und lassen dich sinken in deine Mitte – dein Zentrum – in das Reich deiner Bilder und Farben, Schwingungen und Töne breiten sich wie von selbst aus und nehmen dich mit – und du sinkst immer tiefer und weiter und läßt dich treiben, wo immer dich die Worte und Gedanken hintragen, bist du willkommen und angenommen, du könntest dich in die tiefste Tiefe der Entspannung denken, die dir jetzt möglich ist, dann mach dir bewußt, daß du es auf dieser Ebene kannst und laß es geschehen, während ich bis zehn zähle, mach dir klar, daß du bei zehn eine ideale Entspannungsebene für diese Meditation erreichen wirst – ganz leicht und fast wie von selbst – eins – gleitest du hinab in das Tal des nächsten Ausatemzuges, und während Dich der nächste Einatem schon wieder mit Energie füllt, kannst du – zwei – im nächsten Ausatem noch ein Stück mehr loslassen ist so einfach in diesem Moment, wo Ruhe sich auszubreiten beginnt, anläßlich deines Tiefergleitens in die Meditation kannst du dich jetzt einfach an Vertrauen und – drei – geschehen lassen, was jetzt von selbst geschehen will, wo du – vier – sicher auf dem Weg bist in die innere Welt der Bilder und des Geschehenlassens, das mit jedem Ausatem wie von selbst einhergeht – fünf – dich so sanft und leicht mitnimmt, daß du es kaum bemerkst, während dich die Töne der Musik auf ihre Art einhüllen und mit sich schweben lassen, so daß du – sechs – noch harmonischer hinabgleiten und loslassen kannst, was jetzt überflüssig geworden ist, und so bleiben Gedanken und auch Bilder hinter dir, während du dich weiterbewegst, – sieben – und tiefer sinkst und das Bild eines Motorbootes mag vor

ganz leicht wie von selbst

111

deinem inneren Auge auftauchen – du sitzt im Heck und siehst, wie mit den aufgewirbelten Wassern auch all die jetzt überflüssigen Themen zurückbleiben und in der Gischt versinken, während du dich in dem Boot mit atemberaubender Geschwindigkeit entfernst und deinen Weg nimmst – acht – und so bereits in Bereiche kommst, wo du die Entspannung geradezu körperlich spüren kannst oder bald – wenn du – neun – die tiefste Ebene erreichst, auf der vieles mehr möglich ist, als du dir jetzt vielleicht überhaupt vorstellen kannst, und auch das ist ganz in Ordnung, wo du jetzt schon bald ankommen wirst und das wohl auch genießen kannst, wenn du – zehn – ganz bei dir selbst landest und Raum und Zeit immer unwichtiger sind und gleichgültig wie tief du dich nun empfindest, hast du die Ebene erreicht, wo mühelos aus deinem eigenen Innern Bilder und Vorstellungen auftauchen, wie jene völlig unbekannte Landschaft jetzt gleich, die sich aus den Tiefen deiner Phantasie erhebt, während du auf der tiefsten jetzt sinnvollen Ebene angekommen bist und dich den aufsteigenden ersten Gedanken zuwendest, die diese Landschaft direkt aus deiner Phantasie entstehen lassen – und es ist eine zauberhafte Landschaft, die sich da immer deutlicher entwickelt – fast wie ein großer Garten, und alles hier ist dir sonderbar nah, zum Greifen nah, und du kannst dir alles besonders lebhaft vorstellen, all die Pflanzen – von den großen Bäumen bis zu den kleinsten Blumen, und du gehst nun hinein in diesen wundervollen Garten und läßt seine Atmosphäre auf dich wirken, spürst die Luft auf deiner Haut und den Duft dieser Luft, der dich einhüllt und dir etwas mitteilen kann vom Zauber dieser paradiesischen Natur – und mit jedem Schritt spürst du unter dir den Boden und über dir den weiten Himmel, der eigenartig gut zu diesem Garten Eden paßt. Du läßt dir Zeit und erlebst so, daß es in dieser besonderen Atmosphäre ganz leicht ist, Kontakt zu den einzelnen Pflanzen herzustellen – du kannst ihnen nahekommen, ohne sie anzufassen und so gleichsam miterleben, was sie erleben – ein eigenartiges Gefühl von Verbundenheit breitet sich aus und ist angenehm und sogar irgendwie vertraut, fast so, als hättest du irgendwann in grauer Vorzeit oder wann auch immer einmal ein solch vertrautes Gefühl zu den Wesen der Natur gehabt, wie du es jetzt in diesem Augenblick wieder spüren kannst, wo du dich nun allmählich einem eindrucksvollen Baum näherst, der ganz frei im Garten steht und von dem du dich jetzt, wo er dir eigentlich vor Augen steht, sogar etwas angezogen fühlen magst oder gleich, wenn du ihm noch näher kommst. Nun bist du schon gleich so nah, daß du ihn berühren könntest und seine Rinde mit deinen Händen spüren, und vielleicht kannst du jetzt schon dieses eigentümliche Gefühl nachvollziehen, daß hier Haut auf Haut liegt, und natürlich ist ja die Rinde die rauhe Haut des Baumes, und es gibt ja sogar auch Menschen mit einer etwas rauheren Schale, und so mag dir dieser Baum fast ein wenig menschlich vorkommen – vielleicht einfach, weil du dich ihm auf menschliche Art näherst, was sonst möglicherweise nicht deine Art im Umgang mit Pflanzen ist. Und dann lehnst du dich mit dem Rücken an den Stamm des Baumes und schaust dir die Welt dieses Gartens aus seiner Perspektive an – – – und ganz allmählich ist dir, als würde die eben noch harte Rinde des Baumes durchlässig und offen, und ehe du dich versiehst, beginnst du mit deinem Rücken in den Baumstamm hineinzusinken – – – du spürst vielleicht jetzt schon deutlich oder gleich noch intensiver, wie dein Rücken und der Stamm des Baumes, sein Rückgrat, verbinden und geradezu ineinanderfließen, und diese Entwicklung macht dir in dieser Situation eher angenehme Gefühle – – du stellst dich bereitwillig darauf ein, immer mehr zu diesem Baum zu werden – spürst in deinem Rücken nun auch die Kraft des Baumes, seinen mächtigen Stamm, der so fest und dabei doch auch noch ein wenig biegsam ist. Und während dein Rumpf immer mehr zum Stamm und Rückgrat des Baumes wird, spürst du, wie deine Beine und Füße anfangen, sich nach unten zu strecken und Wurzeln zu schlagen oder eigentlich zu den Wurzeln dieses Baumes werden, und du spürst schon jetzt Tiefe und die Geborgenheit des Erdreiches in ihnen – machst dir bei dieser Gelegenheit bewußt, wie verwurzelt du in Mutter

Erde bist und welche Rolle dein Kontakt zu ihr in deinem normalen Leben spielt, während du zugleich immer mehr zum Baum wirst und nun auch spürst, wie deine Arme zu seinen Ästen auswachsen und dein Kopf seine Krone wird. Aus deinen Fingern wachsen Zweige und die Blätter dieses Baumes, während du dich allmählich auch immer tiefer in den Geist dieses Baumes einfühlen kannst und dich nun schon eigenartig tief mit ihm verbunden fühlst. Immer deutlicher wird dir die Lebendigkeit dieses großen Wesens, und du nimmst teil an seinem Leben – spürst, daß auch der Baum so etwas wie Empfinden und Fühlen kennt, und daß er auf seine Welt reagiert in seiner Art, die so ganz anders ist als deine gewohnte: Alles geschieht hier aus der Ruhe dieses mächtigen Stammes und eines verläßlichen Wurzelwerkes – – der Stamm ist wie ein fester Turm und doch lebendig und empfindsam, und dir wird bewußt, wie stark dein eigenes Rückgrat ist, wie leicht es dir fällt, standzuhalten und Rückgrat zu beweisen, wie du mit den Stürmen des Lebens fertig wirst, ob du dazu neigst, dich zu biegen oder dich allem zum Trotz auch gegen große Gewalten stellst und Widerstand leistest. Der Stamm ist die Weltachse des Baumes – so wie dein Rückgrat deine Weltachse ist, um die sich alles dreht. – – – Und dann spürst du auch, wie es um deine Wurzeln steht, wie gut du verankert bist im Grund deines Lebens – wieviel Halt dir deine Basis gewährt und wie geborgen du dich fühlen kannst – – – und dann wandere mit deinem Bewußtsein in die Krone des Baumes und spüre in ihr, wie sehr sich dieser Baum in seiner Krone verwirklicht hat – – – schau dir aus der Krone des Baumes auch an, wie sehr du deinen Kopf als deine Krone betrachtest und wie weit er sich in seinen Träumen und Ansprüchen verwirklicht hat. Und aus dieser natürlichen Krone vergegenwärtige dir auch einmal, inwieweit du dich als Krone der Schöpfung fühlen kannst, die du als Mensch ja sein darfst – inwieweit erfüllst du diese Rolle, was die Verantwortung für das Leben angeht und für dein Leben – inwieweit spürst du überhaupt Verantwortung für die Welt um dich – – – und dann kehre wieder zum Wesen dieses Baumes zurück, der du im Augenblick bist, und spüre einmal, was dieser Baum dir von sich aus mitzuteilen hat: Mach dich einfach ganz auf für seine Vorstellungen und horch in dich hinein – auf die innere Stimme des Baumes und <u>was sie dir zu sagen hat,</u> erreicht dich über den ersten in dir aufsteigenden Gedanken – 20 Sekunden – und ganz allmählich löse dich nun von dem Baum auf dem gleichen Weg, auf dem du zu ihm geworden bist. Laß deine Finger und Arme sich aus den Zweigen zurückziehen und löse deinen Kopf aus seiner Krone. – – Trete dann gleichsam aus seinem Stamm wieder heraus, indem sich dein Rücken aus ihm löst und du wieder die Freiheit der Bewegung spüren kannst und die Chancen, die darin liegen. Und während du weiter in den Garten hineingehst, wird dir bewußt, daß du zu all den hier lebenden Pflanzenwesen solch eine nahe Beziehung herstellen könntest wie zu dem Baum, der du eben noch selbst warst – – und mit diesem eigentümlichen Gefühl von Verbundenheit gehst du weiter und betrachtest und erspürst andere Pflanzen in ihrem Wesen. – – – Bald wirst du vor dir eine beeindruckende Blume sehen, die dich anspricht, und dann setze dich einen Moment zu diesem kleinen Pflanzengeschöpf und erspüre den Platz, an dem es wächst – fühl dich in sein Wesen ein und versetz dich in diese Blume, so wie eben noch in den Baum. Spüre, wie du kleiner und zarter wirst und dich auch diesem kleinen Körper anpassen kannst, und schlüpf jetzt in ihn hinein, und schon im selben Moment wirst du zu dieser Blume und bist wieder ein Pflanzenwesen und doch so ganz anders – – nimm dir diesen Moment und erlebe in dir die Art dieses kleinen, zarten Geschöpfes und spüre dabei, was an dir klein und zart ist, empfindsam und vielleicht auch empfindlich. – Mach dir die eigenen zarten Wesenszüge ganz bewußt, ob du sie nun in deinem normalen Leben lebst oder eher verbirgst – jetzt hier in diesem Moment können sie in der kleinen Blume zum Leben erwachen, und du läßt es mit wachem Bewußtsein geschehen – spürst all die Sensibilität und Empfindsamkeit, die auch in dir lebt und in diesem Blumenkörper jetzt zum Ausdruck kommt, spürst die zarten Saiten deiner Seele und siehst in diesem Moment die Welt aus dieser bescheidenen und ergebenen Perspektive – – bleibst einen Augenblick in diesem Lebensgefühl und läßt dir von dieser Blume mitteilen, was sie dir zu sagen und mitzugeben hat, und wieder hörst du ihre Botschaft im ersten bei dir aufsteigenden Gedanken, der dich in jedem Moment erreicht und vielleicht tiefer berührt, als du dir hast träumen lassen angesichts eines so winzigen Wesens. – Allmählich spürst du auch die Rolle, die Schönheit und Anmut in deinem Leben spielen, und der Wunsch, anderen zu gefallen, wie er in dieser deiner Blüte zum Tragen kommt, und dir wird bewußt, was du bereit bist, dafür zu tun, daß du auffällst und ankommst. – – – Und während du noch all diese Eigenschaften der Blume in dir wahrnimmst, wird dir bewußt, daß auch du all diese Eigenschaften in dir trägst – vielleicht nicht alle gleich offen und von außen sichtbar, aber doch irgendwo vorhanden und in diesem Moment der Offenheit auch für dich erkennbar – so wie du an der Blüte der Blume all die Blüten erkennen kannst, die dein Leben treibt, so kannst du auch all die Zartheit und Anmut finden, die sich in diesem Blumenwesen spiegeln – – – und mit diesen Gefühlen und ohne irgend etwas von den Erfahrungen zu vergessen, die du gemacht hast, löst du dich allmählich wieder aus dem Körper der Blume – – und kehrst zurück in deine menschliche Körperwelt, spürst dabei aber immer noch etwas von deinen blumigen Wesenszügen mitschwingen – – und in diesem Gefühl gehst du weiter durch den Garten, in dem du dich allem so beliebig nahe fühlen kannst, und bemerkst, wie dieses Gefühl von Nähe und Verbundenheit zu allen Pflanzenwesen sogar die weniger angenehmen miteinschließt und du dich auch genausogut in unscheinbare Sumpfpflanzen hineinversetzen könntest, wie in Schlingpflanzen oder, dort zum Beispiel, in eine Brennessel. Und es reicht ein Gedanke, und schon bist du auch diesem wehrhaften Geschöpf ganz nahe und spürst dich in seiner dünnen, stachelbewehrten Haut. Selbst diese Brennessel ist dir irgendwie vertraut, und in diesem Moment bist du sie und bemerkst, wie wichtig es für dich ist, dich deiner Haut erwehren zu können und spürst, welche Rolle diese Fähigkeit in deinem bisherigen Leben gespielt hat. Hast du dich schon viel wehren müssen und es auch entsprechend getan? – Bist du wie die Brennessel in jedem Moment bereit, zu brennen und zu stechen, bevor du dich verletzen läßt? Und plötzlich erkennst du die Qualität auch dieses unscheinbaren Pflanzengeschöpfes, das uns leicht im Hinblick auf seine Wehrhaftigkeit etwas voraus hat – – und mit dieser unerwarteten Erkenntnis löst du dich auch allmählich schon wieder von diesem Ausflug in das Wesen der Brennnessel und wendest dich noch einer jener unscheinbaren Schlingpflanzen näher zu – gehst wieder ganz nahe heran und läßt dich dann auch auf dieses schmächtige und biegsame Pflanzenwesen ein, das da in unzähligen Windungen so hoch hinauf will – – und in dem Maße, wie du zu dieser Schlingpflanze wirst, spürst du nun auch die besondere Qualität ihres Wesens, und dir wird klar, wie sehr Aufstreben und Anpassungsfähigkeit hier vorherrschen, und du machst dir bewußt, welche Rolle diese beiden Qualitäten in deinem Leben spielen – dieses Hochhinauswollen um beinahe jeden Preis und der Wunsch, sich dabei aber doch immer auf einem anderen Wesen abzustützen – – – und dann dieses Sichbiegen und Winden, um alle Kurven zu nehmen und das hohe Ziel zu erreichen – – und schlagartig wird dir klar, zu was für verdrehten Aktionen du dich schon hast hinreißen lassen – und je mehr dich die Schlingpflanze anspricht im positiven wie im negativen Sinne, desto deutlicher wird dir deine Beziehung zu ihrem Wesen – – – und so mögen noch einige der verschlungenen Pfade deines Lebens vor deinem inneren Auge auftauchen, die auch du schon bereit warst einzuschlagen, um ein höheres Ziel zu erreichen, wie diese kleine unscheinbare Schlingpflanze – – und dann mach dir aber auch noch klar, daß das hohe Ziel der Schlingpflanze letztlich immer der Himmel ist – und frag dich in diesem Moment, was deine hohen Ziele bisher waren – – – und welche Rolle der Himmel in deinem Leben spielt – 20 Sekunden –

Und allmählich ziehst du dich nun auch aus der Schlingpflanze zurück und hast jetzt vielleicht ein etwas anderes
Gefühl zu all den Pflanzen, die du näher erlebt hast – und
sicherlich werden, wo immer du ihnen in der Natur in Zukunft
begegnest, sie dich ansprechen und erinnern – und du machst
dir klar, daß auch all die anderen Pflanzenwesen Botschaften
bereithalten für dich und all jene Menschen, die bereit sind zu
horchen, – und ganz besonders wichtig sind die Pflanzen, zu
denen wir schon immer eine auffällige Beziehung hatten. –
Sowohl die Pflanzen, die wir lieben als auch vor allem die, die
wir eher ablehnen, wollen uns etwas mitteilen und tun das so
bereitwillig, wie du das gerade eben erlebt hast, du müßtest
dir nur Zeit für sie nehmen. – – Wann immer du möchtest,
kannst du in diesen Garten zurückkehren, der ja ohnehin in
dir ist, und weitere Erfahrungen in eigener Regie mit deinem
Pflanzenwesen machen – – jetzt aber löse dich von diesen
Bildern, ohne eines davon zu vergessen, und erlaube ihnen,
sich zurückzuziehen, so wie sich jetzt allmählich auch die
Worte und Töne der Musik zurückziehen werden. Nimm dann
deinen Atem wieder aktiv in die Hand und atme einmal tief
durch, um dich wieder ganz bewußt auf die Polarität einzulassen und dann erst – – jetzt – allmählich beginne mit kleinen
Bewegungen der Finger und Zehen und nimm deinen menschlichen Körper sehr bewußt und vielleicht sogar erfreut in
Besitz, räkel und streck dich, wenn dir danach ist, oder dehn
dich ausgiebig und ausgedehnt und mach dann erst deine
Augen wieder auf, und orientiere dich sehr sorgfältig in Raum
und Zeit.

4. Meditation
Totemtier
und das eigene tierische Wesen

Leg dich bequem und entspannt hin, die Beine nebeneinander, die Arme locker seitlich vom Körper, und nimm dir einen Moment Zeit, um ganz bewußt an diesem Ort anzukommen – – – und achte dann einmal darauf, wie dein Atem fließt – schau ihm einfach dabei zu, ohne ihn zu verändern, und wenn er sich verändert, ist es auch in Ordnung – werde einfach zum Zeugen des Atems – und spüre, ob du jetzt schon oder vielleicht gleich wahrnehmen kannst, daß sich Ein- und Ausatem in ihrer Qualität etwas voneinander unterscheiden, während du einfach daliegst und geschehen läßt, was von selbst geschieht, ist gut und willkommen auf dieser Ebene des Entspannens – – du kannst den Unterschied zwischen Ein- und Ausatem noch besser wahrnehmen, wenn du nun allmählich auch die Augen zugehen läßt, falls das nicht längst geschehen ist, und du schon viel tiefer bist, als du dir vielleicht vorstellen kannst – oder gleich, während die Wellen des Atems kommen und gehen und dich weiter tragen, als du vielleicht ahnst, und nun kannst du dir einmal vorstellen, du hättest eine wichtige Prüfung direkt vor dir – irgendeine Prüfung, die du wirklich einmal absolviert hast oder eine aus der Phantasie, die du dir jetzt, in diesem Augenblick, gut vorstellen kannst, und mach dann einmal einen Einatemseufzer, wie man ihn vor solch einer wichtigen Prüfung machen würde, und achte dabei auf dein Gefühl – – – sicher hast du bemerken können, wie sehr Dich der Einatemseufzer füllt und sogar unter Druck setzt, genau wie es eben diese Prüfung tun würde – der Einatem setzt dich sogar so unter Druck, daß du einen ebenso großen Ausatemzug gleich anschließen mußtest – – und so stell dir nun vor, du hättest die Prüfung hinter dich gebracht – mit welchem Erfolg auch immer – – die Prüfung liegt nun hinter dir, und du machst den entsprechenden Ausatemseufzer – – und spürst dabei ganz deutlich, wie du mit dem Atem alle Spannungen loslassen kannst und tiefersinken jetzt ganz leicht und einfach und wie von selbst geschieht, was in der Entspannung geschehen muß. Und so kannst du mit jedem weiteren Ausatemzug tiefer sinken in die Unterlage und in die Entspannung breitet sich aus im ganzen Körper ist sie jetzt vielleicht schon zu spüren oder gleich, und der Atem trägt dich ohne dein Dazutun immer tiefer und tiefer in die innere Welt der Wahrnehmungen aus der eigenen Mitte – – all die kleinen Regungen des Körpers und Gedanken, die von ganz alleine auftauchen, nimmst du sehr bewußt wahr, während der Atem dich ganz nebenbei mit sich nimmt in die Tiefen des Loslassens, die sich jedem Ausatem so ganz leicht eröffnen – und auch alles, was nicht von selbst geschieht, ist gut und willkommen in diesen Bereichen der Entspannung verbreitet sich leicht und angenehm geht die Reise weiter – mit jedem Ausatem ein Stückchen tiefer und entspannter läßt sich jetzt schon alles an oder bald – während du all die kleinen Dinge drinnen und draußen wahrnimmst, kann es sein, daß jetzt schon oder gleich der Atem noch sanfter wird und damit auch das Hinuntergleiten in die Täler der Entspannung noch sanfter und friedlicher sinkst du in deine eigene Mitte ist das Ziel aller Meditation ist so leicht auf den Schwingen der Töne, die dich begleiten, ganz konkret oder in deiner Phantasie, wenn du ganz genau nach innen horchst oder bald, und so mag es sein, daß du schon tief genug gesunken bist, so daß du dich mühelos den Bildern und Gedanken hingeben kannst, die fast von allein auftauchen, wenn du einfach geschehen läßt, was jetzt geschehen will oder später, während du dich mit dem Ausatem der eigenen Tiefe an Vertrauen kannst und vielleicht jetzt schon bereit bist, weitere Schritte zu unternehmen,

und so taucht vor deinem inneren Auge jetzt die Landschaft auf, die im Augenblick am besten geeignet ist, dir zu neuen Erfahrungen und Erkenntnissen zu verhelfen – und es wird eine recht urwüchsige und von Menschen gänzlich unberührte

Landschaft sein, die dich trotzdem oder gerade deswegen anzieht und auf ihre urtümliche Art fasziniert – – – der erste auftauchende Gedanke ist es wieder, der dir weiterhilft und die besten Bilder vermittelt, und so schaust du dich hier nun genau um, erkundest mit den Augen, was hier wächst – wie die Ferne ausschaut und wie die nahe Umgebung, – machst dir auch von Wetter und Jahreszeit ein Bild – – und gehst dann in dieses Bild, in diese Landschaft hinein – – – stellst dir den Boden unter deinen Füßen vor und nimmst ihn im selben Moment auch schon wahr und spürst auf deiner Haut die Luft – – – und in dir die Atmosphäre, die hier herrscht – und so machst du dich auf den Weg – machst dich nicht bewußt auf die Suche, weißt aber doch im Hintergrund oder spürst es vielleicht auch schon, daß du eine wichtige Begegnung haben wirst, wenn die Zeit reif dafür ist, und so wanderst du in aller Ruhe durch die Landschaft, die dich trotz ihrer Urtümlichkeit geradezu bereitwillig aufnimmt, fast so, als hätte sie dich erwartet an diesem Tag – du läßt die natürlichen Eindrücke auf dich wirken – – – und gibst dich den Stimmungen hin, die dich unmerklich einhüllen und auf angenehme Art geradezu gefangennehmen – manchmal ist dir, als sei diese Landschaft auf geheimnisvolle Weise verzaubert – – obwohl sie dir gänzlich unbekannt ist, hat sie doch so etwas Vertrautes und manchmal fast Familiäres – – – wie immer dein Bezug zur Natur auch bisher gewesen sein mag, hier kommt dir Natur ungewohnt nahe und berührt dich auf eine nie dagewesene Art oder gleich, wenn du noch tiefer in ihre Geheimnisse eingedrungen bist – und Schritt für Schritt bist du auf dem Weg dazu und gehst tiefer in diese Welt, die eigentlich nicht deine ist und dir aber nun doch schon auf ihre ursprüngliche Art so unerwartet nahekommt, während du ganz wach und bewußt ein wenig gespannt weiter vordringst in die zugleich geheimnisvolle und dir doch so offen entgegenkommende Natur, wird dir dein Verhältnis zu Mutter Natur bewußter, und du schaust es dir im Weitergehen an, so wie es sich durch die Zeit ergeben hat – ohne zu werten – kannst du Natur noch als mütterlich und damit auch nährend und behütend empfinden? – Oder hat dich die Zeit deines Lebens schon viel zu weit von der Mutter entfernt? Und auch dein Verhältnis zu deiner eigenen Mutter taucht kurz vor deinem inneren Auge auf – 10 Sekunden – hast du deine Mutter nährend und behütend empfinden können? – – – Und während du weitergehst, wird dir bewußt, wieviel dein Verhältnis zu deiner Mutter mit dem zur großen Mutter Natur zu tun hat – – – und dir kommt es vor, als sähest du mit einem Mal die äußere Natur mit etwas anderen Augen, oder hat sich wirklich die Natur so rasch verändert oder doch nur dein Blick, und dir schwant, daß es letztlich auf dasselbe hinausläuft und weitgehend gleichgültig ist – und dir dämmert, daß auch dein Verhältnis zu deiner eigenen Natur mit all dem zusammenhängt, wie du Natur wahrnehmen und empfinden kannst, und Schritt für Schritt wird dir deine Natur klarer, während du hier durch die äußere Natur gehst auf diesem eingeschlagenen Weg, wird dir ein Tier begegnen, das dir irgendwie nahesteht und vor dem du keinerlei Angst zu haben brauchst – das Erstaunliche aber wird sein, daß auch dieses Tier ganz zutraulich ist und dir gegenüber keinerlei Anzeichen von Scheu zeigen wird – vielleicht ist es diese unberührte Landschaft, die den Tieren schlechte Erfahrungen mit Menschen bisher erspart hat, – – – jedenfalls taucht das Tier jetzt vor dir auf, wenn es nicht bereits erschienen ist, und du nimmst es sofort wahr im ersten Gedanken – – – akzeptierst das erste Tier, das sich zeigt, oder erinnerst dich sehr genau, welches das erste Tier war, das sich sofort in deine Gedanken gestohlen hatte, als das Wort Tier fiel – – – und es ist genau dieses Tier, das jetzt geradewegs auf dich zukommt – – – und du näherst dich ihm auch deinerseits, so daß ihr euch gleich begegnen werdet – – – und tatsächlich läßt es dich so nah an sich heran, daß du es jetzt schon fast berühren kannst – und wenn du wolltest, könntest du es nun schon anfassen – – – es mag dir ein wenig eigenartig sein, einem an sich wilden Tier so nah und so vertraut zu sein – und irgendwie berührt dich diese Begegnung, und du kommst diesem Wesen auch innerlich näher – und als es sich zu dir legt, hast du den Eindruck, daß es etwas von dir will – – und dann fühlst du dich ihm so eigenartig nahe, daß dir plötzlich der Gedanke kommt, du könntest für einen Moment sein Leben teilen und in seine Haut schlüpfen – – und schon bei dem Gedanken spürst du, wie du dich in dieses Tier verwandelst und allein durch die Vorstellungskraft deiner Gedanken seine Körperformen annimmst. Doch nein, das andere Tier ist auch noch da – du hast nicht seine Haut angenommen, sondern bist in die seiner Art geschlüpft, und zu zweit macht ihr euch nun auf den Weg in eure Welt – du spürst die völlig andere Art der Fortbewegung, und sie fällt dir leicht und kommt dir irgendwie sogar entgegen, und Schritt für Schritt wird dir auch bewußt, was du an diesem Tier schon lange mochtest und genießt es, jetzt in seiner Haut zu stecken und seine Eigenart zu spüren, während ihr immer mehr in eure eigene Welt eindringt, und du dich ganz anders, aber sehr wohl fühlst, und es schon richtig genießen kannst, nun dieses Leben zu führen – – – allmählich wird dir immer klarer, was dich an diesem Tier fasziniert hat, und du spürst jetzt seiner für dich herausragenden Eigenschaft in dir selbst nach – – – teilst du sie oder hättest du sie nur gern? – 15 Sekunden – und was für andere Fähigkeiten und Eigenschaften zeichnen dieses Tier aus, und wie steht es damit in deinem Leben? – 15 Sekunden – Allmählich dämmert dir, daß eure Beziehung eine viel tiefere ist, als du dir bisher vorgestellt hast, und so freut es dich um so mehr, jetzt die Gelegenheit zu haben, dieses Leben zu teilen und dich eins zu fühlen mit dieser Welt. – 20 Sekunden – Und in dem Maße, wie du mit deinem Tier eins geworden bist, mag sich auch dein Verhältnis zu der Natur, in der ihr zusammen lebt, verändern, oder wenn du darüber nachsinnst – – – du spürst die Energie des wilden Tieres in dir – – siehst und erlebst die Welt mit seinen Sinnen – und die mögen viel schärfer und viel genauer sein als die, die du gewohnt bist und ganz anders – – – dir ist, als verstündest du die Sprache dieses Tieres und damit auch die Sprache der Natur, so wie dieses Wesen jeden-falls Natur versteht, und du machst dir bewußt, was dich besonders anspricht und dir etwas sagt in dieser urwüchsigen

Umgebung – – – und mehr und mehr wird dir deine Verwandt-schaft zu diesem tierischen Wesen ein vertrauter Gedanke – irgendwie war sein Lebensgefühl schon immer auch in dir, und so mag es sein, daß du auch ein Gefühl von Ankommen und vielleicht sogar von Nachhausekommen empfindest, während du dieses tierische Leben führst, das dir nun schon weniger fremd ist und das dir einiges über dein menschliches Leben enthüllen kann – – – eigene Wesenszüge mögen auftauchen, die dir selbst vielleicht bisher eigenartig vorgekommen sind und nun irgendwie Sinn machen und zu deinem Tierwesen passen oder geradezu zu ihm gehören. – – – Und während das Tier, mit dem du nun so eng verbunden bist, sich zu einer Ruhepause niederlegt, erlebst du Episoden deines Lebens noch einmal in inneren Bildern, die früher etwas Unerklärliches oder Fremdes hatten und die jetzt verständlicher werden kön-nen, nachdem du Verbindung zu deinem Tier hergestellt hast. Auch eigene Fähigkeiten und Anlagen können sich jetzt besser einordnen lassen in dein Bild von dir, – 15 Sekunden – aber auch Probleme und Schwierigkeiten mögen sich klären oder doch erklärlicher werden in der Beziehung zu deinem inneren Tierwesen. – 15 Sekunden – Allmählich löst du dich nun wieder aus dem Tierkörper, der dir gar nicht mehr fremd ist, und fühlst Dich wieder in deinen menschlichen Körper ein – – – und auch der mag dir nun ganz besonders vorkommen, und das ist er ja letztlich auch, und so genießt du es geradezu, Mensch zu sein und spürst dich ganz besonders intensiv in dieser Landschaft, die du gerade noch als Tier erlebt hast – – und dieses tierische Element ist dir noch sehr präsent und nah, und du kannst dir vielleicht jetzt schon vorstellen, daß du auch in Zukunft eine Beziehung zu diesem Tier behältst und es wirklich zu deinem Tier machst, ihm erlaubst, dir beizustehen, dich manchmal sogar von seinen Instinkten leiten läßt und dich der Schärfe seiner Sinne und der ganz anderen Art seiner Wahrnehmung öffnest, dir manchmal vielleicht sogar den Weg weisen läßt und deine Beziehung zu dem Element vertiefst, in dem dein Tier vor allem zu Hause ist – so daß sich deine Welt erweitert, und dein Horizont sich ausdehnt, und das Reich der Natur wieder Zugang zu dir findet, und du dich einfügen kannst in diese Welt des Lebendigen, deren Teil du ja immer warst und immer bleiben wirst. – – – Vielleicht ist da auch schon so etwas wie Freude, wieder Zugang gewonnen zu haben zu dieser Welt, die eigentlich immer deine war und die nur verschüttet gewesen sein kann – eine Welt, die nicht nur für Indianer und andere Naturmenschen da ist, sondern für alle fühlenden Wesen, die den Zugang zu ihr öffnen. Und so kann es sogar sein, daß du dein Tier auch jetzt noch neben dir fühlst und es jedenfalls fühlen könntest, sobald du es um seine Anwesenheit bittest. – – Es kann dich bei all deinen Reisen in die innere Welt begleiten und dir mit seinen Kräften und Fähigkeiten zur Verfügung stehen, sobald du danach verlangst. In dem Maße, wie du dir diese Eigenschaften in Zukunft zugestehst, werden sie dir zuwachsen und helfen, dein Leben wieder mit seinen natürlichen Quellen zu verbinden. So kann es gut sein, daß du in Zukunft nicht nur der Natur draußen, sondern auch deiner inneren Natur mit mehr Achtung begegnest und auch der Art deines Tieres mehr Respekt erweist, ja, vielleicht überhaupt Tieren mehr Aufmerksamkeit schenkst und sie in ihrem Lebensrecht ernst nimmst, und es kann sein, daß sich diese Veränderungen wie nebenbei ergeben und erst allmählich stärker in deinem Lebenszusammenhang spürbar werden. Auf alle Fälle kannst du jetzt schon spüren, wieviel Bereitschaft du im Augenblick hast, diesen inneren instinktiven Regungen in dir nachzugeben.

NACHTRAG:
Es kann sehr lohnend sein, immer wieder einmal einen Ausflug in der Haut des Totemtieres zu machen, um den Kontakt aufrechtzuerhalten und sogar noch zu intensivieren. Nach längerer Zeit kann sich auch ein Wechsel des Tieres ergeben, allerdings sollte man diesen nicht anstreben oder gar forcieren, da das Erlebnis sonst seine Authentizität einbüßt. Wenn ein anderes Tier an der Reihe ist, wird es sich ganz von selbst und

zur richtigen Zeit melden – ein lebendiger Kontakt zur inneren Bilderwelt wird ihm dafür die besten Gelegenheiten bieten, und es kann sowohl in der Traumebene als auch bei inneren Reisen zuerst auftauchen.

Der Film »Smaragdwald« von John Boorman kann zu diesem Thema eine Fülle eindrucksvoller äußerer Bilder nachliefern und lohnt sich auch in anderer Hinsicht, etwa um einen Eindruck von der Macht der Bilder und Muster in der archaischen Welt zu bekommen, ein Einfluß, der in besonderen Momenten noch in unsere entzauberte Welt einbricht.

5. Meditation
Elemente Luft und Wasser[1]

Leg dich bequem und entspannt hin, die Arme locker seitlich vom Körper, die Beine nebeneinander, und laß die Augen zufallen, während du dir diesen Moment gibst, um ganz bewußt an diesem Platz anzukommen. Du bist ruhig, ganz ruhig, dein Körper kann sich entspannen, und du gibst dich einfach diesem Gefühl von Ruhe hin – dem Gefühl dazuliegen, nichts zu wollen und nichts zu sollen – einfach geschehen zu lassen, was von selbst geschieht ist gut und willkommen auf diesem Weg in die eigene Tiefe tut sich bereitwillig vor dir auf – und auch alles, was nicht von selbst geschieht, ist genausogut – einfach loslassen und fallenlassen – und du gleitest tiefer und tiefer – und all das Außen – all das Umdichherum wird immer unwichtiger und gleichgültig, wie tief du schon loslassen konntest, mit dem nächsten Ausatemzug geht es noch ein gutes Stück tiefer und weiter öffnen sich die inneren Reiche ganz unmerklich oder gleich wirst du so tief sein, daß du dich mühelos den Wellen des Atems hingeben kannst und den Wellen der Musik, die dich begleiten auf deinem Weg in die Tiefe der eigenen Mitte – in dein Zentrum –

und du öffnest dich so immer mehr den Wellen des Atems

und der Schwingungen und läßt dich tragen von ihnen – läßt sie zu dir herein und durch dich hindurch – und mit jeder Welle kannst du mehr loslassen, gleitest tiefer und kannst dich noch besser der Unterlage an Vertrauen und der Situation, die dich trägt – und dem Fluß deines Atems – und mit jedem Atemzug kannst du bewußt Energie hereinholen, und auch die Töne der Musik sind Energie, und du atmest sie mit ein, während du dich immer mehr dem Rhythmus der Wellen hingibst und wahrnimmst, wie der Einatem dich hebt und der Ausatem dich tiefer sinken läßt in das Tal des Loslassens – und so spürst du, wie Aus- und Einatem ineinander fließen und sich verbinden zu dem einen Strom der Lebensenergie: Atem – und du gibst dich diesem Fließen hin und spürst es sehr bewußt in jedem Moment – nimmst wahr, wie der Einatem zu dir hereinkommt, dich füllt und dir neue Lebensenergie bringt und wie der Ausatem dich sanft und ganz von allein wieder verläßt – und mit sich nimmt, was du nicht mehr brauchen kannst an verbrauchter Luft und Überflüssigem – – – und dieser unaufhörliche Strom des Atems, der in jedem Moment bewußt oder unbewußt da ist und mit dem Leben verbindet, tritt nun immer deutlicher in den Vordergrund, und du machst dir klar, daß er es war, der dich bisher schon durch alles hindurchgetragen hat und nur er dich weitertragen kann durch dieses Leben – – – er ist die einzige Verbindung zum Luftelement, und du spürst in seiner Leichtigkeit und Beschwingtheit, wie sehr er zu diesem Reich des Luftigen gehört und dich untrennbar an dieses Luftreich bindet mit seinem unaufhörlichen Strom von Atem und Gedanken und den Wellen jeden Augenblicks – – und so fühlst du dich immer mehr zu diesem Strom selbst werden – du fließt mit dem Atem durch alles hindurch, und nichts und niemand kann und will dich hindern – du bist der Strom des Atems, und alles andere ist am Ufer des Flusses – und selbst dein Körper ist am Ufer – die Gefühle und Gedanken sind am Ufer. Du aber wirst immer mehr zum Fluß des Atems und fließt durch alles hindurch. Was auch immer im Körper an kleinen Regungen und

Bewegungen geschehen mag, was auch immer du spürst, welche Gedanken auch auftauchen mögen – all das ist am Ufer des Flusses, und du bist es nicht, du bist der Strom des Atems. Du nimmst all das wahr, aber du bist es nicht. Du bist der Fluß des Atems und fließt deinen Weg – – atmest alles ein – läßt alles wieder los. Es gibt nichts, was du nicht einatmen könntest, und es gibt auch nichts, was du nicht mit dem Ausatem wieder loslassen könntest. Ganz gleichgültig, was du im Körper wahrnimmst – Weite oder Enge, Kühle oder Wärme – du kannst all das einatmen und mit dem Ausatem wieder loslassen – und wirst mehr und mehr zum Fluß und kannst dich ihm so auch immer besser an Vertrauen – dem Strom, des Atems und seinem Element Luft. Du spürst, wie Luft dich durchströmt – machst dich ganz auf für sie – läßt sie herein – und läßt sie wieder los. – – Und so machst du die Erfahrung, daß du nur, wenn du ganz losläßt, dich auch wieder ganz öffnen kannst, um den breiten Strom der neuen Energie einzulassen – und so gibst du dich nun sehr bewußt diesem Wechsel hin – dem Ineinanderfließen von aktivem Einatem und passivem Ausatem, und wirst dabei in deinem ganzen Empfinden immer mehr zum Luftelement – spürst seine Qualität, nimmst mehr und mehr seine Eigenschaften an, seine Leichtigkeit und die Freiheit in den Bewegungen – spürst, wie du dich auf seinen Schwingen beliebig ausdehnen kannst und jede Form annehmen – erlebst, wie du immer luftiger wirst. Und zugleich fühlst du, wie Luft deinen Körper durchflutet, stellst dir vor, wie sie deine Lungenflügel bewegt mit jedem Atemzug heben sie sich unter dem Einfließen des Luftstromes und senken sich mit dem Loslassen – und dir wird bewußt, wie über den Strom der Luft alle Energie zu dir hereinkommt und über die Lungen in dein Blut tritt, um so alle Organe und noch die letzte Zelle des Körpers mit frischer Lebensenergie zu versorgen – – –, du spürst, wie du durchweht wirst vom Luftstrom und alles andere ganz von selbst und wie nebenbei geschieht – während du mehr und mehr zu Luft geworden im Atem aufgehst – dich in ihm weiten kannst und leichter und freier wirst – wie du schweben und schwingen kannst mit dem Strom der Luft – und dir nun bereits vorstellen kannst, selbst der Wind zu sein, ein sanfter säuselnder Hauch, der allmählich an Kraft gewinnt und sich aufbaut und wächst und zu einem starken Wind wird, der noch weiter anschwillt und Energie aufnimmt aus dem weiten Reich der Luft – und du spürst bereits jetzt die enorme Kraft dieses Elementes, das ohne Grenzen zu kennen sich in der Freiheit der Himmel austoben kann – und nun bereits zu einem Sturm heranwächst, einer starken und gewaltigen Windmacht – und du selbst bist dieses Wehen und Walten und gehst auf in dieser Erfahrung von brausender Kraft – und spürst in der Ferne noch jenen anderen Strom, den Strom deiner Gedanken – und du nimmst nun immer bewußter auch sein Fließen gleichsam wie von weitem wahr und erkennst aus sicherer Entfernung seine Macht, der zu widerstehen so schwerfallen kann – – du aber bleibst, ganz im bewußten Atemwind und ergibst dich bereitwillig seiner Macht, die im ewigen Rhythmus von Kommen und Gehen, Anschwellen und Abschwellen sich doch niemals erschöpft – spürst mit all deinen Fasern Luft – und kannst nun diesem Luftstrom anvertrauen, was du nicht mehr brauchst an Gedanken und Gedankenmustern, ja Gedankenketten, die überholt sind von jenem anderen Strom der Zeit – – – und immer wieder fallen dir noch Gedankenbilder ein, die sich schon viel zu lange in dir festgesetzt hatten und nun die Gelegenheit wahrnehmen, um sich mit der nur Gedanken eigenen Leichtigkeit wieder dem Luftreich einzufügen, sich mit jenem Luftelement zu einen, aus dem sie ursprünglich kommen – – – und du erlebst, wie in dir neuer Raum entsteht und Platz wird für neue Gedankenspiele und Ideen, während du – getragen vom Luftelement in dessen eigenes Reich – dich dieser neuen Möglichkeiten erfreust und die gewonnene Freiheit jetzt schon oder mit der Zeit genießen kannst, wie du leichter und luftiger, bewußter und weiter wirst und Freude hast, wie der Wind zu wehen – – hochzuwirbeln und loszulassen, was dir in den Sinn kommt – und so wird dir recht bewußt, wie sehr das Spiel des Windes dem der Gedanken ähnelt – so schnell, wie die Dinge hochgetragen werden, sinken sie auch wieder ab, und da gibt es Wirbelstürme und Gedankenstürme, die sich genauso im Kreis drehen und Schaden anrichten können – – – die Macht deiner eigenen Gedanken wird, dir schlagartig bewußt – und da ist vielleicht auch schon ein Gefühl, daß du so mächtige Kräfte besser und bewußter nutzen könntest – daß die Kräfte einfach sind – weder gut noch schlecht – daß es immer du bist, der mit ihnen umgehen muß und darf, und in diesem Moment ist da auch die Erkenntnis, daß es Verantwortung bedeutet, solche gewaltigen Kräfte sein eigen zu nennen – – und vielleicht war dir noch nie so bewußt, daß es wirklich deine Kräfte sind und du dich davor hüten solltest, zum Spielball deiner Gedanken zu werden – – – und mit diesen Gedanken spürst du, wie schnell die Themen wechseln können im Luftreich – eben noch all die Empfindungen von Leichtigkeit und jetzt schon solche von Verantwortung – fast wie Affen turnen die Gedanken herum und benutzen dein Gehirn als Kletterbaum – du brauchst ihnen nur einen Moment zuzuschauen – und schon belebt sich dieser Affenbaum – und doch gibt dir gerade diese Meditation auch die Möglichkeit, die Gefahr der Zersplitterung zu erkennen und dich zu entscheiden, lieber bei deinen Themen zu bleiben oder doch immer wieder zu ihnen zurückzukehren, wie jetzt, wenn du dich wieder dem Wind anvertraust – – und auf seinen Schwingen weiterwehst über die weite Welt mit ihm und unter dir das Land und die Wasser – – spürst die Unbegrenztheit des Luftelements, das mit großer Vehemenz und Leichtigkeit zugleich über alles hinweggehen und -wehen kann und sich nur selten mit dem Staub der Erde und der Gischt des Wassers verbindet, spürst, wie andere Elemente dich als Luft nur beschweren und hindern und selbst das Feuer, das dir noch am nächsten ist, bleibt doch gebunden an die Materie, während du frei bist und ungebunden in deinem Wesen und in deiner Welt – und trotzdem spürst du nun auch Sehnsucht nach mehr Verbundenheit und Gefühl, spürst, daß du mehr bist als Luft, und wie du so über die Welt wehst, näherst du dich ihr, und unter dir taucht gerade ein Fluß auf, und so berührst du vorsichtig das Wasser seiner Oberfläche – und bist der Wind, der über den Fluß streicht – der Atem, der das Leben trägt, und spürst, daß es zu diesem anderen Fluß eine Beziehung gibt, daß auch er Leben trägt, wenn auch auf ganz andere Art und Weise, und allmählich läßt du dich in diesen anderen Fluß hineingleiten – in das Fließen seines Wassers – gehst ganz hinein ins Wasser und vertraust dich nun diesem Element an – spürst zuerst den Kontakt mit dem Wasser auf deiner Haut, während du ganz sanft und gemächlich mit dem Fluß – in seinem warmen Wasser dahintreibst, und du erinnerst dich, wie du deine Grenzen der Luft geöffnet hast, und genauso läßt du nun auch das Wasser herein – öffnest ihm all deine Poren und die Schleusen der Haut – und spürst bereits im nächsten Moment – jetzt – wie das Wasser zu dir eindringt, auf seine eindringliche und strömende Art sich in alle Organe vorwagt und in jede Zelle, und du erlebst sehr lebendig, wie inneres und äußeres Wasser sich finden und vermischen und dich durchdringen – und tatsächlich erlebst du nun, was du vielleicht schon lange wußtest, daß du vor allem aus Wasser bestehst, daß dieses weiblichste der Elemente mehr als zwei Drittel deines Körpers ausmacht – und so ist es ein ganz besonderes Gefühl, jetzt so durchflossen zu werden und in sich und um sich Wasser zu spüren – und Gedanken oder sogar Erinnerungen mögen jetzt schon oder gleich auftauchen an jene Wasserwelt, in der alles begonnen hat, jene Urwasserwelt, in der sich das erste Leben entwickelt hat – und dann auch Bilder von jener eigenen, ersten Wasserwelt im Leib der Mutter – das Leben des Anfangs im Fruchtwasser – – – und Gefühle von Verbundenheit und Einssein mit dem Leben breiten sich aus – ozeanische Gefühle, die alle Vereinzelung beenden und dich aufnehmen in die große Gemeinschaft des Lebens, wo alles mit allem zusammenhängt und du völlig geborgen und aufgehoben bist in dieser Welt des Anfangs inmitten von Wasser und Gefühl, Verbundenheit und Seelischem – 10 Sekunden – und dann tauchst du auch allmählich schon wieder auf aus dieser Allverbundenheit, mit dem Bewußtsein allerdings, daß niemand dir dieses Wissen und diese Erfahrung mehr nehmen kann und sie auf ihre Art zu deinem Selbstverständnis und deinem Urvertrauen beitragen wird, auch wenn du das vielleicht erst mit der Zeit so richtig bemerken wirst, – – jetzt spürst du dich jedenfalls im Fluß fließend und erlebst in diesem Durchflossenwerden, wie du alles, was du nicht mehr brauchst an Stimmungen und Gefühlen jetzt ganz einfach loslassen und vom Fluß mitnehmen lassen kannst – – – und auch alle Ablagerungen und Unreinheiten kann der Fluß davontragen und auf seine Art wieder dem Strom des Lebens zuführen – – – und du bemerkst, daß der Fluß alles, was du nicht ausdrücklich festhältst, genausogut wegtragen kann, und läßt dich selbst von ihm wegtragen, während das Wasser dich bis ins Innerste reinigt – bis ins Innerste deines Körpers – – – und bis ins Innerste deiner Seele – – – du läßt es geschehen – läßt los und läßt dich treiben – und wirst immer mehr zu Wasser – zu diesem Fluß – wirst dieser Fluß, spürst, wie sich die Grenzen deines Körpers immer deutlicher aufzulösen scheinen – du bist der Fluß – spürst jetzt sogar schon die Festigkeit des Ufers – deines Ufers – ganz eigenartig – du bist Fluß, und Fließen ist deine Welt – du erlebst deinen Grund und spürst deine Bewegung über den Steinen, die du im Vorbeifließen benetzt – erlebst, wie deine Strömung über die Kiesel streicht und deine Wellen an der Oberfläche sich unter der Kraft des Windes kräuseln – und bist zugleich an der Quelle und an der Mündung – in jedem Rinnsal und im Ozean – – – du erlebst Wasser in all seinen Erscheinungen und an all seinen Orten – und als Wasser kannst du auch erleben, daß du überall zugleich bist – und daß es keine Zeit gibt. Du bist Quelle und Mündung, Stromschnelle und Bächlein – Tropfen und Woge – bist Wasser – außerhalb von Raum und Zeit – und so lernst du vom Wasser begierig – in großen Zügen trinkst du sein zeitloses Wissen, das im Fließen liegt und im Rhythmus der Wellen gleichermaßen – das Wissen, daß es keine Zeit gibt und nie gegeben hat – als Wasser bist du immer schon überall – es gibt kein Ziel – und es gibt keine Zeit, die du schon fließt und keine

Zeit, die du noch fließen mußt, du bist in jedem Moment Quelle und Mündung, Tropfen und Meer – bist immer schon angekommen und vollkommen in Einklang mit deiner Bestimmung als Wasser – als Fließen – – – spürst nun auch mit all deinen Sinnen, daß alles fließt, weil alles lebt – und so bist auch du Fließen und Strömen – zeitlos – grenzenlos und unendlich – bist mit jeder Welle und in jedem Plätschern, und alles ist gleich wichtig und gleich unwichtig – und während du in der Wasserwelt aufgehst, ist es dir doch möglich, auch dein anderes menschliches Leben in aller Deutlichkeit zu erkennen und dich zu fragen, wie es dort mit dem Fließen steht? – 10 Sekunden – Ob dort noch alles im Fluß ist oder manches schon eher festgefahren erscheint, und es mag dir hier in dieser seelischen Welt dämmern, wie es wieder in Gang zu setzen wäre – 15 Sekunden – Ist der Rhythmus der Wellen noch spürbar in deinem Leben? Ist es noch lebendig genug für das Auf und Ab von Wellenberg und -tal? – 10 Sekunden – Und wie verbunden fühlst du dich mit allem Seienden? – 15 Sekunden – Gibt es solche Momente? – 10 Sekunden – Und gibst du dir Raum für solche Erfahrungen? – 10 Sekunden –

Und ganz allmählich bringen dich solche Fragen auch wieder zurück auf den Boden der Tatsachen, und du löst dich aus dem Fließen des Wasserelementes, spürst, daß da noch mehr in dir lebt außer Luft und Wasser, und auch wenn du noch etwas von dem Fließen in dir spürst und auch beibehalten wirst und die Leichtigkeit des Luftigen immer ein Teil von dir bleibt, kannst du doch wahrnehmen, wie dein Körper aus der Festigkeit der Materie heraus Form gewinnt und du dich nun wieder ganz bewußt in diese Form einfügst und in deine vertraute Gestalt zurückkehrst – jedoch ohne die Erfahrungen im Luft- und im Wasserreich zu vergessen – und so spürst du deinen Körper jetzt wieder sehr wach und lebendig auf der Unterlage, wo du deine Reise in die Elemente begonnen hast, – nimmst nun auch deinen Atem wieder bewußt in die Hand und atmest einmal tief durch, um dich mit der Polarität zu verbinden, und fängst an, kleine Bewegungen der Finger und Hände und Zehen und

Füße zu machen, und erst wenn du wieder ganz in deinem Körper angekommen bist, öffnest du auch die Augen und orientierst dich bewußt in Raum und Zeit.

6. Meditation
Elemente Erde und Feuer[2]

Leg dich bequem und entspannt hin, die Beine ausgestreckt und laß die Füße einfach nach außen fallen, während die Arme locker und gelassen an deiner Seite ruhen, und nimm dir diesen Augenblick Zeit, um ganz hier anzukommen an deinem Platz, wo es nichts zu tun gibt, als dazuliegen und geschehen zu lassen, was sich von selbst ergibt, während deine Atemzüge dich sanft wiegen, und Brust und Bauch sich in milden Wellen heben und senken und du jedes Loslassen und Tiefersinken ganz bewußt nutzt, um dich noch mehr gehen zu lassen und diesem Augenblick anzuVertrauen ist die Basis für dein Wohlfühlen und Geschehenlassen geschieht ganz von selbst in diesem Moment des Ausatems oder gleich, wenn du bereit bist, alles Überflüssige loszulassen und dich der Unterlage anzuVertrauen, die dich trägt und dieser Situation von Geborgenheit und Hingabe an diesen Moment voll Ruhe und Ankommen, wo du einfach von allem loslassen kannst, all den Gedanken des Alltags und all dem Wichtigen und weniger Wichtigen, sogar vom eigenen Körper kannst du nun loslassen und mit dem nächsten Ausatem das Gewicht deiner Beine an die Unterlage abgeben und geradezu spüren, wie sie hinuntersinken in ihre eigene Entspannung, die zu deiner allgemeinen Ruhe noch beiträgt – – – und so nutzt du den nächsten Ausatemzug und sein Loslassen, um auch deine Arme und Hände ganz bewußt in die Entspannung zu entlassen und bemerkst dabei, wieviel Loslassen mit den Händen zu tun hat, die nun nichts mehr im Griff zu haben brauchen und sich dem Ausruhen bereitwillig öffnen – – – während du dich schon auf den nächsten Ausatemzug freust, mit dem du das Gewicht deines Kopfes der Unterlage an Vertrauen kannst, und auch hier ist Loslassen viel leichter, als du vielleicht dachtest, während du dich auf die Meditation eingestellt hast – der Kopf ist froh darüber, seinerseits ausruhen und sich auf dieselbe Ebene einlassen zu können wie die anderen Körperregionen – und so gibst du mit dem nächsten Ausatem bereits das Gewicht deines ganzen Oberkörpers an die Unterlage ab – und spürst, wie dein Rücken breiter wird und tiefer in die Unterlage sinkt, die ihn und dich trägt, während die Töne der Musik und die Worte dich begleiten und ihrerseits deinen Weg in die Entspannung ebnen, wo jederzeit alles möglich ist und Zeit und Raum immer unwichtiger werden und gleichgültig wie tief du nun schon bist, kannst du mit dem nächsten Ausatemzug auch das Gewicht deines Unterleibes und Beckens abgeben an den Untergrund und so selbst noch tiefer sinken in die Welt der Bilder und Farben, Schwingungen und Töne, der Tiefe und des Loslassens von allem Äußeren und Alltäglichen und trotzdem ganz offen für die eigenen Empfindungen und Körperregungen, die so klein und winzig sein mögen, wie sie wollen, und doch in der Lage sind, deine Aufmerksamkeit für diesen Moment gefangenzunehmen – und so brauchst du dir nur einen Moment Zeit zu nehmen und wirst erleben, wie sich irgendwo im Körper etwas rührt und dich anzieht, und schon bist du dort mit deinen Gedanken – und so kannst du dich nach Belieben von diesen kleinen Empfindungen leiten und im eigenen Körper herumführen lassen – – – und immer wird sich etwas ergeben – ein Zucken da und eine eigenartige Reaktion dort oder anderswo eine Kleinigkeit – ständig kannst du zu einem anderen Ort im Körper reisen und brauchst dir über die Reiseroute keine Gedanken zu machen, denn sie wird dir von innen heraus gegeben – und so kannst du dich führen lassen durch das eigene Land deines Körpers – – – und all diese kleinen Empfindungen und mehr oder weniger zarten Regungen sind somit Möglichkeiten, tiefer in die Meditation zu sinken und mehr bei dir zu landen – ganz tief innen drinnen

Ruhe zu spüren und die Geborgenheit des Grundes, der dich trägt

und dir so bewußt zu machen, daß du auf der Erde bist, die dich wie alle anderen Lebewesen trägt und erhält – und mit der du verbunden bist, ob du willst oder nicht, und ob du es spürst oder nicht, – mit diesem Gedanken aber entwickelt sich bereits eine Art Gefühl zur Erde, der großen Mutter des Lebens – und du öffnest dich der Erfahrung, von ihr getragen zu werden und spürst sie im Rücken, der ihr breit aufliegt und sich auf ihr ausruhen kann, – – – dir ist, als würdest du tiefer sinken – tiefer und immer tiefer in die Erde, bis du ganz in ihr ruhst – und das hat nichts Beunruhigendes, im Gegenteil, du fühlst dich aufgehoben in ihrem festen Erdreich, kannst es bereitwillig und beliebig nah zu dir heran- und dich von ihm berühren lassen, spürst mit deiner Haut Erde und öffnest dann in Gedanken sogar deine Poren, die Eingangspforten deiner Haut, so daß die Kräfte der Erde zu dir hereinkönnen und sich mit dem Erdelement im Innern verbinden, deinen Knochen und Stützgeweben, die dir innerlich Halt geben und dich unterstützen – du erlebst Erde – außen und innen – und spürst, wie von der äußeren Erde neue Kräfte in dich eindringen und dich stärken, während zugleich Altes, Verbrauchtes aus den festen Geweben hinausdrängt und sich mit dem Erdreich eint, um sich so zu regenerieren und von neuem Anschluß an den Kreis des Lebendigen zu gewinnen. Du läßt diesen Austausch bereitwillig geschehen, ja, bist froh, Ballast loszuwerden und neue Kraft zu tanken, und so sinkst du noch tiefer in diese Erfahrung des Erdreiches – gibst auch noch die letzte Trennung auf und wirst zu Erde – erlebst dich als Erde, spürst überall Erde und nimmst sehr deutlich deine – ihre Qualitäten wahr – diese unbegrenzte Festigkeit und Verläßlichkeit, die Beständigkeit und Geborgenheit, die du gibst und die tiefe Ruhe, die in der Erde liegt. – – – Und so spürst du in dir, wie so vieles aus dir – aus deinem Schoß – entsteht – Berge und Täler, Felsen und Kieselsteine und alle Materie letztlich, – – der Urgrund des Lebens liegt in dir, der Mutter Erde, die allem Leben Form gibt und irgendwann auch alles Leben wieder einfordert und zu sich zurücknimmt. Und so weitet sich dein Erdbewußtsein, und du erlebst, daß du als Erde rund bist und die vollkommene Gestalt einer Kugel hast – – und spürst, was für ein schönes und vollendetes Gefühl es ist, sich rund zu fühlen – – – und dir wird bewußt, daß in dieser runden Gestalt alles liegt und daß du als Erde tatsächlich auch allem Wasser Heimat bist und umgeben vom Luftreich im Weltraum treibst – in deinem Innern aber das Feuer birgst – und bei diesem Gedanken an das Feuerelement wird es dir warm, und du spürst etwas von der Hitze, die im Bauch der Erde lebt, und bei diesem Gedanken erlebst du die Ähnlichkeit zwischen dem Wesen der Erde und deinem menschlichen, beherbergt doch auch der Mensch in seiner Mitte das Feuerelement. Und so denkst du dich hin zu deiner menschlichen Gestalt, und wie am Anfang schon erlebt, reicht ein einziger Gedanke, um mit dem Herzen in Kontakt zu treten – – du denkst Herz und bist auch schon da – in der Wärme der Mitte, der Quelle des Blutstromes? im Zentrum des Energiekreislaufs ist das Feuer in seinem Element – – und du kannst es spüren – und auch die Verbindung, die solcherart besteht zwischen deiner Mitte und der Mitte der Erde – das Feuer lebt im Zentrum – auch im Zentrum des Sonnensystems steht die heiße Sonne und verströmt ihr Sonnenfeuer, das uns alle Energie schenkt und damit erst Leben ermöglicht – – – und vor deinem inneren Auge läßt du die Sonne aufgehen, und mit diesem Sonnenaufgang erlebst du gleichsam symbolisch, was das Feuer dir und dieser Schöpfung bedeutet. – Schaust dir an, wie es aus dem völligen Dunkel seinen Weg nimmt: Am Anfang dämmert es nur ein wenig diffus über dem Horizont, und die Welt bleibt noch im Dunkeln still – – und dann tritt das erste Licht über den Horizont, und seine Strahlen verändern die Welt – eine scharfe Linie erscheint und wird zum Horizont, darunter wird es noch dunkler als zuvor, darüber aber geht die Welt in Flammen auf – und du spürst geradezu körperlich, wie mit dem Licht auch Schatten in die Welt tritt, denn je heller das Licht wird, desto härtere und dunklere Schatten wirft es. Mit dem

neuen Morgen entsteht ein neuer Tag, und neues Leben entwickelt sich – du spürst die unaufhaltsame Kraft, die hinter
diesem Neuanfang steht und dich an den Beginn deines Lebens
und allen Lebens erinnert – immer ist da auch die Energie des
Feuers notwendig, um Leben zu gebären. Und du spürst in
diesem neuen Morgen mit allen Sinnen den Neuanfang
schlechthin, atmest ihn ein, nimmst ihn in dich auf, spürst
seine Frische und seine Chancen, riechst den Morgen und
schmeckst den Neuanfang – und bist mit dem Werden des
neuen Tages, den das Sonnenfeuer soeben einleuchtet, und so
siehst du nun auch die funkelnde Kraft der Sonne selbst über
den Horizont treten, die heller ist, als dein Blick aushält und
heißer als alle Vorstellung, und sie wächst nun gewaltig über
dem Horizont mit jedem Augenblick – größer und mächtiger –
die überwältigende Kraft des Feuers – – – du öffnest dich bei
diesem Anblick dem Licht, und es berührt dich äußerlich warm
und läßt dich innerlich schaudern, und so wie es über den
Horizont wächst, läßt du es auch in dir wachsen – atmest es ein
– und saugst es auf – und ehe du dich versiehst, glaubst du zu
brennen und in dir all seine Kraft und Dynamik, seine Macht
und Magie zu spüren – – – Feuer zu atmen und Licht zu leben
– – – die Haut öffnet ihre Poren dem Licht, und du öffnest dein
Herz dem Licht und kannst vielleicht jetzt schon erleben oder
gleich, wie das äußere und das innere Licht zusammenfinden
und sich einen – – – und dir ein unbeschreibliches Gefühl
vermitteln – über die Pforten der Haut dringt das warme
Sonnenlicht herein und geht dir unter die Haut, durchflutet die
Organe und Gewebe und dringt tiefer und tiefer bis zu deinem
Wesenskern in der tiefsten Tiefe – jede Zelle öffnet sich dem
pulsierenden Strom, und neue Lebensenergie dringt ein ins
Zentrum der einzelnen Zelle und in deine Mitte, und du kannst
in dir verbrennen lassen, was überflüssig geworden ist und dich
zugleich der neuen Kraft des Anfangs öffnen und ihr Raum
geben – – – es ist ein heißer und durchdringender, ein brennen-
der Austausch, der dir das Gefühl von Erneuerung und Reinheit vermittelt und eine besondere glühende Begeisterung in

dir weckt, und jetzt erkennst du, wie durch einen Vorhang aus Feuer, daß die Sonne in ihrer ganzen Rundheit den Horizont überschritten hat und das Bild der Vollkommenheit, das Mandala, an den Himmel strahlt – und in diesem Moment erlebst du, wie sie Kontakt findet zur Sonne in dir, deinem Herzen, und auch hier ihr Licht anzündet – und so beginnt nun auch deine innere Sonne zu strahlen und ihr brennendes Feuer auszusenden, das dich von innen her noch viel intensiver wärmt, als alles äußere Feuer es je könnte – – – du erlebst in deiner Mitte die Einheit von innen und außen – von Mikrokosmos und Makrokosmos – erlebst das Element Feuer im Strahlen der Sonne, im Pulsieren deines Blutes, in der hellen Wärme des neuen Tages, im rhythmischen Klopfen des Herzens und in seinem Brennen. – – – Altes löst sich auf, während du das Feuer in dir immer vorbehaltloser zuläßt und dich seiner reinigenden Macht hingibst – – – neue Kräfte fließen dir zu und erfüllen dich mit neuem Leben – alte verfestigte Energie und zu starren Formen geronnene Muster zehrt das Feuer auf – und dir ist, als würden überall – im Gesicht und unter der Haut, in den Muskeln und Organen solche alten Reste wegschmelzen, während dir zugleich der Mut zu Neuem zufließt und sich Bahn bricht in allen Strukturen und Geweben – du bist Feuer und Flamme in diesem Moment – und spürst es mit glühender Begeisterung und brennendem Herzen – erlebst als Feuer die Einheit aller Energie in dir – – – und in dir taucht die Frage auf, welche Rolle das Feuerelement bisher in deinem Leben gespielt hat? – 15 Sekunden – Wieviel Begeisterung bringst du für deine Ziele auf? – 15 Sekunden – Wieviel Energie hast du zur Verfügung? – 15 Sekunden – Wieviel Kraft und Feuer versprühst du in deine Umgebung? – 15 Sekunden – Wieviel von deiner Energie kannst und magst du abgeben? und wofür? – 20 Sekunden.

Und allmählich löst du dich wieder aus dem Reich des Feuers und gehst noch einmal in Gedanken zum Erdelement und widmest dich auch noch diesen Erfahrungen in Form einiger Fragen, die du wiederum von deinen ersten aufsteigenden Gedanken beantworten läßt. Welche Rolle spielt Stabilität für dich? – 15 Sekunden – Auf wieviel innere Festigkeit kannst du dich stützen? – 10 Sekunden – Wie ist deine Beziehung zur Erde als ganzem Organismus und wie zu dem Stück Erde, auf dem du jetzt lebst? – 15 Sekunden.

Und ganz allmählich löst du dich jetzt wieder von diesem Ausflug in die Welt der Elemente und kommst bewußt zurück zu deinem Ausgangspunkt, dem Ort, wo du jetzt liegst und spürst die Unterlage unter dir – – – und nimmst jetzt gleich einen tiefen Atemzug, mit dem du dich wieder bewußt in den Rhythmus von Geben und Nehmen, Aus- und Einatmen einfügst – – – und machst jetzt ein paar kleine Bewegungen mit den Fingern und Zehen, die du ganz nach Lust und Laune in ein Räkeln und Strecken übergehen läßt, und dann erst – ganz zum Schluß – öffnest du die Augen und orientierst dich wieder bewußt in Zeit und Raum.

7. Meditation
Schattenwelt

Leg dich ruhig und bequem hin, die Beine ausgestreckt, die Arme locker seitlich – so als wolltest du ausruhen, und tatsächlich geht es darum, den Körper ausruhen zu lassen, ja wenn er will, darf er einfach einschlafen, während du aber wach und bewußt bleibst und deinen Körper beobachtest, wie er immer entspannter und ruhiger wird, so als wollte er wirklich gleich einschlafen – – – und alle Anspannungen und Bemühungen jeden Moment aufgeben – und sich so mehr und mehr der Unterlage anvertrauen – und es genießen, getragen zu werden vom festen Grund und den sanften Schwingungen des Atemrhythmus – den Worten und den Tönen der Musik – und während der Körper in seine Art von tiefer Ruhe gleitet, sich selbst ins Reich der Bilder und Phantasien sinken lassen, jenes Reich der Träume und tiefen Erfahrungen in der eigenen Mitte – und die Worte und die Musik, das Schwingen des

Atems und des Körpers mit ihm trägt dich mühelos ins Reich der Träume – und du brauchst nur dazusein und geschehen zu lassen, was von selbst geschieht und sich um dich und in dir entwickelt sich ganz von selbst alles Notwendige, um tiefe Erfahrungen zu machen und Zeit und Raum zu vergessen ist leicht und angenehm gleitest du tiefer und weiter führt die Reise in innere Reiche tun sich auf den Schwingen der Töne ist es verführerisch einfach, hinunterzugleiten und du läßt dich verführen in jenes Reich der Farben und Töne – der Märchen und Mythen – jenes Reich, das sich dir auch jede Nacht auftut, ob du das nun immer bewußt merkst oder weniger ist oft mehr und jetzt bist du ganz bewußt und wach und offen für diese andere Welt und Wirklichkeit mit ihren anderen Gesetzen und anderen Wahrheiten – anderen Möglichkeiten aber auch – und so entwickelt sich allmählich vor deinem inneren Auge die Vorstellung einer Landschaft, die jetzt gerade am besten zu dir paßt, und du gehst durch diese Landschaft, bis du einen Ort findest, der dir besonders zusagt, einen Platz auf einer Wiese oder Lichtung vielleicht – oder wo immer es dir besonders gefällt – – und dort läßt du dich nieder, spürst angenehme Wärme auf deiner Haut und kannst nun ganz allmählich oder gleich spüren, wie deine Lider schwerer werden und die Augen zufallen wollen, und du läßt sie einfach, während auch dein Körper immer schwerer wird und sich ebenfalls auf den vertrauten Weg in die Tiefe des Traumreiches macht, und Wellen des Schlafes kommen jetzt schon oder gleich auf dich zu, die du ohne Gegenwehr und vielmehr bereitwillig willkommen heißt und dich vom Schlaf mitnehmen läßt in die Welt der Entspannung und Ruhe breiten sich hier ganz von allein aus den Tiefen steigen Traumbilder empor zu dir, und du läßt sie an dich heran ohne zu werten oder viel darüber nachzudenken, wie du so schnell in solche Bereiche abtauchen konntest – – die Traumbilder werden zu einem Fluß von Eindrücken, dem du dich einfach an Vertrauen kannst, und so treibst du im selben Bewußtseinsstrom wie die Träume – erlebst dich wirklich in einem Fluß, schwimmst mit dem

breiten Strom mühelos und frei dahin – die Strömung übernimmt alle Last, und du kannst dich ihr so voll anvertrauen wie
sonst nur im Traum, und all dieses Geschehenlassen hat
auch etwas Traumhaftes für dich – oder gleich – und doch ist da
auch das Bewußtsein dieses Mal, daß du träumst – du träumst
und weißt es und träumst so eigentlich wach vor dich hin in
einem breiten Strom von Gedanken und Bildern, die ständig
aus eigenen Quellen aufsteigen – Quellen, die noch tiefer
irgendwo unter oder in dir liegen – – das Wissen, daß du
träumst, gibt dir ein Gefühl von Sicherheit und Tiefe, und
du nimmst dir vor, dieses Mal ganz dabei zu bleiben und alles
genau aufzunehmen, und zusätzlich spürst du Mut in dir
wachsen, dich auf Neues und anderes einzulassen bei dieser
Chance des bewußten Träumens – einerseits geborgen und
andererseits frei und offen erlebst du Traumbilder und Eindrücke wie einen Film, in dem du die Hauptrolle spielst – und
ganz allmählich gewinnst du den Eindruck, als würde der Fluß
der Gedanken und Bilder immer schneller und als drehte er
sich irgendwie – – und je mehr du darauf achtest, desto mehr
kannst du es nun vielleicht auch schon wahrnehmen oder bald,
wie du dich schon anfängst mitzudrehen, und es scheint, als
würden die Kreise immer enger und die Drehungen sogar noch
schneller – alles kreist hier um eine unsichtbare Mitte, und
wie bei einem Wirbel geht alle Energie von ihr aus, und so zieht
es auch alles zu ihr hin – und du ergibst dich dieser Tendenz
und läßt dich mitdrehen und hineinziehen ins Zentrum des
Geschehens, in dem du jetzt schon fast bist – und es macht
sogar Spaß zu erleben, wie sich alles um dich dreht – der
Strudel der Gedanken und alle Bewegungen kreisen um dich,
und du wirst immer ruhiger, je näher du dieser geheimnisvollen Mitte kommst – du näherst dich ihr unaufhaltsam, und das
sichere Gefühl, daß du träumst, gibt dir Zutrauen und Geborgenheit, und so rutschst du immer schneller in die Mitte, und
als du sie erreichst – jetzt – zieht es dich weg von der Oberfläche dieses Stromes, und du sinkst unaufhaltsam hinab in eine
Tiefe ungekannten Ausmaßes – du spürst nichts als diesen

Zug nach unten, und eine samtene Dunkelheit umfängt dich – während du fällst und fällst und dich bereitwillig fallen läßt in bodenlose Abgründe deines eigenen Seins – – – und dann und nach schier unendlichem Fall – siehst du etwas wie Licht aus der Tiefe zu dir heraufdämmern – noch ist es mehr ein Spähen als Sehen, doch allmählich wird es deutlicher und heller, ein eigenartiges Licht scheint aus dieser Tiefe herauf, ein Licht, wie du es noch nie gesehen hast, und doch auch nicht so fremd, irgendwie sogar auch wieder vertraut und seltsam bekannt – ein magisches Licht, das nun anfängt, eine Welt der Tiefe zu beleuchten, die dir ebenfalls ganz fremd und zugleich auch irgendwie vertraut vorkommt. Sacht und getragen schwebst du auf diese Welt zu, die so eindeutig nicht deine ist und die dir doch auf ihre eigenartige Weise seltsam bekannt erscheint – und dann wird dir bewußt, was hier los ist: Du bist in deiner eigenen Gegenwelt gelandet – das Schattenreich zu deiner Welt tut sich vor dir auf. Es ist die vergessene Welt, in der du nie leben wolltest oder damals nicht konntest, sie ist voll von Ideen, die du einmal hattest und aus irgendwelchen Gründen weg-geschoben hast, so lange von dir gewiesen hast, bis sie versun-ken sind in diese Schattenwelt, in der du nun zu Gast bist – – – eine versunkene Welt tut sich dir auf – versunken in die unendlichen Tiefen des unbegrenzten Meeres deines Bewußt-seins. All jene Ideen und Gedanken, die du je aus der Welt deines Tagesbewußtseins verbannt hast – hier unten haben sie Gestalt angenommen und zu leben begonnen – hier haben sie doch noch Raum gefunden – alle unverwirklichten Pläne ha-ben sich hier verwirklicht – alles, was du nicht sehen wolltest, ist hier sichtbar geworden – alles, was du nicht fühlen wolltest, ist hier Gefühl geworden – alle verpaßten Gelegenheiten haben hier ihre Chance bekommen – alle nichtgegangenen Wege sind hier gegangen worden – alle ausgelassenen Chancen und alle vergeblich geträumten Träume sind hier Wirklichkeit gewor-den. Es ist ein vollkommenes, vieldimensionales Abbild deiner Gegenwart – ein Negativ deiner vertrauten Umgebung auch – und du näherst dich nun dieser Welt immer mehr – erkennst auch schon Menschen darin, die keinerlei Ähnlichkeiten mit dir haben, nicht im geringsten – und dort ist ein Mensch, der ist dir so fremd und entgegengesetzt, wie du es dir nie hättest träumen lassen, daß so ein Wesen überhaupt existieren kann – dieser Mensch hat so wenig Ähnlichkeit mit dir, daß er dir schon wieder irgendwie eigenartig nahe ist, obwohl er aber auch in jedem Punkt ganz anders ist. Noch nie war dir jemand so fremd und doch so nah, und du kommst ihm näher und näher und näher und fühlst dich von allem, was du an ihm erkennst, abgestoßen, und doch zieht es dich unaufhaltsam zu ihm – und da ist es gut zu wissen, daß alles nur ein Traum ist – nämlich dein Traum – dieser Mensch dort tut unmögliche Dinge – in allem gerade das Gegenteil von dem, was dir sinnvoll erscheint – wo du rechts gehen würdest, geht er links – und du bemerkst, wie er anfängt, dich aufzuregen, du fühlst dich fast bedroht von seiner Existenz – am liebsten würdest du ihn vielleicht sogar zerstört sehen – er ist die Summe aller Eigenschaften, die du ablehnst – er lebt geradezu für das, was du immer bekämpft hast – wo du dich bemühst, fehlerlos zu sein, macht er gerade und mit Spaß all deine vermiedenen Fehler, – – – wo du dich abmühst, läßt er alles schleifen, – – wo du fleißig bist, ist er über die Maßen faul – – – und trotz alldem fühlst du dich immer mehr zu deinem Gegenpol hingezogen, zu diesem erschreckenden Menschen, der du hier unten in der Schattenwelt bist und nun auch tatsächlich schon fast geworden bist, es gibt keinen Zweifel – hier hast du deinen Gegenspieler gefunden – und bist es – jetzt, in diesem Moment selbst geworden – es mag ein seltsames Gefühl sein, das Leben seines Schattens zu führen, und es beginnt jetzt bereits – dein Schatten lebt nun ganz bewußt in dir er tut all die Dinge, die du niemals tust, aber öfter denkst – – – und irgendwie fasziniert es dich bereits, auch diese Dinge jetzt einmal zu tun und dich in dieser Hinsicht gehen zu lassen – und so nimmst du dir die Zeit für deine eigene Schattenexistenz – 1 Minute –

So mag es mit der Zeit sogar einfacher werden und anfangen, Spaß zu machen, einmal ganz auf dem Gegenpol zu leben und überall da mitten hineinzuplatzen, wo du dich sonst maß-voll fernhältst, deinem gewöhnlichen Auftreten einmal so ganz zuwider zu handeln – und wer könnte das besser als du selbst – einmal bewußt Schluß zu machen mit aller Vernunft und sich in die ärgsten Verrücktheiten zu stürzen, die du je insgeheim gedacht hast – 30 Sekunden – und dann aber auch Fähigkeiten zu haben, die du dir immer erträumt hast – hier hast du sie nun plötzlich und kannst sie jetzt ausleben – 1 Minute – und so bemerkst du ganz nebenbei, wie viele Möglichkeiten hier noch liegen und wie du in dieser inneren Zeit so vieles bewältigen kannst, was nach äußerer Zeit soviel länger in Anspruch näh-me – hier aber im Handumdrehen geschieht – So ist es auch eine angenehme Erfahrung zu erleben, daß dieses Schatten-Ich all das mit Freuden schafft, was du nur mürrisch und widerwil-lig hinter dich bringst – 30 Sekunden – Was du nur zögernd überlegst, dein Schatten-Ich bringt es forsch zuwege, was du gar nicht tust, tut es erst recht. – 30 Sekunden – Und allmählich wird dir immer klarer, daß dieser unmögliche Mensch, der du nie sein wolltest, doch ein ganzer Mensch ist, oder eigentlich eine ganze Hälfte eines Menschen, nämlich deine andere Hälf-te. – – – Und du beginnst auch, seine Gefühle zu fühlen und seine Empfindungen zu teilen – betrachtest die Welt aus seinen Augen und hörst mit seinen Ohren – 30 Sekunden – und so siehst du vieles gerade umgekehrt, wie du es bisher gewohnt warst, und merkst aber dabei, daß es tatsächlich möglich ist, so zu erleben – – – und so gehst du weiter in diesem Schattenda-sein und erlebst Situationen deines – eures Lebens noch einmal von der ganz anderen Seite – jener Seite, die du damals für völlig unmöglich erklärt hattest, die dir jetzt aber über deinen Gegenpol so nahe ist und wirklich deine ist – Situation auf Situation spult gleich vor deinem inneren Auge ab, und du sitzt in der ersten Reihe bei diesem umgepolten Film deines Lebens. – 90 Sekunden – Wenn es einmal ganz unerträglich werden sollte, brauchst du dich ja nur daran zu erinnern, daß es sich nur um einen Traum handelt, den Traum deines anderen Le-bens, aber immerhin. Und daraus schöpfst du den Mut, weiter zu träumen und dich weiter vorzuwagen in diesen Traum, der deinem Leben zu mehr Vollständigkeit verhelfen kann, gerade weil er so anders ist und so herausfordernd. – 30 Sekunden – und so erlebst du Dinge, die so fernab liegen, daß du sie schon gar nicht mehr erinnert hast und doch sofort wiedererkennst, wenn sie sich nun gleich zeigen auf deiner Schattenseite – 1 Minute – und wenn du dann schon glaubst, daß dir nichts mehr einfällt, kommt gerade das Unerwartete und Wichtige noch hervor, und du gibst auch ihm noch die Chance, ans Licht des Bewußtseins zu kommen – 30 Sekunden –

Und so spürst du vielleicht jetzt schon oder bei einem späteren Besuch auf dieser Ebene um so deutlicher, daß du dich auch in dieser Welt zurechtfinden kannst, in der Welt deiner Feinde, Widersacher und Gegenspieler – – und daß du dich auch in ihr zu Recht wiederfindest. Du merkst oder hast sogar schon gemerkt, daß auch all die Dinge, die du nie tust, mit dir zu tun haben, daß die andere Welt nicht nur die der anderen ist, sondern auch deine – dein ganz persönliches Schattenreich. – – – Und diese Erkenntnisse kommen nach dieser Reise wie von innen zu dir in dein Bewußtsein hinauf, und auch das macht dir klar, daß da noch ungeahnte Tiefen in dir sind, die der Entdeckung harren. – – Irgendwann wirst du wieder hinabtauchen und Licht unter die Schatten tragen – und da du es freiwillig tust, ist es nicht wirklich schlimm, sondern im Gegenteil befreiend und nützlich, denn du kannst nun erkennen, daß auch die andere Seite ihre eigene Existenzberechtigung hat. Den Traum, der nun schon allmählich hinter dir liegt, und den du auch Alptraum nennen könntest, wenn du möchtest, wirst du in allen Einzelheiten erinnern, und die Bilder werden sich dir einprägen, so daß du jederzeit Macht über sie hast und sie nie mehr Macht über dich gewinnen können. Und während dir ganz deutlich vor Augen ist, daß du in einem Traum bist, kehrst du schon allmählich zu dessen Ausgangspunkt zurück und findest dich wieder in deiner Landschaft an dem angenehmen Platz, den du dir am Anfang der Reise ausgesucht hast, und dort fängst du jetzt an, dich zu räkeln und zu strecken – und dabei merkst du, daß du noch in einem anderen Traum bist, und so orientierst du dich weiter und findest unter dir die Unterlage, die dich während der ganzen Meditation getragen hat – und hier angekommen, nimmst du deinen Atem wieder aktiv in die Hand und atmest einmal tief durch – beginnst mit kleinen Bewegungen der Finger und Hände, Zehen und Füße und erlaubst ihnen, in ein intensives Dehnen und Strecken überzugehen, und dann erst schlägst du die Augen wieder auf und orientierst dich wiederum sehr bewußt in Raum und Zeit, indem du einen Punkt in diesem Zimmer genau anschaust und dir mit einem Blick auf die Uhr klarmachst, wieviel Zeit vergangen ist.

8. Meditation
Die Schleier der Zeit

Leg Dich bequem und entspannt hin, strecke die Beine aus und laß die Arme an deiner Seite ruhen, und wenn du jetzt die Augen schließt, verabschiede dich damit ganz bewußt von der Welt der äußeren Bilder – all das Außen wird immer unwichtiger und gleichgültig wie entspannt du jetzt schon bist oder gleich, kannst du dich noch beliebig loslassen, mit jedem Ausatem ein Stück tiefer und weiter führt dich die Reise in die eigenen inneren Räume werden sich gleich wie von selbst auftun und dich einlassen in eine Welt der Bilder und Phantasien, Träume und Töne begleiten dich dabei sanft und beschwingt gleitest du selbst dahin und genießt es vielleicht jetzt schon, einfach da zu sein, und Nichtstun ist hier so selbstverständlich, wo alles wie von selbst geschieht und Zeit und Raum immer unwichtiger und zugleich offener und weiter werden – das Gefühl hinter den geschlossenen Augenlidern mag eigenartig sein, denn es ist ja nicht richtig dunkel dort, und so werden noch andere eigenartige Dinge möglich werden, während du dich einfach treiben läßt und um nichts kümmern mußt – einfach offensein für alles ist so einfach und doch erfüllend in jedem Moment erreichen dich die Worte mühelos und die Töne der Musik füllen den Raum und deinen inneren Raum – Schwingung ist überall, und du bist mitten in der Schwingung und läßt dich bewußt mitschwingen – jeder Ton berührt dich zuerst oberflächlich und fast etwas grob an deiner Haut – und du kannst tatsächlich auch mit der Haut Töne wahrnehmen, wenn du darauf achtest – – und die Töne werden allmählich auch feiner und dringen tiefer – berühren dich auf sensibleren Ebenen deines Bewußtseins, und du läßt dich bereitwillig berühren – läßt dich tiefer tragen von den Tönen – und immer weiter in deine eigene Mitte – gehst auf die Reise mit den Worten und Tönen an deiner Seite – immer offener werdend für alle Erfahrungen und Bilder, Gedanken und Erscheinungen – immer tiefer ins Reich des Bewußtseins – und so näherst du dich allmählich dem Bereich, wo sich alles verbindet – die äußeren Töne mit den inneren – und Schwingungen auf dieser und jener Ebene – du selbst immer mehr Schwingung nun oder gleich, während Zeit und Raum gänzlich ineinander gleiten und ihre Wichtigkeit verloren geht in den inneren Räumen der Erfahrung geschieht hier wie nebenbei – und immer unklarer wird dir, ob die Schwingungen von außen nach innen dringen oder sich von innen nach außen verbreiten – und ähnliches geschieht mit den Gedanken und Bildern – kommen sie von außen nach innen oder von innen nach oben und es ist gleichgültig, woher alles kommt und wohin alles geht, während du dich treiben läßt und die Weiten der inneren Räume sich deinem Erleben von selbst öffnen, einzelne Gedanken und Bilder sich zu Einheiten finden – die inneren Bilder genauso lebendig und klar werden können wie die äußeren oder noch tiefer und in ihrem Wesen deutlicher – auch die Bilder fließen ineinander und verbinden sich zu Mustern, und so können jetzt oder gleich Bilder von größerer Eindringlichkeit vor deinem inneren Auge auftauchen, als du je wahrgenommen hast oder sobald du dazu bereit bist: – du findest dich in einem alten

Tempel oder einer Kathedrale aus früher Zeit – inmitten von Bildern und Eindrücken aus dieser alten Zeit – du spürst die Atmosphäre und nimmst sie in vollen Zügen auf, atmest die von Essenzen schwangere Luft und genießt die Schwingung, die von diesen alten ehrwürdigen Mauern ausgeht – – – und es fällt dir leicht, hier ganz anzukommen, deinen Platz in diesem alten Muster einzunehmen und dich von den Tönen tragen zu lassen – – – du erlebst dich sehr wach und bewegt an deinem Platz in diesem großen sakralen Raum – wo dich alles irgendwie innerlich berührt und auch merkwürdig anrührt, und du weißt nicht recht, sind es die Töne oder die Worte oder die Atmosphäre – jedenfalls verläßt du jetzt deinen Platz und nimmst deinen Weg mit traumhafter Sicherheit durch den heiligen Raum – die Schritte wie geführt von der Musik oder jenem inneren Gefühl, das jetzt die Leitung zu übernehmen scheint – findest du den Weg zu einer uralten Steintreppe, die weit hinunter führt, und deren ausgetretenen Stufen du mit schlafwandlerischer Sicherheit folgst – Stufe um Stufe – langsam und sicher – fast so, als wärst du schon oft hier hinuntergestiegen – – – – – und so gehst du weiter – ganz allein und ganz ohne Furcht – begleitet von den Tönen und Worten und vor allem geleitet von einem sicheren Gefühl – – – der Abstieg über die jahrhundertealten ausgetretenen Stufen führt dich nicht nur räumlich hinunter, es ist dir, als führe er auch zurück in die Tiefen der Zeit. Und so gelangst du hinunter bis weit unter das alte Heiligtum – in ein Gewölbe, eine Art Krypta. – – – Fast körperlich spürst du die Anwesenheit ungezählter Generationen von Gottessuchern, deren Füße den harten Stein durch die Zeiten ausgetreten haben – hier unten scheinen sie alle versammelt – die Luft in diesem Gewölbe ist ganz anders und doch angenehm – die dicken unterirdischen Mauern verbreiten eine Atmosphäre von Tiefe und Geborgenheit – spärliches Licht kommt aus den Ecken des Raumes – es ist weder dunkel noch hell hier unten – weder warm noch kalt – es ist ein Raum wie zwischen den Welten und von zeitloser Qualität – er muß genau unter dem oberen Hauptraum liegen, und du findest den Weg in sein Zentrum wie von selbst – – – als du den Blick aber wieder einmal zum Boden richtest, wirkt er eigenartig unwirklich, wie von einem Schleier überzogen, oder ist dein Blick verschleiert? – – Dann verschwimmt der Boden sogar gänzlich in einer Art Nebel, der aus dem Boden zu quillen scheint und der ganzen Szene etwas noch Unwirklicheres gibt – die Nebelschwaden verdichten sich noch und fangen an, wie Wolken über den Boden zu ziehen – und auch du stehst nun schon wie auf Wolken – – – und du gewöhnst dich sehr rasch an die ziehenden Nebel, oder werden ihre Schwaden durchsichtiger und lichter – und so glaubst du, durch sie hindurch zu blicken – auf eine andere Ebene der Wirklichkeit – mitten hinein in die eigentliche, die bewirkende Wirklichkeit, die Ebene hinter den Dingen – – – es waren diese Schleier, die dir immer den Blick verwehrt haben und sich nun für dich und diesen Augenblick gelüftet haben und die um dich herum immer noch wabern und wogen, jederzeit bereit, den täuschenden Mantel der Zeit erneut über die Wirklichkeit zu decken, alles Wesentliche damit verhüllend. – – – Es sind die Nebel der Zeit, die sich zwischen uns und die Wirklichkeit schieben – du durchschaust sie in diesem Augenblick – der Schleiercharakter der Zeit erscheint dir jetzt so offensichtlich, daß du dich fragst, wie du ihn je übersehen konntest – hier an diesem Ort, wo alle Zeiten zusammenstoßen, wird die Zeit so dicht, daß sie sichtbar wird – sichtbar als jener Schleier, der sie in Wirklichkeit immer ist. Nun ist dieser Vorhang zwischen dir und der Wirklichkeit vor deinem inneren Auge gerissen. Du hast hindurchgeblickt, durchschaust den Schein und bist jenseits der Schleier – – – und plötzlich bist du nicht mehr allein – wie aus dem Boden oder den Schleiern der Zeit gewachsen, steht da eine uralte Frau vor dir. Sie ist von einem dir unbekannten bläulichen Licht umgeben und scheint dich anzulächeln – doch wenn du genauer hinschaust, schaut sie auch wieder durchaus ernst, und im nächsten Moment lächelt sie wieder freundlich und gewinnend. Fast scheinen ihr ernster und ihr lächelnder Blick gleichzeitig dazusein – und dann ist sie plötzlich auch gar nicht mehr alt – sondern im Gegenteil jung – und plötzlich gar keine Frau mehr, sondern ein junger Mann mit weichen Zügen – und dann auch schon wieder eine altehrwürdige Frau – und ein alter, weiser Mann und alles irgendwie zugleich – du erkennst, daß sie ein Wesen von jenseits der Zeit ist, oder ist sie Frau Zeit selbst, die große Täuscherin, die dir hier eine Kostprobe ihrer Fähigkeiten enthüllt, und auf deren Gesicht sich alle Zeiten spiegeln – in deren Zügen all deine Züge aus allen Zeiten und Räumen durchscheinen? – – – Und doch ist sie irgendwie und trotz all der Täuschungen auch wieder wirklicher als jeder Mensch, der dir bisher begegnet ist – und du fühlst dich ihr verbunden, auch ohne zu wissen, wer sie wirklich ist – – fast körperlich spürst du ihre Nähe und Weisheit – und Weisheit ist es, was sie vor allem ausstrahlt – eine Weisheit, die jenseits aller Beurteilung liegt, weder ist sie eine Priesterin dieses Tempels noch eine Schamanin, keine Druidin noch eine Magierin der alten Völker, und doch ist sie auch Priesterin und Schamanin, Druidin und Magierin – und noch viele andere Rollen scheinen durch sie hindurch – sie ist keine einzelne von ihnen, und doch sind sie alle in ihr – so nennst du sie für dich »die Weise Frau« und bittest sie, eine Zeitlang bei ihr bleiben zu dürfen. Sie lächelt dich milde an, durchschaut sie doch die Illusion der Zeit in jedem Moment – und eine Zeitlang hier unten, das kann jede Zeit dort oben bedeuten. Sie erklärt dir das fast ohne Worte und willigt gerne ein, dich hier zu behalten, solange du es aushältst, und dir zu enthüllen, was du wirklich enthüllen magst – dir auch jene Fragen zu beantworten, die dich wirklich bewegen und auf die du wirklich Antwort suchst – und was noch mehr ist, sie ist bereit, mit dir zu sein – jenseits aller Illusionen und Fragen – in ihrem Augenblick mit dir zu leben. – – – Und so bist du mit ihr und hast alle Zeit, da es keine gibt – 1 Minute – und all die Fragen beantwortet sie dir ohne Worte – sie legt ihre Antworten direkt in deine Gedanken, und so brauchst du nur eine Frage zu denken, schon steigt die Antwort in dir auf – 2 Minuten –

Und allmählich spürst du, daß dich da doch noch etwas

anzieht aus der anderen Welt der Zeit, daß du aber diese Erfahrung des Jenseits um nichts missen willst, und du spürst auch, daß du zurückkehren kannst, wann immer du innerlich bereit dazu bist – mit diesen Gedanken aber siehst du schon wieder die Schleier aufziehen, oder holst du die Schleier mit diesen Gedanken erst herbei – bist du es vielleicht überhaupt, der sie nährt mit den Gedanken und dem Glauben an die Zeit? – – – Die Schleier haben begonnen, den Boden zu bedecken und die weise Frau einzuhüllen, und wie du es erkennst, dämmert dir, warum man vom Schleier der Isis spricht, – – du siehst ihn hier vor dir, den Schleier der Göttin, den wir Menschen uns weben, um die Göttin nicht dauernd erkennen zu müssen – so verweben die Nebel der Zeit nun wieder alle Dinge mit Vergangenheit und Zukunft – und du spürst vielleicht jetzt schon, daß das für dich auch in Ordnung ist, genauso in Ordnung wie dieser Abschied jetzt, von dem du weißt, daß es kein endgültiger ist und du jederzeit wiederkommen kannst, sobald und sooft du dich dazu bereit fühlst. So kehrst du nun ganz bewußt zurück in das Gewölbe unter dem Heiligtum und nimmst deinen Weg wieder hinauf in den Tempel und von dort zurück zu dem Platz, an dem du diese Meditation begonnen hast – kehrst mit einem tiefen Atemzug zurück in deinen entspannten Körper und nimmst ihn mit kleinen Bewegungen der Finger und Zehen wieder in Besitz, räkelst und streckst dich, wenn dir danach ist und öffnest dann erst, ganz zum Schluß, die Augen und orientierst dich wieder sehr bewußt in diesem Raum, in dem du dich findest und machst dir bewußt, wieviel Zeit nach unserem polaren Zeitverständnis verstrichen ist und wie spät es jetzt ist.

9. Meditation
Farbmandala

Leg dich flach und bequem auf den Rücken, streck die Beine aus und laß die Füße entspannt nach außen fallen – – leg die Arme locker neben dem Körper ab und laß die Augen zufallen und ziehe so deine Aufmerksamkeit von außen ab und richte sie nach innen – nimm dir diesen Augenblick, um hier anzukommen auf dieser Unterlage, die dich trägt und der du dein Gewicht jetzt bewußt an Vertrauen kannst – mit dem nächsten Ausatemzug läßt du Dich einfach fallen – und kannst das Loslassen geradezu körperlich spüren – während du deinen Beinen erlaubst, etwas nach außen zu wandern und Raum zwischen sich entstehen zu lassen, und genauso breiten sich die Arme aus – die Handflächen liegen nach oben, und du läßt sie aufgehen – so daß dein Körper jetzt eine Art Fünfstern bildet – eine Mandala, das nach oben offen erscheint – – und das mag eine etwas ungewohnt offene Haltung sein, und du läßt deine Aufmerksamkeit in diese Offenheit fließen und spürst dich sehr bewußt in dieser Lage – spürst das Aufgeschlossensein für das, was auf dich zukomme und du läßt alles kommen – läßt alles geschehen, wie es von selbst geschieht – spürst deine Empfänglichkeit – und erlebst so auch, wie die Musik und die Worte in dich hineinfließen und sich in dir ausbreiten – und du öffnest dich ihnen bewußt – beginnst sie einzuatmen und in deinem Innern wahrzunehmen – läßt dich gleichsam von dieser Musik atmen und mit ihr schwingen ist so einfach und angenehm – und so treibst du weiter und immer weiter in deine Mitte und Tiefe – und spürst dich ganz aus dem Zentrum des Fünfsternes, den dein Körper im Moment bildet – und empfindest so auch immer deutlicher, welches Gefühl mit dieser Musik in dich hineinfließt – während du Offenheit atmest und Schwingung genießt, die dich innerlich durchströmt und äußerlich umweht – wo Gedanken Schwingungen sind und Schwingungen alles umfassen – Gedankenbilder kommen und gehen, und du läßt dich gehen – in die innere Welt der Phantasien und Träume, <u>Bilder und Farben</u> mögen jetzt schon oder gleich auftauchen und dich begleiten auf deinem Weg in die Tiefen innerer Erfahrungen, und du beobachtest, was währenddessen hinter deinen geschlossenen Augenlidern geschieht und in der Tiefe deiner inneren Augen – erlebst bewußt die Bewegungen, die sich hier ergeben – Schleier und Wolken vielleicht oder gleich, die vor sich hintreiben und durch dich hindurchziehen – farbige Strukturen, die sich aus dem Dunkel ergeben – sich immer wieder bilden und wieder vergehen – und du erkennst ganz klar, daß es hier nicht dunkel, sondern belebt zugeht – ein ununterbrochener Strom – der Strom der inneren Bilder nimmt seinen Lauf, während du unmerklich tiefer sinkst, ständige Bewegung vor deinem inneren Auge – sich unaufhörlich neu gebärend und wieder zurücknehmend – woher kommen die Bilder und Gedanken, die Farben und Empfindungen, magst du dich fragen, und wohin vergehen sie wieder – es muß irgendwo tiefer – eine Quelle sein, aus der alles aufsteigt, und in die sich auch alles wieder zurückzieht – eine Quelle in deiner Mitte – unerschöpflich offenbar und alles speisend – selbst der Fluß des Atems scheint jetzt aus dieser Quelle zu kommen und mit dem Loslassen des Ausatems wieder in sie zu versinken – und auch der Fluß der Lebensenergie – und all die inneren Flüsse – der Gedanken und Bilder und Farben, und du fließt einfach ganz bewußt mit und läßt dich treiben – und bleibst doch der inneren Quelle sehr nahe dabei –

spürst jetzt, wie sich Farben aus ihr lösen und emporsteigen, deutlicher und klarer werden – sich durchdringen und auch schon wieder auflösen – – sich wieder finden und sich jetzt zu ordnen scheinen, und tatsächlich entsteht vor deinem inneren Auge ein Bogen aus Farben, der dein Gesichtsfeld nun schon bald ausfüllt und zu einem Regenbogen wird, der den ganzen Himmel überspannt – – – ein richtiger Regenbogen entwickelt sich, geboren aus der Verbindung von Wasser und dem Feuer des Sonnenlichts – und du gibst dich ganz dem Anblick dieses

Naturschauspiels in deinem Innern hin – erlebst die Farbschwingungen, wie sie rein und strahlend sind und dann ineinander überfließen, um die nächste Farbe des Regenbogens zu
bilden, während du kaum noch merkst, wie du tiefer sinkst,
weil dich der Regenbogen so in seinen Bann nimmt und du die
Farben lebendiger wahrnehmen kannst als je zuvor – ja
sie fast körperlich zu spüren meinst – gibst dich dem inneren
Schauspiel ganz hin und wirst Zeuge, wie aus hellem, leuchten-
dem Gelb warmes Orange wird, das seinerseits in feuriges Rot
übergeht, welches sich nach seinem Höhepunkt zu Violett
entwickelt und allmählich in kühles beruhigendes Blau übergeht. – – – Du nimmst die Farben in dich auf – atmest sie ein
und gibst dich ihnen hin – so daß sie dir immer näher kommen
und dich umfließen, während plötzlich eine Farbe die Oberhand gewinnt und immer intensiver und mächtiger wird –
deine Farbe, die jetzt am besten zu dir paßt und die du jetzt am
meisten brauchst – sie beginnt dich einzuhüllen, und du läßt es
dir gern gefallen – ja du holst diese Farbe nun auch aktiv zu dir
herein, fängst an sie einzuatmen und läßt sie mit dem Ausatem
tiefer in dich sinken, so daß sie anfängt, bestimmte Regionen
deines Körpers auszufüllen, und du schaust dir an, welche das
sind – und wo diese Farbe am dringendsten gebraucht wird –
so kannst du vielleicht jetzt schon oder gleich feststellen, wie
manche Organe und Gewebe sie besonders intensiv aufsaugen
und für ihre Lebensvorgänge brauchen – während sie andere
nur durchströmt – und der Atem tut das seinige dazu, daß
immer mehr von dieser Schwingung hereinfließt – und tatsächlich sind ja auch Farben Schwingungen, und du kannst nun
sehr schön erleben, wie diese eine in dir schwingt und deine
inneren Strukturen in Schwingung versetzt mit ihrem Farbton, und dir ist wirklich, als wäre es ein schwingender Ton, der
Resonanz in dir findet und dich im Ganzen und in Teilen
besonders intensiv schwingen läßt. Und so nimmst du dir von
dieser Farbe, was du brauchen kannst, und erst wenn du ganz
gesättigt bist und alle Organe, die ihrer bedürfen, genug von
dieser farbigen Schwingung haben, hört der weitere Zustrom

auf, und auch im Außen ziehen sich die Reste dieses Farbtones von dir zurück in den Regenbogen – oder wandeln sie sich in einen anderen Farbton? – Oder kommt dieser aus dem Regenbogen auf dich zu? – Jedenfalls wird nun auch diese zweite Farbe eindrücklich intensiv und kommt dir nahe – deine Haut scheint sie aufzunehmen und einzusaugen, und dir fällt ein, daß ja wirklich auch die Haut atmen kann, und nun spürst du es – und auch deine Lungenflügel weiten sich und lassen die neue Farbe ein – und so bereitwillig wie die erste füllt sie dich ihrerseits aus – und hüllt dich äußerlich und innerlich ein – Wolken von Farbe durchdringen dich, und wieder registrierst du genau, wo sie sich am stärksten konzentriert – welche Organe gerade an ihr Bedarf haben und diese Gelegenheit nutzen, sich zu weiten und zu füllen – an diesem leichten Strom von Energie teilzuhaben – und dir wird klar, daß Farbe Energie ist, und du spürst es jetzt, wie du Energie aufnimmst und Licht – denn auch Licht ist in der Farbe, gerade jenes Licht, das du und einige deiner inneren Organe jetzt so notwendig brauchen und einatmen – du bist umgeben von Wolken diesen farbigen Lichtes, bis du spürst, daß dein Organismus nun auch an dieser Schwingung genug hat, und im selben Augenblick ziehen sich die nun überflüssigen Farbwolken zurück und kehren zurück an ihren Platz im Regenbogen, und schon entwickelt sich – zart erst, und dann immer schneller, die nächste Schwingung auf dich zu – strömt aus dem Regenbogen zu dir und hüllt dich ein, und wie von selbst öffnen sich die Poren deiner Haut und lassen auch diese Qualität von Licht herein, und du badest wieder in Schwingung – atmest Licht ein und bist mitten in dieser Farbe, und dein Körper nimmt sich, soviel er braucht, und füllt auch mit dieser Schwingung seine Energiereservoirs. – 30 Sekunden. – Und dann ist es auch von dieser Farbe genug, und sofort zieht sie sich in den Regenbogen zurück – und noch ein letztes Mal löst sich aus ihm eine Farbe – jene, die dir jetzt noch am dringendsten fehlt und mit dem ersten Gedanken auch schon auftaucht und anfängt, dich zu umfließen und zu umhüllen – wieder erlebst du atmend und

genießend, wie auch dieses Licht seine Wege in dein Inneres findet und gerade an die Plätze strömt, wo es fehlt und sich hier so richtig breit macht – und diese Bereiche ziehen die Schwingungen ihrerseits geradezu an und saugen sie auf, so wie die Farbe sich zu diesen bedürftigen Stellen hingezogen fühlt. – –
– Du spürst nun auch immer mehr, wie du vollständiger bist mit all diesen farbigen Schwingungen in dir und wie du nun auch an dieser Farbe wieder genug hast und sie sich zurückzuziehen beginnt in den großen Regenbogen – – – und du spürst in dich hinein, ob du jetzt noch irgendeine andere oder mehrere Schwingungen aus dem Regenbogen brauchen kannst, und dann nimmst du sie dir einfach, stellst dich innerlich auf sie ein, öffnest dich mit dem Atem, und schon werden auch diese Farben zu dir hereinfließen und ihren Weg zu den Orten nehmen, wo sie gebraucht werden – – – und du bist einfach offen für sie und nimmst wahr, wie sie dich füllen und heilen und sich vielleicht auch mischen zu genau den Verhältnissen und Farbtönen, die dein Organismus jetzt braucht und bereitwillig aufnimmt. Und zwischendurch taucht immer wieder einmal der ganze Regenbogen auf, und du nimmst wahr, ob dir noch irgendeine seiner reinen Schwingungen fehlt oder eine Mischung von Farben und kannst auch dieses Licht noch zu dir einlassen – jetzt – in diesem Moment von Offenheit und innerer Bereitschaft – und während all dem wirst du vollständiger und zufriedener, bekommst mehr und mehr, was du brauchst auf dieser Reise durch den Regenbogen, und seine Schwingungen hüllen dich nun wieder ein, und es beginnt fast wie am Anfang ein Tanz der Farben um dich – nur spürst du jetzt auch innen, was sich da draußen ereignet – ein Ballett von Tönen und farbigem Licht – – – und obwohl das alles sowohl innen als auch außen ist, bist du doch vor allem Beobachter und erkennst, welche Farben sich wo im Körper gesammelt haben – erlebst, daß die Hände und Arme, die Füße und Beine verschiedene Farben haben und sich wieder andere um den Kopf sammeln, und du nimmst das alles aus der Mitte des Sternes wahr, den dein Körper bildet, und hier ist beeindruckende Ruhe

– die Ruhe der Mitte – die Quelle von allem – von hier fließt nur noch das eine weiße Licht hinaus, und dir ist, als könntest du dieses eine Licht nun spüren – die Energie, die allem anderen zugrunde liegt – erlebst ihr Pulsieren und Strömen – gleichmäßig und mächtig – aus der Mitte und in die Mitte – sternförmig oder wie ein Wirbel, der sich nach draußen zu auffächert in all die Unterschwingungen und Farben, Töne und Schwingungen, die dein Leben ausmachen – – – und du erlebst nun, wie all die wundervollen Farben doch nur durch einen Mangel an Licht entstehen und die ganze bunte Welt durch das Fehlen von Schwingungen zustande kommt. – – – Du erlebst jetzt ganz deutlich vor deinem inneren Auge, wie auch der Regenbogen eine Aufspaltung des einen weißen Lichtes ist und wie die Natur mit ihren Pflanzen so grün wirkt, weil ihr das rote Licht fehlt und sie es für sich behält – das übrige Licht weist sie ab, und so fällt es in unser Auge und läßt sie uns grün erscheinen. Du erkennst um dich die Welt des Mangels – unsere bunte Welt der Erscheinungsformen und des Wirbels – – – und gleichzeitig erkennst du in dir dein Zentrum – die Mitte, in der einzig Ruhe ist und weißes ungebrochenes Licht – – – erkennst auch, wie es im Innern so klar und rein ist und nach außen immer schwächer wird und all die Gegensätze beleuchtet – – denn das erkennst du nun auch, daß in der Mitte – im weißen Licht alles eins ist und mit sich genug hat – nach draußen zu aber tun sich die Gegensätze auf, die durch den Mangel entstehen – – so wie dem Rot das Grün fehlt zur Ganzheit, so fehlt dem Blau das Gelb, der Kälte die Wärme und der Enge die Weite, der Stärke die Schwäche und allem irgend etwas – und du erlebst auch dich da draußen als eine Mischung von Gegensätzen und Widersprüchen – als Summe von all deinem Glück und all deinem Unglück, von deinem Haß und all deiner Liebe – – – und sobald du dich wieder der Mitte zuwendest, erlebst du, wie in ihr all die Gegensätze nichts Endgültiges sind, sondern eine Welt im Wartezustand, die auf Ergänzung, auf Heilung wartet – genauso wie jede Farbe auf ihre Gegenfarbe wartet, um wieder zu dem einen Licht der

Mitte – weiß – zu werden. Und in diesem umfassenden Bewußtsein erlebst du nun das Mandala, das dein Körper darstellt, erlebst es aus deiner Mitte heraus – diesen Mikrokosmos – der dem Makrokosmos Erde so weitgehend entspricht – erspürst seine Ausstrahlung und sein Feld – und ergibst dich der Lebendigkeit der Erfahrung – bist Zeuge, wie der ganze farbige Kosmos in jedem Moment unaufhörlich aus der Mitte neu entsteht – sich selbst erschafft und zurückkehrt zur Mitte – zu deiner Mitte und zu aller Mitte – – – erlebst, wie aus diesem Zentrum – in dem das Nichts herrscht, alles kommt und nach draußen strömt – um sich wieder zurückzuziehen und heimzukehren in die Mitte – – – du spürst, daß es nicht zu verstehen ist – wie all das gleichzeitig geschehen kann – es ist nur zu erleben – und du erlaubst dir diese Wahrnehmung, daß der Strom der Energie zugleich in beide Richtungen fließt – und alles auch schon sein Gegenteil enthält – daß in der einen Mitte alles ist – und daß in allem auch das Eine ist. Daß du auch in all dem bist und all das auch in dir – – – und diese Erfahrung bleibt mit dir, auch wenn die Farben, Bilder und Vorstellungen sich nun wieder zurückziehen – in jene Mitte, aus der sie anfangs auch gekommen sind – die Mitte holt alles wieder in sich zurück, und du kommst sehr bewußt mit einem tiefen Atemzug zurück in deinen Körper und diese Welt der Gegensätze, ohne aber die Erfahrung aus der anderen zu vergessen, und du fühlst dich erfrischt und bereichert durch die Farben und Erfahrungen, die in dir weiterleben und darauf warten, bei Gelegenheit wieder aufgefrischt zu werden. Fang dann mit kleinen Bewegungen der Finger und Zehen an und laß sie in ein großes Strecken und Räkeln übergehen und spüre deinen Körper, der sich durch das Dehnen schon aus der Haltung des Fünfsternes gelöst hat, und dann erst öffne deine äußeren Augen und orientiere dich ganz bewußt in Raum und Zeit.

10. Meditation
Klangkörper-Schwingkreis

Leg dich bequem und entspannt hin, die Beine nebeneinander, die Arme locker seitlich vom Körper, und laß die Augen zugehen. Du kannst dich ganz dem Gefühl der Ruhe hingeben oder gleich, und dich der Unterlage an Vertrauen ist die Grundlage aller Entspannung geschieht ganz von selbst, und du genießt es, von der Unterlage getragen zu werden und den Tönen der Musik zu folgen. Du brauchst gar nichts zu tun und bist doch geborgen und aufgehoben. Der Körper gleitet tiefer und tiefer in die Unterlage und in die Entspannung, versinkt immer weiter im Grund, der ihn trägt, geht mit den Tönen, die ihn begleiten, und Raum und Zeit verlieren ihre Wichtigkeit, werden immer gleichgültiger. Gestern wird zum Heute und morgen zum Gestern, heute aber ist morgen und gestern zugleich, und die Vergangenheit ist nicht mehr links von dir und auch noch nicht rechts. Sie ist jetzt, und oben ist wie unten, und links kommt nicht mehr vor rechts, denn morgen kommt nicht länger nach gestern, sondern ist auch hier zwischen links und rechts, oben und unten, in der Mitte – und diese Mitte dehnt sich aus; Zeit wird zur Mitte, gestern und morgen werden zur Mitte, und die Mitte ist heute, zwischen oben und unten, hier – und das Hier geht auf in der Mitte. Mitte ist Raum und Zeit zugleich und ist wie ein Punkt, der sich ausdehnt und fließend wird. Gestern, heute und morgen sind wie links und oben, unten und rechts, sind in der Mitte, und die Mitte ist Punkt und ist also nicht und doch auch Idee, und die Idee ist ohne gestern und morgen, rechts und heute, oben und links. Auch seitlich und unten ist nichts als Idee – nichts – wie ein Punkt. Punkte, die tanzen vor dem inneren Auge und um die Mitte, Töne, die die Mitte treffen, in die Mitte sinken und verschwinden. Die Mitte saugt alles ein, Töne verdämmen in ihr, und Gedanken und Bilder kommen und gehen und enden in der Mitte. Oder kommen die Töne aus der Mitte und kehren nur zu ihr zurück?

Und die Gedanken – auch sie kommen aus der Mitte und machen sich selbst zum Mittelpunkt, und irgendwann verschwinden sie wieder in der Mitte. Die Mitte hat Platz für alle und alles – und doch ist sie weder groß noch weit, weder klein noch winzig, weder oben noch unten, gestern oder morgen. Die Mitte ist, wo du bist – die Mitte der Gedanken und die Mitte der Töne und die Mitte der Welt sind eines, ohne ein anderes. Gedanken und Töne sind eines – Schwingungen um Mitte ohne Zeit und in allen Zeiten – von hier bis hier und von jetzt bis jetzt. Töne klingen im Augenblick, kommen nur noch selten aus der Vergangenheit, um in die Zukunft zu schwingen – genauso oft schwingen sie aus der Zukunft in die Vergangenheit – von unten nach oben und von oben nach unten, von allen Seiten zur Mitte, und aus der Mitte breiten sie sich überall hin aus. Töne fließen vorwärts und rückwärts und zugleich – in der Mitte hört die »Wirklichkeit« auf, und es beginnt die Wirklichkeit – deine Wirklichkeit – und sie beginnt in der Mitte der Brust, im Herzen. Du stellst dir vor und spürst bald auch schon immer deutlicher, wie sich dein Herz öffnet – wie eine Blüte, die sich morgens der Sonne öffnet, Blütenblatt für Blütenblatt – und du öffnest dich ganz – für alles, was jetzt hereinfließen will, und so fließen die Töne direkt in den Herzraum und fließen auch wieder aus dem Herzen hinaus – auch der Atem fließt nun durch den Herzraum – sanft und ruhig, und du läßt dich vom Atem noch weiter öffnen – mit jedem Einatmen machst du dich noch ein wenig mehr auf – dein Herz und die ganze Brust – und der Atem weitet und dehnt dich und öffnet allmählich auch den Bauch und schließlich das Becken und den ganzen Körper – du wirst zu einem weiten, offenen Kelch – aufnahmebereit und empfindsam. Und jedes sanfte Einatmen macht dich noch weiter – noch offener. Mit jedem Ausatmen aber läßt du dich tiefer fallen – läßt ganz und gar los. Alles, was noch angestrengt und verkrampft ist, läßt du gehen – läßt es einfach los, und es fällt von dir, fällt ab, wie alte Kleider und Hüllen abfallen. All das Harte und Krampfhafte fließt mit dem Ausatem hinaus – wie Wassertropfen von einem Blütenblatt perlen alle Zweifel an dir herunter, alle Widerstände vertraust du dem sanften, mühelosen Ausatmen an – alles Wollen fließt in den Ausatemstrom und verläßt dich so, und du läßt es bereitwillig gehen, läßt zu, was mit dir wie von selbst geschieht. Der Atem wird noch sanfter, so sanft, daß sich die Brust kaum noch hebt. Der Körper ist so ruhig, daß der Atem wie ein sanfter frischer Wind durch ihn hindurch weht – wie Wind, der durch Bäume weht oder über ein Weizenfeld streicht – wie Atem, der in einer Bambusflöte schwingt – die Flöte bleibt ruhig und vollkommen unbewegt – und doch verändert sie den Atemstrom – und es wachsen Töne aus ihr – und der Atem läßt nun auch Töne in dir lebendig werden. Du erlebst, wie Teile deines Körpers ganz sanft mitschwingen mit den Tönen, die du hörst. Und dann beginnst du auch Töne zu fühlen oder gleich – zuerst auf der Haut – aber allmählich mit dem ganzen Körper – mit all seinen Teilen und Organen – jede Körperregion reagiert ein wenig anders, und jeder Ton hat seine eigene Vorliebe – ganz hohe Töne spürst du an anderen Stellen als tiefe – jedes Gewebe schwingt auf seiner besonderen Schwingungsebene, geht in Resonanz mit jenen Tönen, die zu ihm passen und spürt so vor allem diese Töne. Und so, wie sich die Töne überlagern und durchdringen, überlagern sich auch die Schwingungen im Körper. Alles schwingt für sich und doch auch im Ganzen. So spürst du vielleicht jetzt schon oder gleich, wie alles in dir zusammenschwingt, alles mit allem zusammenhängt. Du erlebst, daß du eine Einheit bist, spürst, wie jeder Teil von dir mit allen anderen Teilen verbunden ist – und dabei tust du gar nichts – bist wie die Flöte vollkommen passiv und dem Augenblick hingegeben. Es geschieht mit dir – ganz ohne dein Dazutun – und doch, ohne dich würde nichts geschehen – ohne die Flöte gibt es keine Töne – und doch tut sie nichts. Sie ist vielmehr – genau wie du jetzt bist – in einem Feld von Schwingungen – bist selbst dieses Feld – ohne dich wären die Töne jetzt nicht fühlbar – nicht hörbar – nicht erlebbar. Aber du bist, und so sind auch die Töne. Und immer noch versetzen dich neue Töne, neue Bereiche in dir in Schwingung. Nicht nur der

Körper schwingt mit den Tönen, auch Gefühle und Empfindungen geraten durch bestimmte Töne ins Mitschwingen – erklingen aus der Mitte und verklingen auch wieder in ihr. Und Bilder und Gedanken werden von Tönen angestoßen – erheben sich aus der Tiefe und vergehen wieder in ihr. Und so, wie die Töne ineinanderfließen, sich durchdringen und verbinden zu einem Klang, so fließen auch die einzelnen Teile deines Körpers immer mehr zusammen – durchdringen und verbinden sich mit Gefühlen und Bildern – werden zu einem bewußten Ganzen – der ganze Körper ist in Schwingung – und dein ganzes Wesen schwingt mit. Du erlebst dich als Musikinstrument, und wie bei jedem Instrument, haben all deine verschiedenen Teile – ihre unterschiedlichen Obertöne – keiner ist schlechter oder besser, und sie sind alle verbunden. Mit jedem einzelnen Ton schwingt das ganze Instrument mit – schwingt auch der ganze Körper und – wird zum Klangkörper. – 1 Minute – Du bist das Musikinstrument, so wie du auch Körper bist – und du spürst und genießt die Harmonie, die aus dem Zusammenklingen aller deiner Teile und Gefühle, Bilder und Gedanken wächst. Mit jedem Ton wirst du immer mehr zu dieser Harmonie, bist Harmonie – und löst dich mit diesem Empfinden immer mehr vom Körper – und so löst du dich auch immer mehr vom Musikinstrument. Körper und Instrument werden gleichgültiger und unwichtig, wie tief du schon entspannt bist, du kannst jetzt noch weiter versinken in der Tiefe der Töne – und du wirst zu den Tönen selbst – wirst Musik – erlebst dich als Musik – als reine Schwingung – bist überall zugleich – durchdringst alle Grenzen und bringst Grenzen zum Schwingen. Du bist die Musik und läßt alles mit dir schwingen – auch den Körper – den Körper jenes Menschen, der dort entspannt liegt und der du warst und irgendwo auch noch immer bist – du bist Schwingung – Schwingung von hier nach hier – von jetzt bis jetzt – 1 Minute –. Auch wenn wir diese Reise nun bald beenden, wirst du weiterhin Schwingung sein – und bleiben – und auch alles um dich herum wird Schwingung sein und bleiben. Und nie wirst du etwas treffen, was nicht Schwingung wäre – nie etwas erfahren, das nicht Schwingung ist. – – – Und ganz in deiner eigenen Zeit läßt du diese Erfahrung ausschwingen und läßt sie ausklingen, wenn dir danach ist. So wie du dich jederzeit wieder zusammenziehen und in die Begrenzungen deines Körpers zurückkehren kannst, so ist es auch jederzeit möglich, diese Erfahrung zu wiederholen und wieder weit und durchlässig zu werden.

11. Meditation
Körper-Zentren-Meditation

Leg dich bequem und entspannt hin, die Beine nebeneinander, die Arme locker seitlich vom Körper, und horch in dich hinein, lenke deine Aufmerksamkeit nach innen – und spüre dich, spüre, was jetzt gerade in dir geschieht, und was du wahrnimmst, du läßt es geschehen, läßt es zu und fängst an, die Töne der Musik einzuatmen – holst die Töne mit dem Einatmen zu dir herein – ziehst sie in deiner Vorstellung hoch hinauf in die Brust, bis in den Kopf und – ja – bis zum Scheitel, und mit dem Ausatmen läßt du die Musik in den übrigen Körper sinken. Du atmest die Töne ein und läßt sie mit dem Ausatmen in den Körper ausströmen – läßt sie gleichsam im Körper ausklingen, und während sie verklingen, sinkst du tiefer in die Entspannung und so wirst du immer voller von Musik und Atemluft – Atem und Musik erfüllen dich mehr und mehr – und es ist dir, als dehntest du dich aus. Du atmest Töne ein, läßt sie zu dir ein – öffnest dich ihnen ganz – und die Töne fließen herein mit jedem Atemzug und füllen dich immer weiter aus. Du bist schon jetzt oder bald ganz voller Töne, Töne schwingen in dir – du atmest sie aktiv ein – und läßt sie beim Ausatmen wieder los – und läßt dich los – läßt alles los, was an dir hängt, und läßt auch alles los, woran du hängst, was dich belastet und auf dir lastet – läßt all das gehen – läßt dich gehen – und so wirst du leichter und freier. Mit jedem Ausatmen fällt etwas von dir ab, und du läßt es fallen – holst nur Töne zu dir herein und läßt alles andere passiv geschehen –. Alle Schwere und Dumpfheit, alle Müdigkeit und Verkrampfung fallen ab, und der sanfte Atem trägt dich weiter, und du läßt es geschehen – läßt dich tragen – wirst voller und voller von Tönen und Musik und leichter und freier mit jedem Ausatmen, jedem Loslassen. Die Töne schwingen in dir, und du wirst immer mehr zu diesem Schwingen, – fühlst dich getragen wie auf einem Luftkissen aus Tönen und Musik – erlebst, wie du mitschwingst und selbst Schwingung bist – Atem und Musik fließen ineinander und verbinden sich zu einem Ganzen – und du bist dieses Ganze – öffnest dich weiter und weiter – erlebst dich aus der Mitte deines Atems – und diese Mitte des Atems spürst du jetzt in der Mitte deiner Brust – dein Bewußtsein zentriert sich immer mehr in diesem Bereich, und es ist dir, als öffne sich deine Brust oder etwas in ihr – der Atem fließt sanft und bewußt in diese Offenheit – und du spürst dich und die Welt aus der Mitte deiner Offenheit – aus deiner Brust, erlebst plötzlich alles aus diesem Zentrum des Fühlens heraus – bist dieses Zentrum und siehst so auch alles in seinem Licht, die Sorgen des Alltags fühlen sich von hier aus anders an. Die zentralen Probleme deines Lebens erscheinen nun seltsam verändert, und du betrachtest sie aus diesem neuen Blickwinkel heraus. Dein ganzes Leben bekommt von hier aus ein neues Gesicht. – Alles erscheint in einem anderen neuen Licht. Diese Erfahrungen dringen tief in dich – und bleiben in deinem Bewußtsein. Und ganz allmählich dehnt sich das Bewußtsein wieder über den ganzen Körper aus, du spürst das Fließen der Energie und den sanften Strom des Atems, und da ist auch noch ganz deutlich jenes Zentrum in der Brust – deine Aufmerksamkeit sinkt nun tiefer – mit jedem Ausatmen gleitet sie tiefer hinunter, sinkt hinab in den Bauch und weiter bis unter den Nabel, und dort, wo Bauch und Unterleib zusammenkommen, spürst du ein anderes Zentrum der Energie. Der Ausatemstrom reicht nun schon bis dort hinunter, und mit ihm gehst du hinunter, sinkst mehr und mehr in den Bauch und erlebst dich und die Welt deines Körpers – deine Gedanken und Gefühle aus der Mitte deines Bauches – horchst auf die Energie, die hier fließt – erlebst nun die Sorgen und Probleme deines Lebens aus dieser Perspektive – 1 Minute – bist in deinem Bauch – und dann ist dir, als hörtest du eine Stimme aus diesem Zentrum. Aus der Tiefe des Körpers klingt die Stimme deines Bauches herauf, und diese Stimme erzählt dir aus ihrer Welt, der Welt des Bauches, gibt dir ein Bild und ein Gefühl deiner Bauchwelt – – – und dann stellst du eine Frage, eine für dich gerade sehr wichtige Frage – und tatsächlich bekommst du Antwort – Antwort aus der Tiefe deiner eigenen Intuition – und so entwickelt sich ein Austausch zwischen dir und dieser Stimme deiner Intuition – 1 Minute –. Erst allmählich wird dir die ganze Situation klar – du selbst bist dort unten – bist Bauchenergie – und sprichst mit der Stimme der Intuition – sie spricht aus dir, und du bist sie – alle Fragen kommen wie von oben zu dir herunter aus jenem anderen Zentrum der Energie, deinem Kopf – und ganz wenige Fragen kommen auch aus dem Zentrum der Gefühle – jenem Mittelpunkt im Brustraum. Die meisten kommen vom Kopf – und du erlebst nun diesen Austausch zwischen den Energien des Kopfes und des Bauches ganz bewußt – spürst das Fließen zwischen beiden Zentren – wirst immer mehr zum Fließen der Energie. – – – Energie ist in den drei Zentren und überall dazwischen, und Energie beginnt sich auszubreiten – ist auch in der Mitte deiner beiden Handflächen – der sanfte Atem und die Töne fließen durch alles hindurch – du atmest in all deine Zentren und durch alle Zentren hindurch – und das Feld der Energie wird immer größer und weiter – breitet sich aus – dehnt sich über den ganzen Körper – vom Kopf bis zu den Füßen – bis in die Finger- und Zehenspitzen – bis in deine Grenzen nach draußen – deine Haut – und du spürst, wie sich die Haut nun auflädt – wie Energie sie durchströmt und einbezieht – alles wird ein Fließen – ein weites, großes Energiefeld – jeder Atemzug ist Teil dieser Energie – alle Gedanken sind Teil der Energie – auch alle Schmerzen – alles Glück – und die Tränen der Freude und der

Trauer – alle Sorgen und Wünsche sind aus dieser Energie – alle Urteile und Vorurteile – alle Begeisterung – und jedes Gefühl sind Teil der einen Energie – – – du wirst dir der Größe und Weite dieses Feldes immer mehr bewußt – erlebst, daß alles, was du je gedacht, gefühlt und erlebt hast, aus dieser einen Quelle kommt – erlebst, daß du diese eine Quelle bist – erlebst den Atem, der in diese Quelle, in deine Mitte strömt, der diese Mitte speist und belebt – der Außen und Innen verbindet. Das Energiefeld, das du bist, und jenes dort draußen sind verbunden durch den einen Fluß des Atems – und es ist dieselbe Luft in dir und im Außen – Prana – die eine Lebensenergie – du erlebst jetzt, daß es überhaupt nur eine Energie gibt – nur eine einzige Energie – eben die, die du atmest – die du erlebst und lebst – und bist. – 1 Minute. – Wieder spürst du die Grenzen der Haut und spürst, daß auch deine Haut atmet, derselbe Atem auch durch die Haut ein- und wieder ausströmt – die eine Energie, die frei in beide Richtungen fließt – du nimmst sie auf und gibst sie ab – erkennst plötzlich, daß die Haut nur eine scheinbare Grenze ist – wie alle Grenzen nur scheinbar sind – und im selben Moment kann deine Energie frei in den Raum fließen, und du dehnst dich mit ihr aus – wirst weiter und durchlässiger – und du dehnst dich weiter und immer weiter – spürst, wie das Energiefeld, das du bist, wächst und lebt – scheinbare Grenzen durchdringt und einschließt – alles einschließt und nichts mehr ausschließt – deine Kleider und die Unterlage, die Mauern des Zimmers – all deine Energie – alles du – du bist das und das und jenes – begegnest scheinbar fremder Haut und anderen Köpfen und meiner Stimme – und du bist das alles – bist auch jene Haut und jene Köpfe und bist diese Stimme, die in dir klingt und außen – aber wo ist das Außen? – Überall bist du – und die Stimme, die dich führt, bist du zugleich selbst, bist ihr Schwingen und das der Töne und alles Schwingen. Deine Energie schwingt frei durch Raum und Zeit und trifft auf Blumen und Bäume und andere Köpfe und Herzen und andere Bäuche – und überall findet deine Energie wieder nur sich selbst: Energie – so wie du auch überall und immer wieder nur dich selbst findest – ohne Grenzen bist du grenzenlos – ohne Ende bist du unendlich – ohne Zeit bist du ewig – zeitlos – die eine Energie – 1 Minute –. Du bist jetzt soweit und so ausgedehnt, daß du nirgends mehr Widerstand findest, und auch du bietest nichts und niemandem mehr Widerstand. – Du gehst durch alles hindurch, und alles geht durch dich hindurch – niemanden kannst du mehr verletzen, und niemand kann dich mehr verletzen in dieser Weite – und doch ist Begegnung überall – Durchdringung und Einheit – du bist eins mit der Welt, verbunden mit allem – ein einziges unendliches Netz – ein Gedanke – du bist Gedanke – bist die Welt – und die Welt ist du – eine Energie-Einheit – 1 Minute –. Es ist nicht leicht und auch nicht nötig, sich wieder zusammenzuziehen in die enge Begrenzung des Körpers – du kannst so offen und so weit bleiben, wie du wirklich willst – und wirklich bist – wozu du dich auch immer entscheidest, du wirst entdecken, daß deine Energie immer ein gutes Stück über die scheinbaren Grenzen des Körpers hinausreicht – der Körper ist viel zu eng für deine ganze Energie – und so wirst du auch entdecken, daß du in Wirklichkeit den Dingen und den Menschen viel näher bist, als du immer dachtest.

12. Meditation
Nach der Arbeit

Nimm dir einen Augenblick Zeit, um ganz in diesem Moment anzukommen, die vergangenen Stunden und die ganze Arbeit aus dem Bewußtsein zu entlassen und hier zu landen, jetzt, wo du mit vollem Recht erst einmal ausspannen und die Gedanken an die Arbeit gehen lassen kannst, während es nichts zu tun gibt, als einen Moment nur für dich zu sein und mit dem Ausatmen abfließen zu lassen, was du jetzt nicht mehr brauchst, wo du einfach einmal ausspannen – so ganz für dich sein kannst nach all den Anforderungen brauchst du nur auf die einfachen Wahrnehmungen im Körper zu achten und darauf, wie sich der Atem anfühlt, wenn er hereinstreicht und du das feine Gefühl von Kühle an den Nasenflügeln spürst, wie du in jedem Moment wach und aufmerksam sein kannst und geschehen läßt, was in diesem Augenblick von allein geschehen will ist gut und willkommen auf dieser Ebene der Ruhe und Besinnung ist angenehm nach all den äußeren Aktivitäten kann die Innenwelt dich entschädigen mit Erfahrungen einfacher und regenerierender Art, und du genießt vielleicht schon jetzt die sanften Wellen des Atems, wenn er mit dem Einatmen frische Luft und Energie hereinträgt und mit dem Ausatem verbrauchte Luft und alles Überflüssige abfließen läßt, während du einfach ganz bei dir und dem Atem bist und noch mehr ankommst im Augenblick liegt so vieles wird geschehen, wenn du loslassen und die Anspannung einfach von dir abfallen lassen kannst, während der Atem alle anstrengenden Gedanken, die noch auftauchen mögen, im sanften Loslassen wegspült und du nun schon deutlich spürst, wie der Ausatem dich erleichtert und du auch wieder einatmen und dich damit neuer Energie und diesem neuen Augenblick öffnen kannst – jeder Ausatem leert dich ein Stück und schafft Raum für neue Energie, und du begleitest nun in Gedanken den Ausatem und gibst ihm ganz konkret mit, was du nicht mehr brauchst – all die Anspannungen vielleicht, die sich während des Tages in deinem Gesicht festgesetzt haben, die gerunzelte Stirn etwa spürst du jetzt ganz deutlich, indem du sie noch einmal bewußt runzelst und dann mit dem nächsten Ausatemzug – jetzt – die ganze Anspannung einfach verabschieden und loslassen kannst – im sanften Ausatem, der all die Spannung im Nu löst und mit sich trägt – – – (einen tiefen Atemzug voratmen) – – – und mit dem nächsten Einatem holst du frische Luft und Energie herein und erlaubst ihr zur Stirn zu fließen und sich hier, in dieser befreiten Zone auszubreiten. – Und dann wendest du dich all der Verkniffenheit zu, die sich um den Mund angesammelt hat, indem du deinen Mund noch einmal richtig bewußt verziehst und dabei vielleicht sogar die Spannung spürst, die sich hier in

Lippen und Zunge angesammelt hat, und du brauchst wieder nur auf den Ausatem zu warten, um ihm auch all diese Verkniffenheit anzuVertrauen ist die Grundlage aller Entspannung breitet sich aus, während du den Ausatem als Müllabfuhr für den Tagesmüll verwendest und mit dem Einatem wieder frische Energie an seine Stelle fließen läßt. – – – Und so übergibst du bei der nächsten Gelegenheit all die Verspannungen aus dem Kinn- und Unterkieferbereich dem Ausatemstrom, was immer sich hier festgebissen und verspannt haben mag, geht in den Ausatem über – und löst sich in diesem Strom – bevor der Einatem neue Energie und frischen Wind hereinträgt – – – und vielleicht kannst du jetzt den Atem noch mehr genießen, den frischen Wind, den er wehen läßt und seine entlastende Wirkung im Ausatem, der dich Zug um Zug von all dem befreit, was du loswerden willst und dich im nächsten Moment schon wieder öffnet für neue Erfahrungen ... und du spürst vielleicht jetzt schon, daß sich dein Gesicht etwas anders anfühlt oder bald, und das mag auch Einbildung sein, und dann bildest du dir einfach noch weitere, ähnliche angenehme Dinge ein und läßt all die Bilder herein, die mit dem Loslassen von Altem und Aufnehmen von Neuem zusammenhängen und erlebst, wie sich nicht nur dein Gesicht wandelt, sondern auch noch andere Körperbereiche sich dem Wandlungsprozeß des Atems anvertrauen und du jetzt auch all die Verspannungen, die dir im Nacken sitzen, abgeben kannst und dabei den Nackenbereich besonders deutlich spürst, – – – während der Ausatem seine Arbeit ganz in eigener Regie verrichtet – und der nächste bewußte Einatem schon wieder frische Energie hereinbringt und die Nackenmuskeln sich entspannen und loslassen ist geradezu selbstverständlich in diesem Zustand der Bewußtheit – – – und dann lassen auch die Schultern all ihre Anspannung gehen, und du spürst vielleicht schon, wie sie in diesem Moment oder gleich ein wenig tiefer sinken ist so leicht, wenn du einfach nur dabist und dich gehenlassen kannst – – – der Einatem ersetzt ganz nebenbei die verbrauchte Energie, und jetzt lassen auch alle Spannungen aus dem Brustbereich nach und gehen in den Ausatemstrom über, und du spürst, wie die Brust sinken und loslassen kann und der nächste Einatem sie wieder weitet und dehnt und mit frischer Energie und Kraft füllt – – – und dann kommt der Rücken dran und entläßt seine, während der vergangenen Stunden angespannten Muskeln in die Entspannung und all die Verhärtungen, mit denen er auf die Härten dieses Tages reagiert hat, fließen in den Ausatem, und vielleicht erlebst du jetzt schon sehr bewußt, wie der Rücken auf diese Erleichterung reagiert und wie bereitwillig er die frische Luft des Einatems in seine langen Muskeln und die ausgedehnte Fläche seiner Haut strömen läßt – – – und dein Bewußtsein sinkt zum Bauch hinab, und du wirst Zeuge, wie auch hier die Bauchdecken alle Verspannungen abgeben können und aus den Tiefen des Bauches Überflüssiges in den Atem einströmt und dich auf diese angenehme Weise verläßt und wie sogleich anschließend der Einatemstrom für frische Energie sorgt und die Weite des Bauches sich der neuen Strömung öffnet – – – und jetzt fängt auch das Becken an, sich sehr bewußt zu entspannen und loszulassen, was sich hier während der letzten Zeit verhärtet hat, und wie du daran denkst, auch all das abzugeben, geschieht es im selben Moment, und Erleichterung macht sich breit und strömt mit dem Einatem bis in die Tiefe des Beckenbodens – – – und dann schließen sich auch die Beine dem allgemeinen Trend an und nutzen diesen Moment des bewußten Ausruhens, um bis in die Tiefe ihrer großen und starken Muskeln Verkrampfungen zu lösen und die Schlacken in den Strom des Atems zu geben ... Die Füße schließen sich zuletzt dem Spiel des bewußten Loslassens an und entspannen sich – vielleicht unterstützt durch kleine Bewegungen, während der Atemstrom wegträgt, was überflüssig geworden ist und heranträgt an Energie und neuer Kraft, was notwendig ist für die nächste Zeit ... und wie der Körper so über alle Maßen entspannt und gelassen ist, nimmt auch die Seele die Chance wahr und hat bereits unbemerkt mit der Entlastung jeder Körperregion Ballast abgeworfen, denn Körper und Seele hängen so eng zusammen, daß sie ständig miteinander im Austausch sind, auch ohne unser ausdrückliches Wissen – – – jetzt aber geht die Seele einen Schritt voraus und wird ihrerseits den Körper mitnehmen, wenn du einen Ausatemseufzer dazu nutzt, noch mehr loszulassen – so einen Seufzer, wie er sich nach überstandener Prüfung oder nach einem schweren Tag der Brust entringt – solch einen Seufzer läßt du nun bewußt geschehen und gibst ihm all das mit, was sich jetzt an seelischem Ballast lösen kann – – – und mit dem Einatmen wirst du ganz von selbst erleben, wie sich Körper und Seele in dieser natürlichen Atembewegung treffen und gegenseitig fördern ... Du aber tauchst jetzt allmählich wieder auf von dieser Reise in die Welt der Entspannung und kannst dich jetzt oder gleich schon deutlich wohler fühlen, und die Wirkungen dieser Entspannung werden sich noch verstärken, wenn du dich in der nächsten Zeit öfter daran erinnerst, wie gut und schnell dein Körper entspannen kann – – – jetzt aber atmest du einmal tief durch, fängst an, dich zu räkeln und zu strecken, öffnest die Augen und fühlst dich wie neu geboren oder gleich, wenn du dich wieder ganz bewußt in Raum und Zeit orientierst und trotzdem weißt, daß du jederzeit, wenn dir danach ist, zurückkehren kannst in die Ebenen der Entspannung und des Loslassens ...

13. Meditation
Vor einer Aufgabe oder Arbeit

Nimm dir einen Moment Zeit, wo immer du gerade sitzt oder liegst, um in dich hineinzuhorchen, die Augen zugehen zu lassen und innerlich ganz wach zu werden, so wach, daß du dich sehr bewußt spüren kannst in diesem einen Moment jetzt ist es leicht, einfach da zu sein und das Gewicht bewußt an die Unterlage abzugeben, während du dir Zeit nimmst, dich auf die kommenden Aufgaben einzustellen. Mit jedem Einatmen erlebst du vielleicht ganz unbewußt die Chance, frische Luft hereinzulassen, und so kannst du es genausogut bewußter tun und dabei wacher werden, und so wie du die Luft einatmest, die auf dich zukommt, kannst du natürlich auch alles hereinlassen, was sich da sonst noch auf dich zubewegt an Aufgaben und Themen der kommenden Zeit. – – – Die frische Energie, die mit jedem Einatmen deine Brust weitet und die Lungen dehnt – – – wie jetzt gerade oder gleich wieder – kann dich aufwecken und dir helfen, die Energie dorthin zu lenken, wo du sie jetzt brauchst, um ganz zu dir zu kommen und in Form, während du mit dem Ausatmen all das Verflossene verabschieden und gehen lassen kannst, das du jetzt gar nicht brauchst, um dich diesem Moment mit seinen Aufgaben und Möglichkeiten zu stellen ... und so läßt du nun das Einatmen sehr bewußt in beide Lungenflügel strömen und spürst dabei, vielleicht jetzt schon oder gleich, wie sie sich dehnen und den ihnen zustehenden Raum einnehmen, genau wie du selbst im richtigen Moment den dir zustehenden Raum ausfüllen wirst, und während sich alles weitet und ausdehnt, spürst du schon, wie du dadurch offener und weniger verletzlich wirst – – – was könnte dich, wenn du ganz weit, offen und ausgedehnt bist, treffen, wo du gar keinen Widerstand bietest – denn Widerstand, das spürst du nun im Atem, lebt von der Enge, und die verschwindet in jedem Einatmen – löst sich in der hereinfließenden Atemluft, die alles enthält, was du in diesem Moment brauchst, und vielleicht kannst du jetzt schon spüren, daß die Atemluft geradezu mit Atemlust verbunden sein kann, jetzt, wo alles natürlich und von selbst geschehen kann, – – – wann immer du willst, kannst du dich einfach diesem Augenblick <u>hingeben</u> geschieht ebenfalls ganz <u>aus sich selbst heraus</u> ist dir so vieles möglich und genauso einfach kannst du auch etwas tun für dein entspanntes Aufwachen und Aufmachen für alle kommenden Aufgaben – – – um ganz leer zu werden für neue Erfahrungen mußt du dich paradoxerweise zuerst ganz füllen, und das geschieht am einfachsten dadurch, daß du mit dem nächsten Einatmen wirklich all die Luft und Energie hereinsaugst, die sich in diesem Moment erreichen läßt – – – (tiefen

Einatemzug vormachen!) – – – und jetzt spürst du als natürliche Folge einen ebenso tiefen Ausatemzug, der dich völlig leer werden läßt und offen für alles Neue erkennst du, daß die Gegensätze sich bedingen und die Leere aus der Fülle folgt, genau wie die Entspannung aus der Anspannung – – – und so benutzt du nun die Fülle des Einatems und die stärkste Anspannung, derer du fähig bist, um einmal all die Muskeln anzuspannen und zu verkrampfen und diesen Zustand einen Moment zusammen mit dem Atem festzuhalten auf dem Höhepunkt der Spannung und intensiven Verkrampfung der Gesichtsmuskeln in einer grotesken Grimasse – – – die Zähne fest aufeinandergebissen und die Stirn in all die Falten gezwungen, derer sie fähig ist – – – und dann und mit dem Ausatem, wenn du gar nicht mehr anders kannst, läßt du los und erlebst, wie dich der Ausatemstrom in das sanfte und tiefe Tal der Entspannung gleiten läßt und wie sich die Muskeln deines Gesichts nun schon ganz anders anfühlen, während die Verkrampfung sich in ein weiches Gefühl von Loslassen und Entspanntheit wandelt, und vielleicht fühlst du jetzt schon, wie sich eine ungewohnte Wachheit in deine Züge schleicht und sich eine neue Bewußtheit plötzlich im Gesicht breit macht. – – – Nach dieser Erfahrung erlaubst du deinen Armen mit dem nächsten Einatem von den Schultern bis hinunter in die Hände auf ihre Art ähnliches zu erleben, indem sie sich anspannen – – jetzt! – – – und diese Spannung über den ganzen Schultergürtel laufen und durch die Ober- und Unterarme bis hinunter in die Hände fließen kann, wo sich die Finger zu Krallen und Fäusten formen, während du eine deutliche Härte feststellen und diese Spannung zusammen mit deinem Atem anhalten und in diesem Moment auch aushalten kannst, bis sie kaum noch erträglich scheint – – – und dann erst, jetzt – einfach wieder aufgeben und die Arme und Schultern, die Hände und Finger fallen lassen und sich loslassen – – – und wiederum erleben, wie dich das tiefe Tal der Entspannung weich auffängt und du dieses Mal vielleicht sogar noch tiefer hinuntergleitest – dabei aber auch wacher wirst und offener für die beiden extremen Möglichkeiten des Seins – die Fülle und die Leere – Anspannung und Entspannung – und dann gehst du noch weiter und erlaubst auch dem ganzen Körper- und Rumpfbereich mit dem kommenden Einatem – – – jetzt oder gleich – – – in die Anspannung zu gehen und die gepreßte Kraft zu erleben, die sich dabei ansammelt und die geballte Ladung, die mit dem angehaltenen Atem noch deutlicher in Brust und Becken wird, zu spüren, wie du ein richtiggehendes Energiebündel bist, wenn du willst, so wie jetzt – – – wo der Atem steht und die Spannung wächst und wächst – – – bis du sie wieder auf dem Höhepunkt der Spannung löst und deinen Körper einfach fallen läßt in das tiefe Tal des Loslassens, wobei dich der Ausatem unterstützt, der alle Anspannung wie mit einer großen Welle wegschwemmt und dich dieses Mal noch tiefer in das Reich der Entspannung und Offenheit führt – – – und wieder ist da zugleich mit dem Gefühl der erholsamen Entspannung und Ruhe diese Wachheit im ganzen Rumpfbereich – ein Prickeln vielleicht – ein so bewußtes Körpergefühl jedenfalls wie selten – und dann auch die deutliche Bereitschaft des Körpers, zu leben und an allem teilzuhaben – – – und der Atem und deine Aufmerksamkeit wenden sich nach unten zu Becken und Beinen, und wieder läßt du mit dem nächsten Einatem alle Spannung auftreten, derer das Becken und die Beine fähig sind – und jetzt spürst du schon, wie sich die Pomuskeln verhärten und die der Oberschenkel – und Unterschenkel, und bis in die Füße und Zehen setzt sich die Anspannung fort, und während du den Atem anhältst, wächst die Spannung, und die Kraft wird noch größer. Du kannst es deutlich wahrnehmen – – – bis du nicht mehr kannst und dann mit einem Schlag auch diesen Energiestau an den Ausatem abgibst und abfließen läßt, während Entspannung und Wohlfühlen den Platz der Anspannung übernehmen und du dich nun noch ein Stück tiefer einlassen kannst auf diese wache Weite – die Offenheit völliger Entspannung und das Gefühl, dem Wechsel der Gegensätze gewachsen zu sein und so auch allem Neuen, was auf dich zukommen mag ist gut und willkommen – in jedem Moment – ganz bewußt und bereit, es mit dem Augenblick aufzunehmen, – – – ja freudig und offen zu erwarten, was er zu bieten hat – den Wechsel der Pole von Anspannung und Entspannung als jenes große Spiel des Lebens zu durchschauen ist angenehm und beruhigend zugleich bist du nun so wach und entspannt, daß du dem Kommenden ohne Anspannung entgegensehen kannst in dem Bewußtsein, daß du dich im entscheidenden Moment auf deine Spannkraft verlassen kannst und alle notwendige Spannung nur die Vorstufe zu noch tieferer Entspannung ist, – – – und dieses Bewußtsein spürst du nun vielleicht auch schon sehr deutlich in dir als eine Kraft, die irgendwie vom Atem lebt und in dir zu Hause ist, mit der du jederzeit arbeiten kannst und die dir in jedem Moment unbegrenzt zur Verfügung steht – wofür du nicht einmal viel tun mußt – einfach nur da sein im jeweiligen Augenblick des Jetzt, und in diesem Bewußtsein ist es leicht, diese kleine Übung nun zu verlassen – in dem Wissen, daß dich ihre Ergebnisse in Form von offener Wachheit und mutiger Bereitschaft zu den kommenden Aufgaben begleiten wird, und so nimmst du nun deinen Atem wieder aktiv und bewußt in die Hand und atmest einmal tief durch, fängst dann an, dich zu räkeln und zu strecken und öffnest dann erst ganz bewußt für diesen Moment und seine Möglichkeiten die Augen.

MEDITATIONEN FÜR KINDER

Einführung

Kleine Kinder sind dem Thema Meditation näher als Erwachsene, leben sie doch noch ganz natürlich in einer Welt voller Bilder und Märchen, Mythen und Geschichten. Ein großer Vorteil ist auch ihre Wertschätzung innerer Erfahrungen auf der Bilderebene. Während Erwachsene mit Ausdrücken wie, »das war ja nur im Traum«, »nichts als Phantasien« oder »nur eingebildet« solche Erfahrungen von sich weisen, können Kinder noch Tränen vergießen, wenn das Märchen eine bedrohliche Wendung nimmt oder der Kasperle gerade eine Abreibung vom Teufel bekommt. Für Kinder sind Symbole und Bilder phasenweise der einzige Halt, und sie drücken sich darin mit beeindruckender Ehrlichkeit aus. Will man wissen, was in einer Kinderwelt los ist, braucht man dem Kind nur ein Blatt Papier zu geben und es bitten, sich selbst und die übrigen Familienmitglieder als Tiere darzustellen. Erwachsenen würde bei solch einer Aufgabe sofort der Intellekt dazwischenfunken, Kinder malen aber in aller Ehrlichkeit drauflos. Wenn der kleine Junge dann als Panther in der Bildmitte erscheint, die Mutter sich als scheues Reh irgendwo am Rand verdrückt und der Vater in der Rolle des Hasen abgebildet ist, braucht man kein tiefes psychologisches Symbolverständnis, sondern hier reicht eine periphere Kenntnis von Alltagszoologie, um die Familiendynamik zu durchschauen. Ein kleines Mädchen malte sich als Igel ganz in die Ecke und hatte ansonsten einen Vaterelefanten, einen Muttervogel und verschiedene Raubtierbrüder um sich versammelt. Ähnlich treffende Bilder liefern Kinder, wenn man ihnen ein Märchen oder irgendeine Bildergeschichte erzählt und nach einiger Zeit fragt, wo sie selbst in der Geschichte seien. Im allgemeinen übernehmen sie rasch eine der Figuren und modeln sie nach ihren Bedürfnissen um. Läßt man die Geschichte einige Zeit weiterlaufen, ergibt sich ein noch genaueres und lebendigeres Bild als bei der Malübung sowie die Möglichkeit, Einfluß auf das Geschehen zu nehmen.

Kinder haben zudem häufig auch noch die Fähigkeit bewahrt, magisch mit Bildern umzugehen, das heißt, ihr Bildverständnis kann noch sehr rasch bleibende Auswirkungen auf eine ohnehin von Bildern beherrschte Welt haben. Gelingt es ihnen, auf den Bilderebenen Veränderungen ihrer Situation durchzuerleben, haben diese im allgemeinen rasche Folgen für ihr reales Leben. Ein Kind mit Kontaktproblemen wurde von einer Spieltherapeutin animiert, eine Seilbahn zwischen zwei Häusern zu bauen, und mit dem Gelingen des Bauprojektes besserten sich seine zwischenmenschlichen Probleme zusehends. Wenn man es schafft, sie tief in ihre Bilderwelt zurückzuführen, läßt sich auch bei Erwachsenen dieser Kontakt zum magischen Verständnis der Bilder wiederbeleben. Milton Erickson ließ eine frigide Patientin ihren Kühlschrank abtauen und besserte damit ihr Problem mit der Frigidität. Erwachsene, die solchen Berichten skeptisch gegenüberstehen, beweisen sich ihre Skepsis leider auch häufig in ihren Bildern, indem sie nichts dergleichen mehr erleben.

Was bei Erwachsenen aber berichtenswerte Ausnahme ist, bildet bei Kindern den Regelfall. Für sie sind Bilder ebenso natürlich wie mächtig, was auch zu entsprechenden Angstsituationen führen kann. Wenn sie Dunkles erlebt haben, vermuten sie schnell einen Unhold unter ihrem Bett, meiden den dunklen Keller, fürchten den schwarzen Mann und würden im Dunkeln niemals einen Friedhof betreten. Erwachsene Vernunft und Logik können ihnen hier wenig helfen, die Macht der Bilder ist noch ungebrochen und der des Intellekts weit überlegen. An solchen Beispielen läßt sich im übrigen ablesen, wie auch Erwachsene, häufig mehr als ihnen lieb ist und sie zuzugeben bereit sind, an solchen Bildern hängenbleiben. Wer als Erwachsener entdeckt, daß in seinem Leben solche Ängste oder abergläubische Vorstellungen noch eine beherrschende Rolle spielen, kann darin auch die Chance sehen, die ihm sein ungebrochen starker Zugang zu inneren Bildern und Symbolen in therapeutischer Hinsicht gewährt.

Kinder brauchen – wie Erwachsene – symbolträchtige Bilder; wahrscheinlich brauchen sie sie sogar noch dringender als diese für die Entwicklung ihrer Seelenfähigkeiten. Und immer seltener haben sie das Gefühl, diese Seelennahrung in Form von Märchen regelmäßig geboten zu bekommen. Sie leben mit uns Erwachsenen im Zeitalter des Ersatzes und bekommen statt Qualität Quantität. Videokassetten und Computerspiele ersetzen die Gutenachtgeschichte und echte Zuwendung. Dabei gehen wir mit uns selbst nicht besser um; auch unsere physischen Nahrungsmittel sind immer weniger Lebensmittel, sondern schlechter Ersatz. Sie reichen zum Überleben, aber kaum zum Leben. Niemals würden wir unseren Autos zumuten, was wir unseren Körpern täglich bieten. Wer würde seinem Superbenzinmotor schon Diesel geben, nur weil das billiger ist und er näher an der Dieselzapfsäule steht. Wir aber schieben uns aus solchen Erwägungen minderwertige Sonderangebote und Billigware hinein und sogar Genußmittel, von denen erwiesen ist, daß sie den Körper ruinieren. Was wir an Qualität versäumen, versuchen wir an Quantität wieder wettzumachen. Das Ausmaß des Ersatzes von Qualität durch minderwertige Quantität ist im Gesundheitswesen unübersehbar und darüber hinaus auch in einer erschreckend außer Form geratenen übergewichtigen Population, die dennoch unter eklatanten Mangelerscheinungen leidet.

Im geistig-seelischen Bereich ist die Lage entsprechend: Statt auf Qualität setzen wir ebenfalls auf Quantität und überfressen uns auch hier mit zweitklassiger Information, drittklassigen Fernsehfilmen und viertklassigen Freizeitablenkungen. Die Seelennahrung unterliegt praktisch keiner Qualitätskontrolle mehr, seit der Kommerz die alleinige Herkunft angetreten hat und sich in Konsumorgien ergeht, wo Qualität die Ausnahme ist. Zum Überleben reicht auch das noch, wobei Leben sicher etwas anderes bedeutet.

Konrad Lorenz hat einmal darauf hingewiesen, daß er es für

Kinder als schädlich erachte, wenn sie kaum noch mit der Natur und ihren harmonischen und dabei vielfältigen Formen konfrontiert würden und statt dessen in einer Schubladenwelt von rechten Winkeln aufwachsen müßten. Lorenz' frühe Warnungen haben sich in noch erschreckenderer Weise bewahrheitet. Wir leben unnatürliche Apartheid in unseren Appartements, die wie kleine rechtwinklige Käfige in riesigen Wohnsilos eine unübersehbare Analogie zur modernen Nutztierhaltung bieten. Kleinkinder in der Großstadt wachsen in von Autolack glänzenden Metallschluchten auf, erreichen aber immer früher »Bildschirmtauglichkeit«. Lediglich unsere nach wie vor runden Augen stehen dem viereckigen Trend noch entgegen.

Märchen und Ursymbole sind gerade in solcher Zeit ein wesentlicher Ausgleich und eine Möglichkeit, eine gesunde Basis zu schaffen, auf der dann auch all die neuen Errungenschaften unserer Zeit ihre Berechtigung bekommen, ohne Schaden anzurichten. Genauso wie Computer und Videogeräte zu dieser Zeit gehören, sind Naturerlebnisse und Märchenerfahrungen durch nichts zu ersetzen. Mit den Eltern gemachte Erfahrungen, ob es sich nun um äußere oder innere handelt, sind allen Möglichkeiten von Konserven vorzuziehen, ähnlich wie frische Nahrung qualitativ nicht mit solcher aus Konserven vergleichbar ist. Allerdings wäre Konservennahrung zum Überleben besser als gar keine Nahrung. In schlechten Zeiten wird man froh über Konserven sein. So muß man in diesen für die Entwicklung der Seele mit ihrem Bedarf an Symbolen und Mustern schlechten Zeiten auch manchmal mit Märchenkassetten und Videobändern anstelle echter Abenteuer vorliebnehmen. Wo der bei Erwachsenen um sich greifende Mangel an Phantasie das Hindernis ist, können entsprechende Anleitungen zu inneren Reisen in allen Märchenbüchern gefunden werden. Letztlich ist der Schritt vom Märchenerzähler zum Märchenerleber sehr einfach. Es reicht, die Kinder anzuregen, die Augen nach den ersten Worten zugehen zu lassen, dann ergibt sich alles weitere innen und von ganz alleine.

Eine ideale Möglichkeit ist es, die inneren Erlebniswelten als Ergänzung für die äußeren zu nutzen, um so Zugang zu Symbolen und Archetypen, den Elementen und der Natur von beiden Seiten zu schaffen. Bei eigenen Geschichten ist darauf zu achten, daß sie einen lebendigen Bezug zur Polarität gewährleisten, das heißt durchaus auch dunkle Archetypen enthalten. Die in jeder Hinsicht harmlosen Märchen der antiautoritären Bewegung hatten hier ihre Mängel und ließen die Kinder weitgehend unberührt. Auch die kindliche Seele hat ein Bedürfnis nach Vollständigkeit und bedarf sowohl der Licht- als auch Schattenseiten. In den Märchen gibt es nicht nur Prinzessinnen und gute Feen, Königssöhne und strahlende Helden, sondern auch Hexen und dunkle Geister, Schurken und Mörder. Gerade die Konfrontation und die sich daraus ergebende Aussöhnung mit der dunklen Seite, die aus eigener Kraft geschieht, schafft Vertrauen zu den eigenen Fähigkeiten und ist somit die Basis für Urvertrauen.

Die »Einmischung« der Kinder findet fast immer auch dann statt, wenn sie nicht direkt angestrebt wird, denn das Kind identifiziert sich mit einer Figur und erlebt in ihr die ganze Geschichte. Auch mit den übrigen Figuren, die andere Aspekte der eigenen Seele darstellen, fühlt es in positiver Identifikation oder auch in emotionaler Ablehnung mit. Bei den geführten Reisen empfiehlt es sich, diese Einmischung von Anfang an zu benutzen und das Kind anzuregen, mit seiner ganzen Vorstellungskraft in die Erlebnisse hineinzugehen.

Zu beachten ist noch, daß die Wortwahl die Kinder nicht überfordert, da das die Meditation sofort stört. Hier empfiehlt es sich im Zweifelsfall, die angegebenen Texte noch weiter zu vereinfachen und dem jeweiligen Vorstellungsniveau der Kinder anzupassen. Auch sollte das sowieso schon geringe Abstraktionsniveau in Meditationen für Kinder nochmals vereinfacht werden. Je einfacher und bildhafter die Vorstellungen, desto wirksamer sind sie.

1. Meditation
Tierfamilie

Laß uns ein Spiel miteinander machen – ein besonderes Spiel allerdings, denn es soll ganz in uns selbst stattfinden. Du brauchst dazu auch gar kein Spielzeug oder andere Hilfsmittel – im Gegenteil, wir haben alles, was wir brauchen, längst in uns und besser, als wir es uns wünschen könnten. Du brauchst nur einen Platz, wo du ungestört liegen oder sitzen kannst, um mir erst einmal zuzuhören. Mit »mir« meine ich, »mich«, ich bin eine Stimme, die dieses Spiel mit dir spielt. – – – Gut, such dir nun einen guten Platz und mach es dir dort richtig bequem. Schließ dann deine Augen und laß sie von jetzt an geschlossen, was immer auch geschieht – du wirst alles Notwendige innen finden. Und obwohl du deine äußeren Augen geschlossen hast, wirst du genug zu sehen bekommen. Mit den Augen herumschauen kannst du ja immerzu, und das kann außerdem jeder, und überhaupt, was soll es da jetzt schon Spannendes zu sehen geben? – Mit geschlossenen Augen zu sehen ist eigentlich viel spannender und etwas Besonderes – das wirst du gleich erleben, wenn du die Augen ganz zu läßt, und eigentlich kannst du sie nun überhaupt vergessen. Also gut – paß jetzt einmal auf und höre mir gut zu, was ich dir zeigen werde: denke jetzt einmal an eine kleine schwarz-weiße Katze – – und schwupp ist so eine kleine Katze da – und es war ganz leicht – sobald ich »Katze« sage, kannst du dir sie auch schon vorstellen – je deutlicher und lebendiger, desto besser. Und wenn ich nun sage, denke mal an ein kleines rosa Schwein, taucht auch sofort solch ein Schweinchen auf, obwohl du ja die Augen zu hast. Auch wenn ich sage: Elefant – ist sogleich einer da. – – Sogar wenn ich sagen würde, denke jetzt einmal an einen Affen mit Brille, würdest du dir so einen komischen Affen vorstellen können, obwohl du weißt, daß Affen eigentlich gar keine Brillen tragen – aber hier innen bei deinen inneren Bildern kannst du eben Dinge sehen, die draußen gar nicht möglich sind – so könntest du die Brille jetzt einfach vergrößern und dem Elefanten aufsetzen – das sieht sicher komisch aus – aber es geht, denn hier drinnen geht fast alles. Und das beste ist, daß es so leicht geht, du brauchst dich kein bißchen anzustrengen; ja im Gegenteil, was immer ich sage, geschieht wie von selbst, du kannst es überhaupt nicht verhindern. Du kannst ja mal versuchen, mir nicht zu folgen und wirst schon sehen: Also denke jetzt mal nicht an einen Hasen – 10 Sekunden – was ist passiert? Wenn ich Hase sage, ist er auch schon da – es hat also gar keinen Sinn, nicht mitzumachen, weil alles sowieso geschieht und dabei so leicht ist, daß man es sich kaum vorstellen kann, daß etwas noch leichter sein könnte und spannender. Denn hier kannst du alles erschaffen und kannst dir alles anschauen, was immer du willst. Das ging nun wirklich schnell, und du kannst jetzt mal all die Tiere um dich versammeln, die kleine schwarz-weiße Katze, das rosa Schweinchen, den Elefanten und den Affen, und du kannst es dir selbst aussuchen, wer davon eine Brille tragen soll und wer nicht. Und wenn du ehrlich bist, kannst du jetzt schon sehr gut mit geschlossenen Augen sehen, ganz anders natürlich als mit offenen, aber auf jeden Fall sehen.

Und so stellst du dir nun einmal vor, du bist irgendein Tier, und nimm einfach das erste, das dir jetzt in diesem Moment einfällt – laß es immer deutlicher werden und schau es dir genau an – welche Farbe hat es und wie groß ist es, welche Laute gibt es von sich und wie riecht es – kann es sich schnell bewegen oder eher langsam, und wie gefällt es dir? – – – Und dann schlüpf wirklich selbst in dieses Tier hinein und erlebe einmal, wie es sich innerlich anfühlt, wie es ist, dieses besondere Tier zu sein. Spüre jetzt ganz genau, wie du gehst als dieses Tier und wie du sehen kannst – vielleicht siehst du die Welt ja nun ganz anders – von weiter oben oder weiter unten – und wahrscheinlich interessieren dich ganz andere Dinge – und jetzt, wo du daran denkst, bist du auch in einer ganz anderen Welt, nämlich in der dieses Tieres, das du jetzt bist, und wahrscheinlich ist die doch anders als die Welt, in der du früher gelebt hast, als du noch kein Tier warst. Und dann geh mal als

Tier durch diese Landschaft und folge einfach deinen tierischen Instinkten, so daß du gar nicht nachzudenken brauchst, wohin du gehst – alles ist ganz selbstverständlich für die Tiere und für dich natürlich – und wenn du eine Zeitlang so gegangen bist, wirst du an einen Punkt der Landschaft kommen, von dem aus du gut hinunterschauen kannst auf eine Ebene, die sich da unter dir ausbreitet. Hier oben leg dich nieder und spüre dabei wie sich dieses Tier, das du nun bist, dabei fühlt. Bist du ein Tier, das gerne ausruht oder eines, das lieber die ganze Zeit über in Bewegung ist? Jetzt schaust du jedenfalls dort hinunter und erkennst in einiger Entfernung eine kleine Wasserstelle, die gerade zum Trinken einlädt. Gleich wird ein Tier auftauchen, das dich ganz stark an deine Mutter erinnern wird, und stell dir mal vor, wenn auch deine Mutter ein Tier wäre, welches das wohl sein könnte – und genau dieses Tier taucht da nun auf und bewegt sich zum Wasser, so daß du es genau beobachten kannst – und es ist deine Mutter als Tier – du erkennst sie jetzt schon sehr deutlich, obwohl du auf Anhieb vielleicht gar nicht weißt, woran. Ist es ihr Gang oder ihre Art oder was eigentlich? – Jedenfalls hat deine Mutter nun das Wasser erreicht und trinkt auch schon, und du schaust ihr zu und spürst dabei ganz deutlich, was du so magst an deiner Mutter – – – und was nicht so sehr, während sie als Tier dort unten trinkt und dich gar nicht sehen kann, während du sie sehr gut beobachten kannst von deinem erhöhten Ruheplatz hier oben. Und dann ist sie auch schon fertig mit dem Trinken und zieht sich wieder zurück – – – allmählich verschwindet sie hinter einigen Büschen – – Doch kaum ist sie verschwunden, da taucht schon wieder jemand auf – und diesmal ist es dein Vater. Wenn er ein Tier wäre, welches fällt dir da als erstes sofort ein? – und gerade dieses Tier siehst du jetzt auf das Wasser zu spazieren. Du erkennst ihn ganz genau – deinen Vater –, auch wenn du vielleicht noch gar nicht weißt, woran – jetzt in dieser Tiergestalt – aber je länger du schaust, desto klarer siehst du, wie gut dieses Tier zu ihm paßt –, und jetzt trinkt er da unten und ahnt nicht, daß du ihn die ganze Zeit beobachtest und genau durchschaust, während du hier oben liegst und nicht befürchten mußt, entdeckt zu werden. – – – Und jetzt, wo auch das Vatertier genug gesoffen hat, zieht es sich ebenfalls zurück und verschwindet allmählich aus deinem Blickfeld; vielleicht bist du schon gespannt, was jetzt passieren mag an dieser besonderen Wasserstelle, und da geht es auch schon weiter. Auch noch andere Mitglieder eurer Familie haben sich offenbar in Tiere verwandelt und kommen da jetzt zur Wasserstelle – Geschwister von dir vielleicht oder Oma oder Opa oder wer immer sonst noch nah zu euch gehört, und vor allem alle, die mit euch wohnen, kommen da als Tiere angetrottet. Du erkennst sofort und auf den ersten Blick, wer wer ist. Sie sind ja auch unverkennbar in ihrer Eigenart – jedenfalls für dich. Und auch wenn es einige sind, nimm dir Zeit, und du hast ja genug davon, um dir jedes Tier genau anzuschauen. Selbst wenn es dir komisch vorkommt, so einen Familienzoo da unten zu sehen, laß dir nichts entgehen. Du merkst jetzt, daß die anderen Familientiere gar nicht merken, wer sie wirklich sind; sie verhalten sich wie ganz fremde Tiere, die nicht verwandt sind und sich jedenfalls nicht erkennen – So kann es sein, daß sie gar nicht alle so gut zusammenpassen und lieber etwas Abstand voneinander halten – – – und jetzt kommt auch noch Mutter in ihrer Tiergestalt hinter ihrem Busch hervor und gesellt sich zu den andern – – – aber auch sie durchschaut überhaupt nicht, was hier los ist und tut so, als würde sie niemanden erkennen, und auch dein Vatertier, das jetzt gerade ankommt, hat noch überhaupt nicht gemerkt, was hier gespielt wird. Sie sind nun dort alle beieinander, und du schaust dir mal genau an, wer sich da mit wem gut versteht, und wer da wem eher aus dem Weg gehen muß. – 20 Sekunden – Und dann stell dir zu guter Letzt auch noch vor, du selbst gingst da hinunter – ohne daß dich jemand erkennt – und bei dem Gedanken bekommst du auch schon Lust und machst dich auf den Weg – Dabei merkst du auch gleich, mit welchem der Familientiere du dich als Tier gut verstehen kannst, ob dir da jemand gefährlich werden könnte, den du lieber nicht so nah bei dir haben willst – und schau dir immer auch genau an, wer das gerade in Wirklichkeit ist – gib dich aber nicht zu erkennen, damit das Spiel weitergehen kann – 20 Sekunden. – Wie fühlst du dich in dieser Tierfamilie – gibt es da jemanden, vor dem du Angst haben mußt und jemanden, der dir besonders nahe ist und mit dem du gerne spielen würdest? Und wenn da jemand ist, mit dem du jetzt gern näher wärst, dich aber nicht traust, schau dir genau an, warum du dich nicht trauen kannst, was das für Eigenschaften bei diesem Familientier sind, vor denen du dich hüten mußt. Schau dir auch an, wie gut Mama und Papa sich als Tiere verstehen und wie gut sie zusammenpassen. Ist das eine Tierfamilie, die dir Spaß macht, oder wärst du lieber in diesem Kreis ein ganz anderes Tier? – 15 Sekunden – Und dann stell dir vor, welches Tier du in diesem Tierkreis am liebsten wärst und was sich alles an dir verändern müßte, damit du zu diesem Tier werden könntest – 10 Sekunden – Was müßtest du lernen, um dieses Tier zu erreichen – 10 Sekunden – Mach einmal für einen Moment die Augen zu und stell dir vor, du wärst dieses andere Wunschtier – – – und das ist ja das wundervolle an diesen inneren Augen – ein Gedanke genügt, und schon bist du das andere Tier – und siehst dich in neuer Gestalt – – – Schau dir genau an, was jetzt anders und besser ist, und wie sich nun dein Verhältnis zu den anderen Tierfamilienmitgliedern verändert. – Nimm dir die Zeit, nun die neue Rolle zu genießen – und dich mit all den anderen Tieren in deiner neuen Gestalt zu erleben – 20 Sekunden – Spür mal, was du mit den anderen gern machen würdest und erleb es auch gleich – 1 Minute –

Und dann allmählich verabschiedest du dich wieder von den anderen Tieren und verabschiedest dich auch wieder von deiner eigenen Tiergestalt – – – Es ist kein schwerer Abschied, denn wenn es dir Spaß gemacht hat, kannst du – wann immer du Lust hast – die Augen wieder zumachen und dich ins Tierreich begeben zu deinen beiden Tieren, dem ersten und auch zu dem, das du zum Schluß lieber sein wolltest – – Jetzt aber verschwinden all die Bilder wieder, und du machst mal einen tiefen Atemzug und läßt deine Augen immer noch fest geschlossen –

Nun aber fängst du schon mal an, ein paar kleine Bewegungen mit den Fingern und Zehen zu machen, und dann streckst du dich und räkelst dich – dehnst dich vielleicht wie dieses Tier, das du gerade noch warst – und machst dann erst die Augen wieder auf und schaust dir genau an, wo du jetzt wieder gelandet bist, und daß da keine Spur mehr von diesem Tier ist, obwohl du dich an alles genau erinnerst und auch später nichts vergessen wirst.[3]

NACHTRAG:
Natürlich kann man das Kind auch anregen, während der Meditation die Bilder auszusprechen, allerdings sollte man sich dann gut unter Kontrolle haben und auf keinen Fall in den inhaltlichen Ablauf eingreifen. Besser ist es sicherlich, die Erfahrung anschließend malen zu lassen, was auch den Effekt für das Kind noch einmal erheblich erhöht. Ansonsten kann man sich im Anschluß an die Meditation den Ablauf in allen Einzelheiten berichten lassen. Hier ist unbedingt darauf zu achten, daß man – wenn schon Wertungen vorhanden sind – sie jedenfalls nicht merken läßt, da sonst weitere Erfahrungen erschwert und das Vertrauen des Kindes, das noch nicht so bewußt wertet, enttäuscht wird.

Natürlich hat eine solche Diagnostik ihren Wert nur in ganz individueller Hinsicht. Bereits ein anderes Geschwister wird einen ganz anderen Familienzoo, eben ganz aus seiner persönlichen Situation und Sicht, bildern. Falls die Situation des vom Kind zuerst für sich gewählten Tieres nur schwer erträglich im Familienzoo erscheint, also zum Beispiel das einzige Schaf unter lauter Raubtieren, wäre es sehr sinnvoll, den zweiten Teil der Übung öfter zu wiederholen und dem Kind damit die Möglichkeit zu geben, sich in der Rolle des zweiten, des Wunschtieres zu üben, das sich in dieser gefährlichen Umwelt besser behaupten kann. So kann tatsächlich eine merkbare Stärkung des Kindes in der Familiensituation erreicht werden.

Auch wenn die Situation in umgekehrter Hinsicht schwierig erscheint, zum Beispiel der Elefant unter lauter Kleinvieh, bringt die Wiederholung einen oft erwünschten Effekt. Das Kind lernt in der zweiten passenderen Tiergestalt, sich der Familienstruktur besser einzufügen und seine in diesem Fall zentrale Sonderrolle zurückzunehmen.

2. Meditation
Luft- und Feuerwesen

Wir spielen jetzt wieder solch ein Spiel mit geschlossenen Augen und ganz viel inneren Bildern und Geschichten – laß also deine Augen zugehen, wenn du jetzt schon magst oder gleich – dann, wenn du merkst, daß alles da draußen jetzt sowieso nicht so spannend ist, wie die Dinge, die du in dir erleben kannst, und so leg dich wieder ganz faul und bequem hin, streck die Beine weit von dir und laß die Füße einfach nach außen fallen, so daß du dich einfach gar nicht mehr um sie zu kümmern brauchst, während deine Arme genauso faul neben dir liegen und du selbst auch so faul und gelassen daliegst und dich ganz nach innen wendest und jetzt schon oder gleich bemerkst, daß es hinter deinen geschlossenen Augenlidern gar nicht so dunkel ist, wie du vielleicht geglaubt hast, sondern daß da allerhand passiert, wenn du nur aufpaßt, so wie jetzt – und dann kannst du dir ja auch vorstellen, was immer du willst, und auch das wird alles vor deinen inneren Augen auftauchen, und du kannst es sehen – nicht so wie du die äußeren Dinge siehst, aber vielleicht jetzt schon oder gleich sogar noch intensiver und besser, und so kannst du dir zum Beispiel einen richtigen Engel vorstellen mit Flügeln, wenn du willst, oder ganz so, wie du willst. Und wenn du magst, kann dieser Engel dich auch beschützen auf diesem Weg nach innen zu all diesen Bildern und Geschichten, die da irgendwo tief in dir drinnen sein müssen, denn du hast ja die Augen zu und alles, was du jetzt sehen und dir vorstellen kannst, muß ja dann in dir sein – und das kann ein schönes Gefühl sein, so vieles in sich zu haben und in der

Lage zu sein, es sich jederzeit oder jetzt zum Beispiel auch anzuschauen – und so kannst du jeden Gedanken als Bild im Nu vor dir auftauchen lassen, so wie deinen Engel auch jedes andere Wesen, und du kannst jetzt schon einmal anfangen. Nimm das erste Wesen, woran du denken mußt und laß es einfach auftauchen, so daß du es dir immer besser vorstellen kannst, und dann kannst du es auch jederzeit wieder verschwinden lassen – jetzt etwa, wenn du vielleicht gerade spürst, daß du nun schon ziemlich ruhig geworden bist und dein Körper sich ganz von allein schon sehr entspannt und friedlich in die Unterlage sinken läßt und dein Atem ganz normal weiterfließt, auch wenn du dich gar nicht um ihn kümmerst und jetzt, wo du an ihn denkst, kannst du mal einen tiefen Atemzug machen, so einen Seufzer, wie wenn du etwas Schweres hinter dir hast – – – so einen Seufzer machst du jetzt, und kannst dadurch ganz tief loslassen, beim Ausatmen und dich fallen lassen, so daß es noch viel leichter wird, all die Bilder anzuschauen, die gleich auf dich zukommen werden, ohne daß du dafür irgend etwas machen müßtest, es reicht einfach, wenn du ganz faul liegen bleibst und Bilder kommen läßt, ganz wie sie wollen – du brauchst bloß zum Beispiel nur an die Sonne zu denken, und ganz gleichgültig, was für Wetter im Augenblick gerade ist, sobald du an sie denkst, taucht schon die Sonne vor dir auf, und du kannst, wenn du willst, sogar jetzt schon oder gleich ihre Wärme spüren, und sobald dir warm genug ist, kannst du auch einen Wind aufkommen lassen, der dir frische Luft zufächelt – – Und so stellst du dir vor, wie auch die Atemluft ein Wind ist, und du kannst sicher jetzt gleich schon spüren, wie es ein bißchen frisch wird um deine Nasenlöcher, während du den Wind des Atems hereinläßt – – – Und dann stellst du dir vor, wie der Wind draußen immer kräftiger wird und richtig zu brausen beginnt und dich einhüllt, und du hast Spaß, dich der Kraft des Windes zu überlassen, und er wird so stark, daß er dich fast hochhebt – und stell dir vor, was für ein Spaß es wäre, dich vom Wind tragen zu lassen, und dann läßt du es geschehen, denkst einfach an den Wind, und schon hörst du ihn, spürst ihn, siehst ihn – und bist es – bist der Wind – jagst jetzt selbst mit dieser großen Kraft über den Boden dahin, ergreifst den Sand dort unten und wirbelst ihn hoch in die Luft – und es macht dir großen Spaß – du treibst dein Spiel mit dem Sand und mit allem, was nicht ganz fest ist – und auch Festes reißt du los und jagst es hoch hinauf in die Luft – in dein Reich und seine unbegrenzten Weiten – und dann merkst du plötzlich, daß du gar nicht allein bist – überall um dich her toben und spielen seltsame Luftwesen dasselbe Spiel wie du – sogleich jagst du einem von ihnen hinterher – und so erfährst du, daß sie die eigentlichen Herrscher des Luftreiches sind und Sylphen heißen, und sie versprechen, dich in die Geheimnisse ihres weiten Reiches einzuweihen, wenn der herrliche Sturm vorüber ist – jetzt wollen sie erst noch mit ihm weitertoben – und du tobst bereitwillig mit ihnen – – – Ihr jagt über den sandigen Boden und an den Felsen des nahen Gebirges entlang und empor in die Höhe, und in einem mächtigen Wirbel stürzt du dich wieder hinunter zur Erde – bist ein Wirbelsturm in rasender Bewegung. – 10 Sekunden – Und dort hinten erspähst du Bäume, und im Nu habt ihr sie erreicht, und du spürst, wie sie unter eurer Macht zittern und ächzen und doch widerstehen. Du erlebst und bist die wirbelnde Kraft, die auch die Menschen in ihren Häusern erzittern läßt – und manches entreißt der Sturm ihnen – und du bist dieser Sturm – bist weder böse noch gut zu den Menschen und den Dingen der Welt – du bist, wie du bist – Wind – das Wesen der Luft – und du folgst deiner Natur – jetzt reißt du manches nieder, das schwach ist – dort einen morschen Baum – – – und da eine alte Hütte – – – aber in ruhigeren Zeiten – und sofort legt sich deine wilde Kraft und weicht einem sanften Wehen – trägst du den Blütenstaub der Blumen und Bäume und des Getreides und läßt sie Früchte tragen und gedeihen – und du ernährst die Natur und verschaffst auch den Menschen ihr Brot – – und du treibst als Westwind die schweren Regenwolken vor dir her, die das Land tränken, aber auch überschwemmen können – – – und als Nordwind bringst du die starrende Kälte und den Schnee, der über alle Natur seinen weißen Zauber legt und die verdiente Ruhe bringt. – – – Als Südwind leckst du den Schnee dann wieder weg – – – und ihr Luftwesen seid es, die die Segelschiffe über die Meere treiben, und so habt ihr schon immer die Menschen aller Erdteile miteinander verbunden, und ihr dreht die Flügel der Windmühlen und tragt die Vögel auf euren Schwingen, und sie spielen mit dir und in dir, und du bist in ihr Element – und du bist in deinem Element – beim Stürmen und beim Wehen und wehst über die Erde und das Wasser und kannst beide aufwühlen, aber sie sind dir doch fremd, viel schwerer als du und so unbeweglich – – – aber da ist auch noch das Feuer und das ist dir nahe und auch ein bißchen ähnlich – – Dort hinten entdeckst du ein kleines Lagerfeuer, und flugs bist du da und bläst hinein und entfachst es erst richtig. Du bist Wind und ich bin Feuer, und du machst mich erst so richtig lebendig. Deine Kraft macht meine Flammen wachsen, und sie werden groß und mächtig und fallen prasselnd über das Holz her und verzehren es gierig. Du nährst das Feuer und gibst ihm Mut und Macht – bläst ihm deinen Lebensatem ein, und das Feuer nimmt ihn dankbar auf – lebt aus ihm, – und mit deinem Atem gehst du nun ganz nah heran, bis es heißer Atem wird und du dem Feuer immer näher kommst und dann – jetzt – ganz herüber kommst zu uns Feuerwesen – du gibst dich mit deinem Atem ganz ins Feuer – wirst zum Feuer und bist nun Flamme – heiß und wild und verzehrend – bist Feuer nun, und ich bin Wind und treibe dich, entfache dich weiter und weiter, und deine Flammen lecken nun schon an den trockenen Büschen und entzünden sie. Deine Funken fliegen im Wind, und er trägt sie bis in den nahen Wald, und schon greifst du nach den trockenen Bäumen, – – – deine heißen Flammenzungen ergreifen sie und machen sie auch schon zu riesigen Fackeln. Du bist die heiße Glut und die lodernden Flammen zugleich – bist Feuer durch und durch – und du spürst und genießt deine verzehrende Kraft und Hitze. – Du bist diese heiße, rote Zerstörungskraft, fällst über alles her, was du triffst – dort am Waldrand ein altes verlassenes Haus – und schon gehört es dir ·

– deine Flammenzungen springen aufs Dach – und schon brennt es lichterloh – krachend und donnernd bricht es zusammen, und so machst du auch Angst und verbreitest Schrecken <u>mit deinen hellen lodernden Flammenzungen</u> – bist du das reine Feuer – und du bist auch hier nicht allein – auch hier im Reich des Feuers leben andere Wesen, die Salamander, und bewachen ihr Element – eben das Feuer. Du fühlst dich nun auch wie eines dieser Feuerwesen – fühlst dich als Feuersalamander – und du bist weder gut noch böse – du bist ein Salamander – ein Feuerwesen – und so lebst du für deine Aufgabe – bist überall, wo Feuer ist, nicht nur in dem brennenden Haus, sondern auch in den Herden und Öfen der vielen Häuser, wo du die Menschen wärmst und ihnen warmes Essen bescherst, im Feuer der Schmiede auch, wo du ihnen hilfst, das harte Metall zu erweichen. In ihren Kanonen und Bomben aber bist du ebenfalls und bringst ihnen Tod und Verderben – du bist Feuer und du brennst – das ist dein Wesen – und es ist das keine Schuld und kein Verdienst – du bist Feuerelement, und es ist Sache der Menschen, was sie mit dir anstellen. Die Menschen sind nicht deine Freunde und nicht deine Feinde – du warst schon lange vor ihnen da, und du wirst noch lange nach ihnen sein. – – – Sie dürfen dich gebrauchen zu ihrem Wohl und Verderben. – – – Wo sie dich aber mißbrauchen, da zeigst du ihnen deine eigene Macht – denn du bist ja auch das Feuer im Innern der Erde, und ab und zu treibt es dich dann hoch – und du kommst heraus aus der Tiefe der Erde und sprichst aus feuerspeienden Bergen zu dieser Welt, bist die Kraft der Vulkane und schleuderst deine Glut und heiße Wut nach draußen – bist Teil der gewaltigen Explosionen von Mutter Erde – – – spürst und bist die heiße Glut in ihrer Mitte. – – – Und zugleich bist du auch, zur Freude der Menschen, die Kraft in den vielen kleinen Explosionen ihrer Feuerwerke. Im Kometenschweif der Raketen rast du mit in den Nachthimmel und zerfällst dann vor Freude in bunte Feuerkugeln – und ein Meer von glühenden Funken zum Spaß der Kinder und aller, die sich noch freuen können. Es macht dir Freude, deinen Bewunderern Spaß zu machen, in die Höhe zu rasen, Feuerspuren in den Himmel zu ziehen und als Licht wieder herabzuregnen. Du erhellst die dunkle Nacht und so auch die dunkle Seite des Lebens, trägst Licht und jetzt gerade auch Freude in die Dunkelheit und zeigst den Menschen in ihrer Freude über dich, daß auch sie Kinder sind – Kinder des Lichts. – – –

Und mit diesem angenehmen Gefühl beenden wir nun allmählich wieder unser Spiel – diese Reise zu den Luft- und Feuerwesen – doch nicht ganz, denn du merkst jetzt, daß die Luftwesen mit dem Atemstrom noch immer durch dich wehen, und daß das Wesen und die Kraft des Feuers in deinem roten Blut und in der Begeisterung deines heißen Herzens leben, und du spürst, daß es sich gut anfühlt, so eng mit diesen wichtigen Wesen verbunden zu sein. Ohne irgend etwas von dieser Reise in die innere Welt des Feuers und der Luft zu vergessen, kommst du jetzt aber wieder ganz bewußt zurück und spürst deinen Körper, wie er so ruhig und entspannt daliegt und sich sehr tief ausgeruht hat, während du innen auf Reisen warst. Jetzt machst du einen tiefen Atemzug und spürst, wie die Luft hereinfließt und deine Brust bewegt, und dann fängst du mit kleinen Bewegungen der Finger und Arme und jetzt auch der Zehen, Füße und Beine an – – – dehnst dich und streckst dich und machst dann erst ganz zum Schluß die Augen auf und spürst, wo du liegst und wie gut es dir geht nach diesem mutigen Ausflug.

NACHTRAG:

Selbst von kleinen Kindern kann solch eine Reise mit Spannung und Spaß erlebt werden, allerdings ist das Geschehen, je nach Alter, gegebenenfalls weiter zu vereinfachen. Sie hat den Effekt, daß Respekt und Ehrfurcht vor den Elementen auf spielerische Art und Weise gelernt werden. Außerdem fördert die Erfahrung von so viel eigener Kraft das Selbst- und Verantwortungsbewußtsein der Kinder.

Natürlich ist es auch gut möglich, die beiden Elemente zu trennen und zu je einer eigenen Reise zu machen, beziehungsweise vier eigenständige Elemente-Meditationen zu schaffen und vielleicht noch eine fünfte, die das Zusammenspiel der vier Grundkräfte veranschaulicht.

3. Meditation
Wasser- und Erdwesen

Jetzt wollen wir mit unserem Spiel weitermachen und uns noch anderen inneren Bildern zuwenden. Such dir also wieder einen angenehmen Platz zum Sitzen oder Liegen – und mach es dir so bequem wie möglich. Schließe die äußeren Augen und schaue nach innen in deine eigene Welt – und wenn du willst, sind sofort die Bilder da. Was du dir auch vorstellen magst, taucht im selben Moment schon auf – es scheint auch so, daß dir die inneren Bilder jedesmal schneller und besser gehorchen – und wenn du jetzt an eine Höhle tief in der Erde denkst, ist sofort eine da – du kannst dir sogar vorstellen, wie du tief da unten mitten im Erdreich ganz geborgen und beschützt bist in dieser warmen, dunklen Höhle, wo du genug Platz hast und dich vielleicht jetzt schon wohl fühlen kannst oder gleich und wie du dich so im Innern der Erde fühlst, erinnerst du dich an das Feuer, das dort zu Hause ist, und so kannst du dir auch gut erklären, warum es so warm ist – hier unten tief in der Erde, und du stellst dir vor, wie du dem Feuer, mit dem du ja schon gut befreundet bist, noch näher kommst, es bei sich in der Tiefe besuchst. Und tatsächlich kannst du dir vielleicht sogar jetzt schon vorstellen, wie es da tief im Bauch der Erde brodelt, und wie du schon anfängst mitzubrodeln – und in dem Moment erinnerst du dich an einen feuerspeienden Berg und stellst dir vor, wie gerade dieses Feuer, das du jetzt hier unten erlebst, nach oben drängt und dafür den Feuerberg benutzt. Und schon geht es hinauf unter gewaltigem Druck und mit einiger Geschwindigkeit. In gewaltigen Explosionen werden flüssiges Gestein und Feuer in die Luft geschleudert, und ein Regen aus glühenden Steinen und Funken geht auf Erde und Meer nieder, und du bist dabei – bist in dem Feuer und in seiner Kraft. Aus dem Krater des Feuerberges wälzt sich eine breite Lavaspur von feurig-flüssigem Stein. – – – Wie eine Straße aus Feuer fließt der Lavastrom aus dem Innern der Erde, der Heimat des Feuers heraus und verbrennt das Land auf seinem Weg zum Meer, denn der Feuerberg liegt auf einer kleinen Felseninsel inmitten des Meeres. – – – Dort am Ufer des Meeres gleitet der feurige Strom wie eine mächtige Schlange ins Wasser, und du bist mit dabei. Im selben Moment, wo das Feuer das Wasser erreicht, zischt und brodelt es – und das Feuer ertrinkt in der nassen Flut – das Wasser aber fängt an zu kochen vor Hitze – – – und Feuer und Wasser verbinden sich und werden zu mächtigen weißen Dampfwolken, die sogleich in ihre Welt, das Reich der Luft, emporsteigen und sich so davonmachen. – – – Aus dem Innern der Erde geboren und vom Wind getragen und unterhalten hat das Feuer im Wasser einen gleichwertigen Gegenspieler gefunden. Im Kampf miteinander gehen beide unter und verwandeln sich zu etwas Neuem – zu Luft. Das Wasser zeigt dem Feuer seine Grenze, – und wie es brodelt und kocht und Wellen schlägt, schaut es auf seine Art genauso gewaltig und herrlich aus wie vorher das Feuer – und du näherst dich nun dem Wasser – gleitest hinein in die Gischt – und nach der Hitze des Feuers spürst du nun die beruhigende Kühle des Wassers und seine Macht – wirst Teil der Wellen und der Wasserwelt – – – mit den Wellen türmst du dich mächtig auf – empfindest das Wogen und Wiegen mit – – – und rauschst dann auf die Insel zu – – – In gewaltigem Getöse donnerst du auf die Felsen – – – aber die Felsen sind ihrerseits mächtig und widerstehen dir. – Durch die Jahrtausende aber bist du stärker, und dein immerwährendes Drängen zwingt schließlich auch den härtesten Fels zum Nachgeben – so höhlt dein steter Tropfen jeden Stein – nicht durch die augenblickliche Kraft deiner Wellen – doch durch deine fast zeitlose Beharrlichkeit und unendliche Geduld. – – – Und du spielst in und mit der Brandung, wirst Teil der größten Wellen, türmst dich meterhoch und drohend auf, brichst an den Uferklippen, und schon saugt es dich wieder zurück in die Tiefen des Meeres zu einem neuen Anlauf, und so läufst du weiter Sturm gegen die Felsenburg mitten in deinem Reich – es gibt keinen Gedanken an Aufgeben – im Gegenteil, du hast deine Freude am eigenen Rauschen und Tosen, am Gischten und Überschlagen, an diesem nicht endenden Kampf spürst diese Lust im Augenblick – – – ohne Grund und Absicht läßt du deine Kraft und Gewalt spielen. – – – Und dann kommt dir auch noch das Luftreich mit deinen vertrauten Geistern zu Hilfe, die Sturmmächte blasen in deine Flut und steigern noch die Kraft deiner Wellen, meterhoch türmen sich deine Wasser – und du bist mitten darin – bist Wasser – und spürst dein Wesen durch und durch – erlebst, was es bedeutet, Wasser zu sein. – – – Und dann erkennst du plötzlich noch jemanden in den Fluten neben dir – einem alten Mann ähnlich, mit einem Dreispitz in der Hand, und er treibt seinerseits die Wellen an, als seien sie seine Heerscharen, und es sind seine Heere, denn es ist Neptun, der Herrscher des Wasserreiches. Wie ein Feldherr dirigiert er seine Scharen, ordnet sie immer wieder neu und feuert sie mit seinem Dreispitz an. In ihnen und in dir spürst du die ganze Macht und Bedeutung dieses Elementes Wasser. – Und du bist hier in deinem Element. – – – Und dann verliert ihr die Lust an eurem wüsten Spiel mit den Wellenbergen, und Neptun ruft deine Heerscharen zurück, und mit ihm tauchst du in die Tiefen des Meeres hinab. Ihr gleitet weiter und weiter abwärts, und der Gott des Meeres zeigt dir deine neue Welt. Es gibt da Landschaften wie auf der Erde, Berge und Täler, steile Gebirge und tiefe Abgründe und Schluchten, und statt der Luft und des Windes gibt es Strömungen – und du bist Teil von ihnen, läßt dich mühelos treiben durch diese Welt der Tiefe. Die eigenartigsten Tiere und Wesen begegnen dir – gefährlich ist dir keines von ihnen, denn du bist ja das Wasser selbst, das Element, in dem sie leben, und so kannst du ganz nahe an sie heran, und obwohl manche groß und gefährlich wirken, können und wollen sie dir doch nichts anhaben – du bist ja ihr Lebensraum – bist das Wasser. – – –

Dort erscheint ein riesenhaftes Tiefenwesen, wie du es noch nie gesehen hast – und auch dieses Monster bemerkt dich gar nicht – es ist, als hättest du eine Tarnkappe auf – – – du siehst und spürst alles, doch niemand kann dich wahrnehmen – außer dem Meeresgott Neptun, und der ist dir sehr gewogen, ja, wie ein alter Freund oder Vater begegnet er dir und führt dich noch weiter hinab. Die Meerestiere werden immer eigenartiger, je tiefer ihr kommt: Da gibt es mächtige Schlangen mit riesigen Leibern und Wasserdrachen, wie die Erde sie gar nicht kennt, und kleine nette Fische in bunten Farben und witzigen schnellen Bewegungen. – – – Von Neptun geleitet sinkst du tiefer und tiefer hinab – – – die Wassertiere wirken hier allmählich wieder freundlicher, und auch ihre Farben werden heller – und dann steht ihr vor dem Eingang eines wundervollen Wasserschlosses. Es ist aus gewaltigen Wasserfällen erbaut, mit Türmen aus Strudeln und starken Wirbeln – – – und ihr laßt euch von einer sanften Strömung geradewegs in den Thronsaal treiben – – – und da sind noch andere Wassergeister, wunderschöne Mädchen mit Fischschwänzen anstelle von Beinen – – – sie bewegen sich anmutig durch den Saal. Alle Wesen, die irgendwo im Wasserreich Rang und Namen haben, sind hier um ihren Gott versammelt: sensible silberhelle Nixen, die die flinken Bäche der Berge bewohnen, und wie ihre Heimat sind sie schmal und gewandt, und ihre Stimmen sind hell und sprudelnd, dabei auch lustig und verspielt. Wenn du dich ihnen näherst, ist es ein Gefühl wie in einem Gebirgsbach – und es macht dir Spaß, mit ihnen im klaren kalten Bergwasser zu spielen – – – ihr tanzt um die Steine herum, springt über Hindernisse wie die Forellen, die mit euch leben. – Du hast Teil an der Fröhlichkeit und teilst den Lebensmut der Nixen. – – – Das Leben kommt dir hier wie ein einziger Spaß vor – ein ewig dahinfließendes Fest, zu dessen Rhythmen ihr euch in den springlebendigen Fluten tummelt. – – – Allmählich wird euer Bach breiter, und so werden auch deine Begleiter, die Wassergeister, träger und größer, sie passen sich immer und in allem ihrem Element an, sind so anpassungsfähig wie das Wasser selbst, das ja um jedes

Hindernis herumfließen kann, sich jedem Weg bereitwillig anpaßt. – Und auch du veränderst dich – paßt dich mit ihnen der neuen Umwelt an – – und jetzt werdet ihr doch wieder schneller – wie die Strömung, die euch trägt – werdet schließlich reißend und stark – und du genießt die rasante Geschwindigkeit – und schneller und immer schneller treibt ihr über einen gewaltigen Felsvorsprung – und du beginnst zu fallen – ein herrliches Gefühl – ganz frei und leicht und ohne Grund – eine Wand aus Wasser, die in freiem Fall hinabstürzt – und du bist Teil davon – genießt den freien Fall – der Sturz scheint kein Ende zu nehmen – so tief und weit geht es hinab – und dann geht es auch da noch hinunter: Die Gewalt des langen Falls treibt dich tiefer und tiefer hinab ins Reich der Erde – zeitlose Wassergewalten haben die Erde ausgehöhlt und sich abgrundtief in sie eingegraben – und du sinkst hinab immer weiter und tiefer – bis du den Grund erreichst – und die noch immer wirkende Gewalt des Falls drückt dich auf den Grund – du aber öffnest dich auch für diese Welt des Grundes – und dringst in sie ein, wirst so zu einem Teil des Erdreiches – und spürst auch schon die Festigkeit und Beständigkeit dieses neuen Elementes in dir. – – – Es ist dunkel in dieser Welt – und doch kannst du alles wahrnehmen – erlebst wie in deinen Tiefen Kristalle wachsen und zu glitzernden, natürlichen Schätzen werden. Die Zeit verläuft ganz anders hier als noch im Wasserreich – das Fließen ist verschwunden – für die Tiefe der Erde spielt Zeit keine Rolle – oder vergeht sie nur unendlich langsam in dieser Tiefe? Wie dem auch sei – du kannst durch die Zeit wandern und so erleben, wie die Schätze der Erde reifen, all die Metalle, das edle Gold und Silber, aber auch das rote Eisen und graue Blei – und noch tiefer in deinem Bauch – spürst du Wärme – das vertraute Feuer der Erdmitte. – – – Weiter oben, dort, wo die Zeit schon wieder anfängt, sich etwas spürbarer zu bewegen, erlebst du, wie aus den Pflanzen, die vor uralten Zeiten untergegangen sind, das schwarze Öl der Erde reift – jenes Erdöl, das die Menschen so begierig suchen – Und du steigst noch höher hinauf – in die Wurzelwelt der lebenden Bäume und Pflanzen – hier vergeht Zeit fast schon so schnell wie in der Menschenwelt auf der Erde. Hier kannst du nun beobachten, wie Mutter Erde alles aus sich heraus wachsen läßt und auch alles wieder zu sich zurückholt, wenn die Zeit dafür gekommen ist. – Du erlebst, wie sie all die Pflanzen aus sich heraus nährt und ihren Wurzeln Heimat ist, und wie das Wasser die Pflanzen tränkt und der Wind sie dann dort oben, über der Erde, in seinen Armen wiegt und befruchtet – und wie ihnen das Sonnenfeuer Lebenskraft schickt. – – –

Du bist zufrieden mit deinem Streifzug durch die Welt der Elemente – – spürst, wie gut sie zusammenpassen, so wie sie gerade sind – und wie gut sie sich ergänzen – und du weißt jetzt, daß die Dinge, so wie sie sind, in Ordnung gehen – und überhaupt alles in Ordnung ist – so wie es ist – – und mit diesem beruhigenden Gefühl tauchst du wieder auf, nimmst einen tiefen bewußten Atemzug und kehrst zurück in deinen eigenen Körper, der auch aus diesen Elementen besteht und lebt. Du spürst die Festigkeit der Erde in dir – das Lodern des Feuers in deinem Herzen ebenso wie das Fließen des Wassers, aus dem du wie alle Menschen vor allem bestehst, und du vertraust deinem Atemwind, der dich durch dieses Leben trägt. – – Und so fängst du nun mit kleinen Bewegungen der Finger und Zehen an und läßt sie wachsen und größer werden bis zu einem richtigen Strecken und Räkeln und Dehnen und Gähnen, wenn dir danach ist, und dann erst öffnest du auch die äußeren Augen und orientierst dich wieder ganz bewußt – schaust dir an, wo du auf diese Reise gegangen bist und wieviel Zeit inzwischen vergangen ist.

MEDITATIONEN ZUR HEILUNG
VON KRANKHEITSBILDERN

Symptomverschiebung

Einführung

Hier liegt eine große Möglichkeit der geführten Meditation, die wie im allgemeinen Teil schon beschrieben, ihre Eignung als wirksames Therapeutikum und zur Unterstützung verschiedenster Therapieansätze vielfach bewiesen hat. Ihre Einsatzmöglichkeiten sind annähernd unbegrenzt, und ihre Chancen können höchstens durch eigene Zweifel und Skepsis reduziert werden. Es ist natürlich von großem Vorteil, die Methode einzuüben, bevor eine therapeutische Notwendigkeit besteht. Aber selbst im akuten Notfall kann sie durch ihre Einfachheit in kurzer Zeit bis zu guter Wirksamkeit entwickelt werden.

Da die Methode an sich wertfrei ist, läßt sie sich unabhängig von jeder Medizinphilosophie verwenden, was auch erhebliche Probleme in sich birgt. So erfährt sie heute häufig eine Anwendungsform, die gemessen am Meditationsanspruch als Mißbrauch zu werten ist. Hier sind all die Versuche gemeint, mit Hilfe von Suggestionen, Affirmationen und Techniken aus dem Dunstkreis des positiven Denkens Symptome zu unterdrücken. Das ist möglich, hat mit Meditation – wie alles allopathische Vorgehen – aber sicher nichts mehr zu tun.

Es sei damit auch gar nichts gegen positives Denken gesagt, außer daß es eben zur allopathischen Richtung gehört. Die Allopathie kann im akuten Fall sogar Leben retten, nur heilen kann sie nicht, da sie nicht auf Integration des Fehlenden setzt, sondern auf Unterdrückung der aus diesem Fehlen entstandenen Symptome. Die Unterdrückung eines allergischen Schocks mit Cortison kann das Leben erheblich verlängern, aber sie wird niemals die Allergie heilen – das bleibt einem homöopathischen Ansatz vorbehalten. Dieser kann das fehlende Prinzip ins Leben integrieren auf der Ebene bewußter Erkenntnis, wie

Durch Zweifel u. Skepsis reduziert

bei der Psychotherapie, oder auf der Informationsebene, wie
bei der klassischen Homöopathie. Beides sind aufwendige Ansätze, aber sie können dafür wirklich heilen, in dem Sinne, daß
sie die Patienten heiler, das heißt vollständiger machen. Schneller und auf den ersten Blick effizienter ist der allopathische
Ansatz. Will man einen Hautausschlag schnell und ohne Ei-
geneinsatz loswerden, empfiehlt sich Cortison-Salbe. Die Frage, die bleibt, ist nur, wo ist der tatsächlich schnell vertriebene
Ausschlag denn hin verschwunden? Aller Erfahrung nach
treibt man ihn mit Cortison tiefer in den Körper und die
Gefahr, daß er in anderem Gewand an anderer Stelle mit
derselben Botschaft wieder auftaucht, ist groß. Der Zusammenhang zwischen dem Kommunikationsorgan Haut und
dem Kommunikationsorgan Lunge ist hier so offensichtlich,
daß er auch Schulmedizinern aufgefallen ist, die ja im übrigen
auch in aller Ehrlichkeit den Ausdruck Symptomverschiebung
geprägt haben. Ob man nun mit Hilfe von Cortison oder
Affirmationen Krankheitserscheinungen von der Oberfläche
wegzaubert, ist prinzipiell egal. In beiden Fällen bedient man
sich des allopathischen Ansatzes. Meditation aber will nicht
unterdrücken, sondern im Gegenteil aufdecken und das Bewußtsein erweitern.

Anstatt der schnellen allopathischen Hilfe, bietet die Methode der geführten Meditation die Möglichkeit, an den eigenen
Symptomen bewußt zu wachsen. Hierzu liegen im Zusammenhang mit der esoterischen Medizin, wie sie in Büchern wie
»Krankheit als Weg« und »Krankheit als Sprache der Seele«
vertreten wird, weitreichende Erfahrungen vor. Bei diesem
Ansatz geht es darum, die Botschaften, die sich in allen Krank-
heitssymptomen verbergen, zu verstehen und von ihnen zu
lernen, auf welch geschickteren Ebenen die sich im Krankheitsbild auslebenden Prinzipien einlösen lassen. Hierzu eignen sich
die Ebenen der inneren Bilder besser als alle anderen.

Selbst bei Krankheitsbildern, die Meditationen scheinbar
unmöglich machen, wie etwa bei Schmerzproblemen, bringen
sie dann doch verblüffende Hilfe. Alle Symptome wollen zu

allererst einmal unsere Aufmerksamkeit. Diese allein kann schon bessern, wenn man an die banale Erfahrung denkt, daß leichte Zahnschmerzen ausgerechnet auf dem Zahnarztstuhl plötzlich verschwinden. Durch die Zuwendung, die sie durch den Zahnarztbesuch endlich bekommen haben, sind die Schmerzen so befriedigt, daß sie erst einmal wieder Ruhe geben. Schmerz ist immer ein Schrei nach Zuwendung und Hilfe. Zuwendung gewähren richtig verstandene, geführte Meditationen in idealer Weise. Sie räumen selbst dem Schmerz Raum ein und versuchen nicht, durch Tricks von ihm abzulenken. Ablenkung gelingt kurzfristig meist leicht, auf Dauer aber nie. Bei Krankheitsgeschehen ist fast immer die kurzfristig angenehmere Lösung auf die Dauer die problematischere, und das ist nicht einmal auf den medizinischen Bereich beschränkt.

Statt Tricks, die im Rahmen merkurialer Verwirrtaktiken durchaus ihren Platz haben, bewähren sich im Umgang mit Symptomen ehrliche Abmachungen. So ist es zum Beispiel sehr hilfreich, dem Schmerz beziehungsweise allgemein den Symptomen feste Zeiten im Rahmen der Meditation zuzugestehen, wo sie wirklich volle Aufmerksamkeit bekommen. Dafür kann man sich schmerzfreie Phasen im übrigen Alltagsleben im wahrsten Sinne des Wortes einhandeln. Ist darüber hinaus die Botschaft des Symptoms einmal verstanden und hat zu den notwendigen Konsequenzen geführt, werden sich die Symptome von selbst zurückbilden. Auch das ist ein faires Geschäft, da das Prinzip, das sich im Symptom auslebte, nun eine andere Existenzebene bekommen und einen eigenen Stellenwert erhalten hat. Die Betroffenen sind heiler und vollständiger geworden, ihr Bewußtsein ist weiter geworden, und der Sinn von Meditation ist erfüllt.

Durch die zwölfjährige Arbeit mit Krankheitsbilderdeutungen gibt es bereits eine Reihe erprobter Meditationskassetten zu verschiedenen Krankheitsbildern.[4] Bei der Heilungsarbeit an Krankheitsbildern ist es besonders wichtig, über längere Zeit beim Thema zu bleiben, und deshalb ist es naheliegend, sich eine eigene Kassette zu besprechen. Diese läßt sich aus den

Zahnschmerzen Zahnarzt usw

Ideen der folgenden allgemeinen oder auch aus Elementen früherer Meditationen aufbauen. Als günstig hat es sich erwiesen, mit einer vorgefertigten Kassette zum eigenen Thema zu beginnen und nach einer längeren Übungsphase dieses Programm zu einer individuellen Meditation auszubauen, die den eigenen Bedürfnissen noch besser entspricht.

1. Meditation
Tempel der Selbsterkenntnis

Leg dich bequem und entspannt hin mit ausgestreckten Beinen und seitlich liegenden Armen, und gib dir einen Moment / bewußter Entspannung, um ganz hier anzukommen, an diesem Platz in diesem Augenblick. Kontrolliere die Arme und Schultern und spanne sie einen kurzen Moment richtig an, um dann zu spüren, wie sie losgelassen in die Entspannung sinken – – spanne jetzt auch Beine und Füße fest an – – – und laß sie sehr bewußt zurück in die Unterlage und in die Entspannung gleiten – – – konzentriere dich jetzt auf die Brust- und Bauchmuskeln und setze sie ebenfalls unter Spannung, um im nächsten Augenblick auch hier die wohltuende Wirkung des Loslassens zu genießen – – – und nun spanne auch noch deine Becken- und Pomuskeln an, erlebe, wie sich dein Körper kurz hochhebt und du ihn wieder sinken und fallenlassen und so tiefer in die Entspannung gleiten kannst – – – und nun spanne zum Schluß auch noch dein Gesicht an und laß es genauso genüßlich zurücksinken in die Ruhe des Loslassens und Geschehenlassens, was von selbst geschieht, ist gut und angenehm breitet sich ein Gefühl von wohligem Nichtstun und Ausruhen aus der Tiefe mögen Bilder und Gedanken aufsteigen und dich begleiten, während du dich einfach diesem Augenblick hingibst. – – – Und da taucht jetzt aus solcher Tiefe das Bild einer Treppe auf, die hinunterführt in das Reich der inneren Bilder und Phantasien, der Schwingungen und

Träume – – und es ist eine besondere Treppe, deren Stufen den Stufen der Meditationstiefe entsprechend verschiedene Farben haben. So beginnt sie mit einem hellen Gelb, und sobald du dich auf den Weg machst und in diesen gelben Bereich kommst, spürst du, wie auch innerlich sich diese Schwingung auswirkt und du dich irgendwie gelb fühlst – – tatsächlich sind auch die Wände dieses Treppenhauses gelb, und du kannst vielleicht sogar spüren, wie dein Organismus von diesem Farbton aufnimmt, was er jetzt davon gebrauchen kann – – – und während du Stufe für Stufe tiefer sinkst, bemerkst du, wie das Gelb allmählich kräftiger und wärmer und etwas dunkler wird und sich allmählich zu Orange wandelt – und du spürst, wie innerlich alles ebenfalls orange wird, und dieser Farbton zu dir hereindringt und sich dort festsetzt, wo ein Bedürfnis nach Orange ist – – – du läßt es einfach geschehen, und vielleicht empfindest du es bereits jetzt als angenehm und wohltuend, während du fast unmerklich tiefer in die Entspannung gleitest – – – und dann feststellst, daß sich das Orange mit immer mehr Wärme verbindet und über rötliche Töne die Farbe der aufgehenden Sonne annimmt, und es besonders angenehm ist, diesen Farbton in dich aufzunehmen beim Hinabsteigen wird dir bewußt, wie sehr dir diese Stimmung und Farbe schon manchmal gefehlt hat, und wie schön es ist, sie jetzt in vollen Zügen aufzunehmen auf deinem Weg in die Entspannung geschieht hier wie von selbst wandeln sich die Farben, und nun umgibt dich bereits ein volles Rot und füllt jene Bereiche in dir, die diese Schwingung brauchen – – – es ist, als würde die Sonne langsam untergehen und die Farben allmählich zu dunkleren Rottönen wechseln – – – und schließlich mischen sich immer dunklere Töne in den Abstieg der Sonne und in deinen, und du nimmst auch diese nun schon ins Violette tendierenden Farben bereitwillig auf deinem Weg hinunter ist alles jetzt schon so leicht und ruhig, daß du die immer mehr ins Bläuliche gehenden beruhigenden Farbtöne geradezu genießen kannst und wohl schon spürst, wie sich ihnen auch dein Körper bereitwillig öffnet und einläßt, was er jetzt davon brauchen kann, während du in ein zunehmend dunkleres Blau hinabsteigst und dich davon einhüllen läßt – – – und auch offen bleibst, wenn sich noch dunkelgrüne Farbschwingungen dazumischen und den Stufen ein beinahe mystisches Gepräge verleihen und du die Tiefe der Meditation manchmal fast körperlich spüren kannst oder bald, während immer dunklere Grüntöne sich mit ebenso dunklem Blau zusammenfinden und ein tiefes Türkis entstehen lassen, das dich angenehm berührt auf diesem entspannenden Weg in die eigenen Tiefen stehen dir nun offen, und allmählich wird es immer dunkler, und eine samtene Schwärze kommt auf dich zu, oder kommst du auf sie zu? Es ist so gleichgültig in diesem Moment des Tiefersinkens und Eindringens in die Geheimnisse dieses tiefsten Innenraumes, in dem du nun angekommen bist oder gleich, in dem die Bilder der Seele und die Muster aller inneren Bilder zu Hause sind – wo Tiefersinken so leicht ist und Fallenlassen von selbst geschieht – wo Zeit und Raum immer unwichtiger werden und gestern, heute und morgen in eins zusammenfallen – wo du ganz einfach du selbst bist – Wesen in sich selbst versinkend – – –

Und hier in diesem Augenblick entwickelt sich vor deinem inneren Auge eine Landschaft, die gut zu dir paßt und mit jedem weiteren Gedanken deutlicher Gestalt annimmt – du schaust dir die Nähe an und die Ferne am Horizont, spürst die Atmosphäre, die hier herrscht, das Wetter und die Jahreszeit, und immer ist es dein erster Gedanke, der die Landschaft erweitert und vor deinem inneren Auge lebendiger werden läßt, und so taucht jetzt in der Ferne ein uralter Tempel auf, der dir vielleicht sogar schon irgendwie vertraut vorkommt von Reisen in die eigene Tiefe – ein einzigartiges Geräusch jedenfalls – und du gehst darauf zu und nimmst die Landschaft und diesen Weg bewußt in dich auf, so daß du dich jederzeit wirst daran erinnern können – – und wie du näher kommst, prägt sich dir ganz automatisch dieser eindrucksvolle Bau ein, über dessen Portal du nun schon fast die Inschrift entziffern kannst – und nun bist du schon so nahe, daß du lesen kannst: »Tempel der Selbsterkenntnis« – – – Du gehst direkt darauf zu und betrittst den Tempel mit der entsprechenden inneren Haltung, die sich ohne dein bewußtes Dazutun von selbst ergibt – – – in dem großen Innenraum machst du dir ein Bild von dieser Umgebung – – und während du so herumschaust, fällt dir eine Darstellung, ein Bild besonders auf, und irgendwie spürst du, daß es sich hier um ein für dich wichtiges Thema handelt, <u>auch wenn dir das jetzt vielleicht</u> <u>noch gar nicht so bewußt sein mag</u> schaust du es dir sehr genau an, und dabei prägt es sich dir tief ein, so daß dir irgendwann von innen heraus bewußt werden wird, was es damit auf sich hat – – – und dann gehst du ein wenig im Raum herum und wirst bald schon eine Tür ent-decken mit der Aufschrift: »Erkenne dich selbst.« – – – Du öffnest diese Tür und findest dich in einem kleineren Raum, in dessen Mitte ein bequemes Ruhebett steht. – – Geh darauf zu und nimm schon einmal Platz – und dabei fällt dir auf, daß hier alles genau auf dich zugeschnitten ist – diese besondere Ruhe-liege ist wie maßgeschneidert – und paßt sich deinem Körper vollkommen an, genauso, wie sich dein Körper der Unterlage bereitwillig anvertraut. – – – Dein etwas erhöht liegender Kopf kann in völliger Entspannung direkt auf eine große Leinwand schauen, die an der gegenüberliegenden Wand angebracht ist. Auf ihr liest du in großen Lettern die Worte: ». . . damit du Gott erkennst.« Das Motto des Saales »Erkenne dich selbst« findet hier ganz offenbar seine Ergänzung und Vertiefung und ver-sunken in diesen Gedanken, bemerkst du, wie nebenbei auch das Licht dieses Raums etwas zu der erhellenden und auf Erkenntnis gerichteten Atmosphäre beiträgt, ebenso unauffäl-lig wie der Duft jener Essenzen, die auf leichte und feine Art die Luft beleben und dich merklich erfrischen oder bald – – und als du jetzt deinen rechten Arm ein wenig bewegen willst, bemerkst du, wie direkt neben deiner Hand eine Art Schaltpult ist, wie du es in dieser Umgebung vielleicht gar nicht erwartet hättest, und doch nimmst du es in dieser tiefen Entspannung sehr gelassen hin – eine Entspannung, die dieser besondere Raum noch auf seine Weise fördert – – du bist an einem uralten

Ort gelandet, wo schon immer Selbsterkenntnis im Vordergrund stand und alles darauf hinzielt, und doch gibt es auch scheinbar sehr moderne Elemente wie dieses mit Knöpfen übersäte Schaltpult, und wie du an diesen scheinbaren Widerspruch denkst, dämmert dir, daß es sich hier um einen zeitlosen Ort der Erkenntnis handelt, an dem alle Möglichkeiten aller Zeiten zusammenkommen und zu dem einen Sinn beitragen: sich selbst zu erkennen, um schließlich das Göttliche in sich zu finden. – – – Eingebettet in diese Atmosphäre läßt du deine rechte Hand über das Schaltpult wandern und spürst vielleicht jetzt schon oder gleich, wie jeder der kleinen Knöpfe eine gewisse Wirkung auf deine leicht darüber schwebenden sensiblen Fingerspitzen hat. Und schließlich gibst du einem feinen Impuls nach und drückst einen der Knöpfe ganz leicht – eigentlich ist es mehr ein Antippen und schon verändert sich die große Leinwand – die Schrift verschwindet, und du erkennst eine überlebensgroße Darstellung deines eigenen Körpers – – – nimm dir Zeit, ihn in allen Einzelheiten zu betrachten, und du erkennst nun in dieser besonderen Darstellung, was hier an Problemen schon von außen sichtbar ist. Sobald du einen Problembereich ausmachst, kannst du deine Hand wieder über das Pult wandern lassen und den ersten oberen Knopf antippen, sofort wirst du neben dem Körper eine Lösung auftauchen sehen in Form eines Symbols oder einer Schrift, die dir Auskunft gibt, was dir dieses Thema nahebringen will. – 1 Minute – So kannst du einige der Problembereiche durchgehen und dir klarmachen, was jeweils dahintersteckt. Der ganze Körper von Kopf bis Fuß steht dieser Diagnostik offen, und du wirst bemerken, daß Konzentration auf die jeweiligen Bereiche die Erkenntnis noch vertieft. – – – Und wenn du auf dieser Ebene der äußeren Betrachtung nun ein Stück vorangekommen bist, kannst du dich noch tiefer in die Entspannung einlassen und deine Hand wieder über das Schaltpult schweben lassen und sie wird den richtigen Knopf finden, der dich eine Ebene tiefer blicken läßt und sobald du gedrückt hast, wird die Haut des Körpers durchsichtig und du kannst bis auf die Organebene blicken und dir von oben bis unten die Organe betrachten, wobei du auch ihre Funktion durchschauen kannst und wenn etwas nicht stimmt, wirst du es an Zeichen bemerken, die dir sofort einleuchten. Auch hier hast du wieder die Möglichkeit, zur Erhellung des Themas hinter einem etwaigen Organproblem den ersten oberen Knopf zu betätigen, und im selben Moment wird auf der Leinwand die Thematik in Worten oder Symbolen aufleuchten. – – So kannst du nun ganz oben beginnen und dir das Gehirn betrachten – – – und die Sinnesorgane des Kopfes – Augen – – Ohren – Nase – – rücken in den Mittelpunkt – – – im Halsbereich taucht wie ein Schmetterling vor dem Kehlkopf die Schilddrüse auf – – – und allmählich wandert das Interesse hinunter zu den Lungenflügeln, deren Auffalten im Einatem und ihr Einfalten mit dem Ausatem du genau erkennen kannst – – – und zwischen den Lungen das Herz, das deinen inneren Rhythmus in diesem und jenem Moment bestimmt. – – – Unter der rechten Lunge taucht die Leber auf, dieses große kompakte Organ, das für das rechte Maß der Dinge zuständig ist. – – – Und da ist gleich daneben der Magen – – – und in direkter Nähe die Bauchspeicheldrüse wie ein kleiner Kopf mit breitem Schwanz – – – an den Magen schließen sich die Dünndärme an, die wie ein schlangenförmiges Labyrinth wirken – – – und außen herum läuft das ausladende Rohr des Dickdarms – – – unterhalb des Brustkorbes siehst du von hinten die Nieren durchscheinen, kleine, rundliche rote Organe, die über das Gleichgewicht der Körpersäfte wachen – – – und ganz unten taucht die Blase auf, in die die Ausführungsgänge beider Nieren münden – – – neben der Blase erscheinen die Geschlechtsorgane – – und wo nun der ganze Körper für dich durchsichtig geworden ist, kannst du dir noch einen Moment nehmen, um herauszufinden, ob da noch irgendwo ein Problembereich auf der Organebene auftaucht – – – und sobald du eine Störung entdeckst, einen Bereich, wo etwas fehlt, wählst du den ersten oberen Knopf und läßt dir das jeweilige darin verborgene Thema aufscheinen. – – –

Und nach dieser Betrachtung läßt du dich noch eine Ebene

tiefer sinken in die <u>Entspannung</u> breitet sich noch weiter aus, und du läßt deine rechte Hand wieder über das Schaltpult schweben und folgst dem ersten Impuls deiner Finger, und sobald du drückst, verändert sich das Bild auch schon, und die Gefäßversorgung deines Körpers taucht auf, ein System von rötlichen Leitungen, das den ganzen Körper durchzieht und jedes Organ versorgt. Fast erinnert dich das Bild an ein Verkehrsnetz, und tatsächlich ist es etwas Ähnliches – – an der Dichte des Netzes erkennst du die Verkehrsknotenpunkte in der Nähe der Organe, aber auch in Armen und Füßen. – – – In diesem Netzwerk ist es nicht schwer, etwaige Staus und Blockaden auszumachen – – und du schaust dir genau an, welche Bereiche da unterversorgt sind und zuwenig Energie erhalten – – am deutlichsten kannst du es an der Farbe erkennen, die dann von rot nach blau tendiert und statt Wärme eher Kühle ausdrückt. – – – Auch hier hast du wieder Gelegenheit, mit dem ersten oberen Diagnoseknopf herauszufinden, welche Thematik hinter diesem Problem steckt.

Und auch jetzt ist es noch möglich, tiefer zu gehen und sich noch weiter sinken zu lassen, und du sinkst tiefer in die Entspannung und läßt wieder deine rechte Hand über das Schaltpult gleiten, und sobald du den Knopf gefunden hast, der dich jetzt am meisten anzieht, taucht vor deinem inneren Auge auf der Leinwand das System der Energie auf – <u>jenes Energiebahnsystem, das die Chinesen und die Inder kennen und das natürlich auch in deinem Organismus existiert</u> wird sogleich deutlich und läßt dich ein unaufhörliches Fließen und Strömen erkennen – und bei so intensiver Betrachtung auch spüren – – – und allmählich entdeckst du auch auf dieser Ebene, wo die Harmonie des Energieflusses gestört ist, in welchen Bereichen Energie fehlt und wo Überschuß herrscht und stört – – – und auch hier hast du die Möglichkeit, mit dem ersten oberen Knopf das Thema hinter solchen Versorgungsengpässen aufscheinen zu lassen. – – – Allmählich mag dir schon ein Zusammenhang zwischen den bisher aufgetauchten Problemen dämmern, aber du hast nun die Gelegenheit, auf eine noch sensi-

209

blere Ebene zu gehen und mit Hilfe eines weiteren Knopf-
druckes das Strahlungsfeld deines Körpers wahrzunehmen –
deine Ausstrahlung also – du kannst sie in Form von Farben
erkennen, die deinen Körper umgeben und jedes seiner Organe. Und auch hier kannst du leicht alle Disharmonien und
Störungen ausmachen, und der vertraute Diagnoseknopf kann
dir deren Hintergrund erhellen. – – – Auf dieser Ebene kannst
du auch all das erkennen, was du bisher nicht an dir gemocht
hast. Farbe und Ausstrahlung jener Bereiche, die du bisher
abgelehnt hast, werden schwächer und irgendwie dürftig erscheinen, und tatsächlich bedürfen sie ja auch vermehrt deiner
Aufmerksamkeit und Zuwendung. – – Du prägst dir jetzt diese
Bereiche besonders ein und wirst auch von den anderen be-
trachteten Ebenen nichts vergessen – – im Gegenteil, wenn du
diese Erfahrungen aufschreibst oder malst, wird dir sogar noch
mehr dazu einfallen, und es werden dir noch viele Zusammenhänge zu deinem Leben klarwerden. Jetzt aber erinnerst du
dich an alle gemachten Erfahrungen und vergegenwärtigst dir
noch einmal die verschiedenen Probleme, wie sie sich auf der
Leinwand dargestellt haben und stellst dir vor, daß du sie alle
zusammen und gleichzeitig auf die Leinwand produzierst –
dazu läßt du wieder deine Hand über das Schaltpult schweben
und drückst den Knopf, der sich jetzt als erster anbietet – – –
sofort wird eine Mischung aller Problembereiche auftauchen,
und du erkennst sofort, in welcher Körperregion der Schwerpunkt deiner Probleme liegt – im Oberkörper, der eher dem
männlichen Prinzip entspricht oder im eher weiblichen Unterleib – – mehr auf der linken, wiederum weiblichen Seite oder
auf der mehr männlichen rechten? – – – Und jetzt erkennst du
in dieser Darstellung auch viel leichter, was das Gemeinsame
all dieser Probleme ist. – – – Und auch hier hast du wiederum
die Möglichkeit, mit dem oberen ersten Diagnoseknopf auf die
dahinterliegende Thematik zu kommen – dies mag dir in
symbolischer Form oder ganz konkret in einem Bild oder sogar
als Schrift erscheinen – konzentriere dich auf die Möglichkeit,
die dir am meisten zusagt und tippe dann auf den Knopf – im

selben Moment wirst du dein Ergebnis haben – und selbst wenn du es auf Anhieb noch gar nicht in seiner ganzen Tiefe durchschaust, wird es dir mit der Zeit immer klarer und deutlicher werden. – 1 Minute –

Und ganz allmählich und ohne irgend etwas von den gemachten Erfahrungen zu vergessen, bereitest du dich wieder auf die Rückkehr vor – – erhebst dich in aller Ruhe von diesem Liegebett im Saal der Selbsterkenntnis und verläßt ihn in deiner Zeit – trittst hinaus in den großen Innenraum des Tempels und wirfst noch einmal einen Blick in die Runde – erkennst auch sofort wieder jene Darstellung, das Bild, das dir schon beim Eintreten bedeutsam erschienen ist, und vielleicht wird es dir jetzt noch klarer, während du den Tempel in dem Bewußtsein verläßt, jederzeit zurückkehren zu können, um deine bisherigen Erkenntnisse beliebig zu vertiefen. Jetzt aber löst du dich wieder von allen Bildern, machst einen tiefen Atemzug, mit dem du bewußt in die Welt der Gegensätze zurückkehrst und fängst mit kleinen Bewegungen der Hände und Zehen an, die sich ausweiten und zu einem Dehnen und Strecken werden können, wenn dir danach ist. Jedenfalls öffnest du erst, nachdem du deinen Körper wieder ganz bewußt in Besitz genommen hast, die Augen und orientierst dich in Raum und Zeit.

Nachtrag:
Natürlich ist es sinnvoll, das Tempo der Meditation dem jeweiligen Menschen weitgehend anzupassen. Wenn bestimmte Probleme bereits bekannt sind, empfiehlt es sich, bei diesen Bereichen etwas länger zu verweilen. Häufig läßt sich auch am Gesichtsausdruck und der darin zum Ausdruck kommenden Spannung ablesen, wie sehr ein bestimmtes Thema den Meditierenden in Anspruch nimmt. In solchen Fällen läßt man sich beim Sprechen ganz von ihm leiten.

Die folgende Meditation schließt sich günstig an die Reise zur Selbsterkenntnis an, da die Diagnostik sinnvollerweise der Therapie vorausgeht.

2. Meditation
Tempel der Selbstverwirklichung

Leg dich bequem und entspannt hin, die Beine ausgestreckt, die Arme seitlich vom Körper und laß es dir in diesem Moment so gut gehen, wie jetzt gerade möglich und gönne dir diesen Augenblick, um wirklich hier anzukommen, spüre deinen Körper auf der Unterlage und gib mit dem nächsten Atemzug noch bewußter dein ganzes Gewicht an die Unterlage ab – so daß Loslassen so selbstverständlich wird wie Ausatmen und beides sich in jedem Moment harmonisch verbindet – während du unmerklich oder schon sehr bewußt tiefer sinken kannst und Fallenlassen anfängt, dir Spaß zu machen – in diesem Augenblick, wo du bereits jetzt schon oder gleich immer offener werden kannst für die Schwingungen der Musik begleiten dich wie die Worte und die sanften Atemzüge führen dich ganz von selbst immer tiefer in das Reich der inneren Bilder und Träume, Phantasien und Töne – und du kannst es vielleicht schon genießen, einfach dazuliegen, nichts zu wollen und nichts zu sollen – einfach geschehen zu lassen was von selbst geschieht ist gut und willkommen auf dieser Ebene der Entspannung geschieht ebenfalls von selbst und auch alles, was nicht von selbst geschieht, ist genauso gut und entspannend – einfach loslassen und fallenlassen – loslassen von allen Vorstellungen und Alltagssorgen werden immer unwichtiger – und so wird es noch leichter, sich der Unterlage anzuVertrauen und der ganzen Situation, die dich sanft trägt und es dir so einfach macht, dich diesem Augenblick mit seiner Musik und seinen Schwingungen hinzugeben – einfach da sein und sich spüren – Wesen in sich ruhend – und nach innen gleiten ist so leicht und angenehm führt dich der sanfte Ausatem weiter und tiefer bis in jenen Bereich, wo du vielleicht jetzt schon oder gleich wieder die Landschaft auftauchen siehst, die dir schon vertraut ist oder die jetzt gerade erst ganz neu auftaucht, in der du dich jedenfalls wohl fühlen kannst, während du immer noch tiefer sinkst, tauchen jetzt die Bilder dieser Landschaft immer klarer auf und werden deutlicher, und so kannst du erkennen, was hier wächst, wenn etwas wächst – in der Nähe – und in der Ferne – welches Wetter hier heute herrscht und welche Jahres- und welche Tageszeit gerade ist – und du bist dann selbst wieder in dieser Landschaft unterwegs, prägst dir alles genau ein und bist offen für neue Erfahrungen auf dem Weg zu dir selbst geht es immer weiter, und die Bilder der Landschaft begleiten dich, und so wirst du schon bald einen dir irgendwie vertraut erscheinenden Tempel auftauchen sehen, der dich anzieht und auf den du in ruhigen aber zügigen Schritten zugehst. – – – – Über dem Portal des Tempels kannst du gleich die Inschrift erkennen, »Tempel der Selbstverwirklichung«, und du gehst geradewegs darauf zu und betrittst den Hauptraum des Tempels – – – innen prägst du dir alles gut ein, so daß du dich bei späteren Besuchen immer wieder mühelos zurechtfinden kannst – jetzt aber suchst du dir im Hauptraum die Tür mit der Aufschrift »Saal der Heilung« und öffnest sie. Du landest in einem großen Raum, der an seinen Seiten wiederum verschiedene Türen hat, und wie du dich noch so umsiehst, kommt ein Tempeldiener auf dich zu und erklärt dir, daß du zuerst einige rituelle Vorbereitungen absolvieren mußt. Daraufhin bringt er dich zu einer der Türen mit der Aufschrift »Saal der körperlichen Reinigung«. – – Kaum hast du den Raum betreten, wirst du auch schon in Empfang genommen, so als wärst du erwartet worden, und du läßt einfach alles über dich ergehen und genießt es sogar, so umsorgt zu werden. Die ganze Betreuung läßt dich keinen Moment an der Kompetenz der Helfer zweifeln, im Gegenteil, du gibst dich immer mehr in die einzelnen Übungen und Rituale der Reinigung hinein und begleitest sie bewußt in Gedanken. – – – So erlebst du etwa bei Waschungen auch innerlich die reinigende Kraft des Wassers und spürst, wie sie alle möglichen äußeren und inneren Verunreinigungen wegspült. – 1 Minute – Und wo du unter der reinigenden Kraft des Feuerelementes schwitzt, erlebst du, wie mit dem Schweiß Schlacken und Abfälle herauskommen und du mit Lust loslas-

sen kannst, was jetzt loszuwerden ist an Überflüssigem. –
1 Minute – Und wo du Massagen bekommst, spürst du auch
hierbei, wie sich bis in die Tiefe des Gewebes Verhärtungen
unter den einfühlsamen Händen lösen und wieder Lebendigkeit einfließt, und es mag gut sein, daß du noch nie eine so
tiefgründige und doch sensible Behandlung erhalten hast, und
so ist es leicht, diesen Teil besonders zu genießen – – – du
spürst, wie Muskeln und Bindegewebe geradezu aufatmen
unter den wissenden Händen – – – und dann ist dir, als würdest
du an verschiedenen Körperregionen zugleich behandelt, und
tatsächlich ist es so – du verlierst ein wenig den Überblick –
bemerkst aber, daß das Loslassen so noch einfacher ist, jetzt, wo
du das Geschehen überhaupt nicht mehr kontrollieren kannst
und zugleich weißt, daß du in besten Händen bist. – 1 Minute
– Und nach soviel Umsorgtwerden mag es direkt schwer werden, sich davon wieder zu lösen, und doch wirst du den Saal der
körperlichen Reinigung nun gleich verlassen, und man bringt
dich zum nächsten Raum, dem »Saal der seelischen Reinigung«. Nach den guten Erfahrungen im ersten Saal betrittst du
diesen zweiten schon mit mehr Zutrauen, auch wenn du noch
keine Ahnung hast, was dich hier erwartet, und tatsächlich
wird es bei jedem Besuch etwas ganz anderes sein. Alle Rituale,
die hier geschehen werden und sich ganz von selbst aus dir und
deinen eigenen Gedanken entwickeln, leben vor allem von
deiner Bewußtheit. Alles ist hier weniger körperlich und doch
noch tiefergehend und berührt dich seltsam weit innen – auch
wenn es äußerlich nur einfache Übungen sein mögen – vielleicht gehst du durch ein Ritual, das deine ganze aufgestaute
Traurigkeit herausholt und in Tränen oder über andere Wege
herausspült, was da besser abgelassen werden sollte – 1 Minute
– und dann mag sein, daß ein anderes Ritual dein aufgestautes
Lachen befreit und du ihm erlauben kannst, anfangs sanft
herauszuperlen und sich dann in richtigen Lachsalven zu entladen – 1 Minute – und so können sich auch andere Gefühle
und Emotionen melden und innerhalb von Übungen Erlösung
finden. Was auch immer geschieht, du bist bewußt dabei und

aufgestautes Lachen wird befreit

zie Dich ins Zentrum
die Energie von allen zugleich erreicht

magst vielleicht jetzt schon oder bald die Erleichterung spüren,
die mit den seelischen Reinigungsprozeduren einhergeht. – 30
Sekunden – Und dann teilen dir die Helfer des Tempels mit,
daß auch dieser Teil für den Augenblick genügt und du dich
zum Weitergehen vorbereiten möchtest. Und so gelangt ihr an
eine weitere Tür, die diesmal die Aufschrift »Saal der geistigen
Reinigung« trägt. Du begibst dich vertrauensvoll und bewußt
auch in diesen Teil der Vorbereitung und magst Dinge erleben,
die du gar nicht immer verstehen mußt, um ihre reinigenden
Wirkungen zu spüren – – – vielleicht gewinnst du hier aber
auch schon ein Gefühl für die Wirkung von Ritualen, wo die
Form einen ganz bestimmten Inhalt mit sich bringt und eigentlich auch schon in sich trägt. – Da mag es eine Übung geben,
wo du allein in der Mitte bist und um dich herum ein Kreis von
meditierenden Menschen, und du spürst, wie dich im Zentrum
die Energie von allen zugleich erreicht, und deine innere Lebensenergie dabei auf unerklärliche aber deutlich spürbare
Weise gereinigt wird – oder ähnliche Rituale. – 1 Minute – Und
dann ist es auch schon Zeit, diesen Raum wieder zu verlassen,
und man bringt dich vor einen Raum, der offenbar sehr wichtig
im Tempel der Selbstverwirklichung ist, denn die Atmosphäre
bekommt eine besondere Qualität, und dir wird die Bedeutung
des Augenblicks sehr intensiv bewußt. Die Aufschrift lautet
hier: »Saal der Therapie«. Das klingt dir vertraut und ein wenig
wie gewohnt, doch wenn du den Raum jetzt betrittst, spürst du,
daß es sehr wohl ein besonderer Ort ist und hier wirklich alle
Therapiemöglichkeiten gegeben sind: uralte Heilverfahren, die
sich durch die Zeiten an diesem besonderen Ort erhalten haben
ebenso wie solche, die für uns heutige Menschen noch hinter
dem Schleier der Zeit verborgen sind und erst in der Zukunft
entdeckt werden, hier aber längst zur Verfügung stehen – und
allmählich dämmert dir, daß dieser besondere Ort außerhalb
von Zeit und Raum liegt und damit auch frei ist von allen
möglichen Beschränkungen. – Einen Moment genießt du einfach die Fülle dieser Möglichkeiten. Alle Behandlungen aus
dem Bereich der Elemente können hier angewandt werden, von

heilender Erde über besondere Heilwässer zu Luftkuren und Feuerritualen, Edelsteine aller Größen und von höchster Reinheit stehen für entsprechende Schwingungstherapien ebenso zur Verfügung wie die seltensten Metalle. – – Farb- und Lichtbehandlungen sind möglich, und alle Arten von energetischen Strahlen stehen zur Verfügung auf einem Niveau, von dem wir heute erst träumen können. Licht- und Laserstrahlen, die fehlende Informationen an jeden beliebigen Ort des Organismus transportieren können und Magnetfelder, die Heilungen beschleunigen und überhaupt erst ermöglichen. Und dann auch alle Arten von Schwingungsfeldern und Felder, die ohne alle Materie und sogar ohne Energie wirken und in der Lage sind, aus der Harmonie geratene Bereiche wieder umzustimmen, sozusagen durch die Ansteckung mit der heilen, der ganzen Information – sie vermitteln ansteckende Gesundheit. – – Es gibt dann auch die Möglichkeit, einen uralten und über seiner Arbeit weise gewordenen Homöopathen aufzusuchen, der das richtige Mittel aus deinem Gesichtsausdruck und deiner Ausstrahlung lesen kann und es dir anschließend gleich hier auf dieser Ebene und in der richtigen Potenz verabreicht. – – Und du kannst dich einem Geistheiler anvertrauen, der über seine Hände ein Feld heilender Schwingung in dir aufbaut, das du im selben Moment spüren wirst, und das du danach allerdings mit deiner eigenen Energie aufrechterhalten mußt. – – Und du kannst weitergehen und dir von einem alten Alchimisten ein Arkanum verabreichen lassen, das dir sogar die fehlende notwendige Energie vermitteln wird. Du kannst diese Energie aber auch über ein Gerät aufnehmen, das deine eigene Energie über zwei Handelektroden mißt und dir dann die fehlende Energie durch dieselben Elektroden zufließen läßt. – – Egal, welche dieser vielen Möglichkeiten du wählst, jetzt oder zu irgendeiner kommenden Zeit, immer ist Voraussetzung, daß du dir klarmachst, daß dir etwas fehlt, und du unheil bist und Hilfe brauchst. Heilung ist so viel mehr als ein mechanischer Prozeß – das wird dir an diesem Ort besonders bewußt. – – Innere Bereitschaft zu Heilung und Selbsterkenntnis ist Vorausset-

ansteckende Gesundheit

zung, und du horchst in dich hinein, wie weit du damit bist und
fragst dich dann auch gleich, wie bereit du dich fühlst, ganz zu
werden und aus deinen Fehlern das Fehlende zu lernen und in
dein Leben zu integrieren – jetzt, wo die Möglichkeit so greifbar nahe ist. – – – Und es mag sein, daß dir gerade jetzt in
diesem Tempel der Selbstverwirklichung die Erkenntnis
wächst, was dein Hauptproblem ist und wo der wesentliche
Fehler liegt, und du nimmst einfach den ersten Gedanken an,
der sich da jetzt aus der eigenen Tiefe in dein Bewußtsein
schleicht. – – – Und laß das Thema sich ruhig noch etwas
vertiefen, denn du wirst es im Kopf haben müssen, wenn du
dich jetzt zu der zu dir passenden Therapie begibst, und nicht
nur im Kopf – – – spüre jetzt auch, wie sich dieses Thema in
deinem Herzen anfühlt, und du brauchst es dafür nur in
deinem Herzen zu denken, das heißt, du denkst einfach an dein
Herz und an das Fehlende und erlebst, wie stimmig sich deine
Lösung anfühlt – – – und jetzt wiederholst du das Ganze und
denkst mit deinem Bauch an dein Thema. – 30 Sekunden – Und
solcherart vorbereitet, kannst du dich für die jetzt angemessene
Therapiemethode entscheiden und dir die notwendige Zeit
nehmen, die entsprechende Therapie bis in die Tiefe durchzuerleben. – 3 Minuten –

Und dann ganz allmählich kommt deine Therapiesitzung zu
ihrem Ende, und du löst dich langsam und in der für dich
angemessenen Zeit – – – und verläßt dann diesen Saal der
Therapie in der Gewißheit, daß du jederzeit zurückkehren
kannst und weitere Schritte auf dem Weg zur Ganzheit, zu
deiner Selbstverwirklichung unternehmen kannst – – – und so
kehrst du zurück in den Tempelhauptraum – wirfst noch einmal einen orientierenden Blick in die Runde – bedankst dich
für die erhaltenen Möglichkeiten in der dir jetzt in diesem
Moment entsprechenden Form – – – und verläßt anschließend
den Tempel in dem Wissen, daß du ihn jederzeit wiederfinden
wirst, wenn dir danach ist. Jetzt ziehen sich die Bilder zurück –
ohne daß du irgendeine deiner gemachten Erfahrungen vergessen wirst – und verschwinden mit den Tönen der Musik im

217

Hintergrund, während du mit einem tiefen und bewußten Atemzug in diese polare Welt zurückkehrst und dich mit Ein- und Ausatem wieder bewußt ihren Gesetzen unterstellst – dann fängst du mit kleinen Bewegungen der Finger und Zehen an, die sich zu einem richtigen Strecken und Räkeln auswachsen können, wenn du das jetzt magst, und dann erst öffnest du die Augen und orientierst dich wieder bewußt an dem Ort, wo du diese Meditation begonnen hast und in der Zeit, und machst dir klar, wieviel davon nach äußerer Zeitrechnung inzwischen vergangen ist.

MEDITATIONSZYKLUS
MIKROKOSMOS MENSCH –
MAKROKOSMOS ERDE

Einführung

Bei diesen Meditationen handelt es sich um eine Folge von sechzehn geführten Meditationen, die aufeinander aufbauen und dem Ziel dienen, sich mit den Bedürfnissen der eigenen körperlichen Organe und den mit ihnen verbundenen seelischen Themen auseinanderzusetzen. Zugleich wird der Bogen geschlagen zu den Entsprechungen im Makrokosmos, so daß der ganze Zyklus ein Programm zur Aussöhnung mit dem Leben und seinen Anforderungen in dieser Welt darstellt.

Die einzelnen Organ- und Seelenbezüge können natürlich auch außerhalb des Zyklus in dem schon erwähnten Baukastensystem benutzt und in andere Zusammenhänge gebracht werden. So ist es zum Beispiel sehr sinnvoll, wenn ein bestimmtes Krankheitssymptom bearbeitet werden soll, auch dem Organ, an dem sich das Drama abspielt und dem seelischen Thema, mit dem es in Zusammenhang steht Beachtung zu schenken. Selbst die Ebene, auf der sich diese urprinzipielle Thematik im Makrokosmos zeigt, kann den persönlichen Zusammenhang erhellen helfen.

Der eigentliche Zweck dieses aufeinander aufbauenden Programms ist aber, eine Möglichkeit zu schaffen, von Stufe zu Stufe tiefer zu gelangen in die inneren Welten und die dort herrschende Ordnung zu erkennen. Der Bezug zwischen Körper, Seele und Welt läßt sich so ohne intellektuelle Anstrengung vertiefen.[5]

Am idealsten ist es, sich für ein solches Programm eine auch äußerlich zusammenhängende Zeit zu schaffen, wo man sich innerem Erleben hingibt, vielleicht im Zusammenhang mit einer Fastenzeit in einer naturnahen Umgebung. Fasten[6] als ein

Bezug Körper Seele Welt vertiefen

auf den weibl. Pol des Wesens

Therapieansatz, der sich wesentlich auf den weiblichen Pol des eigenen Wesens stützt, fördert ganz natürlicherweise die innere Einkehr und erleichtert so auch den Zugang zu meditativen Welten. Aber auch jede andere Form von Kur oder Kururlaub könnte durch dieses Programm zu einem Erlebnis für Körper, Seele und Geist werden. Wenn zum Beispiel lediglich die vorne beschriebene Ohrmassage zum Auftauchen regelmäßig den Schluß bildet, wird bereits diese kleine Übung einen deutlich spürbaren regenerierenden Effekt für den Körper entfalten.

Ein weiterer Vorteil eines solchen Meditationszyklus ist die Sicherheit, die im Umgang mit den jeweiligen inneren Strukturen entsteht. Der Tempel, in dem alle Reisen beginnen, ist eine ideale Möglichkeit auch zur Lösung anderer als der im Programm angesprochenen Problemkreise. So wie es zu verschiedenen vorgegebenen Themen hier Eingangstüren gibt, kann man sich natürlich zu jedem beliebigen Problem eine Eingangstür imaginieren und sich so seelischen Zugang zu ansonsten schwerer zugänglichen Bereichen schaffen. Im Anschluß an die eigentlichen Meditationen sind häufig noch Aufgaben angedeutet beziehungsweise wird schon auf weitere zum Thema passende Türen hingewiesen. Dieses offene Ende der Meditation ist für geübte Meditierende meist angenehm und nutzt den geschaffenen Tranceraum noch weiter aus. Hier ergibt sich zwanglos der Übergang von der geführten zur freien Bildermeditation, die für viele Meditierende nach einer längeren Übungsphase mit vorgegebenen Bildern die Zukunft darstellen könnte.[7]

Es hat, wie eingangs schon angedeutet, durchaus Vorteile, immer denselben Tempel zu benutzen und ihn höchstens im Innern den jeweiligen Bedürfnissen anzupassen. Solch ein inneres Haus der Erkenntnis kann ähnliche Sicherheit wie ein äußeres Haus gewähren, ja letzten Endes ist es sogar noch wichtiger, innen ein Zuhause zu haben als außen. Wobei das innere Zuhause die Schaffung eines äußeren weniger wichtig machen kann und seine konkrete Verwirklichung gerade dadurch erleichtern wird.

Einen inneren Heilungstempel zu haben ist mit Sicherheit
bekömmlicher als sich auf äußere Krankenhäuser zu verlassen.
Deren enorme Leistungen in manchen Bereichen sind unbe-
stritten, und doch ist es gerade der innere Tempel, der die
Notwendigkeit äußerer Eingriffe überflüssig machen kann.
Spätestens seit Paracelsus wissen wir, daß der innere Arzt, der
in den Tiefen der eigenen Seele lebt, jedem äußeren weit
überlegen ist. Und dabei schließt ein intensiver Kontakt zum
inneren Arzt ja die Möglichkeit nicht aus, auch noch einen
äußeren hinzuziehen. Selbst dann ist es von großem Vorteil,
wenn der innere Arzt schon vorher hinzugezogen wurde, denn
im Gegensatz zu all den modernen Ärzten hat er unbegrenzt
Zeit und kümmert sich vor allem auch um Seelisches.

Hinzu kommt, daß man im inneren Tempel räumliche und
zeitliche Möglichkeiten hat, die in der äußeren Welt gar nicht
oder nicht so leicht gegeben sind. Selbst wenn es darum geht,
einen äußeren Meditationsplatz zu schaffen, wäre es sinnvoll,
zuerst einmal innen zu schauen, was einem dabei persönlich
entspricht, was wichtig und was unverzichtbar ist.

In diesem Programm wurde auf die früher beschriebenen
Tricks zur Entspannungserleichterung weitgehend verzichtet,
so daß die Texte auch von weniger geübten Sprechern leicht
benutzt werden können. Die inhaltlichen Programme sind
aber ebensogut mit solchen Hilfen zu kombinieren. Die Pausen sind jeweils nur durch Gedankenstriche angedeutet und
sollten dem individuellen Bedürfnis des Meditierenden ange-
paßt werden.

So wie wir uns bestimmte äußere Dinge durch Regelmäßig-
keit verdienen, ein äußeres Haus zum Beispiel durch regelmäßige Arbeit, so können wir uns auch ein inneres nur durch
regelmäßige Besuche erschaffen. Hierbei haben wir zusätzlich
den Vorteil, daß diese Art von »Arbeit« Spaß macht und mit
Sicherheit dazu führt, daß dieser Tempel zu unserem Eigentum
wird. In der äußeren Welt können wir ein Haus durch intensives und regelmäßiges Bewohnen durchaus nicht zu unserem
eigenen machen; es mag jemandem gehören, der in Wirklich-

221

keit noch nie in diesem Haus gewohnt hat. Solche Unstimmigkeiten sind in der inneren Welt ganz undenkbar.

Zur Benützung des sechzehnteiligen Meditationszyklus ist
anzumerken, daß auch andere der anfangs angeführten Einleitungen genauso in Frage kommen, und hier ein beliebiger
Austausch im Sinne des eigenen Geschmacks durchaus anzu-
raten ist. Dann aber empfiehlt es sich, bei der einmal gewählten
Methode zu bleiben und sie bei wiederholten Meditationen
ähnlich abzukürzen, wie das bei der hier gewählten Entspan-
nungsart gemacht wurde. Genauso sollte man auch bei der
einmal gewählten Musik bleiben – jedenfalls, was die Einleitung und Entspannung angeht. Gleiches gilt für Räucherstäbchen und überhaupt die ganze äußere Situation.

1. Meditation
Reise in die Welt

Leg dich flach und bequem auf den Rücken – räkel und streck
dich noch einmal richtig – atme auch einmal tief durch – und
laß dich dann allmählich zur Ruhe kommen – die Beine liegen
nebeneinander – die Arme locker seitlich vom Körper, und du
spürst den Platz, an dem du liegst – spürst dich an diesem Platz,
an dem du deinen Körper der Unterlage anVertrauen kannst
und dich der Situation, fühlst den Untergrund, der dich trägt
und läßt dich tragen. Es ist so gleichgültig, wie du dich entspannst und die Reise nach innen beginnst, und sie hat schon
begonnen – in dem Augenblick, wo du dich hingelegt hast oder
gerade eben, als du die Augenlider geschlossen hast oder gleich,
wenn nun alles weitere innen geschieht und die äußeren Augen sich ausruhen können – wie überhaupt der ganze Körper,
der immer tiefer in die Unterlage sinkt – mit jedem Ausatmen
ein wenig tiefer. – Du spürst, wie dich das eigene Gewicht
weiter sinken läßt und wie die breite Fläche des Rückens den
Oberkörper trägt. Und du fühlst den Punkt, wo der Hinterkopf

den Untergrund berührt – wo das Gewicht des ganzen Kopfes zusammenkommt, und bist froh, den Kopf für einige Zeit loslassen und ausruhen zu können – mit all seinen Gedanken und Vorstellungen, die kommen und gehen, wie die Töne der Musik und wie meine Worte, die dich begleiten und führen – immer tiefer in die Entspannung – jetzt oder gleich – spürst du auch die kräftigen Gesäßmuskeln, die das Gewicht des Unterleibes tragen – und so gibst du auch dein Becken einfach ab an die Unterlage – läßt es sinken – genau wie die Beine – spürst die Muskeln in Oberschenkeln und Waden weicher und dadurch breiter werden und sich dem Untergrund anvertrauen und gehst mit deinem Bewußtsein zu dem Punkt, wo die Fersen den Boden berühren und das Gewicht der Füße tragen, die jetzt ausruhen dürfen von so vielen Reisen – während du immer weiter und tiefer auf der inneren Reise vordringst. Dein eigener Atem begleitet dich – sein Kommen und Gehen sind wie Schritte auf dem Weg in die inneren Reiche der Gedanken und Bilder, der Vorstellungen und Träume. Mit jedem Ausatmen läßt du noch mehr los – und sinkst weiter hinab. – Und jedes Einatmen macht dich ein wenig leichter und freier – jetzt oder gleich – und die Töne kommen und gehen wie die Worte – und alles führt nach innen in die eigene Mitte – das Reich der freien Phantasien und der lebendigen Märchen – das Land der Gefühle und Empfindungen und auch der inneren Wahrnehmungen. Und tatsächlich spürst du deinen Körper jetzt wie von innen heraus – nimmst etwa deine Augen wahr – die Augäpfel – wie sie in ihren Höhlen liegen – von den geschlossenen Lidern sanft bedeckt. Es ist weder ganz dunkel, noch ist es hell – die Augäpfel sind einfach entspannt – und mit ihnen lassen all die umliegenden Muskeln los und entspannen sich. Auf der gegenüberliegenden Seite des Kopfes – dort, wo der Hinterkopf die Unterlage berührt, antworten die Muskeln mit entsprechendem Loslassen – und der ganze Kopf sinkt noch ein wenig tiefer. Die Aufmerksamkeit kommt nun wieder nach vorne – und die Mundpartie wird bewußt – die Lippen und Wangen – und das Innere des Mundes – der ganze Unterkiefer – und auch hier lassen die Muskeln los – und Entspannung macht sich breit – ja, breitet sich über das ganze Gesicht aus – bis zur Stirn hinauf. Und es kann gut sein, daß dabei kleine, kaum bewußte Bewegungen der Gesichtsmuskeln geschehen und dir zeigen, daß du auf dem richtigen Weg bist, der tiefer und weiter nach innen führt. Und die Entspannung, die nun alle Gesichtsmuskeln einschließt, dringt weiter nach innen – ohne aber auf der Oberfläche des Gesichts nachzulassen – Entspannung und Loslassen – außen und innen – und von außen nach innen vordringend – bis zur Mitte des Kopfes – tatsächlich fühlt es sich jetzt schon oder gleich so an, als entspanne sich das Gehirn – ja, als käme die Entspannung im Zentrum des Kopfes – in der Mitte des Gehirns – in einem Punkt zusammen. – Der ganze Kopf ist nun entspannt, und doch kristallisiert sich das Entspannungsgefühl wie in einem Punkt in der Kopfmitte. Er fühlt sich ein wenig anders an und ist doch genauso in Ordnung wie der sanfte Fluß des Atems und der Töne – der Worte und der Gedankenbilder. Von dem Punkt in der Kopfmitte fließt die Entspannung nun hinunter in den übrigen Körper. Dieser Punkt wird zu einer wahren Quelle der Entspannung, aus der sich ein immer mächtiger werdender Strom des Loslassens in den Körper ergießt. – Ein wenig dickflüssiger und samtiger, doch genauso klar und durchlässig wie Wasser dringt das Entspannungsgefühl nun in Hals und Nacken hinunter und löst alle Verspannungen auf. Und jetzt teilt sich der Strom der Entspannung und erreicht beide Schultern, von wo er erleichternd und lösend über die Oberarme und Unterarme bis in die Hände und Finger dringt, ja, bis in die Fingerspitzen. Hier nun, an den Fingerspitzen, läßt du in deiner Vorstellung alles hinausfließen, was der Entspannung entgegensteht – all das auch, was nur Ballast auf dieser Reise in die innere Welt wäre. – Während der Strom der Entspannung alle Hindernisse zu den Fingerspitzen hinausspült, dringt er auch und zugleich weiter in den Oberkörper vor – befreit die Brust von aller Enge, und es kann gut sein, daß sich der Atem ein wenig verändert, während sich die Lungen entspannen. Auch der mächtige

Herzmuskel wird ein wenig weicher und gelöster, als ihn die Entspannungswelle auf ihrem Weg in den Bauchraum erreicht. Hier in der Mitte des Oberkörpers nimmst du nun ein eigenes Zentrum der Entspannungsenergie wahr, wie gerade im Kopf. Das Herz selbst ist die Quelle dieser Energie, die nun auch in den unteren Körperbereich hinab strömt – die Gedärme und alle Organe des Bauches erfassend und von Verkrampfungen befreiend. Die Entspannungsströme aus dem Zentrum des Kopfes und aus der Mitte der Brust dringen vereint weiter nach unten vor und treffen in der Mitte des Bauches auf eine weitere Energiequelle, mit der sie sich wiederum vereinigen und von hier aus ins Becken vordringen. Auch der Unterleib wird so von der Entspannungswelle erfaßt und öffnet sich dem eigenartig weichen, sonderbaren Gefühl, öffnet sich diesem sanften Fließen und läßt es hindurch und hinab bis in die Beine. Und so entspannen sich auch die Oberschenkel und Knie, Waden und Füße – und wieder öffnen sich, kaum hat die Entspannung die Zehenspitzen erreicht, die Schleusen, und alles, was jetzt noch überflüssig ist auf der Reise in die innere Welt, strömt hinaus und läßt Entspannung und Loslassen zurück. In diesem eigenartig wohligen Gefühl, das der Entspannungswelle folgend den ganzen Körper durchströmt, wird es immer leichter, im Körperinnern herumzureisen, ja zu schweben – oben die Mitte des Kopfes zu spüren – und gleich darauf unten die des Beckens – die breite Fläche der Rückenmuskel auch – und gegenüber die Brust- und Bauchdecken, die sich mit dem sanften Atem heben und senken. Und das Bewußtsein taucht in den Raum zwischen Rücken- und Brustmuskeln, taucht hinab in jenen Innenraum, die Mitte, in das Zentrum aller Körperzentren, den Herzraum. – – Aus seiner Tiefe entwickelt sich eine Vorstellung: das Bild einer Landschaft – deiner Landschaft – die zu deiner Mitte paßt. – Du findest dich selbst in dieser Landschaft – gehst durch sie auf ein eigentümliches tempelartiges Bauwerk zu. – Es mag gut sein, daß du dieses Tempelgebäude schon kennst, weil es dir in Träumen oder bei anderen wichtigen Gelegenheiten bereits begegnet ist – und es kann sein, daß es jetzt zum ersten Mal geschieht. Auf alle Fälle ist es ein sehr zentraler Platz für dich – der Ort deiner Kraft – dein Tempel.

Und wenn du dich ihm nun näherst, schau dir die Umgebung und den Tempel selbst genau an, damit du beide jederzeit wiederfinden kannst. All die Einzelheiten des Tempels mögen mit der Zeit wichtig werden, denn an ihm ist nichts dem Zufall überlassen – Tempel und Landschaft passen und gehören zusammen wie Schlüssel und Schloß – und können sehr wohl der Schlüssel zu deinen inneren Welten werden. Und wenn du dich dem eindrucksvollen Gebäude weiter näherst, wirst du schon gleich den Eingang entdecken. Falls er verfallen oder gar verschüttet ist, mach dich gleich daran, ihn wieder freizulegen. – – Es wird dir gelingen, Zutritt zu finden. Im Tempelinnern ist erst recht alles bedeutungsvoll, und du nimmst dir Zeit, das Innere zu betrachten. Dabei wirst du auf verschiedenste Darstellungen und Symbole stoßen, die dir bei diesem ersten Besuch vielleicht noch recht schleierhaft erscheinen mögen. Bei jeder weiteren Begegnung aber werden die Muster klarer werden und jedesmal ein zusätzliches Stück von deinem Grundmuster enthüllen. – Nachdem du dich nun hier umgesehen und orientiert hast, wird es dir leichtfallen, jene Treppe zu entdecken, die hinunter in die unterirdischen Tempelräume führt. Tatsächlich gelangst du auf diesem Weg direkt unter das Zentrum des Tempels in einen großen, runden und völlig leeren Saal. Der Boden besteht aus einem Marmormosaik, einem jener kreisrunden Gebilde, im Osten Mandalas genannt. Aus der Mitte des Mandalas führen verschiedenfarbige Strahlen nach außen, und jeder dieser vielen Strahlen endet vor einer Tür. Die Wände des runden Saals bestehen so aus lauter Türen, die sich eine an die andere reihen. Jede trägt ihre eigene Aufschrift aus reich verzierten, jedoch klar und deutlich lesbaren Buchstaben. Alle diese Aufschriften haben etwas mit dir persönlich zu tun. Da ist zum Beispiel die Tür »Mein sehnlichster Wunsch« und eine andere trägt die Aufschrift »Meine Angst«. Einige haben Namen, die nur du allein und vielleicht auch erst später verstehen kannst. Andere tragen so allgemeine

Türen mit Aufschriften

Bezeichnungen wie »Saal der Verzeihung«, »Herzraum«, »Saal der seelischen Reinigung« und viele andere Namen mehr. Es sind so viele, daß du sie unmöglich jetzt alle überblicken kannst, und das ist auch nicht nötig, denn du hast dazu später noch genügend Zeit. – Jetzt fällt dein Blick auf die Tür »Saal der Selbsterkenntnis«, und du näherst dich ihr und öffnest sie vorsichtig.

Ein eigenartiger Duft nimmt dich auf, und eine äußerst konzentrierte Atmosphäre empfängt dich. Schon das Licht ist seltsam faszinierend. Es betont die Mitte des wiederum kreisrunden Raumes, in der ein Ruhebett steht, das dich magisch anzieht. In dieser fremdartigen und ungewohnten Situation gib einfach deinem ersten Impuls nach, folge ihm in die Mitte und leg dich auf dieses Bett. Die Luft ist erfüllt von Düften, die du noch nie gerochen hast und die prickelnde und gespannte Erwartung in dir auslösen. Nichts von all dem ist dir vertraut, und gerade deshalb scheint alles möglich zu sein. Deine Augen wandern zur kuppelförmigen Decke empor, und der Blick fällt wieder in eines dieser kreisrunden Gebilde aus geometrischen Mustern, die alle auf die gemeinsame Mitte zustreben. Dieses besondere Mandala über dir hat aber geradezu die magische Eigenschaft, alle Blicke in seine Mitte zu ziehen, ja geradezu zu zwingen – und du läßt es geschehen. – Hier in der Mitte wird die Konzentration so groß, daß deine Augenlider immer schwerer werden und dann – jetzt – zufallen. »Was für eine seltsame Welt?«, denkst du noch, und wie von selbst wendet sich dein Blick nach innen – und du siehst eigenartigerweise weiterhin die Kuppel, die sich gerade jetzt in eine lebendige Leinwand zu verwandeln scheint. Im selben Augenblick erkennst du, daß die Bilder, die auf der Leinwand erscheinen, Ausdruck deines letzten Gedankens vor dem Augenschließen sind. »Was für eine seltsame Welt?«, hattest du gedacht und siehst nun diese Welt in lebendigen Bildern. Da ist der Ort, an dem du die meiste Zeit deines Lebens verbringst. Du siehst dich dort in einer für dich typischen Haltung, siehst dich allerdings von oben, und es ist, als entferntest du dich noch weiter nach oben. Das Blickfeld weitet sich, und du erkennst dich zwar nun immer noch an diesem für dich typischen Platz, aber mitten in einem Netz feiner Fäden – fast wie in einem Spinnennetz. – Mit all den Menschen und Dingen, die wichtig sind in deinem Leben, bist du über die feinen Lichtfäden verbunden und erkennst so sehr deutlich all deine Beziehungen und die wichtigsten Verbindungen, ja Verpflichtungen und Aufgaben. Du siehst dein ganzes Umfeld, all die Verflechtungen mit deiner Welt – entdeckst dich selbst in der Mitte eines immer größer werdenden Netzes. Du beherrscht aus der Mitte heraus das Netz, bist aber irgendwie auch gefangen in ihm – ja es erinnert dich immer deutlicher an ein Spinnennetz. Auch in diesem, deinem Netz, werden die äußeren Maschen immer weiter und lockerer – und du entfernst dich noch weiter nach oben, und so erscheint das Zentrum des Netzes immer kleiner – das ganze Netz aber wird immer größer – es umfaßt jetzt schon deinen weiteren Lebenskreis. – Alle Verbindungen zu allen Menschen, die in deinem Leben je eine Rolle spielten, zeichnen sich als feine Lichtfäden im großen Netz ab – und du steigst noch höher empor und siehst dich doch auch weiter dort unten im Zentrum des Netzes. Nun erkennst du schon die Landschaft, in der du lebst, siehst Flüsse und Berge, und die benachbarten Orte und Städte tauchen auf. Und auch in diese entfernten Bereiche ziehen sich noch feine Verbindungsfäden und enthüllen deine weitgespannten Beziehungen. Mit jedem Ort, den du je besucht hast, bist du über solch feine Lichtfäden verbunden, und jetzt, aus immer noch zunehmender Höhe, kannst du jeden dieser Fäden verfolgen und erkennen, wo er hinführt. Es ist deine Welt, die da auftaucht – du stehst im Zentrum – allerdings längst nur noch als kleiner Punkt erkenntlich – und es ist auch die Welt, in der wir alle leben. Du steigst höher, und dein Blick weitet sich immer noch. Du erkennst nun schon das ganze Land mit seinen Besonderheiten und Grenzen. Die Städte liegen wie eigenartige krakenartige Lebewesen da, die ihre Fühler und Auswüchse in die Landschaft strecken – die Dörfer wirken wie ihre winzigen Ableger, Töchter dieser krakenarti-

228

gen Gewächse – und alle sind untereinander verwoben durch Wege und Straßen, die von hier oben wie feine Linien aussehen. Die Reise aber geht noch höher hinauf. Allmählich bekommt das Land unten eher runde Formen, wie das Mandala in der Kuppel. An den Rändern des weiten Kreises tauchen nun bereits andere Länder auf, die du vielleicht von ihrer äußeren Gestalt her erkennst – ferne Küsten werden nun schon sichtbar – und schließlich der ganze Erdball, zu dem dein Land und du gehören. Von hier oben teilt sich die Welt nun in Land und Wasser, und je höher du steigst, desto mehr Wasser taucht an den Rändern des Kreises auf – weiße Wolkenfelder verschleiern an einigen Stellen die Sicht – das Bild, in dem bisher Grün und Braun vorherrschten, bekommt nun insgesamt einen bläulichen Ton und wird zu einer Kugel – unserer Erde, eine bläuliche Kugel mit weißen Schleiern. Ein aufregendes und auch Vertrauen einflößendes Gefühl, unseren blauen Planeten so im Weltall schweben zu sehen wie ein riesiges großes Lebewesen, von dem du nur ein winziger, aber doch ein Teil bist. Und tatsächlich lebt und bewegt sich das kugelige Erdwesen und verändert ständig sein Aussehen. Wolkenfelder ziehen über die Kontinente, bilden Wirbel und phantastische Muster. Alles erscheint nun winzigklein dort unten. Die an sich riesigen Ozeane und Meere werden winzig und teilen ein Spielzeugland unter sich auf. Wie du nun noch höher hinaufschwebst, erkennst du, daß die Weltkugel sich dreht. Längst ist dein eigener Kontinent verschwunden und hat anderen Platz gemacht, die auch nicht bleiben, sondern durch die stetige Drehung am Rande des »Mandalas« Erde wieder untertauchen. Auf der gegenüberliegenden Seite des Mandalas tauchen dafür andere Erdteile auf – so bleibt der Erdkreis in ständig kreisender Bewegung. Jetzt erscheint auch der Mond hinter der kleiner werdenden Erdkugel wie der kleine silberne Handspiegel von Frau Welt. Er ist nicht verschleiert wie unser blauer Planet, sondern zeigt seine von Kratern übersäte, pockennarbige Oberfläche zu jeder Zeit. Himmelskörper folgen ihrer Bahn vor dem tiefblauen Himmel des Alls – und du fühlst dich als, wenn auch winziger, Teil dieses Alls. Der große Abstand zur Erde hinterläßt ein Gefühl von Alleinsein. Der Raum ist so unvorstellbar leer und weit und eigentlich gar kein Weltraum. Die Welt ist dort unten hinten – unsere Mutter Erde ist nur ein kleiner blauer Ball mit weißen Schleiern, erleuchtet von der Sonne, dem gleißend hellen Fleck im dunkelblauen, fast schwarzen All. Deutlich spürst du jetzt, wie sie zusammenhängen – die strahlende Sonne und die aufnehmende empfangende Erde – und an ihrer Seite fast wie ein Kind der Mond. Es ist dir, als sähest du in den Schleifen der riesigen kosmischen Energiespirale, auf der die Lichtteilchen von der Sonne zur Erde reisen, eine kosmische Leine, an der die Erde von der Sonne gehalten wird – so abhängig wie der Mond von der Erde. Und jetzt entdeckst du, daß sich hier alles in einem einzigen kosmischen Reigen dreht. Da sind noch die anderen Planeten, die verbunden über ähnliche Lichtspiralen um die zentrale Sonne kreisen – alle in einer Ebene – und auf ihrer Bahn – fast wie Planetenkinder auf einem Kettenkarussell. Der große helle Jupiter mit seinen eigenen Mondkindern – der bleifarbene Saturn mit Ringen aus Eis und zerborstenen Himmelskörpern – die strahlende Venus im hellsten Licht, das schönste Planetenkind – der rötliche Mars und schließlich der sonnennahe wechselhafte Merkur. Es ist ein bewegender Reigen um dich herum in der Leere des Raumes – ein Kreisen und Drehen von eigenartig fremden und zugleich vertrauten Himmelskörpern und Himmelswesen. Wohl sind sie alle lebende Organismen wie unser blauer Planet, der mitten unter ihnen seine Bahn zieht, nach Merkur und Venus dem sonnigen Mittelpunkt am nächsten.

Voller Eindrücke der Größe und Erhabenheit und im Bewußtsein der eigenen Winzigkeit läßt du dich nun zurück in Richtung Erde schweben. Ein einziger Gedankenimpuls reicht aus, und vorbei am Mond mit seinen Kratern näherst du dich dem verschleierten Heimatplaneten. Ozeane und Erdteile werden schon wieder unterscheidbar, und gerade an jenem Punkt, wo du sie verlassen hast, tauchst du wieder in die Erdatmosphäre ein – gerade über deinem eigenen Kontinent und deinem

230

eigenen Land – und während du dich hinabgleiten läßt und in die Atmosphäre eintauchst, wird dir so richtig bewußt, wie sehr dein Land mit allen anderen zusammengewachsen ist zu der einen Erde, und wie unwichtig und banal die Unterschiede zwischen Ländern und selbst Kontinenten aus der Entfernung sind und eigentlich auch aus der Nähe – und schon geht das von tiefem Blau begrenzte Mandala über in eines aus Wasser und Erde – und die Meere treten zurück, verlieren sich am kreisrunden Horizont – und dein Land wird deutlicher und dann sogar schon wieder der Ort, an dem du lebst – das größte Netz deines Lebenskreises taucht wieder auf, das doch so winzig ist, gemessen am Netz des Himmelszeltes – alle Fäden laufen in der Mitte bei dir zusammen, im Zentrum, jenem Ort, wo du die meiste Zeit deines Lebens verbringst. Und dir wird die Ähnlichkeit dieses Netzes bewußt, in das du hier unten eingespannt bist, mit dem viel größeren dort oben, in das die Himmelskörper und auch unser eigener eingefügt sind.

Zurückgekehrt an den Ausgangspunkt der Reise – auf dein Ruhebett im Saal der Selbsterkenntnis des Tempels – schaust du auf das Mandala der Kuppel über dir und erinnerst dich. – Du liegst auf der Liege in der Mitte des Raumes – direkt unter der Kuppel – das eigenartige Licht und die Düfte unbekannter Essenzen umfangen dich. Alles wirst du erinnern in diesem Raum und auch jede Einzelheit von deiner Reise in den großen Zusammenhang der Welt, den Makrokosmos, dessen Teil unsere Mutter Erde ist und deren winziger Teil du bist.

So erhebst du dich nun – vielleicht mit einem Gefühl der Dankbarkeit – und verläßt den Saal der Selbsterkenntnis. Zurückgekehrt in den kreisrunden Raum mit den vielen Türen findest du sogleich die Treppe, die hinauf führt. Noch einmal prägst du dir alles genau ein und verläßt dann deinen Tempel. Du wirst ihn nun jedes Mal leichter finden – im Zentrum jenes Ortes der Kraft. Wann immer du in Zukunft die äußeren Augen schließt und deine Gedanken hierhin richtest, wird diese Landschaft vor deinem inneren Auge auftauchen. Zudem wird es dir in Zukunft immer leichter fallen, in die Entspannung zu gehen – loszulassen und in einem Augenblick alles aufzugeben, was dich hindern könnte, die inneren Welten zu bereisen. Jetzt aber tauchst du allmählich auf, in dem Bewußtsein, all das Erlebte mitzubringen und kehrst zurück in einen ausgeruhten und erfrischten Körper, den du nun wieder ganz bewußt in Besitz nimmst. Zu diesem Zweck atmest du einmal tief durch und spürst dabei, wie der Atem dich wieder mit der polaren Welt verbindet – aus und ein – Innen und Außen kommen wieder zusammen und verbinden sich in der Mitte. Du streckst und räkelst dich, wenn dir danach ist – und öffnest dann erst die äußeren Augen, um dich in Raum und Zeit zu orientieren – bist wieder ganz bewußt im Zentrum deiner Welt, in jenem Netz, das deine Welt zusammenhält und das ziemlich groß und winzig klein ist, je nachdem, von wo aus du es betrachtest.

2. Meditation
Reise in den Körper

Leg dich bequem hin – an jenen Platz in deiner Umgebung, der für Reisen in die Innenwelt am besten geeignet ist – ruhig und abgeschirmt, vertraut und geborgen; die Beine bequem ausgestreckt, die Arme locker seitlich vom Körper. Und du kannst nun wieder deinen ganzen Körper der Unterlage anvertrauen und dich selbst der Situation und spürst vielleicht jetzt schon ganz zu Anfang, wie du getragen wirst und läßt dich tragen – das Gewicht des Körpers vom Untergrund und dich selbst von den Tönen der Musik – von meiner Stimme auch und vor allem deinen Gedanken, die zur Entspannung beitragen, zum Loslassen, und so die Reise nach innen am meisten fördern. Jetzt schon oder bald kannst du wahrnehmen, wie sich das Außen immer mehr zurückzieht und sich alles auf deine Mitte konzentriert. Du erlebst oder erinnerst dich, wie die Augenlider zufallen, als würden auch sie wissen, daß alles weitere sich den äußeren Augen sowieso entzieht, dem inneren Schauen aber weit offensteht. – In dem Maße, wie das Gewicht des Körpers ihn in die Unterlage sinken läßt, führen die Töne und deine eigenen Gedankenbilder, meine Worte und alle kleinen Empfindungen dich tiefer in das Reich der inneren Bilder und Träume, der Phantasien und Märchen. Alles, was nun im Körper geschieht, winzige, kaum wahrnehmbare Zuckungen von Muskeln etwa, die sich entspannen, und alles, was nun im seelischen Bereich auftaucht, an Gefühlen, Gedanken und Mustern steht im Dienste der inneren Reise und ist uns so willkommen und recht – Wegweiser auf dem Pfad in die Tiefe. Vor allem die ganz einfachen Dinge sind es wieder, die uns leiten, der Druck des Kopfes auf der Unterlage etwa und das Gewicht des Beckens, das es noch tiefer einsinken läßt. Die Muskeln des Rückens, die immer weicher werden – jetzt oder gleich – genau wie die der Waden und Oberschenkel – loslassen und fallenlassen – mit jedem Ausatmen tiefer, und so trägt auch der Atem seinen Teil zum Weg bei. Mit jedem Ausatmen ist es so angenehm, einfach geschehen zu lassen, was von selbst geschieht: Entspannung und an Vertrauen ist die Basis aller Meditation passiert in diesem Augenblick von ganz alleine sinkst du immer tiefer in die Entspannung. Mit jedem Einatmen ist es so leicht, sich weiter und freier zu fühlen, leichter zu werden und aufzumachen und so sich einfach tragen zu lassen vom Atem und seinem vertrauten Rhythmus; fallen- und geschehenlassen mit dem Ausatmen und weit und offen werden – frei und gelöst mit jedem Einatmen. – Wieder beginnt nun das schon vertraute fließende Gefühl der Entspannung gerade am Kopf hinter den geschlossenen Augenlidern. All der Druck läßt nach, und Augäpfel und alle Muskeln der Umgebung geben nach und lassen los. Hinterkopf und Nacken folgen dem lösenden Impuls, werden bewußt und fühlen sich weich und vertraut an. Die Aufmerksamkeit und mit ihr die Entspannung wandern nun wieder zur Gesichtsseite und erfassen die Mund- und Kinnpartie – kleine Bewegungen mögen es wieder anzeigen, wie auch die Tiefe der Entspannung – jetzt oder jeden Augenblick – und weiter über das ganze Gesicht macht sich Entspannung breit – bis hinauf zur Stirn. Der ganze Kopf ist nun entspannt und fühlt sich dadurch schon ein wenig anders an oder gleich, und das ist gut so – vor allem jetzt, wo sich die Entspannung auch wieder nach innen ausbreitet – von allen Seiten deines Kopfes einfach wieder nach innen fließt – auf jene Mitte des Kopfes zu – jenes eigenartige Zentrum der Entspannung im Innern. Auf dem Weg von außen nach innen folgen die Gedanken der Entspannungsenergie, und so sammelt sich nun auch die ganze Aufmerksamkeit an diesem Mittelpunkt. Sogar das Gehirn fühlt sich seltsam entspannt und wach zugleich an. Und wieder beginnt hier, wie aus einer tiefen Quelle gespeist, der Entspannungsstrom und breitet sich aus – hinunter in den Körper, den Hals und Nacken zuerst befreiend, bevor er sich aufteilt und neben der Brust auch beide Schultern erlöst und von hier die Arme bis hinab zu den Händen. Sie folgen dem Strom in Gedanken und Empfindungen. Und so erleben sie wieder, wie sich an den Fingerspitzen die Schleusen öffnen und der Strom alles hinausträgt, was der Entspannung nicht förderlich ist. Sie brauchen gar nichts dazutun – außer einfach geschehen zu lassen – sich öffnen, gehenlassen und da sein. Zur gleichen Zeit – und Zeit fließt überhaupt ganz anders auf den Ebenen der Bilder und Muster, ähnlich wie in den Träumen und Märchen – zur gleichen Zeit also, wie der Strom Schultern und Arme durchströmt, breitet er sich auch in den Oberkörper aus, erreicht die Lungen und das Herz und verbindet sich hier wieder mit jenem anderen, noch stärkeren Energiestrom, der aus der Quelle des Herzens fließt. So wird der Strom noch mächtiger und erreicht im Nu den Bauch mit seinen Organen und dann auch das Becken, wo er sich mit jener dritten Quelle verbindet, die in der Tiefe und am Übergang vom Bauch zum Becken sprudelt. Nun ist die Entspannungsenergie vielleicht schon so stark, daß sie noch im selben Moment den Weg zu den Beinen öffnet, alles mit sich tragend und so zugleich in Fluß bringend, was überflüssig ist auf dem Weg in die Tiefe der eigenen Mitte. Während sich an den Zehenspitzen wiederum die Schleusen öffnen und der Organismus einfach aufmacht und gehenläßt, badet der ganze Körper im Fluß der Entspannung, und du genießt es – spürst dich so bewußt, daß du auch noch die kleinsten Regungen und Empfindungen im Körper wahrnehmen und annehmen kannst – genießt das Gefühl, einen so offenen und entspannten Körper zu haben. In jedem Moment kannst du jeden Ort in ihm bewußt erleben; die Mitte des Kopfes und sogar das Gehirn – oben – die Tiefe des Beckens – unten – die breiten, starken Muskeln des Rückens – hinten – und die flexible, im Atemrhythmus schwingende Brustwand vorne – zwischen oben und unten, hinten und vorne aber den Innenraum, den Raum der Mitte und des Herzens. Und während du nun in diesem Herzraum tauchst, entwickelt sich aus seiner Tiefe auch sogleich wieder die Vorstellung deines Tempels in deiner Landschaft. Ein kleiner Impuls des Wollens genügt, und das Gedankenbild taucht auf und wird so klar, wie du es willst und dir vorstellst. Jedenfalls geht es schon viel leichter und auch schneller als beim ersten Mal, und es wird jetzt von Mal zu Mal immer leichter geschehen, sowie du vertrauter wirst mit diesem Ort der Kraft, deinem Tempel. Wenn du ihn nun wieder betrittst, wirst du dich auch sogleich zurechtfinden. Und es mag gut sein, daß dir einige der Symbole und Darstellungen im Innern nun nicht nur vertrauter, sondern auch klarer erscheinen. Den Weg jedenfalls, hinunter in den runden Raum mit den vielen Türen, findest du sogleich und betrittst wieder den vertrauten Saal der Selbsterkenntnis. Dort in der Mitte ist wieder das Ruhebett direkt unter der Kuppel, von wo aus du schon einmal in die Weite des Weltraums aufgebrochen bist. Wie du dich nun wieder in die Mitte zum Ruhelager begibst, bemerkst du doch einige kleine, aber eindrückliche Veränderungen zum letzten Mal. Die Atmosphäre scheint gewandelt und strahlt jetzt statt Weite und Ferne eher Nähe und Geborgenheit aus. Das weiche, gedämpfte Licht und die Düfte tragen wohl ihren Teil dazu bei. Gleich geblieben ist allerdings das überwältigende Gefühl, daß unter dieser geheimnisvollen Kuppel alles wahr und klar werden kann. Wo Reisen zu den Geheimnissen des makrokosmischen Weltalls möglich sind, können auch solche in die Tiefen des eigenen Mikrokosmos, des eigenen Körpers, geschehen. Bei diesem Gedanken aber werden deine Augenlider schwer, denn der Blick wird schon wieder von dem verführerischen Mandala in der Kuppel zur Mitte gelenkt und im Mittelpunkt konzentriert. Und so wird dieser letzte Gedanke auch schon Wirklichkeit: Die Reise in den Mikrokosmos »Körper« beginnt. Du findest dich in einer eigenartigen Landschaft aus bizarren Hornschuppen, übersät mit mächtigen Kratern und hochaufragenden, kahlen Baumstämmen, die aus den Kratern herauswachsen. Es dauert einen Moment, bis du dich zurechtfindest und dir aufgeht, daß du, winzig klein geworden, auf deiner eigenen Hautoberfläche stehst und gerade an jenem Punkt zwischen deinen Augenbrauen, dort an der Nasenwurzel, wo deine Blicke zusammengefallen sind in einem Punkt, als die Augenlider zufielen und du die Reise nach innen begonnen hast. Nun bist du winzig klein und stehst auf der gar nicht mehr glatten Haut inmitten von Hornschuppen und zwischen den Kratern der Poren auf wenig sicherem Boden. Tatsächlich ist die Hautoberfläche nämlich nur aus der Entfernung in Ruhe. In der Wirklichkeit der unmittelbaren Nähe schwankt sie beträchtlich mit den Atemzügen und anderen unbewußten Bewegungen. So brichst du gar nicht ungern von hier auf zur Reise in den eigenen Körper, und du nimmst dir vor, dort einzudringen, wo auch die Töne der Musik und die Worte hineingelangen – bei den Ohren. Dazu bewegst du dich zuerst einmal zur Seite, am Rande der Augenbraue entlang, die jetzt wie ein dicht bewaldeter Höhenzug wirkt. Aus der Nähe erkennst du an den Stämmen der Haare eigenartig unförmige Ungeheuer, die sich in Massen an die schuppigen Haarschäfte klammern – ein unübersehbares Heer von Bakterien. Schließlich endet der Wald der Augenbraue, und der Weg führt dich hinab über Hornschuppen bis zu einem noch viel dichteren Wald, den letzten Ausläufern deiner Kopfhaare nämlich. Deren Stämme sind noch viel länger und genauso dicht besiedelt von unzähligen und ganz verschieden aussehenden Bakterien. Es kostet dich tatsächlich Überwindung, dir deinen Weg durch dieses Dickicht zu bahnen, wobei du, aus nächster Nähe gesehen, durchaus genügend Platz findest und gar nicht mit den Bakterienungeheuern in Berührung kommst. Als sich der Wald allmählich wieder lichtet, stößt du schon bald auf eine mächtige Erhebung – die äußere Begrenzung der Ohrmuschel, die es nun zu erklimmen gilt. – – – Von der Höhe blickst du hinab in einen gewaltigen Talkessel, dessen Tiefe im Dunkel verschwindet. Der Abstieg führt wiederum vorbei an vereinzelten Haarstämmen und eigenartig verkrusteten Ablagerungen, die wie erstarrte gelbliche Lavaströme wirken. In der Tiefe geht der Talkessel nun in einen gewundenen unterirdischen Gang über. Das Licht wird dämmrig, und schließlich gelangst du zu dem Ort, wo die Töne eindringen. Die glitzernde Fläche des Trommelfells liegt schimmernd vor dir und gerät mit jedem Ton in Schwingung. Tatsächlich wirken die Worte hier wie Trommelwirbel, die auf diesem empfindlichen Musikinstrument spielen. Ganz vorsichtig wagst du dich nun auf diese sensible Haut und läßt dich mitschwingen mit den Tönen der Musik. Es ist ein eigenartiger und beschwingter Tanz auf dem eigenen Trommelfell, das jetzt fast wie ein Trampolin wirkt. Um wie die Töne durch das Trommelfell nach innen zu gelangen, mußt du dich noch einmal enorm verkleinern, bis sich eine Gewebsspalte vor dir weit genug auftut, um hindurchzuschlüpfen. Im Paukenraum des Mittelohres angekommen, findest du dich wieder in einer wahrhaft schwingenden Atmosphäre, eben wie im Innern einer Pauke, auf der gerade gespielt wird. Vom Trommelfell werden die Schwingungen über eine raffinierte Brücke aus kleinen Knochen zu einer Membran geleitet – die die Grenze zum inneren Ohr bildet. Auch in dieser Membran findest du einen Durchschlupf. Und ehe du dich versiehst, schwimmst du in einer warmen angenehmen Flüssigkeit in einem gewundenen Gangsystem fast wie auf der Rutschbahn eines Schwimmbades – nur, daß du völlig von Wasser umgeben bist. Die Membran überträgt wie ein riesiger

Gong die Töne in die Flüssigkeit, wo sie wie Meereswellen weiter rollen, und du läßt dich von diesen Wellen mitnehmen. – Der Gang windet sich immer weiter – wird enger und zur Spirale, bildet eine richtige Schnecke, eine Schnecke voller Schwingungen. Eigenartige Fühler schwingen in dem Strom – die Ausläufer der Gehörzellen. Wie Seeanemonen in einer sanften Strömung wirken sie mit ihren weichen biegsamen Antennen, durch die sie die Schwingungen aufnehmen und später als elektrische Signale ans Gehirn weiterleiten. Dort erst, im Gehirn, werden die einzelnen Signale wieder zusammengesetzt zu Tönen und Melodien oder Worten und ganzen Sätzen. – In dieser Spirale also geschieht Hören – und es geschieht ganz passiv, ohne dein Dazutun. Die Ohren sind ja nicht beweglich wie die Augen und lassen sich nicht verschließen. Sie bleiben immer – auch nachts – offen und verbinden die Welt der Schwingungen innen und außen. Und doch kannst du mit ihrer Hilfe auch horchen und so auch gehorchen – und du nimmst dir nun einmal einen Moment, um dir klarzuwerden, welche Rolle das Hören in deinem Leben spielt und das Horchen – gibst du dir genug Gelegenheit, zu horchen? – und zuzuhören? – nach draußen zu horchen und nach drinnen? Und welche Rolle spielt das Gehorchen in deinem Leben? – – –

Allmählich löst du dich wieder von diesen Fragen und setzt die Reise fort. Ganz in der Nähe des inneren Ohrs nämlich weißt du jenes andere interessante Sinnesorgan, das unser Gleichgewicht regelt. Um dorthin zu gelangen, mußt du dich durch die feine Schleimhaut, die das Labyrinth der Gehörschnecke auskleidet, hindurchwinden und stößt danach sogleich auf Knochen; auch das ist eine eindrucksvolle Erfahrung. Denn, was sonst so knochenhart und kompakt wirkt, ist in Wirklichkeit und von so nah betrachtet nun gar nicht mehr undurchdringlich. Nachdem du durch die feine Knochenhaut gelangt bist, findest du dich in einem höhlenartigen Raum, der fast wie das Innere eines Schwammes wirkt oder wie eine Tropfsteinhöhle. Neben den Säulen und Brücken, Wänden und Streben aus fester Substanz ist das meiste doch leerer Raum, und du kommst leicht voran – und schon nach kurzem Marsch öffnet sich wieder ein weiter Raum vor dir, mit der schon vertrauten warmen Flüssigkeit gefüllt – das Labyrinthsystem der Bogengänge. Das Entscheidende in ihm ist ein großer, rundlicher Felsbrocken, der auf Polstern aus Seegras liegt, beinahe wie ein Kuckucksei in einem Vogelnest. Das Nest ist aus empfindlichen Nervenzellen gewoben, die die Lage des Eis genau registrieren und jede Veränderung zum Gehirn melden. So erfährt das Gehirn immer, in welcher Lage sich unser Kopf befindet und kann uns im Gleichgewicht halten – keine leichte Aufgabe, seit wir uns aufgerichtet haben. Und du nimmst dir bei dieser Gelegenheit wieder einen Moment, um dir klarzumachen, was es dir bedeutet, aufrichtig zu sein und dabei im Gleichgewicht zu bleiben – immer zu wissen, wo dir der Kopf steht. – – – Wie wichtig es dir ist, den Kopf immer oben zu haben – immer oben auf zu sein! – – – Und welche Rolle spielt das innere Gleichgewicht in deinem Leben? – – – Hast du dich daran gewöhnt, mit einem bestimmten Übergewicht zu leben – eine gewisse Einseitigkeit zu tolerieren? – – – Und wenn ja, dann schau dir jetzt an, wieviel Kraft es dich kostet, diese Einseitigkeit aufrechtzuerhalten. – – – Mit dem allmählichen Zurücktreten dieser Fragen wächst deine Lust, weiter zu reisen in die geheimnisvolle Welt des Körpers. Der einfachste Weg, in ihm voranzukommen, ist mit dem Strom des Blutes. Und es fällt nicht schwer, in eines der haarfeinen Blutgefäße einzudringen, die das Gleichgewichtsorgan versorgen. Die Blutflüssigkeit ist gar nicht so verschieden von der im Labyrinth des Innenohres. Allerdings bist du hier nicht der einzige Mitreisende. Es gibt eine Unzahl von Blutkörperchen, einen richtigen Zoo. Kaum eine Form, die da nicht mitschwimmt. Die meisten Blutkörperchen, jene vor allem, die die rote Farbe ausmachen, ähneln allerdings fliegenden Untertassen mit ihrer flachen, in der Mitte zusammengedrückten Scheibenform. Sie kommen in solchen Massen vor, daß sie sich wie Soldaten in Kolonnen zusammenfinden und sozusagen vereint marschieren oder wie Münzen in endlosen Geldrollen. Neben ihnen aber herrscht eine unüberschaubare Vielfalt – sternförmige Wesen treiben da, Stachelschweinen ähnlich, halbmondförmige Sicheln sind dabei und jede andere vorstellbare Variante: Hüte und Anker, unförmige Moloche, die nebenbei andere, außer Form geratene Blutzellen verspeisen, ebenso, wie winzig kleine Gestalten, die wie Mäuse durch die engsten Zwischenräume huschen. Noch nie, in keinem Zoo der Welt, hast du eine solche Vielfalt der Formen erlebt wie hier im Strom der Lebensenergie, deinem eigenen Blut. Und die Frage taucht aus dem Innersten auf, wie es mit der Vielfalt der Formen in deinem Lebensstrom in der äußeren Welt steht. – – – Findet die Lebenskraft auch in deiner Umwelt Möglichkeiten, sich in verschiedenen Formen und Gestalten auszudrücken? – – – Oder herrscht dort eher Monotonie, die dem inneren Lebensstrom gar nicht entspricht? – – – Wie dem auch sei – jetzt treibst du inmitten der Vielfalt dahin und genießt es – erlebst, wie der Strom, der allmählich immer breiter und träger geworden ist, sich nun zu einem wahren Meer auswächst. Und plötzlich kommt Bewegung auf. Das ganze Meer wird vom Herzen verschluckt – der Druck steigt an, und ehe du dich orientieren kannst, wirst du mit all den anderen Zellen wieder aus dem Herzen katapultiert – landest in kreisenden Bahnen – in der Lunge – der Strom wird hier sofort wieder schwächer, und du erlebst, wie sich die Massen der fliegenden Untertassen durch die hauchdünnen Wände ihres Ballastes entledigen und dafür frische Sauerstoffpakete aufnehmen. Und schon wird der Strom wieder etwas schneller und dann auch schon deutlich schneller – und schon wieder näherst du dich dem Herzen und dem hier herrschenden gewaltigen Druck – – – und kaum bist du diesmal draußen, löst du dich aus dem Hauptstrom, drückst dich an den Rand und gelangst über immer kleiner werdende Kanäle schließlich in einen Bereich rhythmischer Bewegung. Es dauert einen Moment, bis du in diesem Rhythmus das vertraute Auf und Ab deines Atems erkennst. Klein, wie du jetzt bist, haben die schwingenden Bewegungen etwas Gewaltiges, und dir dämmert etwas von der Macht des Atems. Dabei bist du gar nicht in der Lunge, sondern in einem Gewebe von eindrucksvoller Einheit und Ordnung. Das Aus und Ein des Atems wird hier nachgeahmt von einem unübersehbaren Heer fischförmiger Zellen, die sich in völliger Harmonie miteinander abwechselnd strecken und zusammenziehen. Dabei erinnern sie an einen jener großen Fischschwärme, wo sich alle Fische zusammen und synchron wie ein einziges einheitliches Wesen bewegen. Du bist in einem Muskel angelangt, unserem Hauptmuskel der Atmung, dem Zwerchfell, das wie die Kuppel eines Domes den Oberkörper vom Bauchraum trennt. Im selben Rhythmus wie all seine fischartigen Einzelzellen bewegt sich der ganze Muskel, ja, die vielen Bewegungen der einzelnen Zellen formen erst die große Bewegung des Hauptmuskels. Bei dieser eindrucksvollen Schau totaler Übereinstimmung und vollkommener Zusammenarbeit und in diesem sanften Gefühl des Geschaukeltwerdens wandern deine Gedanken zum übrigen Körper, und die Frage nach der Zusammenarbeit seiner Teile taucht auf. Wie arbeiten seine Zentren zusammen? Wie verhält sich der Kopf zum Herzen und wie zum Bauch? Und wie ist es in deinem Leben? – – – Hast du das Gefühl, daß da alle Wünsche und Bestrebungen zusammenpassen? – – – Und wie ist es mit den Menschen deiner Umwelt? – Ziehst du an einem Strang mit ihnen, so wie die unzähligen Zellen in jedem deiner vielen Muskeln? – – – Auf dem Zwerchfell sitzend schwingst du auf und nieder und spürst die Bewegungen des Atems. Im Zusammenziehen der Muskelfasern verkürzt sich die sonst so weite Kuppel des Zwerchfells, drückt nach unten, und die Lungen können sich weiten und den Atemstrom einlassen. Geben die Muskelfasern wieder nach und strecken sich, kann sich die Kuppel des Zwerchfells unter dem elastischen Zug des Lungengewebes wieder nach oben ausdehnen, und die Lungen leeren sich und lassen den Ausatemstrom entweichen. Aber nicht nur nach oben setzen sich die rhythmischen Bewegungen fort, auch nach unten reichen sie und massieren die Organe des Bauchraumes. Wenn du dich nun dorthin wendest, spürst du, wie die Leber rechts unter dem Zwerchfell, der Magen links und all die Schlingen des Darmes bei jedem Einatmen zusammengedrückt werden und sich bei jedem Ausatmen wieder entspannen können. So hält die Atmung die Organe in Oberkörper und Bauch unter ihrer bewegten Herrschaft und drückt ihnen den rhythmischen Stempel der Polarität mit ihrem Ein und Aus, ihrem Auf und Nieder auf. Wie ein Segel schwingt das Zwerchfell in der Körpermitte im Atemwind, und du läßt dich mitschwingen, schwingst dich ein auf diesen, deinen eigenen Rhythmus – machst hier in der Mitte Pause auf deiner Reise durch den Körper. Du kannst den Rhythmus deines Atems nun bald nutzen, um aus der Meditation aufzutauchen und dich mit einem tiefen Atemzug wieder in Raum und Zeit orientieren. Oder du kannst die Reise von hier fortsetzen und dich vom Blutstrom weitertreiben lassen, wohin es dich zieht – könntest die Milz unter dem linken Rippenbogen besuchen, jenen Ort, wo die ausgedienten Blutkörperchen ausgesondert und neue in Umlauf gesetzt werden – und könntest hier das Gesetz von Sterben und Werden miterleben. – Oder du besuchst das Auge, das Zentrum des Sehens und erkennst dabei vielleicht, wieviel Einsicht du dir bereits erworben hast. – Oder du läßt dich in eines der Gelenke treiben, etwa das Knie, und du erlebst die gewaltigen mechanischen Kräfte, die hier walten und die Demut auch, die im Knien liegen kann. So gibt es noch unendlich viele lohnende Ziele, von den rauschenden Wasserfällen in den Nieren bis zu den stillen Seen inmitten der Hohlräume im Innersten des Gehirns. Und es ist gleichgültig, ob du diese Plätze jetzt gleich besuchst oder irgendwann einmal später. Der Weg in den Tempel steht dir ja immer offen. Und er wird von Mal zu Mal leichter zu finden und einfacher zu gehen sein. Und nun hast du die Wahl, noch weiter zu reisen oder aufzutauchen mit einem tiefen Atemzug und dich im Hier und Jetzt zu orientieren.

3. Meditation
Polarität und Verbindung

Du liegst wieder an deinem Meditationsplatz, bequem auf der Unterlage ausgestreckt, die Beine nebeneinander, die Arme seitlich vom Körper und läßt die Augenlider zufallen – die Reise nach innen beginnt – Körper und Geist kennen ihn nun schon, diesen Weg in die eigene Tiefe, und so wie alle Muskeln loslassen und der Körper tiefer in die Unterlage sinkt, läßt auch du los und erlaubst dir, tiefer zu sinken, dich den eigenen inneren Reichen anzuvertrauen, den inneren Impulsen folgend in die Ruhe und Entspannung der Mitte einzutauchen. Dieselben Töne leiten dich weiter, genau wie meine Worte und dein eigener Atem. Sein sanftes Kommen und Gehen führt Zug für Zug hinab – mit jedem Ausatmen tiefer und tiefer – mit jedem Einatmen aber weiter und freier werdend, sich öffnend für die Energie der Entspannung und die Erfahrungen der Tiefe – jetzt oder bald. Und wieder vertraust du dich ganz bewußt dem eigenen inneren Strom der Entspannung an, und er beginnt sogleich – kaum hast du an ihn gedacht – zu fließen – – im Gesicht – und hinter den Augen. – – Die Augäpfel und alle umliegenden Muskeln werden dir seltsam bewußt und entspannen sich fast im gleichen Moment. Und auch an deinen Hinterkopf, den das eigene Gewicht in die Unterlage drückt, brauchst du nur zu denken, schon entspannt sich hier alles. Und der losende Impuls wandert wieder nach vorn zu Mund- und Kinnpartie, und du erlebst, wie die Kaumuskeln loslassen und sich dadurch Unterkiefer und Backen entspannen, sogar das Innere des Mundes und die Lippen fühlen sich ein wenig anders an. Und der Strom der Entspannung kennt den Weg schon von selbst, erfaßt auch Stirn und Schläfen, breitet sich über den ganzen Kopf bis zum Nacken aus und dringt dann von allen Seiten zugleich nach innen – mit seinem eigenartig weichen Fließen. Es geht alles sehr schnell und doch tief. Schon wird jener Punkt in der Kopfmitte bewußt – die ganze Aufmerksamkeit und mit ihr die Energie der Entspannung sammeln sich hier und lassen den Strom der Entspannung den bekannten und vertrauten Weg in den Körper finden. Hals und Nacken werden zuerst erfaßt – dann die Schultern und Arme bis hinunter zu den Fingerspitzen. Und zugleich wird der Oberkörper durchströmt und jenes andere große Energiezentrum der Brustmitte, der Herzraum, öffnet sich und gibt seine mächtige Energie frei in den Strom der Entspannung. Nun bahnt sich der vereinte Strom seinen Weg weiter hinab in Bauch und Becken – der Atem mag zugleich noch sanfter und bewußter werden. Die Gedanken lenken den Entspannungsstrom, und der Strom beeinflußt auch die Gedanken – Energiestrom und Gedankenstrom fließen in Harmonie und werden zu dem einen Fluß, der sich nun im Becken teilt und in beide Beine hinunterströmt, bis hinab zu den Zehen. Der ganze Körper badet im Gefühl der Entspannung und des Loslassens. Kleinste Bewegungen, winzige, kaum wahrnehmbare Zuckungen sowie Ruhe und Gelöstheit können das Geschehen begleiten oder gleich, wenn du noch tiefer sinkst. In jedem Moment kannst du dir jeden Ort im Körper bewußt machen – von den Fersen der Füße bis zum Scheitel – von der Mitte des Kopfes – oben – bis zur Tiefe des Beckens – unten, von den breiten Muskeln des Rückens – hinten – bis zu der im Atemrhythmus schwingenden Brustwand – vorne. Zwischen oben und unten, hinten und vorne aber der Innenraum, der Raum der Mitte und des Herzens. Und während du dich nun auf deinen Herzraum einläßt, entsteht aus seiner Tiefe das schon vertraute Bild deines Tempels der Selbsterkenntnis inmitten deiner Landschaft. Und du tauchst auch schon in diese Bilderwelt ein – läßt den Tempel klar und deutlich werden, um ihn gleich zu betreten. Der Weg wird dir von Mal zu Mal vertrauter, und so findest du dich besser und schneller zurecht – in den Innenräumen des Tempels, wie auch mit allen Symbolen, die dir hier begegnen mögen. Der Weg führt dich wieder über die Treppe hinab ins Untergeschoß – durch den kreisrunden Raum mit den unzähligen Türen in den schon vertrauten Saal der Selbsterkenntnis. Sogleich begibst du dich wieder zum zentralen Ruhebett unter der wundervollen Kuppel, und während du Platz nimmst und dich ausstreckst, läßt du die Atmosphäre dieses Raumes zu dir herein. Das Licht ist von widersprüchlichem Charakter, Boden und Wände sind schwach rot beleuchtet, während das Mandala oben in der Kuppel, das schon wieder deine Blicke zu fangen beginnt, in hellem Blau strahlt. Der Duft der Essenzen, die irgendwo im Hintergrund verbrannt werden, paßt zu dem eigenartigen Licht. Alle Sinne werden nun wieder von der Kuppel über dir in ihren Bann gezogen, und das Mandala verengt den Blick immer mehr und zwingt ihn langsam, aber unausweichlich ins Zentrum. Du mußt daran denken, wie du von hier aus überallhin aufbrechen kannst – bis in die Ferne des Weltalls und in die Nähe des Körperinnern zugleich, ja, wie nahe hier alles beieinander liegt. Mit dieser Einsicht fallen dir die Augenlider endgültig zu, und so tauchst du ein in die Ebene dieses letzten Gedankens, in die Welt der Gegensätze. Die Farben des Raumes begleiten dich irgendwie, und das Blau der Kuppel wird immer beherrschender. Du versinkst gleichsam in Blau, das immer deutlicher wird. Aus der Vorstellung »Blau«, die sofort da ist, entwickelt sich die reine Farbe selbst und füllt den Raum vor den inneren Augen. Jetzt erlaubst du dem Blau, zu dir hereinzuströmen und sich im Kopfbereich zu sammeln, ja, in die eine, rechte Kopfhälfte zu fließen, so lange, bis die ganze rechte Seite, vor allem die rechte Gehirnhälfte, mit Blau ausgefüllt ist und du seine kühle und beruhigende Wirkung zu spüren bekommst. Kaum ist das Blau ganz im rechten Kopfbereich untergetaucht, entwickelt sich als zweite Farbe Rot wie aus dem Nichts, wird stärker und intensiver und beherrscht das Feld. Dem Rot geschieht etwas ganz Ähnliches wie vorher dem Blau – es konzentriert sich auf die andere, die linke Kopf- und vor allem Gehirnseite, bis es nur noch hier anzutreffen ist, dafür aber sehr klar und rein. Nun spürst du vielleicht schon seine heiße Ausstrahlung oder gleich, die eher auf- und anregt, und dem kühlen, ruhigen Blau nun direkt gegenüber liegt. Wie du die beiden gegensätzlichen

Farben so nahe nebeneinander erlebst, spürst du eine Art Zusammenhang und Verbindung zwischen ihnen. Und tatsächlich verbinden sie sich nun an ihrer Berührungsfläche, fließen ineinander und bilden als neue Farbe Violett. Diese Vereinigung dauert an, bis der ganze Kopfbereich violett wird und du anfängst, seine verbindende, einigende Wirkung zu spüren. Über die Verbindung des Gehirns zum übrigen Körper breitet sich dieses integrierende, einheitliche Gefühl allmählich über den ganzen Organismus aus, bis du deinen inneren Zusammenhang bis in die letzte Zelle spüren kannst. Auch in der Kuppel über dir liegt nun ein violetter Schein, und dir wird bewußt, wie das Spiel der Gegensätze, das du gerade in deinem eigenen Kopf erlebt hast, die ganze Welt beherrscht. Die Schöpfung tritt immer in Gegensätzen zutage – die Vereinigung dieser Gegensätze geschieht erst auf einer tieferen, dem oberflächlichen Blick verborgenen Ebene. Im Moment, wo dir diese Erkenntnis dämmert, siehst du sie auch schon in der Kuppel dargestellt, die nun einer kreisrunden Leinwand ähnelt. Die Gestalt des Menschen erscheint da; mit ausgestreckten Armen und Beinen formt sie einen Fünfstern in einem Kreis – beide Füße, beide Hände und der Kopf bilden die fünf Spitzen des Sternes – das Menschenmandala mit seiner Spannung zwischen dem Kopf – oben – und Becken – unten; zwischen links und rechts – Rückseite und Vorderseite. Und ehe du dich versiehst, scheint hinter dem Menschenmandala ein anderes auf und eigentlich durch – das Weltenmandala. Oben, hinter dem Kopf der Menschengestalt, bildet sich der Nordpol und unten, zwischen den Füßen, der Südpol der Erde. Hinter dem Körper der Menschengestalt taucht die große Landmasse von Asien und Europa auf, und die anderen Erdteile erscheinen wie deren Glieder. Das Magnetfeld der Erde wird sichtbar, und du kannst sehen, wie die magnetischen Feldlinien vom Nordpol zum Südpol laufen und eine energetische Hülle um den Planeten bilden – und dann erkennst du das ganze entsprechende Feld der Menschengestalt, die Aura, mit ebensolchen Feldlinien, die uns ständig umgeben, selbst wenn wir das nur selten wahrnehmen. Du kannst es jetzt deutlich sehen und vielleicht sogar spüren. Auch andere Parallelen ergeben sich wie von selbst: Der Rückseite der Menschengestalt, die immer im Schatten unserer Augen liegt, entspricht die Rückseite der Erde, die ja als Nachtseite auch immer im Schatten der hellen Tagseite liegt. Und in diesem Moment wird dir die tiefere Ebene dahinter offenbar, und du erlebst, daß Mensch und Welt sich nicht nur entsprechen, sondern eins sind in ihrem tiefsten Wesen – und zugleich erlebst du, daß auch die Gegensätze sich nicht nur entsprechen, sondern eins sind. Oben wäre undenkbar ohne unten, links ohne rechts und vorne ohne hinten – die vereinigende Lösung, die Quelle der Pole aber ist in der Mitte – und ein eigenartig wohliges Gefühl in deiner eigenen Mitte, im Herzraum, zeigt dir, wie richtig du mit dieser Erkenntnis liegst. In der Gestalt des Menschenmandalas erkennst du diese Mitte wieder im Zentrum des Menschenmandalas als das heiße Herz des Menschen, und hindurch scheint die glühende Mitte der Erde, ihr heißes Herz. Es gibt nur eine Mitte, und in ihr verschmelzen alle Gegensätze. Vieles wird in der Mitte klar: Der eine Pol bedarf des anderen und erzwingt ihn, macht ihn notwendig. Dieser Gedanke geht mit einem ganz tiefen Atemzug einher, und als du so tief eingeatmet hast, spürtest du, wie zwingend notwendig der andere Pol, der Ausatem, folgt. Ohne das »Ein« gäbe es kein »Aus«, ohne »groß« würde »klein« seine Bedeutung verlieren, ohne »positiv« wäre »negativ« sinnlos und »gut« ohne »böse«. Alles, vom Kleinsten bis zum Größten, bedarf seines Gegenpols, mit dem es verbunden ist, fast wie mit einem siamesischen Zwilling. Auf der Kuppelinnenwand wird diese Erkenntnis sogleich sichtbar, und du blickst in die Mitte eines Atoms, in die kleinste Dimension, die unserer Vorstellung noch erreichbar ist. In dem vibrierenden Energiefeld wirst du Zeuge der Geburt jener winzigen Teilchen, die die Atome aufbauen und damit unsere Welt. Wie in einer Explosion aus dem Nichts entstehend, leben die winzigen Teilchen auch nur einen winzigen Moment, um sogleich wieder im Feld der Energie unterzutauchen. Immer aber entstehen sie zu zweit, haben ihren Partner stets dabei, und dieser Partner ist ihr genaues Spiegelbild, entspricht ihnen in allem und ist doch in allem entgegengesetzt. Dreht sich das eine Teilchen nach links, so dreht sein Zwillingspartner nach rechts, vibriert er von positiver Energie, so ist sein Zwilling mit Sicherheit negativ geladen. Du betrachtest dir dieses Schauspiel der Polarität wie einen Film vom Anfang der Schöpfung. Verändert sich einer der Partner, so muß sich der andere im selben Moment im gegensätzlichen Sinne mitändern – einem ehernen Gesetz folgend. Tatsächlich hast du hier, an der Quelle der Entstehung aller Materie, lauter siamesische Zwillingspärchen vor dir, die auf Gedeih und Verderb zusammenhängen. Unaufhörlich laufen die kleinen Explosionen im Innersten der Materie ab, lassen polare Teilchen entstehen und wieder verschwinden, und diese Explosionen ähneln jener großen Explosion, dem Urknall zu Beginn der Zeiten, als unser Universum geboren wurde – und im selben Moment bildet die Kuppel diese erste Explosion ab – und es ist doch nur, als rücke eine der vielen kleinen Teilchenexplosionen in den Vordergrund – dasselbe Muster, nur ins Unendliche vergrößert – und dir wird klar, daß es wirklich ein- und dasselbe Muster ist, das allem zugrunde liegt. Alles hängt mit allem zusammen – im Großen wie im Kleinen – und alles hat auch seinen Gegenpol, sein Spiegelbild. Bei diesem Gedanken nun erscheint in der Kuppel wieder das Menschenmandala – der Fünfstern des Körpers in seinem Kreis –, und er wächst wie aus der mächtigen Explosion heraus – der feurige Ball der Urexplosion des Anfangs wird zur Mitte des Menschen und zieht sich immer mehr zurück, bis er im Zentrum des menschlichen Fünfsterns – in deinem Herzen – verschwindet. Jetzt beherrscht das Menschenbild die Kuppel, und es dämmert dir, daß du dieser Mensch bist, beziehungsweise, daß es dein Gegenpol ist – jenes Schattenwesen, das immer auch da ist, wo du bist, das dein Spiegel ist – in allem genau wie du, nur entgegengesetzt. Immer deutlicher tritt er aus der Kuppel hervor, dein siamesischer Zwilling, der immer an dir hängt, mit dir lebt – unsichtbar in seiner Schattenwelt – jetzt aber tritt er heraus aus dem Schatten und zeigt sich in seiner ganzen Größe und Bedeutung – und was Wunder – er ist genauso groß und bedeutend wie du selbst und schaut dich nun direkt an. Er hat von Anbeginn mit dir gelebt und ist mitgewachsen, hat sich, wenn auch unbemerkt, mitentwickelt. Und so ist er heute zuständig für all das, was du nicht magst an dir und auch an anderen, für all das auch, was du nicht offen gelebt hast, dir nicht eingestanden hast. All das lebt und gedeiht in ihm. Und du nimmst dir nun Zeit, mit- und eigentlich nachzuerleben, wie er gewachsen ist. – Blendest zurück zu einer Situation, wo Gedanken der Abneigung und des Hasses besonders stark in dir sind, Gedanken, die du aber nicht zu Taten werden läßt – und die so, fast unbemerkt, das Schattenwesen speisen, ihm Energie und damit Lebenskraft spenden. – Und eine andere, fast vergessene Situation taucht auf, eine Situation, wo du voller Rachegefühle bist, denen du aber keinen Ausdruck verleihst, so daß diese Rache nie nach außen kommt und statt dessen nach innen dringt und den Schatten nährt. – Und eine weitere Situation entwickelt sich vor deinem inneren Auge, jene Situation, wo du voller Eifersucht bist und diese Eifersucht nicht ausdrückst, sondern zurückhältst und so dem Zwillingswesen zuschiebst. – Und noch eine frühere, aber für dein heutiges Leben noch wichtige Situation wird lebendig, eine Situation, wo du voller Mißgunst und Neid bist, ohne dir aber beide offen einzugestehen – und du erlebst nun, wie all die zurückgehaltene Energie geradewegs in den Zwilling strömt und ihn gedeihen läßt. – Und nicht weit entfernt taucht Schadenfreude und eine entsprechende Situation deines Lebens auf. Und vor allem die nicht eingestandene Schadenfreude ist es wieder, die den Schatten nährt. – Und auch richtige Freude drängt sich nun ins Erleben, jene Freude, die du weder ausdrückst, noch dir richtig zugestanden hast – – – du traust dich nicht hinein in diese Lust, und so geht dein Zwilling hinein – und er geht auf in der Lust und ergibt sich ihr ganz. – Und jetzt entsteht da ein Gefühl von Gier nach Macht in dir, eine Gier, die kein Maß kennt – ein maßloses Machtgefühl – und auch das muß dein Zwilling leben, weil du es dir nicht eingestehst – und so erlebst du jetzt, wie dein Schatten darin aufgeht. – Und zum Abschluß der Reise in die Gegenwelt des Schattens taucht noch eine Situation deines Lebens auf, wo du großes Glück empfindest, dich in Harmonie mit dir selbst und der Welt fühlst – Einklang spürst zwischen innen und außen – und zugleich mit diesen Eindrücken und Gefühlen taucht in der Kuppel über dir die entsprechende Situation deines Lebens auf. – Du siehst dich dort in der Mitte von allem und spürst, wie du in diesem Moment eins bist mit deinem Zwillingspartner und eins mit der Welt – zusammen schwingen mit allem – zusammen klingen – Einklang zwischen innen und außen – oben und unten. – Und aus der Tiefe des Hintergrunds taucht schwach zuerst, und dann deutlicher werdend, das Menschenmandala auf, jener menschliche Fünfstern, der du bist – und er fließt ein in den Moment des Einklangs. Du spürst dich in der Mitte des Rades, dort, wo alles zusammenkommt und in eins zusammenfällt, zwischen oben und unten, links und rechts, vorn und hinten, gut und böse, groß und klein, hell und dunkel – dort in der Mitte des Rades, zwischen den Polen, die sich gegenüberstehen und in ständiger, kreisender Bewegung sind – draußen in der Welt der Polarität. – Du aber bist nun drinnen, in der Mitte – im Einklang – und bist ... – (etwas Zeit lassen).

Und nichts, außer dir, kann dieses Gefühl der Mitte wieder stören. Und wenn du es wieder störst, so weißt du doch nun, daß du jederzeit zurückkehren kannst – zur Ruhe in der eigenen Mitte – und auch zurück in deinen Tempel der Selbsterkenntnis. Ja, du wirst ihn sogar mit jedem weiteren Mal noch leichter erreichen, denn jeder Besuch wird den Tempel festigen und sicherer machen, wird die Spuren dorthin vertiefen, und so wird auch der Strom der Entspannung immer tiefer und wirkungsvoller fließen und dich leichter und schneller in die inneren Reiche führen. – Jetzt aber löst du dich von dem Ruhebett unter der Kuppel, bleibst dabei aber zentriert in deiner Mitte und verabschiedest dich bis zum nächsten Besuch von diesem Raum – und ohne irgend etwas von deinen Erlebnissen zu vergessen, tauchst du wieder auf, nimmst deinen Atem wieder aktiv und bewußt in die Hand und atmest einmal tief durch, streckst und räkelst dich und öffnest dann bewußt die Augen und orientierst dich in der Welt der Gegensätze – in jener Welt der widerstreitenden Pole, in deren Mitte jederzeit und überall die Ruhe der Mitte liegt.

4. Meditation
Kommunikation

Du liegst nun wieder ausgestreckt und entspannt an deinem Meditationsplatz – spürst die Unterlage, die dich trägt und die Ruhe, die sich mit dem Loslassen aller Muskeln und Absichten sogleich einstellt. Tatsächlich kennt der Körper nun schon den Weg in die Gelöstheit der eigenen Mitte – und nicht nur der Körper – alles in dir stellt sich, wie von selbst, darauf ein, von neuem loszulassen und sich der eigenen inneren Welt anzuvertrauen – geschehen zu lassen, was von selbst geschieht, wenn du einfach daliegst und genießt – die äußeren Augen geschlossen – und dich ausruhen – alle Absichten und Aufgaben fallen lassen – und den Körper fallenlassen – jetzt oder gleich – tiefer sinken in die Unterlage und in die – Entspannung – mit jedem Ausatmen tiefer hinab und mit jedem Einatmen leichter und freier werdend – sich dem eigenen Atemrhythmus anvertrauen, der schon so lange und so verläßlich trägt, und der dich auch jetzt wieder begleitet in die Welt der Bilder und Gedanken, Töne und Schwingungen, in die du schon tiefer hinabgeglitten bist, als du vielleicht wahrnimmst – und was immer du nun wahrnimmst im Bewußtsein oder Körper, zeigt an, wie weit du schon vorangekommen bist auf dem Weg in die Welt der eigenen Mitte. Längst ist der Kopf wieder tief in die Unterlage gesunken, und du spürst, wie sich ganz nebenbei und von selbst die schon bekannten Entspannungszeichen verstärken: Hinterkopf und Nacken werden bewußt und lassen los, und die Gesichtsmuskeln von der Stirn bis zum Kinn folgen gleich. Das eigenartige Gefühl der Entspannung ist nun schon vertraut und breitet sich über den ganzen Kopf aus – dringt von allen Seiten nach innen, bis zu jenem Energiezentrum in der Mitte des Kopfes. Und hier spürst du sogleich wieder den Strom der Entspannung, wie er sich sehr deutlich seinen Weg hinab in den Körper bahnt. Dieser Strom fließt ganz natürlich und in jedem Moment. Jetzt allerdings, wo du ihm deine Aufmerksamkeit schenkst, macht er sich besonders bemerkbar. Es kann aber auch gut sein, daß du dir seiner nun öfter auch außerhalb der Meditation bewußt wirst, und das ist in Ordnung, und es liegt in der Natur des Stromes, der jetzt, den Hals und Nacken durchströmend, die Brust erreicht und sich mit dem noch mächtigeren Strom der Herzensenergie verbindet. Der vereinigte Energiestrom breitet sich weiter aus in den Rücken und nach unten in den Bauchbereich, solchermaßen alle Organe versorgend. Das nun schon so vertraute Strömen der Energie erfaßt jetzt auch das Becken und dringt noch weiter hinab in die Beine – bis zu den Zehenspitzen. Der ganze Organismus spürt es und ist nun ein Strömen und Fließen. Der sanfte und eindringliche Rhythmus der Energie sorgt für Entspannung und Ordnung im Körper – und wieder kann all das, was jetzt eher störend ist, zu den Finger- und Zehenspitzen hinausfließen. Und obwohl da einiges hinaus gespült werden mag, nimmt die Energie doch nicht ab, im Gegenteil, dir ist, als käme ständig neue Energie hinzu. Aus der Weite des Raumes tritt sie zuerst an den drei Energiezentren in Kopf-, Brust- und Beckenmitte ein. Ja, tatsächlich bist du offenbar Teil eines viel größeren Energieeinflusses – eines Kreises – wirst so bewußt zum Teil des Energiekreislaufs des Lebendigen. Du nimmst auf und gibst ab, hast teil am Rhythmus des Lebensstromes, und dieser Strom schafft wieder den notwendigen Raum in dir – zwischen der Weite des Kopfes oben und der Tiefe des Beckens unten – zwischen dem breiten Rücken hinten und der im Atemrhythmus schwingenden Brustwand vorne öffnet sich der Innenraum der Mitte. Und mit diesen Gedanken tauchst du hinein in den Raum und findest dich wieder inmitten deiner Landschaft vor deinem Tempel. Der Weg ins Innere ist nun schon vertraut und hat etwas Beruhigendes und Hoffnungsvolles zugleich. Du spürst, wie beim Betreten des Tempels Entspannung und Vertrauen noch tiefer werden und deine Beine ganz von selbst den Weg hinab finden. Als du den runden Raum mit den ungezählten Toren erreichst, gehst du sogleich durch jene schon so vertraute Tür in den Saal der Selbsterkenntnis und legst dich auf das Ruhebett in der Mitte direkt unter dem weiten Kuppelrund. So vieles hast du von hier aus nun schon erlebt, und so mischt sich freudige Erwartung mit wacher Aufmerksamkeit, als dein Blick aufs neue von den kreisrunden Strukturen der Kuppel ins Zentrum des Mandalas gezogen wird. Ein Gefühl von Verbundenheit durchströmt dich, wenn deine Augen wie unter einem sanften Zwang zufallen, und begleitet dich in jene andere Welt in der Mitte des Mandalas. Diese Mitte funkelt und sprüht vor Energie, die in Wellen aus dem Zentrum fließt und Kreise bildet wie ein ins Wasser geworfener Stein. Die ganze Kuppel über dir ist nun voll wellenförmiger runder Energiemuster. Und dann erkennst du, wie jetzt rasch deutlicher werdend aus der Mitte wieder die Menschengestalt auftaucht – mit ihren ausgestreckten Armen und Beinen, den Fünfstern des Menschenmandalas formend. Der Kopf bildet die oberste Zacke des Sterns, die Arme die beiden seitlichen und die Beine die nach unten weisenden Spitzen des Menschensterns, der du selbst bist. Immer deutlicher erkennst du dich inmitten des funkelnden Energieringes, der nun dich selbst umkreist. Tatsächlich kannst du all das auf der geheimnisvollen Leinwand über dir nicht nur deutlich sehen, du kannst es auch spüren, so als wärst du selbst dort oben – auf jeden Fall kommen Erkennen und Erleben eigenartig dicht zusammen. Und dann entdeckst du, daß die Energiehülle, die deinen Körper umgibt, aus deiner Mitte, aus deinem eigenen Herzen kommt. Und noch ein anderer Energiekreislauf nimmt hier seinen Anfang – weiter innen im Körper gelegen – der Blutkreislauf. Er ist dabei ungeheuer verzweigt und bildet ein Netz, das bis zur äußersten Körpergrenze hin immer feiner wird und doch ein Kreislauf bleibt. Du erkennst jetzt sogar das Strömen und Fließen der winzigen Energiepakete des Blutes, wie sie das Netz der Gefäße aus der Mitte heraus füllen bis zu den äußersten Schichten der Haut und wieder zurück zum Herzen strömen. Und nicht nur Energie wird hier transportiert, auch Information. Mit dem Strom des Blutes kreisen die Hormone – wie winzige Telegramme – und stellen die Weichen im Körper. Sie sind es etwa, die die Gefäße weiten oder verengen können. Und gerade jetzt wirst du Zeuge, wie die Hormontelegramme Tür und Tor im Herz- und im Kopfbereich öffnen, und so wird dein Mitfühlen und Erkennen noch intensiver. Wenn du dich nun dem Kopf zuwendest, spürst du noch ein anderes Zentrum, von dem noch mehr Kreisläufe ausgehen. Und während nun diese Nervenbahnen klarer hervortreten, verschwindet der Blutkreislauf zwar nicht, tritt aber doch zurück, und die Netze aus Nervengeflechten gewinnen den Vorrang. Die Bewegung in diesen auf den ersten Blick unübersichtlichen Netzen erfolgt vor allem durch das Fließen elektrischer Ladungen. Und als du dich an diese Ebene gewöhnst, erkennst du den Informationsstrom an seinen winzigen Blitzen und Funken. Das Gehirn ist die Zentrale, hier ist die Informationsdichte deutlich am größten. Was zuerst wie ein wildes Durcheinander erscheint, entpuppt sich nun als ein differenziertes, vielschichtiges Netzwerk von Kreisen, die sich durchdringen, überlagern und verbinden. Alles ist so unendlich verbunden und so verwirrend vielschichtig und doch so wundervoll geordnet zu dem einen Wunder deines Gehirns. Jede Nervenzelle ist hier offenbar mit jeder anderen verbunden, und überall scheint alles zugleich zu sein – nichts geht verloren. Das Wunderwerk der Netze und Kreisläufe setzt sich von hier oben in den Körper fort. Im Rückenmark der Wirbelsäule erkennst du die Fortsetzung des Gehirns in den Körper. Ein Informationszentrum reiht sich ans nächste wie Perlen auf einer Kette und bildet seinerseits Kreisläufe, die aus den Nervenzentren des Rückenmarks in die jeweilige Körperebene dringen und hier den Informationsfluß regeln. Pausenlos jagen so die Impulse in den waagrechten und senkrechten Kreisbahnen dahin und verbinden die Strukturen miteinander und untereinander. So sind etwa alle Nervenbahnen der Ebene der Arme miteinander in Kontakt. Zugleich aber verbinden andere Kreise die Ebene der Arme mit der zentralen Koordinationsstelle im Gehirn, von wo aus sie mit allen anderen waagerechten Körperebenen – etwa der der Beine – in Harmonie gebracht wird. Und dann entdeckst du auch hinter dieser Ordnung noch eine tiefere. Den Zentren entlang der Wirbelsäule sind wiederum verschiedene übergeordnete Zentren vorgelagert, die ihren Bereich in der Hierarchie des Informationssystems regeln. Diese Zentren, »Energieräder« oder »Chakren« genannt, stehen ihrerseits in Beziehung zueinander über besondere feinstoffliche Bahnen. Tatsächlich hängt alles mit allem zusammen – die kleine Nervenzelle und das große Nervengeflecht, sie alle haben gleichermaßen teil am Fluß des Ganzen. Als du dem bewegten Wunderwerk eine Zeitlang zuschaust, tritt die Ordnung dahinter klarer hervor. Jede noch so kleine Information aus dem Körper, jede winzige Bewegung im Bein, Empfindungen auf der Haut oder jeder Druck in der Tiefe eines Muskels wird in der Hierarchie nach oben geleitet bis zum entsprechenden Nervenzentrum im Rückenmark, zum übergeordneten Chakra oder, falls notwendig, bis zur Gehirnzentrale. Und von hier wiederum kommt der Antwortimpuls zurück mit der entsprechenden Information für die angemessene Reaktion. So schließt sich auch dieser Kreis der Informationsleitung und Regelung. Beide Kommunikationssysteme – das der Nervengeflechte und das der Hormone im Blutkreislauf – überlagern sich nun vor deinem inneren Auge, und du erkennst in der Tiefe der Kuppel wie auf einer dreidimensionalen Leinwand, daß das Menschenmandala, das du selbst bist, aus lauter Kreisläufen besteht. Es ist ein einziges Gewebe aus Kreisbahnen, das sich da enthüllt und den Körper aufbaut. All die verschiedenen Zentren formen die jeweilige Mitte eines oder vieler Kreisbahnsysteme: das Herz für die Blutkreisläufe in Lunge und

Körper – das Gehirn für die ungezählten Nervengeflechte in Kopf und Körper und die Chakren entlang der Wirbelsäule für ihren jeweiligen Einflußbereich mit ihren noch feineren Energiebahnen, die sie untereinander vom Steißbein bis zum Scheitel und mit dem ganzen Körper verbinden. Weitere Zentren bilden die großen Hormondrüsen, wie die Schilddrüse unterhalb des Kehlkopfs und die Keimdrüsen im Beckenbereich. Auch sie stehen im Zentrum von Regelkreisen. Ihre Leitungsbahnen sind die Blutgefäße, ihre Botschaften die Hormone. Für die Harmonie des Ganzen sind sie von gleicher Bedeutung wie die Nerven, ja, beide Systeme hängen wiederum zusammen und arbeiten Hand in Hand. So erscheint das Menschenmandala als ein großes, verbundenes Wunderwerk aus Kreisen, die sich ergänzen und umeinander drehen, ein Räderwerk aus Energie und Information – und du bist dieses Räderwerk und spürst seinen Zusammenhang. Mit dem Erleben verändert sich dein Gefühl zu dem Mandala, das du selbst bist. Jedes Organ ist mit allen anderen verbunden und ist wichtig und bedeutungsvoll und trägt dazu bei, dem Ganzen eine Gestalt zu geben. Es ist tatsächlich ein Kosmos – der Mikrokosmos, in dem du lebst. Und mit diesem Gedanken taucht aus der Tiefe des Menschenmandalas jener andere größere Kosmos auf, der Makrokosmos, unsere Erde. Die äußere Gestalt ändert sich – das Prinzip aber bleibt. Der strahlende Energiering, der das Menschenmandala umgab, wird zum Energiefeld der Erde und bleibt, wie er ist. Und auch in der Mitte bleibt das System der Kreisläufe und Regelkreise am Werk. Du siehst die Oberfläche des Planeten wie von unzähligen Kreisen überzogen, die sich durchdringen, ineinandergreifen und aufeinander aufbauen. Diese Kreise symbolisieren das Wesen der Kommunikation auf der Erde – in der Natur, wie auch zwischen ihren Lebewesen. Hier herrscht ebenso Ordnung wie in unserem Körper, weil alles mit allem in Kreisen zusammenhängt und in Harmonie geregelt ist. Auf welchen der Kreise du dich auch konzentrierst, er wird sogleich deutlicher hervortreten und sich selbst in Bildern erklären. Da sind etwa die Kreisläufe des Wetters. Ein Gedanke genügt, und du siehst nicht nur, du erlebst gleichsam mit, wie die Winde Wolkenfelder über Kontinente treiben, die nicht nur Feuchtigkeit, sondern auch viele Teilchen aus den Ländern ihrer Herkunft mit sich tragen. Und du betrachtest die Erdoberfläche und erlebst, wie auch ihre Kontinente zusammenhängen. Die Bewegungen sind sehr langsam, aber im Wunderwerk der Kuppel kannst du sie in jedem beliebigen Zeitablauf betrachten, und so erkennst du, wie das Steigen des einen Kontinents vom Sinken eines anderen begleitet ist, erlebst, daß es sich wirklich um schwimmende Kontinentalschollen handelt auf dem heißen Meer des Erdinnern. Und auch all die Kreisläufe im Kleinen eröffnen sich dir nach Belieben. Der Weg jedes Wassertropfens enthüllt das Kreismuster ebenso wie der jeder einzelnen Blume. – Und du folgst den Kreisen, wie sie dir die Kuppel enthüllt – fällst jetzt mit einem Wassertropfen aus einer Wolke herab, ja, bist dieser Tropfen und spürst seine, deine runde, anpassungsfähige Gestalt und kaum gelandet, versickerst du schon mit vielen anderen Tropfen und trittst als Quelle wieder zutage, wirst zum Bach, nimmst andere Bäche auf und wirst zum Fluß – erreichst schließlich das Meer. Und in der Hitze der Sonne löst du dich aus der Tropfengestalt, verdunstest und kehrst als Wasserdampf zurück in die luftige Welt der Wolken. Der Kreis schließt sich damit und fügt sich wieder ein in das Mustergeflecht auf der Erde aus anderen, ungezählten Kreissymbolen. Wie die Blumen mit ihrem Keimen, Wachsen, Erblühen, Verstreuen der Samen, Welken und Absterben folgen alle Wesen in ihrem Leben dem Kreismuster, und du siehst und erlebst auf der Leinwand in der Kuppel die Geburt eines Menschen wie im Zeitraffer. Nur ein winziger Moment, und das Neugeborene liegt auf dem Bauch der Mutter. Du prägst dir die Züge des Neuankömmlings ein und folgst ihm durch die Zeit, siehst ein Kind, das diese Züge trägt und den jungen Erwachsenen, siehst ihn altern und erkennst dieselben Züge im greisen Gesicht eines Schlafenden, der sich anschickt, über die Schwelle des Todes zu gehen und in anderer Gestalt die Reise fortzusetzen, um dereinst in einem neuen

Körper wiederzukehren. Auch dieser Kreis schließt sich, um wieder von neuem zu beginnen. Wie die Blume ihre Botschaft in den Samen weitergegeben hat, tun es alle Wesen und halten so die Kreisläufe des Lebens in Gang. Und all diese Kreisläufe sind wiederum auch untereinander verbunden: der des Windes kreuzt den der Blume und trägt ihren Samen, andere Pflanzen damit befruchtend; der des Wassers kreuzt den der Pflanze und des Menschen und den des Windes auch. Der Kreislauf des Menschen wiederum kreuzt all die anderen. Und dabei sind das nur wenige der unzähligen Kreuzungen, Überlagerungen und Durchdringungen. Auch im Makrokosmos hängt alles mit allem zusammen, ist verbunden und verwoben – so hat jeder einzelne Kreis seinen Einfluß auf all die anderen, und jedes Wesen ist Glied in verschiedenen Ketten, die voneinander abhängen und jede für sich notwendig für die Erhaltung der Ordnung und Harmonie des Ganzen sind. Das Menschenmandala und das der Erde entsprechen sich auch hier. Mikrokosmos und Makrokosmos entwickeln sich und leben in Kreisen und bestehen aus Kreisen, und ob du in noch größere oder kleinere Dimensionen gehst, das Muster bleibt dasselbe. Folgst du der Erde in ihren Lebensraum, landest du im Weltall – und tatsächlich siehst du die Erdkugel nun schnell kleiner werden – und in der Kuppel entwickelt sich das Bild des Sonnensystems: Zuerst taucht der Mond auf, der seine Kreisbahn um die Erde zieht, und jetzt wird die Kreisbahn der Erde sichtbar, als die Sonne im Mittelpunkt der Kuppel aufscheint und zum Zentrum der Bahnen all ihrer Planeten wird. Und sie blenden dann auch schon wieder zurück zur Erde. Die anderen Himmelskörper des Sonnensystems verschwinden an den Rändern der Kuppel. Jetzt füllt wieder die Erde die ganze Fläche aus, und die Vergrößerung wird immer noch stärker, bis du wieder deinen eigenen Lebenskreis in deinem eigenen Land erkennen kannst. Aus einiger Höhe siehst du dich selbst inmitten deiner Verbindungen zu den Menschen deines Umkreises. Je nach dem Grad des Gefühls und der Zuneigung stehen sie dir näher oder ferner. Schau dir an, wo die Kuppel die einzelnen einreiht, die Leinwand der Kuppel ist ein ehrlicher Spiegel. Es wäre schade, sich da allzusehr einzumischen. Laß also alles einfach genauso kommen, wie es der erste Gedanke mit sich bringt und schau dir an, wer dich umgibt und über wie viele Bande und Beziehungen du mit den Menschen deines Umkreises zusammenhängst. Schau dir auch an, wie diese Menschen untereinander zusammenhängen und jeder für sich eigene Kreise bildet. – So wird das Muster der Kreise unendlich weitergehen, bis du selbst schließlich über diese Kreise mit allen möglichen Menschen zusammenhängst, mit Menschen natürlich auch, die du noch nie gesehen hast, mit Menschen sogar in fernen Ländern, denn die Kreise machen natürlich nirgends halt, kennen keine Länder – und keine Sprachgrenzen – überziehen die ganze Erde, und du bist der Mittelpunkt dieses Musters – so, wie auch jedes andere Wesen Mittelpunkt seines Musters ist. Und dabei ist es doch nur ein einziges Muster – die Gestalt unserer einen gemeinsamen Wirklichkeit – eine Gestalt der Verbundenheit. Mit diesen Bildern sinkt das entsprechende Gefühl der Zusammengehörigkeit tief in dich ein und findet fruchtbaren Boden, denn in dir ist alles nach demselben Prinzip geordnet und verbunden. Wenn du den Erdball in der Kuppel nun wieder als Ganzes betrachtest, kannst du erkennen, wie allein das ursprünglich so kleine Ringmuster deiner persönlichen Beziehungen, sich immer mehr ausgeweitet hat, um ihn schließlich ganz zu überziehen. Darüber lagern sich noch die größeren Kreise der Beziehungen der Familien und der Völker untereinander und schließlich die der Menschen zur Natur und ihren Wesen – und die der Wesen der Natur untereinander. Mit diesen Bildern und vor allem dem damit einhergehenden Gefühl von Verbundenheit und Zusammengehörigkeit kannst du jetzt allmählich wieder aus der Welt der Kuppel auftauchen und dich verabschieden – oder aber du bleibst noch, um auf eine eigene Entdeckungsreise in die Welt der Verbundenheit zu gehen und dir etwa die Regelkreise in deinem Körper genauer zu betrachten und die entsprechenden seelischen Kreisprozesse, um sich auch einmal anzuschauen, womit du die Harmonie und Ordnung deiner Kreise störst und womit du sie förderst. Jetzt gleich oder am Ende deiner sich vielleicht noch anschließenden eigenen Reise machst du dir aber bewußt, daß du alles, was du in der Welt der inneren Bilder erlebt hast, erinnern wirst und daß du jederzeit wieder in diese Welt deines Tempels und der Bilder hinabsteigen kannst – ja, daß es dir von Mal zu Mal leichter fallen wird – genau wie die Bilder mit jeder weiteren Reise noch ausdrucksvoller und klarer werden. Jetzt aber verabschiedest du dich oder brichst zu deiner eigenen Reise in die Welt deiner eigenen Kreise auf.

5. Meditation
Atemfluß und Lungenbaum

Leg dich bequem und entspannt hin, strecke dich und vertraue dich der Unterlage an, auf der du liegst und die dich trägt. Wenn du nun auch noch die äußeren Augen schließt, breitet sich wie von selbst Ruhe und Entspannung in dir aus. Jetzt oder sehr bald läßt die Anspannung der Muskeln nach, und du merkst, wie du sogleich tiefer in die Unterlage sinkst. Auch der Druck im Innern wird leichter – jetzt oder bald – und fließt mit dem Ausatem davon. Und du genießt es andererseits, leichter und freier zu werden – mit jedem Einatmen – und loszulassen mit jedem Ausatmen – der Atem ist der ideale Führer in die Ruhe und Gelöstheit – in die Tiefe der eigenen Innenwelt. Loslassen im Ausatem und mit der verbrauchten Luft auch all das abgeben, was du jetzt nicht brauchst – mit dem Einatmen aber Leichtigkeit und Freiheit, die dir den Weg in die tiefe Ruhe des Innen erleichtern. Innere Ruhe und der Weg sind eine Frage des Loslassens und sich Anvertrauens, und durch all die vorhergehenden Meditationen ist dieser Weg nun schon geebnet, ist vorgezeichnet in das innere Muster des Bewußtseins. Die Zeit verliert so ihre Bedeutung – und Entspannung und Tiefe geschehen von Augenblick zu Augenblick – und in Gedankenschnelle. Du denkst Entspannung und erlebst sie im selben Moment. Der durch Erfahrung vorgeformte Weg ist nun schon so sicher und verläßlich, daß du, ohne es vielleicht bewußt zu bemerken, auf deinen eigenen Spuren hinabgleiten kannst ins Reich der Bilder und Farben, Schwingungen und Töne. Zwei ganz bewußte Atemzüge genügen nun, um den tiefen Strom der Entspannung bewußt zu machen – mit dem Ausatem läßt du alles Überflüssige los – mit dem Einatem öffnest du dich der notwendigen Energie – und sogleich fühlst du den sanften Strom der Entspannung – Gesicht und Hinterkopf entspannen sich bereits merklich – und das Gefühl des Loslassens dringt von außen nach innen bis zur Kopfmitte – erreicht hier die Energiequelle der Tiefe und strömt hinab durch Hals und Nacken – die Schultern, Arme und Hände entspannend – und weiter und zugleich in Rücken und Brust – und der Strom vereinigt sich mit der Energie des Herzraums. Bauch und schließlich Becken werden erreicht und durchspült, befreit und erleichtert. Durch die Oberschenkel, Knie und Waden erreicht der Strom die Füße – und alles Überflüssige aus den Tiefen kann nun zu den Zehenspitzen hinausfließen. Und wieder ist es der Atem, der den Prozeß des Loslassens erleichtert. Mit dem Ausatem fließt alles Überflüssige zu den Zehen und auch durch die Fingerspitzen hinaus – und mit dem Einatem strömt neue, frische Energie herein und so ist es auch der Atem, der den inneren Raum öffnet. Der Ausatem schafft das Alte, Verbrauchte hinaus, während der Einatem die Mitte öffnet, jenen Raum zwischen Kopf – oben und Becken – unten, zwischen dem Rücken – hinten und in der Brust – vorne – jenen Raum, in den du nun hineintauchst, um dich sogleich in deiner Landschaft, vor deinem Tempel wiederzufinden. Zu vertraut ist dir hier alles, als daß du noch lange zögern müßtest. Der Weg in den Tempel ist vorgezeichnet von deinen eigenen Schritten, und schon stehst du im Tempel und nimmst sogleich die Stufen hinab in den runden Saal mit den unzähligen Türen und steuerst auf die eine zu mit der Aufschrift »Saal der Selbsterkenntnis«. Drinnen empfängt dich eine auffallend frische Atmosphäre, als wehe ein Luftzug durch den Raum, und die Farben sind hell und frisch wie die Essenzen, die einen leichten, aber irgendwie verbindlichen Duft verbreiten. Es ist nun schon richtig »dein Saal«, und du nimmst auch sogleich deinen Platz ein – auf dem Ruhebett in der Mitte, direkt unter der Kuppel. Wieder geraten deine nach oben gewandten Augen in den Bann der kreisrunden Mandalastruktur, und die Blicke wandern, magisch angezogen, in die Mitte des Mandalas, die zugleich die Mitte der Kuppel ist. Während die Blicke solcherart im Mittelpunkt zusammenfallen, bemerkst du, wie auch der Atem auf eigenartige Weise zur Mitte kommt – er fließt ganz sanft und gleichmäßig um seine Mittellage und ermöglicht so seinerseits den Schritt durch die Mitte in die Welt dahinter. Die äußeren Augen sind nun zugefallen und auf der Leinwand in der Kuppel siehst du plötzlich deinen eigenen Atem beziehungsweise ein sanftes Pulsieren, das genau dem Rhythmus des Atems entspricht – und es ist dein Atem – du spürst es mit jedem Zug deutlicher – deine eigenen Lungen pulsieren auf der Leinwand der Kuppel – überlebensgroß und sehr geheimnisvoll anzusehen – wie zwei große Blasebälge, die sich völlig synchron leeren und füllen im Rhythmus des Atems – die einzelnen Strukturen treten immer deutlicher hervor – und du erkennst und spürst die Luftröhre als den gemeinsamen Stamm beider Lungen, der dich im Einatem mit frischer Luft versorgt und im Ausatem die verbrauchte ableitet. Wie bei einem großen Baum teilt sich dieser Stamm schließlich in die beiden großen Bronchialäste, die zu je einer Lunge führen und sich hier weiter verzweigen, den Bronchialbaum bildend – immer dünner und feiner werden die Äste und Zweige, bis sie schließlich in hauchdünnen, runden Gebilden enden, den Lungenbläschen oder Blättern des Bronchialbaumes. Und du erlebst, wie sie sich bei jedem Einatmen füllen wie Millionen kleiner Ballons und die ganze Lunge wie einen Blasebalg anschwellen lassen, um sich beim Ausatmen alle zugleich wieder zu entleeren und zusammenzufallen. Wenn du diesen lebendigen doppelten Lungenbaum nun im ganzen betrachtest und spürst, enthüllt sich auch seine Funktion: mit dem Einatem strömt Sauerstoff durch Luftröhre und Bronchialbaum bis in die Lungenbläschen, um durch deren hauchzarte Wand in die umgebenden Blutgefäße zu treten. Umgekehrt strömt zur gleichen Zeit aus den Blutgefäßen Kohlendioxid, der Abfallstoff der Verbrennungsprozesse des Körpers in die Lungenbläschen, um mit dem nächsten Ausatemzug nach draußen abtransportiert zu werden. So erlebst du einen regen Austausch an der riesigen Kontaktfläche deiner Lungenbläschen – und wie du diesen Vorgang nun nicht nur spürst, sondern auch so plastisch vor dir siehst, ist dir, als würdest du miterleben, wie mit jedem Einatmen frische Energie hereinströmt – durch die Lunge ins Blut – und wie mit jedem Ausatmen die verbrauchten Stoffe durch Nase und Mund den Körper verlassen, und du erinnerst dich, daß es ja gerade diese Erfahrung des Atmens ist, die dich nun schon so oft in die tiefe Entspannung der Meditation begleitet hat. Wie du jetzt diesen Austausch von Geben und Nehmen überall in den beiden Kronen des Lungenbaumes miterleben kannst, beobachtest du, wie sich dieses Prinzip auch in den übrigen Körper fortsetzt, und auch die Gestalt des Baums entdeckst du überall wieder. Der Gefäßbaum der Lunge sammelt das Blut aus den haarfeinen Gefäßen, die die Lungenbläschen umspinnen in die größeren Bronchialgefäße, die es zum Herzen leiten, und so erlebst du direkt neben dem Bronchialbaum noch einen Blutgefäßbaum. Vom Herzen führen aber schon wiederum je ein starker Gefäßstamm nach oben in Oberkörper und den Kopf und nach unten in Unterleib und Beine. Je weiter sich diese Herzschlagadern vom Herzen entfernen, um so stärker verzweigen sie sich, bis sie schließlich auch wieder in ganz zarte, haarfeine Gefäße auslaufen und so neue Gefäßbäume bilden. Diese kleinen Gefäße aber verbinden sich allmählich wieder zu stärkeren Kanälen und bilden noch einmal einen Gefäßbaum, der dem ersten genau entspricht und das Blut in umgekehrter Richtung zum Herzen zurückbringt. In haarfeinen Gefäßen aber tritt einerseits der Sauerstoff, die frische Energie, ins Gewebe aus, und zur gleichen Zeit kommt andererseits der Abfall aus dem Gewebe herein ins Blut, gelangt über das Herz in die Lunge, um von dort durch Nase und Mund hinausbefördert zu werden. Mit jedem Atemzug spürst du das Ineinandergreifen der verschiedenen Bäume, erlebst so die äußere Atmung in der Lunge und die entsprechende innere in den Gefäßbäumen von Armen, Beinen, Organen und Geweben, ein unaufhörlicher Wechsel von Geben und Nehmen überall. Du spürst, wie frische Atemluft durch die Nase einströmt und verbrauchte Luft mit dem Ausatem entweicht; erlebst, wie Sauerstoff durch die Lungenbläschen eindringt und zugleich Kohlendioxid austritt. Und in der Tiefe der Körpergewebe die Umkehr: Der frische Sauerstoff wird aus den Gefäßen ans Gewebe abgegeben und dafür das überflüssige Kohlendioxid aufgenommen – Nehmen und Geben überall – und überall Bäume! – Und bei diesem Gedanken tritt die Gestalt des Baumes noch deutlicher vor dein inneres Auge. Der Bronchialbaum wird wie transparent, und dahinter taucht die Form eines ganz normalen grünen Baumes auf. Die beiden Stämme fallen zusammen und auch die Äste und Zweige – durch die Lungenbläschen scheinen die Blätter des Baumes durch, und seine Wurzeln sind Mund und Nase – und nun erlebst du, wie sich auch die Funktionen beider Bäume entsprechen – beide nehmen durch ihre Blätter Kohlendioxid auf und geben Sauerstoff ab. So wie der Lungenbaum das Kohlendioxid aus dem Blut des Gefäßbaumes übernimmt, nimmt der grüne Baum das Kohlendioxid aus der Luft und damit letztlich aus den Lungen der Tiere und Menschen auf – und so, wie der Lungenbaum den Sauerstoff ins Blut des umgebenden Gefäßbaumes abgibt, um ihn später über die Gefäßbäume des Körpers ins Gewebe zu verteilen, genauso gibt der grüne Baum der Natur den Sauerstoff über seine Blätter in die Luft ab, aus der wir ihn wieder einatmen. Was zunächst so kompliziert anmutet, ist eigentlich ganz einfach: Es gehören immer zwei Bäume zusammen – so wie geben und nehmen zusammengehören. Wie der Gefäßbaum, der das frische Blut vom Herzen bringt, untrennbar zu dem gehört, der das verbrauchte Blut zurückbringt, genauso untrennbar gehören die Bronchialbäume unserer Lungen mit den Bäumen draußen zusammen. Innere und äußere Atmung gehören zum selben Kreis, und es ist der Kreis, in dem sich die Lebensenergie der grünen Pflanzen und unsere eigene Lebenskraft bewegen. Sehr deutlich kannst du dieses Zusammenspiel von Geben und Nehmen nun auf der runden Leinwand der Kuppel wahrnehmen und miterleben: Du atmest ein, was die Bäume deiner Umgebung ausatmen, und die Bäume atmen ein, was du ausatmest. Du siehst und spürst die Verbindung der inneren und äußeren Bäume nun ganz direkt – erlebst dich in einem Wald voller lebendiger atmender Bäume. Der Kreis ist das Symbol dieses Lebensflusses, und Geben und Nehmen sind die Kräfte, die ihn unterhalten. Wie Blut und Luft aufeinander angewiesen sind, sind es unsere Lungenbäume und die äußeren grünen Bäume – sie sind Zwillingsgeschwister. Sowenig wir ohne die inneren Bäume leben können, sowenig können wir es ohne die äußeren. – Mit jedem Atemzug spürst du den großen Kreis des Lebens und beginnst immer bewußter, dich als Teil davon zu fühlen. Ein- und Ausatem – kommen und gehen – nehmen und geben. – Für einen Moment gehst du auf in diesem Rhythmus der Wirklichkeit, und es wird dir bewußt, welche Rolle Geben und Nehmen in deinem Leben spielen – in welchem Verhältnis sie zueinander stehen. Nimmst du bewußt und vor allem, gibst du bewußt? – – – Oder wartest du, bis sich das Schicksal holt, was ihm zusteht? – – – Mit dieser Frage tauchen andere auf. Wie gehst du mit deinem Lebensbaum um? – Wieviel Bewußtsein schenkst du der Luft, die du atmest und die dich am Leben erhält? Und wieviel Bewußtsein schenkst du den grünen Bäumen der Natur, deren Atmung uns alle am Leben erhält? – – – Wenn du bisher wenig Beziehung zu ihnen hattest, vielleicht hat diese Begegnung im gemeinsamen Kreis des Atems etwas daran geändert? – Während dir die enge, lebensnotwendige Kommunikation zu Bewußtsein kommt, die der Atem zu den grünen Pflanzen schafft, mag es gut sein, daß sich dein Verhältnis zu Pflanzen nicht nur vertieft, sondern grundlegend ändert, einfach dadurch, daß du nun bewußter von ihnen nimmst, was du schon immer genommen hast: Sauerstoff und damit Lebenskraft – und dadurch auch vielleicht, daß du ihnen in Zukunft neben dem eigenen Kohlendioxidabfall auch Aufmerksamkeit und Beachtung, vielleicht sogar Dank gibst. – – Im Nehmen und Geben liegt aber nicht nur das Geheimnis des Atems begründet, sondern jedes Geheimnis. Und auch wenn du dich, wie die meisten Menschen, bisher weniger um das Geben als um das Nehmen gekümmert hast, liegt auch in ihm, dem Nehmen, noch genug Geheimnis. Wenn es uns, wie den Bäumen draußen und unserem Lungenbaum drinnen, gelingt, alles, was auf uns zukommt, gern und als unsere Aufgabe anzunehmen, bekommen wir auch alles, was wir wollen. Fast alle Menschen träumen davon, all das zu bekommen, was sie wollen. Es bedarf dabei nur dieses kleinen Bewußtseinsschrittes: alles zu wollen, was kommt. Denn wenn wir alles wollen und annehmen, was wir bekommen, bekommen wir andererseits automatisch alles, was wir wollen. Das aber ist ein Zustand völliger Freiheit, der der »Erleuchtung« schon nahe kommt. So kannst du in diesem Moment erkennen, daß jede Zelle deines Körpers, jeder Zweig und jedes Blatt des inneren und all der äußeren Bäume in diesem Zustand leben. Sie alle wollen genau das, was ihre Aufgabe ist und auf sie zukommt, und so bekommen sie ganz von selbst immer genau das, was sie wollen. Erst wenn eine Zelle die Ordnung verläßt und ihren eigenen Willen gegen den des ganzen Organismus stellt, wird sie zum Krebs und fällt aus dem Zustand des Einklangs und der Harmonie mit dem Ganzen. Und so spürst du hier vielleicht schon das Geheimnis der großen Ordnung durch, der sich einzufügen die wesentlichste Aufgabe des Menschen ist. Mit dieser Erkenntnis und all den anderen auf der Reise zu den inneren und äußeren Bäumen gewonnenen Einsichten kehrst du ganz bewußt zurück auf dein Ruhebett im Saal der Selbsterkenntnis und löst den Blick aus dem Mandala der Kuppel. Dieser Platz hier ist dir nun schon so vertraut, daß hier nichts mehr unmöglich erscheint. Jetzt aber löst du dich, stehst auf und trittst hinaus in jenen anderen runden Saal mit den vielen Türen. Eine kurze Orientierung genügt, um die eine Tür zu finden, die jetzt für dich wichtig ist und die Aufschrift »Der Baum« trägt. Du verharrst vor dieser Tür, denn wenn du sie gleich öffnest, wirst du tatsächlich dem Baum begegnen, jenem Baum, der für alle Bäume steht und auch für alle Bäume sprechen kann, und du kannst dich dann mit ihm unterhalten, kannst dir etwas erzählen lassen, wie es dem großen Baum gerade in diesem Moment geht, wo du mit ihm sprichst oder wie es ihm in der letzten Zeit seiner Geschichte ergangen ist; – – ja, du kannst dir die ganze Geschichte der Bäume von ihm berichten lassen, und bei allem wirst du erleben, wie er tatsächlich für alle Bäume sprechen kann – für die äußeren und für die inneren – für die früheren und die heutigen – für die in deinem Körper genau wie für die im nächsten Garten – und sogar für die letzten großen Urwälder der Erde – denn sie alle gehören auf Gedeih und Verderb zusammen. – Wenn du nun gleich mit den Tönen allein sein wirst, kannst du diesen heiligen Baum, der für alle Bäume steht, besuchen, oder aber du verschiebst den Besuch, denn du kannst, wann immer du willst, alleine zur Baumtür im Saal der Tore zurückkehren. – – Dein Tempel steht dir immer offen – und der Weg dorthin wird immer leichter mit jedem weiteren Besuch. Und ob du deine innere Reise jetzt gleich oder später beendest, wie am Ende jeder Reise in die eigentliche Bilderwelt, tust du es mit einem tiefen Atemzug und orientierst dich anschließend wieder bewußt im Hier und Jetzt.

6. Meditation
Grenze und Ausdruck – Haut

Und wieder legst du dich zur Reise in die innere Bilderwelt an deinen Meditationsplatz, die Beine nebeneinander, die Arme locker seitlich vom Körper und läßt die äußeren Augen zufallen. Und schon während sich die Lider schließen, merkst du, wie sich Entspannung ganz ohne dein Dazutun ausbreitet – so bekannt und vertraut ist der Weg in die eigene Tiefe nun bereits, die vertrauten Wegbegleiter tun das ihre, um dich sicher und schnell hinabzubegleiten – die Töne, die dich tragen und denen du dich schon so oft anvertraut hast und meine Stimme, die dich führt und vor allem dein eigener Atem. Jedes Ausatmen ermöglicht wie von selbst auch ein Loslassen und Fallenlassen. Ein Loslassen von all dem, was jetzt auf dem Weg hinderlich sein könnte und ein Geschehenlassen von all dem, was jetzt wie von selbst passiert auf dem Weg hinab in die Entspannung. Und jedes Einatmen macht weit und leicht und öffnet dich für den Strom der Energie. Seit du den Atemfluß genauer durchschaust, ist seine Wirkung noch umfassender: befreiend und öffnend und hinabführend in die eigene Mitte. Es ist jetzt so leicht, sich dem Strom des Atems anzuvertrauen und alles loszulassen, was du nun nicht mehr brauchst – und sich selbst loszulassen – jetzt oder gleich – und es ist vollkommen gleichgültig, ob du zuerst die erhebende Leichtigkeit des Einatmens spürst oder das befreiende Loslassen im Ausatmen. Der Atem nimmt seinen Lauf und die Entspannung den ihren. Zeit spielt keine Rolle mehr – Loslassen geschieht im Augenblick – der Weg ist vertraut und jedesmal führt er noch ein Stück weiter hinab in die eigene Welt der Tiefe. Und der Weg der Entspannung im Körper ist genauso vertraut, und als du an ihn denkst, beginnt er von selbst. Die Gesichtsmuskeln entspannen sich – und auch die Kopfhaut – und so wird die gesamte Haut im Kopfbereich bewußt und fühlt sich eigenartig samtig an oder bald. Und schon dringt die Entspannung nach innen bis in die Tiefe und Mitte des Kopfes – ohne daß dabei allerdings die äußere Entspannung nachließe. – Aus der Tiefe des Gehirns nimmt der Entspannungsstrom seinen gewohnten Lauf durch Hals und Nacken in den Schulter- und Brustbereich. Von innen heraus breitet sich nun dieses vertraute Gefühl des Loslassens aus. Die Muskeln werden eigenartig weich und die Haut so anders – oder ist es nur, weil sie nun so bewußt wird? Jedenfalls findet der Strom der Energie den Weg weiter hinab bis in die Arme und Finger und ergießt sich zugleich aus dem Nackenbereich hinab in Oberkörper und Brust, wo er sich mit der noch stärkeren Herzenergie eint. Wärme und Loslassen strömen von hier nun in Rücken und Bauch – Anspannungen lösen sich – Muskeln und Haut werden noch weicher und erlauben dem Körper, noch tiefer zu sinken in die Entspannung und in die Unterlage, die dich trägt und der du dich in jedem Moment anvertrauen kannst. Durch das Becken erreicht der Strom die Beine und schließlich die Füße bis hinab in die Zehenspitzen. Die Wellen des Atems helfen wieder dabei, alles Überflüssige durch Finger- und Zehenspitzen hinausfließen zu lassen und zugleich mit dem Einatmen neue Energie hereinzuholen und in die inneren Räume zu lenken – vor allem jenen inneren Raum der Mitte öffnet der Strom – zwischen dem Kopf oben und dem Becken unten, dem Rücken hinten und der Brust vorne – tut sich die Weite des Innen wie von selbst auf – und du tauchst hinein und hindurch – bis in deine Landschaft vor deinem Tempel. Wie immer steht er dir offen, und du gehst sogleich hinein und hinunter in den runden Raum mit den unzähligen Türen – den Saal der Tore. Wie im Schlaf findest du nun schon jene Tür zum Saal der Selbsterkenntnis und trittst ein. Die Atmosphäre, die dich umfängt, ist ungewohnt dicht, beinahe, als berühre sie deine Haut körperlich und überall zugleich, jedenfalls spürst du dich seltsam bewußt in deiner Haut, als du zum Ruhebett in der Mitte gehst und Platz nimmst. Fast ist es, als streichele dich das warme Licht und als legten die Essenzen einen weichen Samtmantel um dich. Als dein Blick ins Mandala der Kuppel wandert, ist es immer noch das eigenartige Gefühl in deiner Haut, das dich begleitet, und so verwundert es dich nicht, wenn, kurz nachdem die Augen in der Mitte des Mandalas angelangt und zugefallen sind, deine Haut zum Thema wird und du in deiner nackten Haut auf der Leinwand auftauchst mitsamt deiner Strahlungshülle. Es ist das schon vertraute Bild des Körpers als Fünfstern, mit ausgebreiteten Armen und Beinen, solcherart und durch die Ausstrahlung der Aura, die die Zwischenräume füllt, einen Kreis bildend. Und dann ist dir, als könntest du wiederum in der Kreisgestalt auch den Erdkreis erblicken; wie bei einem Vexierbild tritt mal der Kreis deines Körpers mehr in den Vordergrund, mal der Erdkreis – beide aber sind sie eingehüllt in ihre Haut und umgeben von ihrem Strahlungsfeld. Wenn du nun zu deiner Haut hinspürst und dir dieser körperlichen Grenzen noch einmal bewußt wirst, spürst du und siehst zugleich auf der Kuppelleinwand, daß es tatsächlich eine fließende Grenze ist. Wenn du nämlich genauer hinschaust, erkennst du deutlich die feinen Haare, die sich tastend hinausrecken wie Fühler oder Antennen, die in den äußeren Raum horchen. Und dann fällt dein Blick auf die viel längeren und dichteren Haare am Kopf und im Schambereich – und schon rückt auch die Erdoberfläche wieder näher – und du erkennst, daß auch sie Bereiche dichterer Behaarung in ihren Wäldern hat und solche feinerer Art in ihren Savannen und Grassteppen. Und da ist dir, als spürtest du in deiner eigenen auch die Haut von Mutter Erde – als atmetest du auch und zugleich durch sie. Es ist das nur ein sehr feiner Atem, der durch die Haut fließt, aber doch ein notwendiger. Du erlebst nun tatsächlich, daß die Grenze der Haut gar nicht so endgültig ist, daß du durch ihre unzähligen Poren atmest und so in Verbindung stehst zur Umwelt – fast wie die Erde durch ihre unzähligen Pflanzen atmend, in Verbindung steht zu ihrer Umwelt, der Atmosphäre. – Es ist ein angenehmes Gefühl von Kontakt zur Welt durch die Grenze der Haut hindurch. Und in diesem Augenblick erlebst du die Beziehung zwischen Atem und Haut – zwischen Kontakt und Grenze. Jetzt aber gehst du mit deinem Bewußtsein immer mehr zur Grenzfunktion der Haut – machst dir diese, deine äußerste körperliche Zone ganz bewußt – spürst, während du daliegst, wie die Haut an die Kleider anstößt und den Innenraum vom Außen trennt – und zugleich siehst du auf der Kuppelleinwand deine Hautgrenze und zwischendurch auch die Grenze der Erde zum Weltraum – tatsächlich gehört die Atmosphäre noch zur Erde, dreht sie sich doch mit ihr mit und bleibt in fester Beziehung zur Erdoberfläche –

ganz ähnlich, wie auch das Strahlungsfeld der Aura zu dir gehört und in ständiger Beziehung zu dir bleibt – und doch sind Erdoberfläche und Haut unsere körperlichen Grenzen. – Während dieser ganzen Betrachtungen hat sich deine Haut vielleicht schon ein wenig verändert, ist möglicherweise etwas wärmer geworden, vor allem aber bewußter. Und auch ein Strömen oder Fließen kannst du nun nahe und in ihrer Grenzschicht wahrnehmen. Jetzt, wo die Grenze so bewußt und lebendig ist, wird dir klar, wie selten du bis an die äußerste Grenze deines Körpers gehst und sie wahrnimmst. Öfter wohl versteckst du dich ganz innen drin und merkst es daran, daß sich die Haut kalt anfühlt, ja, daß du kalte Füße bekommst. Und jetzt gehst du einmal in solch eine frühere Situation hinein, wo du dich ganz nach innen zurückziehst, dich innen so einkapselst, daß die Haut außen kalt wird und du vielleicht sogar eine Gänsehaut bekommst. Erinnere dich an solch eine Situation und nimm wie immer den ersten Gedanken, der auftaucht, – wo bist du da und mit wem – erleb all das jetzt noch einmal, und es ist jetzt, sobald du ganz in die Situation eintauchst. Die Situation wird immer lebendiger vor dir und in dir, die Durchblutung der Haut immer geringer. Du kapselst dich ab, machst deine Hautgrenze zu einem Bollwerk gegen das feindliche Außen. Und spür dich nun da innen und wie sich das anfühlt, so abgekapselt und allein und gut geschützt vor allem Lebendigen dort draußen. Und dann erlaubst du dieser Situation, sich wieder zurückzuziehen und läßt aus deiner Mitte und vor deinem inneren Auge die gegenteilige Erfahrung auftauchen, eine jener Situationen, wo du wirklich bis an deine Grenze gehst, das Blut in sie hineinfließen läßt und dich so warm und bis an die Grenze lebendig fühlst – eine Situation etwa mit einem anderen Menschen, den du ganz nahe herangelassen hast, ein Kind oder einen Partner vielleicht, jedenfalls jemanden, den du sehr magst – und wieder ist es jetzt. Du spürst die Berührung auf deiner Haut und erlebst das warme, strömende Gefühl in ihr. Die Haut lebt, und du lebst in ihr, spürst durch die Berührung der anderen fremden, aber doch vertrauten

Haut deine eigene, und so ist dir auch die andere gar nicht mehr so fremd, sondern ebenfalls nahe in einem tieferen Sinn, und du erlebst in ihrer Wärme deine eigene. – – – Und auch diese Situation zieht sich nun wieder zurück, und du bleibst mit deiner Haut und dem Gefühl zu ihr – so wie du es jetzt auf dem Ruhebett im Saal der Selbsterkenntnis empfindest. – Und nimm dir nun einmal Zeit, nicht nur mit der Haut zu fühlen, sondern auch mit ihr zu sprechen. Es ist eine gute Gelegenheit, deine Haut als lebendiges Wesen zu begreifen und sie wirklich ernst zu nehmen, – auf sie zu horchen – und laß dich überraschen, was sie dir mitzuteilen hat und wieder liegt die Botschaft im ersten Gedanken. Laß dir auch einmal von ihr berichten, wie sie die beiden Situationen mit Kälte und Wärme erlebt hat und welche von beiden sie besser kennt, öfter erlebt hat – und auch, nach welcher von beiden sie mehr Sehnsucht hat, welche ihr mehr fehlt. – – – So wird dir klar, welche Rolle Kontakt und vor allem Hautkontakt, in deinem Leben spielt und welche Rolle Abgrenzung. – – – Und zwischendurch taucht durch das Menschenmandala, das du bist, auch die Weltkugel wieder auf, und du kannst sehen, wie es um deren Grenzen steht. Du erkennst ein chaotisches Gewirr und Netzwerk auf der Oberfläche der Erde, und du kannst die Qualität dieser Grenzen von Menschenhand plötzlich an ihrer Farbe erkennen. Jene Ländergrenzen, die durchgängig für das Leben sind und Kontakt vermitteln, tauchen als warme, orangefarbene Linien auf; andere dagegen, die vor allem abschließen, erscheinen als kalte, schwarze Linien. Du kannst dir jeden Flecken der Erde genauer anschauen, zum Beispiel das eigene Land und seine Grenzen. Wo sind sie warm, orange und offen, wo schwarz, kalt und verschlossen? – Und so, wie dein Land und du selbst Grenzen hast, ist auch alles andere begrenzt in dieser polaren Welt – auch die Partnerbeziehung hat ihre Grenzen und die Familie, die Firma vielleicht und ein Verein oder jede andere Verbindung; denn jeder Zusammenschluß schließt auch ab nach draußen und bildet so Grenzen. Schau dir nun die Grenzen an, die dich umgeben, und vor allem die, unter denen du leidest – – –

und dann betrachte auch die Art dieser Grenzen. – – – Wer setzt diese Grenzen? – – – Du? Oder deine Mitmenschen? Oder wer? – – – Was bringen diese Grenzen an Sicherheit und was an Enge in dein Leben – – – – Wie du es an deiner Haut spüren konntest, gehören immer beide Seiten dazu, um eine warme, lebendige Grenze zu bilden, die Kontakt erlaubt oder eine kalte, verschlossene. Es ist natürlich leichter, die Grenzprobleme der Welt anzusehen als die eigenen – und doch kannst du jetzt erkennen, daß die der Welt auch die eigenen sind. So wie Mensch und Welt entsprechen sich auch die Probleme an ihren Grenzen. Jetzt ist eine gute Gelegenheit, sich der eigenen Grenzpolitik bewußt zu werden – in der eigenen Haut – den eigenen vier Wänden – in der Familie – und im eigenen Land. – – – Wie fühlst du dich in deiner Haut? – – – Bist du offen nach allen Seiten oder kapselst du dich ab? – – in der eigenen Haut oder den eigenen vier Wänden? – – in deiner Familie oder deinem Land? – – – Und was sind das für Momente, wo du aus deiner Haut fahren willst? – – – Hast du eine dicke Haut oder eher eine dünne? – – – Gehen dir die Dinge leicht unter die Haut, und was sind das für Dinge? – – – Und wenn du zwischendurch wieder die Haut der Erde betrachtest, weißt du jetzt, daß sie eine genauso ehrliche Haut ist wie die eigene, und du weißt auch, daß sie die eigene ist. Und du spürst nun, welche Dinge der Erde unter die Haut gehen. – – – Dann kehrst du zurück zur eigenen Haut und wirst dir bewußt, wie dein Kontakt zu dir ist. Magst du sie und berührst du sie gern? – – Erlaubst du anderen, sie zu berühren und genießt das? – – – Bekommt deine Haut genug Zuwendung? – – – Was möchte deine Haut wirklich? – – – Wovon träumt sie? – – – Und wie ist dein Kontakt zu jener anderen größeren eigenen Haut, der der Erde? – – – Erlaubst du deiner Haut, die von Mutter Erde zu spüren – – – – Wann bist du das letzte Mal barfuß gelaufen, und wie fühlte sich das an? – – – Lebst du noch auf der Haut der Erde in Kontakt zu ihr? – – – Oder hast du den Kontakt zu Haut und Erdoberfläche längst verloren – – – – Und was spiegelt deine Haut? – – – Sieht sie lebendig und glücklich aus?

– – – – Was hat sie geprägt, ihr ihre Farbe gegeben und etwaige Falten und Furchen? – – – Und wieder kommt die Erdkugel dazwischen und zeigt dir ihr Gesicht, das die drei anderen Elemente ihr eingeprägt haben – das äußere Feuer der Sonne in Vulkanausbrüchen und Gebirgsauffaltungen und die sengende Sonne – und Wind und Wasser mit der ihnen eigenen Kraft. Und du wirst dir bewußt, wieviel Einfluß die Elemente auf deine eigene Haut haben und wieviel von anderen Einflüssen geprägt ist. Es ist eine ehrliche Haut, die wir um uns haben – ehrlich, was unseren Körper anbelangt und ehrlich, was den der Erde angeht. Jede Stimmung und jedes Gefühl spiegelt sich im Ausdruck unseres Gesichts, so, wie sich die Stimmungen der Erde im Wetter ausdrücken. Das Innere wird im Außen sichtbar – und deshalb ist es uns auch so wichtig, ob wir eine bleiche oder eine lebendige Gesichtsfarbe haben – reine oder unreine Haut. Schau dir nun in diesem Moment an, was sich auf deiner Haut ausdrückt. Die ehrliche Antwort bringt, wie immer, der erste Gedanke mit sich. – – – Und zur Haut gehören auch die Fingernägel – was drückst du mit ihnen aus? – Sind sie rot und lang – zu aggressiv verführerischen Krallen geformt, oder hast du deine Krallen kurz gestutzt? – – – Und auch die Haare gehören zur Haut. Was sagen sie dir und was sollen sie den anderen mitteilen? – Sprechen sie in ihrer Wildheit von Freiheitsliebe und Unabhängigkeitsstreben oder zeigen sie geordnete Anpassung – oder bewußte Unterordnung unter eine Idee? – Was sagt dir deine Frisur? – – – Unterhalte dich mit ihr – die Frisur kann zu dir sprechen und wird es tun, wenn du hinhorchst! Sie wird dir erzählen, was sie ausdrückt und was ihr Anliegen ist. – – – So können die Haut und ihre Anhangsgebilde Nägel und Haare uns anregen, viele Fragen zu stellen – und noch mehr können sie beantworten – wie ein Buch, in das die Geschichte unseres Lebens geschrieben ist. So wie wir von der Haut der Erde ihre Geschichte durch die Jahrmillionen ablesen können, gelingt es auch bei unserer Haut für die Jahrzehnte des Lebens. Wie Narben in der Erdoberfläche die Geschichte eines lange vergangenen Goldrausches beschreiben mögen, ein Krater den Einschlag eines Meteoriten oder ein steiler Gebirgszug eine unruhige Phase vor noch viel längerer Zeit, so kann die Müdigkeit um unsere Augen von der vergangenen Nacht berichten – eine Narbe eine Geschichte aus der Kindheit erzählen – die Haut der Erde und unsere eigene können uns so zu den vielleicht spannendsten Büchern werden – und tatsächlich verraten sie ihre Geschichte bereitwillig. – –

– Für diesen Moment und fürs erste löst du dich nun aber von den Botschaften der Haut und wirst dich genau an sie erinnern. Die Sprache der eigenen Haut wird dir von nun an viel näher und vertrauter bleiben. Eine Gänsehaut wird bereitwillig die Botschaft verkünden: »Jetzt mache ich nach draußen zu!« – Genau wie jedes Rotwerden schneller den Gedanken preisgibt, den du da nicht wahrhaben willst und den du dadurch auf die ehrlichere Gesichtshaut zwingst. Wenn du willst, kannst du sogar jetzt gleich anschließend an diese geführte Meditation noch mehr mit und in deiner Haut erleben. Es gibt nämlich in jenem runden Saal der Tore, der vor dem Saal der Erkenntnis liegt, eine Tür mit der Aufschrift »Mein Gesicht«. Wenn du durch diese Tür gehst, wirst du in einen Spiegelsaal gelangen und direkt vor einem gewaltigen Spiegel landen, der dein Gesicht, so wie es jetzt ist, ganz ehrlich und ohne alle Schminke und überlebensgroß zeigen wird. Du kannst dir dann Zeit lassen, alles genau zu betrachten: was dir gefällt und was dir mißfällt. Wenn du genug gesehen hast, gehst du einfach auf den Spiegel zu und wirst eine Tür darin finden, durch die du in den nächsten Spiegelsaal, vor einen wiederum gewaltigen Spiegel gelangst. In ihm wirst du, überlebensgroß, dein Gesicht so sehen, wie du es gern hättest, ja, wie du es dir erträumst. Schau auch hier genau und ehrlich hin, bis du genug gesehen hast, – dann geh auch durch die Tür in diesem Spiegel hindurch, und du wirst in den dritten und letzten Raum gelangen. Hier nämlich kannst du erleben, was geschehen müßte, damit dein Gesicht tatsächlich die Ausstrahlung bekommt, die es im letzten Spiegel – deiner Träume – hatte. Alles Notwendige wirst du in diesem Raum finden und kannst es, wenn du willst, auch durchleben. Und es wird dich nun gar nicht mehr wundern, daß es sich nicht um äußere Maßnahmen, wie Schminken und Vertuschen handeln wird, sondern um innere Schritte. Und jetzt, wenn du dich langsam vom Ruhebett im Saal der Selbsterkenntnis erhebst, hast du die Wahl, draußen im Saal der Tore die Tür »Mein Gesicht« zu öffnen oder aufzutauchen und dich wieder mit einem tiefen Atemzug im Hier und Jetzt zu orientieren, entspannt und ausgeruht an deinem Meditationsplatz aufzutauchen und dich in vertrauter Weise zu orientieren.

7. Meditation
Abwehr und Aggression

Du liegst nun wieder an deinem Meditationsplatz – ausgestreckt und entspannt – spürst die Schwere des Körpers – hörst meine Stimme und wartest auf das, was auf dich zukommen wird – und machst dir einmal gleich von Anfang an deine Erwartungen bewußt. Dabei weißt du längst, daß es gar nichts zu erwarten gibt, weil alles Notwendige bereits da ist – in dir – und du brauchst es nur in dir wach werden zu lassen – und auch dazu brauchst du wiederum gar nichts zu tun, als dazuliegen, geschehen zu lassen, was im Moment von selbst geschieht und auszuruhen. Du brauchst dich nicht anzustrengen, die Worte zu hören – es geschieht sowieso und von allein – liegt in der Natur des Horchens – die Worte kommen zu dir wie auch die Töne der Musik, während du passiv daliegst und geschehen läßt, was von selbst geschieht – dich der Unterlage und der Situation anvertrauen ist schon alles – und einfach gar nichts tun. Die äußeren Augen, die sonst immer aktiv hinaus in die Welt schauen, sind geschlossen, und die inneren Bilder kommen ganz von selbst – tauchen aus deiner eigenen Mitte zur rechten Zeit auf. Du brauchst auf nichts zu warten, denn alles, was geschieht, geschieht im selben Moment, und sobald du es geschehen läßt – einfach dadurch, daß du gar nichts tust – nichts dafür und nichts dagegen. Die Zeit verliert in der tiefen Entspannung, die schon längst begonnen hat – ob du das nun bewußt wahrnimmst oder nicht – ihre Macht, und alles geschieht, sobald du bereit bist – im selben oder im nächsten Moment. So gelingt es dir nun immer leichter, die Illusion der Zeit mehr und mehr zu durchschauen, und dabei verschwindet die Zeit – und nichts braucht mehr Zeit – alles ist in einem Augenblick – jetzt. Und so neu ist dir diese Erfahrung auch wieder nicht, im Gegenteil – sie ist wohlvertraut aus den Träumen der Nacht, wo ja auch weite Räume innerer Zeit in Minuten gemessen nach äußerer Zeit ablaufen, und die Erfahrungen von Jahrhunderten in ein paar Minuten vor dem Aufwachen passen. – Es mag sein, daß dir manche geführte Reise in die eigene innere Welt anfangs vielleicht zu schnell erschien, den Eindruck erweckte, als würde zuviel in zu kurzer Zeit von dir verlangt, und jetzt erkennst du, daß das gar nicht möglich ist, weil tief in dir und überhaupt auf der Ebene der Gedanken Zeit eine Illusion ist, ein Phantasiegebilde, das verschwindet, wenn man es durchschaut – und das geschieht jetzt gerade zunehmend in deinem Bewußtsein, während der Körper immer noch tiefer in die Unterlage und in die Entspannung sinkt – jetzt und vorhin oder gleich. – Nichts kann dir mehr zu schnell gehen – nichts zu langsam – du bist in jedem Moment, und so gibt es keine Zeit, die du schon daliegst und keine Zeit, die du noch daliegen müßtest. – Du liegst jetzt – in diesem Augenblick – mit geschlossenen Augen und in Entspannung versinkend – lauschst Worten, die nicht so wichtig sind, in jedem Augenblick. Die Bilder, die die Worte tragen, verwirklichen sich in jedem Moment in dir – und du liegst nur da – bist da – und der Strom der Entspannung, der sich früher langsam aufbaute und vom Kopf nach unten in den Körper bewegte, ist jetzt einfach da – fließt im Kopf von der entspannten Gesichtshaut in die Mitte des Gehirns und fließt im selben Moment durch Hals und Nacken, in Schultern und Arme, hat aber auch schon Brust und Rücken erreicht und ist bereits im Bauch und

Becken – die Beine sind durchströmt, und längst fließt wieder
alles Überflüssige zu den Finger- und Zehenspitzen hinaus – ob
du das nun noch besonders bemerkst oder nicht. – Nur die Zeit
fließt nicht, sondern steht still im Moment – hier und jetzt –
und so hast du alle Zeit. – Was draußen, in der Welt der
Gegensätze Stunden, Tage, ja sogar Jahre dauert, kann hier
drinnen bei dir im Nu passieren – in Gedankenschnelle und in
der Tiefe und Eindringlichkeit deiner inneren Bilder. Ein einziger Gedanke reicht – und der Tempel taucht vor dir auf – in der
vertrauten Landschaft, und du betrittst ihn in Gedankenschnelle. – Und ehe du dich versiehst, nämlich im selben
Moment, bist du durch den kreisrunden Saal der Tore im Saal
der Selbsterkenntnis gelandet auf deinem Ruhebett unter der
Kuppel der Mitte. – »Wieso nur habe ich bisher so viel ge-
kämpft und sogar in der Meditation – wenn es doch gar keine
Zeit gibt?«, mag als Gedanke auftauchen, als dein Blick sich im
Mandala der Kuppel über dir festsaugt und unaufhaltsam in
die Mitte gezogen wird. Als deine Augen, im Zentrum angekommen, wie von selbst zufallen, ist es dieser Gedanke an
deinen dauernden Kampf, der dich hinüberbegleitet in die Welt
jenseits der Mitte des Mandalas. Und auf der weiten, runden
Leinwand, die sich hier nun wieder über dir ausbreitet, siehst
du die Kämpfe deines Lebens noch einmal vorbeiziehen. Da ist
der erste Kampf bei der Geburt – in einem einzigen Moment
enthüllt sich das ganze Drama – jetzt, wo es keine Zeit mehr
gibt und braucht, hast du alle Zeit im Moment. Und du schaust
genau hin – erlebst die Qual des Hinausgepreßtwerdens – die
Kälte – das Licht – und den Schmerz des ersten brennenden
Atemzugs – die Durchtrennung der letzten Verbindung – der
Nabelschnur auch. – Und an die Geburt schließen sich andere
Kämpfe an, die Kämpfe und Krisen deiner Kindheit und Jugend. Manch schmerzliche Erfahrung taucht da auf, manch
notwendige auch, an der du wächst und reifst. – Und wie du
dich deinem jetzigen Alter näherst, nehmen die Kämpfe nicht
ab, sie verlagern sich höchstens nach innen. – An die Stelle von
äußeren Raufereien treten wortreiche Auseinandersetzungen

278

und solche, die ganz allein in dir ablaufen – eine Kette von kleinen und großen Kriegen bis in die Gegenwart. – Im Jetzt angekommen, wechselt das Bild auf der Leinwand der Kuppel – und an deiner Stelle tritt die Welt in den Mittelpunkt. – Aber hat das Bild wirklich gewechselt? Das Thema bleibt dasselbe: Auseinandersetzung und Krieg. Viele Stellen flammen da auf der Weltkugel auf wie Brandfackeln und zeigen die augenblicklichen Kriegs- und Krisenherde. Und als die Zeit nun rückwärts zu laufen beginnt, wird es nicht anders. Mal sind es mehr, mal etwas weniger akut brennende Stellen, aber immer ist Krieg da. Aus einiger Entfernung betrachtet, sieht es fast wie ein Spiel aus: Dort kämpfen Christen mit katholischen Fahnen gegen solche mit evangelischen – dort Moslems gegen Moslems – und weiter zurück liegen weiße Menschen mit gelben im Krieg und schwarze mit weißen – und dort weiße mit roten, und zwischendurch gerät fast die ganze Welt in Brand. – Meist sind es nur verschiedene Fahnen und Zeichen und die entsprechenden Ideen dahinter, die die gegeneinander kämpfenden Menschen trennen. Manchmal sind es aber auch unterschiedliche Hautfarben und Religionen, und oft ist es Besitz – und Reich und Arm ringen miteinander. Das scheint ein wichtiges Prinzip zu sein und vieles zu erklären. – Die große Weltkugel in der Kuppel macht es noch deutlicher, denn sehr häufig liegen die reichen Länder oben und die armen unten – die Reichen versuchen, noch reicher zu werden, die Armen das Ungleichgewicht auszugleichen. An einigen Stellen wird es besonders deutlich: Der reiche Norden steht da drohend über dem armen Süden – etwa das mächtige Europa über dem ohnmächtigen Afrika; oder das reiche Nordamerika über dem armen Südamerika. – Und während du dir noch diese Weltszenerie betrachtest, taucht hinter und durch die Weltkugel dein eigener Körper auf – wieder in der ausgestreckten Fünfsterngestalt – und füllt den ganzen Kreis aus. Dein Kopf liegt nun oben im Norden, und das Becken und die Beine weisen nach unten und Süden – und schlagartig wird dir die Übereinstimmung zwischen Körper und Welt bewußt. Unterdrückt nicht auch dein

Kopf oft genug von oben herab die tiefer gelegenen Bereiche mit ihren Ansprüchen und Gefühlen? Sind es nicht immerzu seine Ideen und kühlen Gedanken, die dein Leben bestimmen und sich über die Empfindungen und Ahnungen von Herz und Bauch hinwegsetzen? Haben nicht oft genug Herz und Bauch Lust zu Dingen, die der Kopf in seiner vernünftigen und strengen Art nicht erlaubt? Der Gegensatz zwischen oben und unten – Macht und Ohnmacht – männlich und weiblich – lebt in dir genau wie in der Welt. Ja, er lebt auch in der kleinen Welt der Partnerschaft und der Beziehungen – in Familie und Gemeinschaft. – Der Kopf dominiert von oben herab und degradiert dabei nicht selten sein unterlegenes Gegenüber. Im selben Moment wird dir auch bewußt, wie die Machtverhältnisse in deinen Beziehungen liegen und schon immer lagen – und es geht jetzt nicht um Änderungen, sondern nur darum, ehrlich hinzuschauen und sich einzugestehen, wie es steht zwischen männlichem Kopf und weiblichem Bauch und Becken. Gerade kleine Dinge können vieles erhellen. Bekommt etwa dein Bauch Nahrung, wenn er sie verlangt oder wenn der Kopf entscheidet, daß es Zeit ist? Wieviel Gewicht gibst du überhaupt dem Weiblichen in deinem Partner und in deinem Körper und deiner Seele? Welche Rolle dürfen Gefühle und die Regungen des Herzens bei dir spielen und in deiner Partnerschaft? Haben sie eine Chance gegen Vernunft und klares Kalkül des Kopfes? Wieviel Energie und Zeit verwendest du auf deinen Körper, seine Haut und das Spiel seiner Muskeln und wieviel Zeit auf das Spiel der Gedanken des Kopfes? Die Weltkugel über dir wird jetzt noch einmal deutlicher, kommt in den Vordergrund, und du erkennst wieder die vielen brennenden Stellen auf ihr als all die Plätze, wo die Gegensätze und die herrschenden Spannungen so groß geworden sind, daß sie schließlich explodieren mußten. Und hinter der Weltkugel scheint noch immer leicht das Mandala deines Körpers durch, und dir dämmert, daß es auch in ihm schon oft genug gebrannt hat – immer dann nämlich, wenn die Spannungen zu groß und du krank wurdest – so entsprechen sich dein Körper und der

es geht darum ehrlich hinzuschauen

der Erde auch in dieser Hinsicht: Es brennt, wenn sich Spannungen entladen müssen. Und dir wird klar, warum du dich nach durchstandenen Erkrankungen oft so entspannt und wohl gefühlt hast, besonders in der Kindheit, als du die Beschwerden noch viel selbstverständlicher hinnehmen konntest. Und sogar für die Welt scheint das zu stimmen. Kehrt nicht, besonders nach großen, schweren Kriegen meist eine Zeit der Ruhe und des Friedens ein, bis sich wieder neue Spannungen aufbauen und entladen? In Welt und Körper kommen die Phasen der Ruhe und des Friedens und die der Auseinandersetzung und des Krieges auf dieselbe Weise zustande. Es ist ein Rhythmus von Entladung und Entspannung. Und dieser Rhythmus beherrscht die große Welt genau wie deine kleine, deine Umwelt und deinen Körper. Und diesen, deinen Rhythmus von Entladung und Entspannung schaust du dir nun an – und tatsächlich kannst du dabei entdecken, wie notwendig die Entladungen sind, und daß sie entweder im Bewußtsein auf der seelischen Ebene oder als Krankheitssymptome im Körper auftreten. Um diese Entdeckung zu vertiefen, blendest du nun zurück zu deiner letzten Erklärung und schaust dir die Situation gründlich an, in der sie sich anbahnte und die Umstände, unter denen sie dann ausbrach – schaust so lange hin, bis das Problem sich zeigt, das da erlöst werden wollte. Und die ganze Situation wiederholt sich jetzt: Du bist noch einmal am Anfang dieser Erkältung – und schaust hin, bis dir klar wird, daß du keine Lust hast, dich dieser auf dich zukommenden Aufgabe jetzt zu stellen, daß du viel eher die Nase voll hast von diesem Thema – ja, daß du dich nach außen dagegen abschließt und den Kontakt nach draußen am liebsten ganz einstellen würdest. Und so wirst du dann auch kalt an deiner Kontaktfläche nach draußen – bekommst kalte Füße und überhaupt kalte Haut – alles läßt dich so kalt, und du erkältest dich und hast die Nase nun auch wirklich voll. Der Körper ist einmal mehr ehrlich und zeigt es sehr deutlich an. So viel Ehrlichkeit mag dem Kopf unangenehm sein, und er kommt mit seinen üblichen und gekonnten Gegenargumenten. Es ist an diesem Tag wirklich so kalt draußen! Oder dieser oder jene hat dich angesteckt. Aber du bist nun schon zu tief in der Meditation und in deiner Mitte, um auf solche Ablenkungsmanöver noch hereinzufallen. Und überhaupt, wie oft warst du schon mit jemandem zusammen, der Schnupfen hatte und hast dich nicht angesteckt? Und so gibst du es dem Kopf mit seinen eigenen Waffen zurück. Jetzt bleibst du lieber ehrlich und schaust dir an, was da im Körper geschieht, wenn er erkältet ist, und du ihn zwingst, die Auseinandersetzung an deiner Stelle zu führen. Und tatsächlich, was da geschieht, ist Krieg. Die Leinwand in der Kuppel wird jetzt zum Kriegsschauplatz. Das Menschenmandala, das du bist, wird immer größer und größer, bis Arme, Beine und Körper an den Rändern verschwinden und nur noch Kopf, Hals und die obere Brust übrigbleiben – das Schlachtfeld. Das Gewebe erscheint in dieser Vergrößerung durchsichtig, so daß du bis ins Innere schauen kannst. Und die Vergrößerung nimmt noch weiter zu: Du siehst ein Stück deiner Nasenschleimhaut – immer noch rosig, aber gar nicht mehr so glatt, sondern wie eine zerklüftete Landschaft mit einer flüssigen Schleimdecke darüber, die schützt und abschirmt. Du bist jetzt wieder am Anfang deiner Erkältungssituation: Das Problem kommt auf dich zu, und du verschließt dein Bewußtsein davor. Und nun geschieht das Erstaunliche: Du erlebst, wie du dich zur selben Zeit, als du dich im Bewußtsein verschließt, dafür körperlich öffnest. Tatsächlich verändert sich die Schleimschicht und wird durchlässig für Viren und Bakterien, die sowieso immer auf ihr leben – vielleicht kommen noch einige von anderen Menschen, aber das ist gar nicht das Wichtige. Entscheidend ist, daß sich deine Schleimhaut öffnet, um eine Auseinandersetzung zu führen, wie du sie eben verweigert hast. Die eingedrungenen Angreifer setzen sich auch schon im Schleimhautgewebe fest, graben sich sozusagen ein. Es entbrennt ein heftiger Kampf: Verteidiger gegen Angreifer. Das Gewebe wird heiß und schwillt an und die Nase zu. Mit einem stetigen Strom von Schleim versucht der Körper, die Angreifer hinauszuschwemmen, mit dem Zuschwellen von Nase und Hals weiteres Eindringen zu verhindern. Wenn all das noch nicht reicht, kann er auch zur Generalmobilmachung übergehen und im Fieber die Abwehraktivität enorm steigern. So wird es ein wirklich großer und heilender Krieg. Jetzt aber erlebst du, wie dein Körper allmählich die Oberhand gewinnt, das Vordringen der Angreifer in Rachen und Nase stoppt, ja, sie schneller unschädlich macht, als sie sich vermehren können. Das geschieht dadurch, daß die Zellen der Verteidigung die Angreifer entweder im ganzen auffressen, sie durch Abwehrgifte auflösen oder so innig umarmen, daß schließlich beide wie gelähmt zurückbleiben. Nach gewonnener Schlacht bleibt dem Körper nur noch, den Kriegsmüll hinauszuschaffen, und er tut es mit ganzem Einsatz. Tatsächlich hilfst du ihm sogar dabei, wenn du naseputzend den dicken, gelben Schleim hinausschnaubst oder abhustest, falls die Angreifer tiefer, bis in die Lunge vorgedrungen waren. Einen gewissen Eindruck von der Aggressivität der Schlacht bekommst du noch beim Husten, Niesen und Schnauben. Jetzt allerdings, wo du die Wege kennst, die Konflikte nehmen können, eröffnen sich verschiedene neue Möglichkeiten. Du könntest dir überlegen, ob es wirklich lohnt, fällige Auseinandersetzungen in den Körper abzuschieben und könntest dich entschließen, konfliktfreudiger zu werden, nächstens deinem Gegner verbal etwas zu husten und ihn lieber direkt anzuschnauben, als den Umweg über das Taschentuch zu wählen. Oder, wenn die Auseinandersetzung sich schon als Entzündung im Körper bemerkbar macht, könntest du dir wenigstens das Thema ins Bewußtsein rufen, um das es geht und zusätzlich deinen Organismus im Krieg gegen die angreifenden Viren oder Bakterien unterstützen. Beides wäre möglich, indem du dich, wie gerade jetzt, in deinen Tempel begibst und auf der Leinwand mit der Kuppel mit Bildern und Gedanken arbeitest. Genauso selbstverständlich wie in jede geistige Auseinandersetzung kannst du von hier aus auch in jede körperliche Auseinandersetzung oder Entzündung eingreifen. So mag es durchaus sein, daß es für dich mit jedem auf dieser Ebene bewußt miterrungenen Sieg auch immer überflüssiger wird,

Konflikte beziehungsweise Entzündungen mit chemischen Waffen wie Medikamenten zu unterdrücken. Denn wenn du solche Entzündungskrisen auch im Körper nur unterdrückst und sie also auch hier nicht duldest, werden sie auf die nächste Ebene, in die Umwelt entweichen. Bei diesem Gedanken entwickelt sich auf der Leinwand in der Kuppel wieder das ganze Menschenmandala, und dann taucht aus ihm auch noch das Mandala des Erdkreises auf, und du erkennst noch einmal, wie nahe sich beide stehen und wie sehr sie sich entsprechen. In beiden entstehen immer wieder Spannungen, und werden diese nicht bewußt gelöst, entzünden sich Auseinandersetzungen und Kriege daran. Bewußtsein, Körper und Welt sind nur verschiedene, sich entsprechende Schauplätze desselben Themas – und nicht dieses Thema ist gefährlich, sondern die Art, wie es verdrängt und immer weiter weggeschoben wird, bis es uns als Krieg in der Welt begegnet. Zum Abschluß, bevor du dich mit dieser Erkenntnis aus diesem Saal verabschiedest, konzentrierst du dich noch einmal auf dein Menschenmandala und schaust dir an, an welchen Stellen dein Körper vor allem zu Entzündungen neigt. An diesen Stellen werden im Mandala Funken auftauchen, die sich schnell zu Flammen auswachsen. Du merkst dir diese Stellen gut und behältst sie im Bewußtsein, wenn du nun aufstehst und hinaus in den Saal der Tore gehst. Denn hier hast du jetzt die Wahl: aufzutauchen aus der Meditation oder jene Tür zu benutzen, die die Aufschrift trägt, »Mein Hauptkonflikt – meine häufigste Entzündung«. Wenn du diese Tür jetzt oder bei einer späteren Gelegenheit öffnest, wirst du dahinter deinen Konflikt dargestellt finden – symbolisch in den Bildern einer Geschichte oder in deiner ganz eigenen persönlichen Form. Vielleicht mußt du öfter hinschauen – jedenfalls wird es dir schließlich möglich sein, das zentrale Thema deines Konfliktes zu durchschauen. Die Sprache des Körpers und seiner ent*sprechenden* Organe wird dir helfen, die Auseinandersetzung aus dem Körper zurück ins Bewußtsein zu holen und hier zu führen – und es wird dir dabei auch klarwerden, wie wichtig und notwendig diese Auseinandersetzung für dich ist, und daß du deinem Symptom dankbar sein kannst. Dieses Symptom ist es ja gerade, das dir in seiner symbolischen Körpersprache den Weg zu deiner eigentlichen Lernaufgabe weist. Lernen aber kannst du immer nur im Bewußtsein – und auch der Körper kann uns nur dabei helfen – allerdings tut er es sehr bereitwillig – sobald du dich ihm zuwendest. Jetzt kannst du entweder eine neuerliche, ganz persönliche Bilderreise zu deinem Hauptkonflikt antreten oder aus der Meditation auftauchen und das wie immer mit einem tiefen Atemzug und der Orientierung in Raum und Zeit – im Hier und Jetzt – mit Strecken und Räkeln und einem Gefühl von entspanntem Wohlfühlen an deinem Meditationsplatz.

Die Illusion der Zeit durchschaut

8. Meditation
Gleichgewicht und Harmonie – Niere

Und wieder liegst du an deinem Meditationsplatz – ausgestreckt und entspannt – läßt die Augen zufallen und läßt dich fallen – in die Unterlage und in die vertraute Situation. Die Töne, dein eigener Atem und meine Stimme werden dich wieder begleiten – hinab in die Welt deiner inneren Bilder. – Und der Abstieg wird sogar noch schneller als gewohnt und dafür noch tiefer gehen, jetzt, wo die Illusion der Zeit durchschaut ist. – Gestern, heute und morgen beginnen wieder ineinanderzufließen – und du kommst hier an – in diesem Moment – atmest jetzt bewußt und tief ein – und öffnest dich dem Augenblick und seiner Energie. Die Gesichtshaut beginnt und die des Hinterkopfes folgt, und das vertraute, angenehme Gefühl der Entspannung breitet sich aus, dringt in die Tiefe des Kopfes, und von hier fließt der Strom aus der Mitte des Kopfes in die Mitte des Körpers – Hals und Nacken durchströmend, Schultern und Arme befreiend und zugleich die Muskeln des Rückens. So sinkst du noch tiefer in die Unterlage und in die Entspannung – jetzt oder gleich erreicht der Strom die Mitte

Du öffnest dich dem Augenblick u. seiner Energie

285

der Brust, um sich mit der noch stärkeren Energie des Herzraumes zu vereinigen – und es ist so gleichgültig, wieviel du von diesem Strömen bewußt erlebst. Es kann gut sein, daß du schon so tief hinab gesunken bist, daß der Energiestrom im Körper kaum noch wahrzunehmen ist. Und es ist auch gleichgültig, ob der Strom zuerst die Organe des Bauchraums erreicht oder die langen Muskeln des Rückens bis hinunter zum Po. Und weiter hinab fließt der Strom, erreicht den unteren Rücken und die Nieren und löst auch hier Entspannung und Bewußtheit aus bis hinab in Unterleib und Hüften – und schließlich lassen auch die Muskeln der Beine los – und die Entspannung erreicht die Füße und Zehenspitzen. Der Atem ist es nun wieder, der mit jedem Ausfließen all das Überflüssige zu Finger- und Zehenspitzen hinaustransportiert – und mit dem Einatmen all die notwendige Energie hereinläßt, um die inneren Räume zu öffnen und besonders jenen Raum in der Mitte des Körpers zwischen dem Kopf oben und dem Becken unten – dem Rücken hinten und dem Brustschild vorne – jenen Raum, in den du nun hineintauchst, um dich in einer früheren Situation wiederzufinden, in der du dich sehr wohl und in vollkommener Harmonie mit dir selbst und deiner Umwelt fühlst – in einer Situation auch, in der alles stimmt und zusammenpaßt – die Umgebung zu dir und du in die Umgebung. Du genießt dieses Gefühl von Einklang und Ausgeglichenheit, innerer Ruhe und Zufriedenheit – gehst ganz auf in der Situation – und bist einfach – und in Einklang – und in diesem Gefühl tauchst du nun noch weiter hinab – bis zu deinem Tempel in deiner Landschaft – nimmst den vertrauten Weg ins Innere des Tempels, die Treppe hinab und durch den Saal der Selbsterkenntnis. Die Atmosphäre ist von Harmonie geprägt, wie sie dich seit dem Einheitserlebnis in der Meditation begleitet. Die Beleuchtung paßt sich der Stimmung ebenso an, wie der Duft der Essenzen. Alles ist geeignet, zu einer angenehmen und weitreichenden Reise beizutragen – und so läßt du deine Augen bereitwillig zum Mandala über dir wandern und erlaubst deinem Blick, in der Mitte zu schwimmen und durch sie hindurch in jene andere Wirklichkeit. Auf der kreisrunden, magischen Leinwand entwickelt sich ein Spiel zwischen zwei Mustern. Beide sind so völlig verschieden, daß sie sich schon wieder gleichen, ja, sie entsprechen sich, sind Spiegelbilder. Ihre Formen verändern sich laufend, passen aber immer zusammen wie Schlüssel und Schloß, und füllen miteinander den Kreis aus, und auch ihre Farben wechseln ständig und bleiben doch stets entgegengesetzt. Entwickelt sich auf der eine Seite Rot, antwortet die andere mit Grün. Geht die eine in Blau über, wandelt sich die andere in Gelb. So spielen die beiden miteinander, wechseln dauernd und bleiben doch immer in Harmonie zueinander und rund. Der erste Eindruck macht glauben, das eine Muster reagiert auf das andere. Wie du das Spiel nun allerdings länger betrachtest, ist es gar nicht leicht zu sagen, welches das agierende und welches das reagierende ist. Ja, es ist sogar unmöglich. Betrachtest du das eine Muster, spricht alles dafür, daß das andere reagiert. Wechselst du aber, sieht es ganz so aus, als reagiere das andere auch. Und tatsächlich reagieren sie gar nicht aufeinander, sondern gehören einfach zusammen, entsprechen sich vollkommen und in jedem Moment, und Zeit spielt dabei keine Rolle. Wie du so, in das Spiel der Muster versunken, die Harmonie seiner beiden Pole spürst, ist dir, als spürtest du in dir eine ähnliche Harmonie entgegengesetzter Kräfte. Es gibt Momente, wo ein Muster weit in den Vordergrund drängt, und entsprechend zusammengedrückt wird dann das andere. Aber mit der Zeit gleicht sich das Bild wieder aus und kehrt sich sogar um. Die beiden Pole bleiben stets verbunden in ihrem Wandel. Mit jeder neuen Gestalt, die aus dem Spiel der Formen und Farben wächst, wird deine Ahnung stärker, daß es sich hier nicht um irgendein Muster handelt, sondern um das Grundmuster, das in allem lebt. Hier nun ist es sichtbar geworden – auf der Leinwand in der Kuppel – es lebt aber in allem – zu jeder Zeit – und natürlich auch in dir – und auch auf der Erde von allem Anfang an. – In der Kuppel webt das Muster weiter an neuen Gestalten – und dann verändert sich da etwas: Die Erdkugel erscheint im Hintergrund – und du wirst Zeuge, wie sich die Pole trennen – wie sich die Wasser von der Erde scheiden und Kontinente und Meere entstehen. Ganz deutlich wächst das Bild unserer Welt da vor deinen Augen – in der Schnelle eines Augenblicks – und als sich Wasser und Erde geschieden haben, webt das Muster sehr langsam weiter, denn Erde und Wasser bleiben in Auseinandersetzung, wenn auch weniger schnell und deutlich. Sehr deutlich wird dagegen nun das Spiel der weißen Wolken über der blauen Erdkugel – und es ist wieder dasselbe Grundmuster, das hier herrscht und von einer Form zur anderen wechselt. – Nun ein Spiel zwischen Blau und Weiß – von weißen Schleiern und Wirbeln auf tiefblauem Grund. Die Schönheit des Planeten berührt dich und macht dich betroffen, und du spürst deine Beziehung zu ihm. Gefühle von Heimat und Geborgenheit mischen sich mit Ehrfurcht und Achtung. Blau ist die Farbe des Wassers, des weiblichen Elements – und im Weiß der Wolken zeigt sich das männliche Luftelement. Das Weibliche, das Blau des Wassers, bildet die Basis, den Schoß, es ruht in seiner verläßlichen Stille und Stetigkeit zuunterst. – Darüber schwebt frei und beweglich das Männliche, formt seine kreisenden weißen Wirbel und ziehenden Wolkenfelder. – Und so blickst du wieder auf denselben Reigen der beiden Grundkräfte, das Muster der Wirklichkeit. Und wieder ist dir, als sähest du das Ganze nicht nur in der Weite der Kuppel, sondern fühltest es auch in dir, spürst auch hier zwei Grundkräfte wirken und hast sie oft gespürt in deinem Leben, jene beiden Seiten, die miteinander ringen und auseinanderstreben, obwohl sie so sehr zusammengehören. – Und tatsächlich ist es dasselbe Muster, das den Körper formt. So wie auf der Erde das Wasser überwiegt und sie erst zum blauen Planeten macht, überwiegt im Körper das wäßrige Element und bildet ihn zu mehr als zwei Dritteln. Auch wenn wir uns dessen selten bewußt sind, ist es doch so. Auf der Erdoberfläche lebend bemerken wir ja auch nicht, daß sie zu zwei Dritteln aus Wasser besteht, und doch ist es so. Um die Wirklichkeit zu erleben, bedarf es vielleicht des Abstands, und den hast du hier im Tempel. Im Energiefeld der Kuppel ist es möglich, ins Wesen der Wirklichkeit zu schauen – und das tust du nun. Aus dem blauweißen Muster des Erdkreises taucht jetzt das Mandala deines Körpers auf, wird deutlicher und tritt in den Vordergrund. Für einen Moment scheint die Bewegung aus dem Muster verschwunden und sogar die beiden Pole. Dann aber dämmert es dir, und du erkennst es wieder – das Grundmuster aus männlichem und weiblichem Pol. Und wie im farbigen Muster des Anfangs wird der eine Pol überwiegen, der andere aber nichtsdestoweniger auch da sein. Kein Mensch ist ganz Frau, genau wie keiner ganz Mann sein kann. Und nicht nur in unserer Seele mischen sich die beiden Grundkräfte, auch im Körper kommen sie zusammen. Schon im Atem verbinden sich weibliches Aufmachen und Aufnehmen und männliches Abgeben und Ausstrahlen. Ganz bewußt spürst du das nun im Nehmen und Geben mit dem Atemstrom. Und nicht nur in den Funktionen des Körpers gehören die Pole zusammen, auch in seiner Form und Stofflichkeit. Da steht die linke, weibliche Körperhälfte der rechten, männlichen gegenüber. Und Bauch und Becken gleichen in ihrer weiblichen Art die Dominanz des männlichen Kopfes aus. Auch in den Tiefen des Körpers stoßen wir auf dasselbe Spiel der beiden Grundkräfte. Auf der Leinwand der Kuppel wird die Körpergestalt nun so durchsichtig, daß du bis in die Ebene der Organe blicken kannst. Und hier blendest du nun hinunter zu den Nieren, unterhalb des Brustkorbs, erlebst diese beiden großen Filterstationen des Körpers aus nächster Nähe, ja konzentrierst dich jetzt sogar ganz auf die eine der beiden. So wirst du Zeuge, wie ein breiter Blutstrom ständig in die Niere strömt und sie, gereinigt, wieder verläßt. Im ausgedehnten Filtersystem im Innern der Niere werden alle für den Körper wertvollen Stoffe im Blut zurückbehalten. Das Überflüssige aber strömt hindurch, wird zu Urin und durch Harnleiter und Blase ausgeschieden. Aber nicht nur Wertvolles wird hier von Überflüssigem getrennt, vor allem wird auch das richtige Mischungsverhältnis zwischen weiblichem und männlichem Anteil des Blutes eingestellt. Denn wie alles andere ist auch das Blut gemischt aus weiblich-basischen und männlich-sauren Stoffen. Und nur solange beide Anteile ausgeglichen und im ausgewogenen Verhältnis zueinander stehen, ist Leben möglich. Als du so in das Meer des Blutes blickst, schiebt sich wieder das Bild des Musters vom Anfang darüber, und du durchschaust seine Bedeutung auch für diese Ebene. Beide Pole spielen miteinander und gegeneinander und bleiben doch aufeinander bezogen und angewiesen. Der Strom des Blutes ist wundervoll gemischt aus seinem sauren-männlichen und basisch-weiblichen Teil. Beide zusammen ergeben das Salz des Lebens. Die Niere aber wacht über dieses Gleichgewicht zwischen beiden Seiten und korrigiert die geringste Einseitigkeit, indem sie ausscheidet, was das Gleichgewicht in Gefahr bringt. Im Spiel der Pole des Musters erlebst du die Wirklichkeit des eigenen Lebenssafts und nicht nur seine. Auch die Wirklichkeit des Lebenssafts der Erde sieht so aus. Die Wasser der Erde mischen sich nach demselben Gesetz; und ohne, daß sich viel ändert, erblickst du im einen Muster nun das Wechselspiel zwischen sauren und basischen Kräften im Wasser der Erde. Auch hier ergeben erst Männliches und Weibliches zu gleichen Teilen das Salz der Erde. Und auch hier wird das Wasser in riesigen Filtern gesäubert und gemischt – in den Schichten des Erdreichs nämlich, durch die es sickert in seinem Kreislauf, genau wie das Körperwasser auf seinem Kreislauf durch den Nierenfilter. – Und du kehrst noch einmal zurück zum farbigen Muster des Anfangs – denn noch eine andere Wahrheit zeigt sich im Spiel der Kräfte. Wenn nämlich die Mitte doch verlorengeht und ein Pol weit überwiegt, verschwindet der andere deswegen nicht, selbst wenn er äußerlich kaum mehr sichtbar ist. Im Gegenteil, er lebt im Verborgenen, im Schatten des sichtbaren Teils weiter, und je stärker und länger er unterdrückt war, desto größer wird die Spannung im Muster und die Tendenz, in den Gegenpol umzuschlagen. Bei diesem Gedanken bildet das Muster genau diese Situation ab: Der eine Pol wird immer mächtiger auf Kosten des anderen, bis er weit überwiegt – die Spannung wächst mit der Einseitigkeit, und schließlich wird der letzte

Rest des unterdrückten Poles zum Samen für den Umschlag ins Gegenteil. So ist es im einen Muster und im Kleinen wie im Großen – so gilt es für unseren Körper und für den der Erde – und so zeigt es uns der Atem in jedem Moment. Je weiter wir in den Einatem gehen – gerade jetzt etwa – desto tiefer werden wir im Ausatem landen. Je mehr wir mit dem Einatem nehmen, desto mehr werden wir mit dem Ausatem geben müssen. Mit diesem Muster läßt sich spielen – ein Leben lang und länger – es ändert sich ständig – ist im Fluß und läßt sich doch nicht wesentlich verändern. Auf dem Hintergrund dieser Erkenntnis und im Angesicht des lebendigen Musters, wie es sich auf der Leinwand zeigt, wird dir vieles klar. Unsere Wirklichkeit auf unserer Erde ist tatsächlich einseitig geworden; doch damit ist eben die andere Seite nicht verschwunden, sondern im Schatten gelandet. Aus dem Muster entwickeln sich Bilder zu diesen Gedanken: Ein Baum und noch einer – ein ganzer Wald wächst da hervor, ein Wald sterbender Bäume auf krankem Boden – von den sauren männlichen Kräften aus dem Gleichgewicht gebracht – Bäche, Flüsse und Seen versauern da, und geraten so aus dem Gleichgewicht – viel zu weit auf den männlichen Pol. Im Erdreich aber erkennst du nun mühelos unser Körpergewebe wieder und im Wasser unser Blut. Zusammen mit der Erde neigen auch wir immer mehr zum männlichen Pol, und der weibliche gerät in den Schatten. In der Welt und in uns Menschen wächst so die Spannung. – Und du nimmst dir jetzt diesen Moment, um der wachsenden Spannung in deiner Umwelt und in dir nachzuspüren. Wie es auf der körperlichen Ebene zweier Kräfte – des Sauren und des Basischen – bedarf, um das Gleichgewicht zu halten, bedarf es auf seelischer Ebene zweier Menschen. Und so streben denn auch die meisten Menschen zu ihrem Gegenpol, dem Partner, mit dem zusammen sie ins Gleichgewicht kommen und eine Einheit werden wollen. Und natürlich wird dieser Partner ganz anders sein und die einem selbst fehlenden Seiten zeigen, ja, einem die eigenen Fehler spiegeln. Er ist der Schatten, das Spiegelbild im Muster – und noch einmal kehrst du zu dem Muster auf deiner

Leinwand zurück und schaust dir deine eigene Partnerschaft als Spiel des Musters an. Und es ist ein Reigen der Gegensätze, ein zuweilen verzweifelter Tanz um das Ganze. So entgegengesetzt wie Säure und Base sind sich die Partner, und doch sind sie erst zusammen rund und ganz – so wie sich auch das Salz erst aus dem Zusammentreffen von Säure und Base ergibt. – Wähle jetzt für diesen Tanz den Menschen, der dir im Moment am meisten Partner ist, und schau dir an, wie weit ihr beide euch ergänzt und den ganzen Kreis der Möglichkeiten mit eurem gemeinsamen Muster ausfüllt. Je größer der Kreis, desto schwieriger und anstrengender der Tanz, desto erfüllender und umfassender aber auch. Und schau dir auch und vor allem an, daß es gerade die Seiten sind, die dich an deinem Partner stören, die das Muster vervollständigen und den Kreis ausweiten. Gerade, was dich stört und abstößt, was du nicht magst und bei dir nicht kennst, ist es ja, was bei dir in den Schatten gerutscht ist, und hoffentlich hat es dein Partner und holt es auch bei dir wieder hoch. Denn letztlich ist ja alles in einem selbst – bewußt oder noch unentdeckt im Schatten. Je mehr du alles, das Gute und das Böse dieser Welt, in dir entdeckst, desto geringer wird der Schattenanteil. Wenn dich dagegen noch viel stört an der großen Welt, an deiner Umwelt und an deinem Partner, dann ist auch dein Schattenbereich noch groß. Denn wenn alles auch in dir ist, dann natürlich auch alles, was du ablehnst – ja es ist sogar noch tiefer in dir als das Angenehme und Geliebte – so tief nämlich im Schatten, daß es dir noch unbekannt und unbewußt ist. Nimm dir diesen Moment, um im symbolischen Tanz der Muster den Tanz mit dem eigenen Spiegelbild zu erkennen und dir ehrlich einzugestehen, wieviel da noch dunkel und unbewußt erscheint und damit Schatten ist. – Zur noch eingehenderen, bis in die Einzelheiten eindringenden Beschäftigung mit dem Partner wirst du später in dieser Meditation – und im Leben – noch reichlich Gelegenheit haben. Jetzt aber entsteht auf der Leinwand wieder jener andere, größere Lebenspartner, die Welt. Und über das Mandala der Erde siehst du wiederum das des Menschen wachsen: deine eigene Gestalt. Obwohl du dieses überlagerte Doppelbild nun schon gut kennst, entdeckst du jetzt noch eine tiefere Wahrheit darin: Alles ist in dir – die ganze Welt, bewußt oder unbewußt im Schatten. Der Mensch und die Welt sind eins. Und so durchschaust du vor dem Hintergrund des großen Partners Welt, daß du auch alles, was dich auf der Erde stört und abstößt, gerade deshalb nicht magst, weil es dich an eigene Schattenanteile erinnert und damit an noch zu bewältigende Lernaufgaben. Die Macht dieser Erkenntnis und die Größe der Aufgabe in dich eindringen zu lassen, erfordert großen Mut und alle Offenheit – und so öffnest du dich weit mit einem tiefen, bewußten Atemzug und läßt die Erfahrung mit dem Ausatem ebenso tief einsinken. Der Atem ist es auch, der dich immer wieder an die Erkenntnis von den beiden gleichwertigen Polen der Wirklichkeit erinnern wird – jetzt und zu jeder Zeit. Und der Atem ist es auch, der dich stets auf dem weiteren Weg begleiten wird. Und nun kannst du dich wieder entscheiden, mit ihm aufzutauchen oder noch eine weitere Reise im Saalg der Tore anzuschließen. Es gibt dort nämlich eine Tür mit der Aufschrift »Mein Partner – mein Schatten«. Wenn du jetzt gleich oder irgendwann durch dieses Tor trittst, wirst du dahinter all dem begegnen, was du an deinem Partner haßt und was du an ihm liebst – eben allem, was du an ihm hast. Und du hast dann auch genug Zeit in deiner eigenen Zeit, all die kleinen Dinge und Einzelheiten anzuschauen, die dir an ihm schon aufgefallen sind und jetzt noch auffallen werden. Und vor allem wirst du hier die Kraft haben, dir ehrlich einzugestehen, wo du all das, was du in ihm liebst und haßt, auch in dir trägst. Und du wirst alles, ohne Ausnahme, auch in dir finden, anderenfalls bist du einfach noch nicht fertig im Saal »Mein Partner – mein Schatten«, sondern steckst noch mitten in der Projektion, schiebst noch weiter Verantwortung von dir weg nach draußen – in diesem Fall auf den Partner. Auch wenn das alle Welt tut, müssen wir dieses Spiel auf dem Weg zu uns selbst doch irgendwann aufgeben, und der Saal »Mein Partner – mein Schatten« ist der beste Trainingsplatz dafür.

Verantwortung nach außen
schieben mein Partner Projektion

So kannst du dich nun entscheiden, mit einem tiefen Atemzug die neue Reise zu beginnen oder aber aufzutauchen und dich ganz bewußt im Hier und Jetzt zu orientieren – dich wieder ganz bewußt an deinem Meditationsplatz einzufinden und dich räkelnd und streckend die weite Reise zu beenden.

Worte Töne Stufen zu eigenen Innenraum

9. Meditation
Geheimnis der Mitte

Leg dich bequem und entspannt an deinen Meditationsplatz und spüre diesen Ort – die Unterlage, die dich trägt und die Atmosphäre, die dich hier umgibt – gib dir diesen bewußten Moment, um wirklich hier anzukommen – den Körper in dieser Situation jetzt zu spüren – die Beine, wie sie nebeneinander flach auf dem Boden aufliegen, die Arme seitlich vom Körper und die Augen, die zufallen und so alle Aufmerksamkeit nach innen fließen lassen. Du horchst nach innen – dorthin, wo du dich spürst – in deine Mitte – erlebst von hier aus, wie deine Gefühle und Vorstellungen, deine Eindrücke und inneren Bilder meine Worte begleiten – und wie meine Worte und die Töne dich begleiten auf dieser Reise in die eigene Mitte. Und da ist auch dein Atem, der dich führt – mit dem Hereinholen der Energie weiter und offener macht für alles Kommende und dich mit dem Ausatem loslassen läßt von all dem, was du nun nicht mehr brauchst auf dem Weg und in der Entspannung und Ruhe der eigenen Mitte. Jetzt oder gleich bringt der Atem den Strom der Energie deinem Bewußtsein nahe, und es ist gleichgültig, ob du ihn jetzt wahrnimmst oder später – oder schon viel tiefer bist – dort, wo die Worte zu Tönen werden und die Töne Stufen auf dem Weg in noch größere Tiefen des eigenen inneren Raumes. – So kann es gut sein, daß du in diesem oder im nächsten Moment erlebst, wie die Zeit für dich etwas anders fließt und Vergangenheit und Zukunft in einem Moment zusammenkommen – jetzt gerade oder etwas später –

loslassen von dem was du willst loswird

und wie der ganze Fluß der Entspannung nur scheinbar von oben nach unten fließt – in Wirklichkeit aber schon jetzt überall ist – oder gleich – und es ist auch gleichgültig, ob du diesen Fluß als Wärme, Vibrieren oder einfach anders, auf deine eigene Art spürst oder schon viel tiefer bist und wie aus der Ferne erlebst, wenn sich die Gesichtshaut entspannt und einfach anders anfühlt – und die Haut des Hinterkopfs – und der ganze Kopf – wenn die Entspannung jetzt oder gleich nach innen fließt und die Mitte des Kopfes, ja die Mitte des Gehirns, erreicht und sich von hier aus die ganze Energie hinab in den Körper ergießt – Hals und Nacken durchströmend und in die Schultern flutend – und sich dabei alle Anspannung und alles Festhalten wie von selbst lösen – und die Muskeln weicher, geschmeidiger und wärmer werden – und es völlig gleichgültig ist, ob die Welle des Loslassens zuerst die Arme bis hinunter zu den Fingerspitzen erreicht oder die Mitte der Brust. In dieser Mitte jedenfalls trifft der Fluß der Entspannung auf einen noch viel mächtigeren Strom – die Quelle der Herzensenergie – und sie vereinen sich und fließen von hier in die Muskeln des Rückens bis hinab zum Po. Alles wird weicher dadurch, und du sinkst noch tiefer in die Unterlage und in die Entspannung. Der Strom der Energie aber ergießt sich in den Bauchraum, und auch alle hier liegenden Organe werden durchspült und mit Energie versorgt – Empfindungen, die du dabei hast, wie auch alle Geräusche, die du hören magst – drinnen oder draußen – sind Zeichen und führen dich noch tiefer hinab in die eigene Mitte. Und der Strom des Atems tritt hilfreich hinzu, und mit jedem Ausatmen kannst du noch mehr loslassen – loslassen auch von all dem, was dich hindern könnte in der eigenen Mitte der Entspannung. All das läßt du einfach mit dem Ausatem hinausfließen zu Finger- und Zehenspitzen, und mit dem Einatmen öffnest du mehr und mehr die inneren Räume um deine Mitte – jene große Weite zwischen Kopf oben und Becken unten – zwischen Rücken hinten und Brustschild vorne – jene Mitte, in der Ruhe und Ausgeglichenheit sind – deine eigene Mitte – dein Zentrum. – Und während du hineintauchst in dieses Zentrum wie in die Mitte eines spiralförmigen Wirbels, bleibt dieses Gefühl von Mitte ständig bei dir – und auch, als du jetzt vor deinem Tempel, inmitten deiner Landschaft, ankommst, ist da diese Empfindung von Zentriertheit und begleitet dich bei jedem Schritt. So fällt es dir noch leichter, deine Schritte nun in den Tempel zu lenken, den Weg hinab in den großen runden Saal der Tore zu nehmen und die eine, nun schon vertraute Tür zum Saal der Selbsterkenntnis zu öffnen. Mehr noch als sonst ist hier nun alles auf die Mitte zentriert – der Saal liegt im Dunkel – nur zum Zentrum wird es langsam heller – und das Ruhebett in der Mitte schließlich ist von weiß-gelbem, strahlendem Licht überflutet, das dem Platz eine angenehme Wärme verleiht. Die Düfte sprechen dein Herz an – und auch die Töne gehen dir irgendwie eigenartig zu Herzen. – Als du dich auf dem Ruhebett niederlegst, wird das hellgelbe Licht schwächer, eigentlich wandert es nur nach oben und sammelt sich in der Kuppel über dir – ohne daß sich dadurch das angenehm warme Gefühl auf deinem Liegeplatz verändert. – Die Kuppel ist nun wie ein kreisrunder Himmel über dir – alles Licht fließt in seine Mitte – oder kommt es aus ihr? – Gleichgültig – das Mandala in der Kuppel entfaltet wieder seine faszinierende Wirkung, fängt mit seinen ebenmäßigen, runden Strukturen deine Blicke und zieht sie magisch zur Mitte. Du läßt es geschehen, vertraust dich ganz dem Moment und der Situation an – zentriert in der Mitte und wach und offen für alles Kommende. So fallen die Augen, in der Mitte des Mandalas angekommen, wie von selbst zu – und du gleitest, ganz leicht und sanft, durch die Mitte hindurch in die Wirklichkeit hinter der Wirklichkeit. Und die liegt irgendwo zwischen deinem Körper und der Kuppel darüber. Jedenfalls findest du dich in einem eigenartigen schwerelosen Zustand, siehst unter dir deinen Körper liegen, ausgestreckt und in tiefer Ruhe entspannt – über dir hat sich das Mandala verändert – scheint jetzt ganz aus Licht zu bestehen – Licht, das aus seinem Zentrum ausstrahlt und die ganze Mandalastruktur mit seinen Strahlen erst schafft. Der eigenartige Zug zur Mitte, der von

ihm ausgeht, ist weiter spürbar – jedoch zieht es dich noch
mehr zur Mitte deines Körpers. Als du sanft auf seine Brust
hinabgleitest, fällt dir erst auf, wie klein oder eigentlich körper-
los du nun bist – ohne irgendeinen bestimmten Raum einzunehmen, kannst du dich allem anpassen. Die eigenartig bizarre
Oberfläche der Haut ist dir von früheren Reisen schon vertraut
– diese Landschaft aus riesigen Hornschuppen – den tiefen
Kratern der Poren und den massiven Stämmen der Haare, die
hier und da aus solchen Kratern herauswachsen. Dein Interesse
aber gilt einzig der Mitte – und so machst du dich durch eine
der Hauptporen auf den Weg zu deiner eigenen Körpermitte.
Am Boden des Kraters führt ein ziemlich weitläufiger Gang in
die Tiefe. – Vorbei an seltsam gelben Massen, die dir entgegen-
quellen, dringst du vor. Bald wird der Gang enger und gewundener, und schließlich endet er in der Quelle der gelben Massen
– mitten im formlosen Gewabbel des Talges. Aus dieser Sack-
gasse entkommst du in eine enge Spalte des Talgdrüsengangs.
Die Orientierung zwischen den unzähligen Zellen ist schwierig, um nicht zu sagen unmöglich. Und so läßt dich die eigenartig bestimmte Sehnsucht nach der Mitte einfach in eine der
Zellen des Gangs eindringen. Auch die Wände der Zellen, die
hier wie die eng an eng liegenden Ziegelsteine einer Mauer
wirken, haben kleine Öffnungen, und durch die erste beste
verschaffst du dir Zutritt. Im Unterschied zu draußen empfängt dich eine höchst geordnete Atmosphäre. Das Innere ist
vielschichtig strukturiert. Jeder Fleck in diesem plastischen
Gewebe scheint für sich das ganze Gewebe zu enthalten und
doch zugleich seinen ihm eigenen Platz in diesem Gewebe zu
haben. Das Ganze ist gar nicht zu verstehen – nur zu erspüren.
Dein Gespür aber sagt dir, daß du auf dem richtigen Weg bist.
Denn obwohl jeder Ort in diesem Plasma für seine Umgebung
Mitte ist, gibt es noch eine höhere Ordnung mit einer noch
verbindlicheren Mitte in diesem Wundergewebe. Und tatsächlich stößt du schon bald auf dieses Zentrum, das wie ein Haus
im Haus liegt oder besser: wie eine Zelle in der Zelle – mit
eigener Wand. Auch in dieser Wand gibt es wieder Öffnungen,

durch die ständig Botschaften hinaus in die Umgebung des Zellkerns schwimmen, Botschaften, die wie verschieden lange Abschnitte von Perlenketten aussehen und offenbar eine wichtige Rolle für die Ordnung des Ganzen spielen. Du erkennst nun, daß sich hier überhaupt alles um diese Zellmitte, den Kern dreht. Von hier aus und um ihn herum organisiert sich das Leben der Zelle. Auf deinem Weg in die Mitte des Zellkerns entdeckst du jetzt die Quellen all der nach draußen fließenden Information in einer unübersehbaren Bibliothek aus perlenschnurartigen Mustern. Die ganze Information für diese eine Zelle ist hier gespeichert, und darüber hinaus die gesamte Information für den Organismus, zu dem sie gehört, für deinen Körper. Und so fühlst du dich auf dieser Ebene der Mitte schon recht nahe, denn die Mitte dieser Zelle enthält alles und ist von sich aus auch Mitte des Ganzen. Ein Gefühl aber sagt dir, daß es wohl allen Zellen genauso gehen wird und daß es noch eine Mitte auf einer übergeordneten Ebene geben muß. In der Mitte des Zellkerns wendest du dich erst einmal den Bausteinen seiner Muster zu – wählst aus der unübersehbaren Fülle ein Muster aus und paßt dich seiner Dimension an. Dazu ist es nötig, selbst noch viel kleiner zu werden, denn das Geheimnis des Musters liegt auf einer noch viel feineren Ebene. Hier allerdings enthüllt sich dir eine neue Zauberwelt – das Reich der Moleküle – gewundener, schlangenartiger Girlanden, aufgebaut aus unzähligen unendlich gewundenen Spiralen, ein wahrer Irrgarten – und doch von einer berückenden Ebenmäßigkeit und Ordnung. Dabei herrscht hier nicht einmal Ruhe, sondern alles ist in unaufhörlich schwingender Bewegung, und ganz automatisch paßt du dich diesem Rhythmus an, und auch diese unendlich langen Girlanden schwingen um eine Mitte, um die sie kunstvoll angeordnet sind. Es ist weniger ein fester Ort als ein Zentrum im scheinbar leeren Raum – ein Platz der Ruhe jedenfalls. – Aus der Mitte dieser Ruhe kannst du erkennen, daß die einzelnen winzigen Bausteine, die die Girlanden formen, in noch schnellerer Schwingung sind als die Girlanden selbst. Einerseits erscheinen sie wie feste Kugeln, andererseits sind sie in sich in ständiger unendlich schneller Bewegung wie ein Haufen auf der Stelle rasender Einzelwesen – ja, wie ein Bienenschwarm am ehesten. Tatsächlich ist hier, in der Welt des Atoms, ein unaufhörliches Summen von Energie und Bewegung spürbar. – Als du dich diesem neuerlichen Wunder anpaßt und näherst – noch viel winziger werdend – erlebst du wirklich, daß die Kugeln nicht fest sind, ja, daß sie keinerlei festen Stoff enthalten. All die einzelnen Teilchen summen so schnell herum, daß sie einem nie wirklich begegnen, statt dessen triffst du auf Leere, eine unbeschreibliche, faszinierende Leere, die doch von Energie und Kraft pulsiert. – Die Teilchen sind so unbeschreiblich schnell, daß du gar keines zu Gesicht bekommst – wie Elektronen eben – und nach innen, zur Mitte des Atoms hin, wird das sogar noch ausgeprägter. Hier sind die Elektronen so unbeschreiblich schnell und so wenige, daß eigentlich nur noch Leere bleibt – eine gar nicht mehr vorstellbare Leere – unendlich weit wie das Weltall – ja; die Vorstellung eines Fluges durch die Leere des Weltalls ist der einzige Vergleich, der hier noch paßt. Es gelingt dir, dich auch dieser Ebene anzupassen und weiter in Richtung Mitte zu streben. Was nach draußen wie eine Ewigkeit erscheinen mag und hier doch nur ein Augenblick ist – die Reise zur Mitte des Atoms zeigt dir, wie unwirklich Zeit ist. – Rast sie hier oder steht sie still? – Unmöglich zu sagen. – Als du nach der Ewigkeit eines Augenblicks in die Tiefe des leeren Raumes auf den Atomkern stößt, mußt du dich noch einmal unvorstellbar kleiner machen, um diesem winzigen Gebilde zu entsprechen. Beim Eindringen in den Atomkernbereich wiederholt sich nun das Wunder, das du schon beim Eintauchen in seiner Hülle erlebt hast. Wo eben noch festes Material schien, ist in Wirklichkeit nur schnell schwingende Energie – allerdings so wahnsinnig schnell, daß sie jeder Beschreibung trotzt. Auch die Leere ist hier noch eindrucksvoller – ja tatsächlich ist sie voll – voll von der Fülle aller Energie und aller Möglichkeiten damit. Begrenzungen von Raum und Zeit sind verschwunden – die wirkliche Mitte kennt sie nicht. Hier gibt es alle Zeit in jedem Moment, und jeder Ort ist hier – alle Welt ist in der Mitte. – Und tatsächlich – hier und jetzt wird es dir klar: Die Mitte ist auch in aller Welt. Besteht doch die Welt aus Atomen wie unser Körper aus Zellen. Die Mitte ist überall und zu jeder Zeit zugleich – und so gibt es gar kein Innen und natürlich auch kein Außen – alles ist hier – in der Mitte. Wann immer etwas »außen« erscheint, ist es eben eine Erscheinung, ein Trugbild, das von hier, von der Mitte aus – seinen Scheincharakter enthüllt und einfach zur Innenwelt wird. Alles ist innen – du bist das Innen, und dein Körper ist innen, und seine Umwelt ist innen und die ganze Welt – die Töne der Musik natürlich – und die Worte – alles gehört zum inneren Kreis – alles ist in dir, in der letzten Wirklichkeit der Mitte – nicht mehr und nicht weniger – sondern einfach »innen«. Es gibt nur ein Innen und nur eine Mitte – das Herz und Zentrum deiner Energie – alles kommt hier zusammen und ist hier möglich – und ist innen – in diesem unbegrenzten Feld von Kraft und Schwingung – und auch die Mitte der Erde – das heiße, ja glühende Herz unseres Planeten ist hier – ist innen – wie auch die ganze Erde. Der Mensch – du selbst – und die Welt sind eins – sind innen, weil es nur innen, nur eine Mitte gibt. Der Eindruck dieser Erkenntnis senkt sich tief und unauslöschlich in dein Herz. Die Wirklichkeit gehört dir und ist in deiner Mitte. Und du weißt es in diesem Augenblick. Du weißt aber auch, daß du aus der äußeren Welt hierher gekommen bist – aus einer Welt der Illusion und des falschen Anscheins – aus jener Welt, die Trennung vorspiegelt, wo Einheit ist, die Kampf entstehen läßt, wo Harmonie herrscht. – Und du weißt auch, daß du in diese Welt zurückkehren wirst – doch nicht ganz – immer wirst du nun auch die Erkenntnis in dir tragen, daß unter allem die eine Mitte liegt, und daß all das Außen ein Illusionsspiel ist, das es in Wirklichkeit gar nicht gibt. Nur das Innen existiert – und so wirst du immer mehr das Außen als dein eigenes Innen erkennen, die Illusion durchschauen, wirst Schritt für Schritt zurückholen, was du nach draußen gestellt hattest – alles Schöne und alles Häßliche – all die Liebe und all den Haß – die Versöhnung und die Entzweiung – Krieg und Frieden – alles ist da und darf da sein – und alles ist innen in dir. Wenn du nun bald auftauchst aus der Mitte in die Welt der Illusion, wirst du dieses Wissen so klar in dir tragen, daß du niemals mehr ganz auf die Illusion des scheinbaren Außen hereinfällst – du wirst aus der Mitte heraus wissen, daß der Schein des Außen trügt. – Es wird eine gute Übung werden, alles, was du bisher für äußerlich gehalten hast, nun in dir zu entdecken. Du kannst gleich oder wann immer du willst damit beginnen. Im »Saal der Tore« gibt es die Tür »Mein Lebenskreis – die Innenwelt«. Hinter dieser Tür kannst du dir anschauen, was du bisher in den Mittelpunkt deines Lebens gestellt und was du um diesen Mittelpunkt herum gruppiert hast. Auch das, was du weit nach draußen gestellt hast, findest du hier vor. In diesem Kreis, deinem Lebensmandala, wirst du alles wiederentdecken, was dich je im Leben betroffen hat, was dich erfreut ebenso, wie das, was dich geärgert hat. Und du wirst dir nun eingestehen und zugestehen können, daß all das in dir ist, sonst hätte es dich gar nicht betreffen können, ja du hättest es unmöglich erleben, ja nicht einmal wahrnehmen dürfen. Gleich kannst du nun diesen Saal betreten oder aber du kehrst mit einem tiefen Atemzug zurück von deiner Reise in die Wirklichkeit – aber nicht ganz – denn das Wissen von der Innenwelt bleibt mit dir – auch im täglichen Leben. Die Wirklichkeit herrscht immer und überall und wird dir von nun an auf Schritt und Tritt begegnen.

10. Meditation
Rhythmus und Lebenskraft – Blutkreislauf

Wieder liegst du an deinem Meditationsplatz, die Beine nebeneinander, die Arme seitlich ausgestreckt – und der Körper schon zunehmend entspannt – die Augenlider werden schwerer und fallen zu – und alles stellt sich auf diese neuerliche Reise in die innere Welt ein. Der Weg ist so bekannt, und gerade deshalb führt er mit jedem Mal noch leichter und tiefer hinab – und die Entspannung beginnt wie von selbst. Du brauchst dich nur hinzulegen und die Augen zu schließen – schon geht es los – läßt los – und du sinkst tiefer und tiefer in die Unterlage und in die Ruhe – gibst dich dem Rhythmus deines eigenen Atems hin – tiefer und tiefer mit jedem Ausatem und leichter und weiter mit jedem Einatem – und die Töne tun ein übriges und meine Stimme – und du kannst dich anvertrauen der Unterlage, die dich trägt und der Entspannung – der Reise auch in die eigene Mitte – tiefer und tiefer – der Abstieg hat längst begonnen – und Raum und Zeit werden unwichtiger und gleichgültig. Es gibt keine Zeit, die du schon liegst und keine Zeit, die du noch liegen mußt. Du sinkst jetzt in diesem Moment hinab in die Tiefe der Entspannung, und es ist auch gleichgültig, ob du den Fluß der Entspannung jetzt zuerst im Gesicht wahrnimmst oder auch schon gleich am Hinterkopf. – Er trägt dich weiter hinab und fließt selbst in die Mitte des Kopfes – auf seinem Weg überall Entspannung und Loslassen verbreitend. – Und ob du es zuerst in der Mitte des Kopfes oder in der Mitte des Gehirns spürst, es ist ebenso gleichgültig wie die Tiefe, die nun ständig zunimmt – mit jedem Atemzug und jedem Herzschlag, der ganz unmerklich sich der Entspannung anpaßt – und allmählich tiefer wird und langsamer auch. – Und der Strom des Loslassens, wie er aus der Mitte des Kopfes den wohlbekannten Weg hinunter findet – durch Hals und Nacken – die Schultern und Arme erreichend und auch zugleich in Brust und Rücken fließend – in der Tiefe der eigenen Brust aber die noch viel größere Energiequelle des Herzens berührend und die Vereinigung der Energie zu jenem noch stärkeren Strom, der nun Bauch und Becken befreit und versorgt und bis hinunter in die Beine und Füße dringt, bis zu den Zehenspitzen und mit dem Ausatem alles Überflüssige hinausfließen läßt – mit dem Einatem aber öffnet – weit und breit macht, aufzunehmen und geschehen zu lassen, was nun geschehen muß und wie von selbst auch geschieht. Du spürst das eigenartige und doch auch schon vertraute Fließen der

Energie im Körper, und alles scheint sich um die Mitte zu drehen – auf das Energiezentrum im Herzraum zu konzentrieren – von hier kommt die Energie und hierhin kehrt sie zurück – und es ist wiederum gleichgültig, ob du dieses Kreisen spürst, oder ob es ganz unbewußt in der Tiefe geschieht – das Fließen der Energie ist ein ständiges Kommen und Gehen – ein Öffnen und Ausweiten – und du gibst dich diesem eigenen Rhythmus hin, der da aus deiner Tiefe aufsteigt und seine Kreise zieht in dir und darüber hinaus. Der Strom der Energie ist es auch, der die Weite des inneren Raums öffnet zwischen dem Kopf oben und dem ruhenden Becken unten – der Breite des Rückens hinten und der mit dem Atem schwingenden Brustwand vorne – und in die Tiefe dieses Raums läßt du nun dein Bewußtsein hineintauchen – direkt auf das Herz zu – und du gelangst in dein Herz – sogar in jenen Raum, der dem wahren Herzen entspricht, dem Herztempel Anahata. Immer klarer und deutlicher werden Ausdehnung und Aussehen dieses innersten Raumes der Mitte – er ist kreisrund und entspricht dir und deiner Eigenart vollkommen. Hier läßt du dich nieder – und ein einziger Gedanke genügt, und du gleitest zurück in der Zeit zu jenem Moment deines Lebens, wo du dich der Liebe am weitesten geöffnet hattest – wo du wirklich aus dem Herzen leben und dich der Liebe hingeben konntest – und dieser Moment wird zum Jetzt. – Du spürst noch einmal – jetzt – die Kraft und die Macht dieser Zeit. Und das wundervoll fließende Gefühl des Einklangs mit allem und jedem. Tatsächlich kannst du aus diesem Gefühl alles schaffen – kannst Berge versetzen – die ganze Welt umarmen – kannst alles bewältigen – und alles verzeihen – und so verzeihst du dir gleich, daß du diesen Zustand irgendwann vielleicht wieder aufgegeben und den Tempel etwas hast verkommen lassen, ja, vielleicht sogar geschlossen hast. Jetzt aber, wo du dieses Gefühl von Offenheit und Wärme für alle Welt von neuem spürst, machst du dir auch bewußt, daß es deine Offenheit ist und deine Wärme. Wohl mag es jemanden geben, für den du dich so aufmachst, aber du bist es, der sich öffnet. Es liegt an dir und in dir – jetzt und immer. – Ein anderer Mensch ist eine gute Gelegenheit aufzumachen, den Tempel des Herzens zu öffnen; aber die anderen können es nicht tun – nur du selbst bist dazu in der Lage – auf dich allein kommt es an. Und du kannst es tun – jederzeit. – Wenn du es einmal geschafft hast, geht es immer. – Und jetzt läßt du es wieder geschehen und spürst und genießt die Energie, die dabei frei wird – die Kraft, die in der Liebe liegt und die mehr wird, je mehr du sie fließen läßt. Und diese Kraft begleitet dich, wenn du nun in die Gegenwart zurückkommst – und deinen Herzenstempel vielleicht nicht ganz so vorfindest, wie es möglich ist und wie er ja schon einmal war – damals – als du diese umfassende Liebe gelebt hast. – Genau diese Kraft, die du jetzt wieder in dir fühlst, benutzt du nun, um hier aufzuräumen, heruntergekommene Teile des Tempels wieder in Ordnung zu bringen, verschmutzte Fenster zu putzen, klemmende Türen zu ölen, Gerümpel und Staub zu beseitigen. Du brauchst den Strom deiner Energie nur auf solche und andere Problembereiche zu richten, und er wird für alles Notwendige sorgen – den Abfall und Staub der Zeit wird er in die geräumigen Kanäle leiten, die den Tempel des Herzens umgeben und mit dem ganzen übrigen Körper verbinden. In diesen weiten Bahnen kann aber nicht nur all das Überflüssige aus dem Herzraum in die Filterstationen der Nieren abfließen, in diesen Gefäßbahnen kreist auch die Botschaft des Herzens an den Körper. Von hier aus wird das mit frischer Energie beladene Blut in alle Richtungen gesandt – das verbrauchte aber zur Entsorgung und Wiederaufladung in die Lungen gepumpt. Du nimmst dir Zeit, diesen Kreislauf, in dessen Zentrum du jetzt bist, zu erleben und ihn zu nutzen, um den Tempel des Herzens in den Zustand zu bringen, der dir zusagt. Wenn du genug geputzt und aufgeräumt hast, kannst du entscheiden, ob du die Fenster und Türen in Zukunft geschlossen halten oder aber wie weit geöffnet du sie haben willst. Bedenke dabei aber, daß aus einem weit geöffneten Raum nicht nur alle Gefühle hinausfließen, sondern auch alle hineinfließen können, und daß das Herz Energie im Überfluß hat. Im wahrsten Sinne des Wortes wird es natürlicherweise überfließen, wenn es nicht durch Schranken und Dämme gehindert wird. Hierin gleicht es der Sonne, die ja auch im Mittelpunkt ihrer Sphäre steht und ihre Planeten mit einem nicht endenden Strom von wärmender Energie versorgt. Bei diesem Gedanken spürst du vielleicht schon die Sonnenähnlichkeit deines Herzens – erlebst aus seiner Mitte, wie der Strom der Energie nach allen Seiten hinausströmt – unaufhörlich – Tag und Nacht – ohne Pause und ohne nachzulassen. Schon so manches Mal hast du diese Quelle nun in der Entspannung der Meditation erlebt – und doch gewinnt sie nun noch eine tiefere Bedeutung und größere Macht. Das Herz ist eine Sonne – deine ganz persönliche – und du genießt seine Strahlen und seine Wärme. Von Mitte zu Mitte spürst du gleichsam auch, wie es der großen Sonne entspricht und wie beide in Wirklichkeit verbunden sind. Die Frage taucht in dir auf, wie oft du dir dieser Verbindung eigentlich in deinem eigenen täglichen Leben bewußt bist. Wieviel Sonne läßt du in dein Leben scheinen – im übertragenen Sinn – und ganz konkret? – – – Und wieviel Sonne läßt du in dein Herz scheinen? – – Läßt du überhaupt die Welt an dich heran? – – – Und läßt du deine Lebensenergie, dein Blut bis an die Grenzen der Welt? – – Bis in die eigene Haut? – – Ist sie warm durchblutet und offen oder kühl und verschlossen? – – – Entspricht dein äußeres Leben diesem inneren Kreislauf mit seinen ewigen Schleifen, die immer wieder an den Ausgangspunkt zurückkehren? – – – Oder hetzt du eher geradlinig durchs Leben – ohne Rückschau und ohne Rücksicht auf dich und andere? – – – Ist die Schleife oder der Pfeil das bessere Symbol für deine Lebensart? – – – Gibst du dem Rhythmus von Tag und Nacht sein Recht? – – – Oder versuchst du, den Tag auf Kosten der Nacht zu verlängern – die Periode der Aktivität über jene der Ruhe zu stellen? – – – Wenn du jetzt einmal darauf achtest, kannst du den natürlichen Rhythmus hören und spüren. Und du kannst erleben, wie sich beide Phasen genau entsprechen: Ruhe und Aktivität sind gleich wichtig – gehören zusammen wie Tag und Nacht – Hell und

Dunkel. Das Herz sagt es klar und deutlich. – Versunken in diesen, deinen eigenen Rhythmus, schließt du für einen Moment auch die inneren Augen und wirst ganz Ohr – läßt dich von diesem stetigen Doppelschlag aus dem Tempel des wahren Herzens mitnehmen auf jene größere Ebene des physischen Herzens, das fast an gleicher Stelle liegt, nur ein wenig nach links, zur weiblichen Körperseite hin verschoben. Hier geht es viel bewegter und entsprechend rauher zu, und du mußt dich festklammern, um nicht von der starken Strömung mitgerissen zu werden, und so verbirgst du dich in einer der Nischen zwischen den starken Muskelfasern, die die Wände bilden und in Form fester Taue auch die Herzklappen halten. Die vollkommene Ruhe und Weite in der Entspannung und Erschlaffung aller Muskelfasern überträgt sich auf dich und auch das Gefühl von Kraft und Anspannung, wenn sich alle Muskelfasern zugleich zusammenziehen. Im Innern des Herzens wird der Gegensatz von Spannung und Entspannung so deutlich wie nie zuvor. Und du erkennst in der Spanne des Augenblicks einer einzigen Anspannung und des maximalen Drucks, wie es um die Spannung und den notwendigen Druck in deinem Leben steht. Und im nächsten Moment der ebenso vollkommenen Erschlaffung wird dir klar, wie es um diesen Pol des Ausruhens und Kraftschöpfens in deinem Leben steht. – – – Und hier am Puls von atemberaubender Spannung und vollkommener Ruhe erlebst du, wie diese beiden Seiten der Wirklichkeit zusammengehören und aufeinander angewiesen sind. Und nicht nur hier im Herzen – überall – und auch sonst in deinem Leben. Nur aus der Ruhe der Entspannung kann die Kraft für die nächste Kontraktion fließen. Und nur aus der totalen Kontraktion wird völliges Loslassen möglich. Für einen Moment blendest du in deinem Leben zurück bis zu einer entsprechenden Erfahrung – bis zu einem Moment, wo du dich ganz verausgabt hast, um danach ganz loszulassen. – Und spürst noch einmal die Tiefe der Ruhe nach dem Sturm. – So herrscht auch in der Mitte des Körpers, in seinem physischen Herzen derselbe Rhythmus wie überall: Kommen und Gehen, Nehmen und Geben – und dieser Rhythmus klingt mit dem Herzschlag in den ganzen Körper und teilt sich mit dem Blut noch der letzten Zelle mit. Mit diesen Gedanken verläßt du deinen sicheren Platz in der Nische der Herzwand und vertraust dich dem Blutstrom an – läßt dich in seine Mitte nehmen und spürst den zunehmenden Druck in der Kontraktionsphase. Jetzt – auf dem Höhepunkt der Anspannung – entlädt er sich explosionsartig in die große Herzschlagader, im selben Moment, als sich die Flügel der Herzklappe öffnen. Wie mit einem Kanonenschuß wirst du, auf einem der unzähligen roten Blutkörperchen reitend, in den offenen Raum der Schlagader geschossen. Dein rotes Blutkörperchen hat tatsächlich die Form einer fliegenden Untertasse, ist kreisrund und am Rand dicker als in der Mitte, die ideale Form, um der wirbelnden Reise standzuhalten. Und die Reise ist schnell. Ehe du dich versiehst, bist du schon auf dem Weg hinab in den Unterleib. Immer wieder geht es an Kreuzungen und Stromschnellen vorbei. Der Druck aber läßt im ganzen allmählich nach, und als du schließlich im Bein angelangt bist, wird der Fluß fast träge. Und ganz unten im Fuß bleibt er sogar beinahe stehen. Und du erlebst, wie die kleinen Energiepakete durch feine Spalten in den Gefäßwänden an die Umgebung verschenkt und dafür die ebenso winzigen Abfallpakete auf demselben Weg aufgenommen werden. Überall um dich herum findet dieser Austausch statt, und als schließlich alle dich umgebenden Blutkörperchen mit Abfall beladen sind, werden die Kanäle wieder dicker. Der Strom aber bleibt träge, und der Druck läßt noch weiter nach. Es ist jetzt mehr ein Geschobenwerden als ein Fließen. Und du spürst diese Trägheit auch in dir. Immer breiter wird der Strom, und schließlich wirst du mit all den anderen Blutkörperchen zurück ins Herz gesaugt. Bevor der Druck noch ansteigt, steigst du wieder aus dem Strom aus und hältst dich im Fasergeflecht des Herzens fest. Hier, in der rechten Herzkammer wird der Druck nicht so stark wie vorhin auf der Gegenseite. Der Wechsel zwischen Ruhe und Aktivität bleibt derselbe. Du nützt diesen rhythmischen Moment, um dich zu fragen, wie es mit dem größeren

Kreislauf in deinem Leben steht. Gibt es da, wie im Verlauf des Jahres, Zeiten von wachsender Spannung, dem Frühling entsprechend, die sich in die Aktivität und Fülle des Sommers entwickeln, und folgen darauf Zeiten mit nachlassendem Druck, die, dem Herbst ähnlich, im tiefen todähnlichen Ausruhen des Winters ihren Höhepunkt finden? – – – Gibt es überhaupt in deinem Leben eine Beziehung zum Rhythmus des Jahres oder setzt du einfach deine Zeitvorstellungen gegen die natürliche Umwelt durch? – – – Wie steht es um deine Anpassungsfähigkeit an die Rhythmen der Natur? Wie flexibel ist der Strom deines Lebens? – – – Ähnelt er einem ursprünglichen Fluß, der in Windungen und Schleifen durch die Welt mäandert – viel Zeit und doch eine Richtung hat? – – – Oder ähnelt er mehr einem schnurgeraden Kanal, eingezwängt zwischen Betonufern, schnellfließend und zielorientiert? – – – Und wieder die Frage: Ist es mehr die Gestalt der Welle, des Kreises oder die des Pfeiles, die dein Lebensfluß symbolisiert? – – – Diese Fragen haben dich mehr nach innen orientiert, und so schließt du deine Augen wieder – hier im physischen Herzen – denkst an das wahre Herz – den Herztempel in deiner wirklichen Mitte – und öffnest die inneren Augen dort wieder. Nach dem Ausflug ins physische Herz mag dir die Ruhe hier, im wahren Herzen, besonders eindrucksvoll erscheinen. Und tatsächlich ist es der einzige Platz im Körper, wo völlige Ruhe möglich ist – und eigentlich liegt dieser Herztempel ja auch gar nicht im körperlichen Bereich, sondern dahinter – in unserem raum- und zeitlosen Mittelpunkt. Es ist der Ort, wo sich eine Lücke in der alltäglichen gespaltenen Wirklichkeit auftut, wo Einheit erlebbar wird – in Augenblicken der Offenheit, der Liebe – und dann, und nur dann, erscheint auch die polare Welt als Einheit – unter der einigenden Kraft der Liebe ist dann alles in ein Licht getaucht, und wir können der Polarität entkommen – können von Luft und Liebe leben und das Licht in allen Menschen sehen, auf jeden Fall aber in dem Menschen, für den wir unseren Herztempel geöffnet haben. In solchen Momenten zeigt sich auch, daß das innere Licht das wirkliche ist und die

Macht der Liebe die letzte und größte Macht. Sie allein kann Berge versetzen und Wunder wirken. Hier, an der Quelle, im Tempel des Herzens, bist du dieser Kraft näher als sonst irgendwo. Und wo immer du dich aufhältst in der äußeren Welt, der Tempel des Herzens ist immer da und steht dir immer offen. In ihm ist die Wirklichkeit lebendig, ist alles eins – und das Außen löst sich im Innen auf. Und hier nun ist auch klar, daß jede wirkliche Lösung und erst recht jede Erlösung nur aus der eigenen Mitte kommen kann, aus dem Tempel des Herzens. Es besteht wenig Grund, diesen Platz der Mitte wieder zu verlassen, und wo es unbeabsichtigt geschieht, mag das Wissen um die jederzeit mögliche Rückkehr trösten. Nichts und schon gar nicht das kommende Ende dieser Meditation, kann deinen Tempel wieder verschließen. Nur du selbst kannst es, und du brauchst es nicht zu tun – es liegt ganz in deiner Hand und eigentlich in deinem Herzen.

11. Meditation
Geben und nehmen – Darm

Du liegst wieder bequem und ausgestreckt an deinem Meditationsplatz, die Beine nebeneinander, die Arme locker seitlich vom Körper und vertraust dich dieser Situation an, die du nun schon so gut kennst. – Die Augen fallen ganz von alleine zu – du weißt ja auch, was kommt, und daß du dich nun ausruhen kannst – und der ganze Körper weiß das und wo die Reise hingeht. – Der Körper kennt den Weg in die Tiefe der Entspannung und folgt ihm bereitwillig und den Tönen, die dich wie immer begleiten. Der Strom der Worte und Töne gehört dazu, genau wie der Fluß des Atems, der in seinem Loslassen dem ganzen Körper erlaubt, loszulassen und dir – der mit dem Ausatem einfach überall Lösung bewirkt – Loslassen von allem, was jetzt überflüssig ist – und so hat der Körper schon ganz von selbst begonnen – der Strom der Entspannung ist unterwegs – vom Gesicht breitet er sich über den ganzen Kopf aus und auch nach innen und von innen nach unten in Hals, Nacken und Schultern und durch die Arme in die Hände und durch die Brust in den Bauch. – – Die Energie der Mitte, des Herzens, verstärkt den Fluß und das Gefühl des Loslassens – und auch im Becken lösen sich alle Hemmungen – und die Energie findet ganz leicht und fließend den Weg hinab in die Beine und Füße – und wieder hilft der Atem, was noch überflüssig sein könnte, zu den Zehen und Fingerspitzen hinaus gleiten zu lassen, und so kannst du dich freier und gelöster fühlen – gelassen auch und leicht – tatsächlich nimmt die Leichtigkeit mit jedem Einatmen noch zu – jetzt oder gleich – genau wie die Gelassenheit mit jedem Ausatmen noch tiefer wird. – Der sanfte Atem öffnet und befreit zugleich, und du läßt dich bereitwillig öffnen und befreien – entdeckst mit deinem Atem den weiten Raum der Mitte – zwischen dem entspannten Kopf oben und dem ruhenden Becken unten – dem breiten Rücken hinten und der leicht vom Atemwind bewegten Brustwand vorne. – Und du tauchst in diesen Raum der Mitte hinein und in die innere Welt – in deine Landschaft und zu deinem Tempel – und während du den vertrauten Weg nimmst, schaust du dich genau um in der Umgebung und dann vor allem auch in deinem Tempel. – Nachdem er dir nun schon soviel vertrauter ist, wird auch in seinem Innern vieles in einem anderen Licht erscheinen als bei früheren Besuchen. Es mag lohnen, sich ein wenig umzutun. Sicherlich gibt es da noch viele Dinge, die für dich wichtig sind und noch wichtig werden können, und so ist es ein Glück, daß dieser Tempel in dir existiert und dir jederzeit offen steht. Jetzt aber nimmst du wieder den Weg hinab in den Saal der Tore und schaust dir dort einmal die verschiedenen Türen zu den verschiedensten Bereichen an. Einige wirst du vielleicht wiedererkennen, andere werden erst noch wichtig werden. – Eine Tür fällt dir besonders auf: der Einlaß zum Saal der Geschenke. Fast kostet es Überwindung, sie jetzt noch nicht zu öffnen und statt dessen – wie schon so oft – den vertrauten Saal der Selbsterkenntnis zu betreten. Du kennst ihn nun schon so gut – und doch ist jedesmal die Atmosphäre eigenartig neu. Auch jetzt wirkt alles wie verwandelt, und dir ist, als würdest du dich in diesem Licht und Duft selbst verwandeln. Dieses Gefühl nimmt sogar noch zu, als du jetzt wieder auf dem Ruhebett der Mitte Platz nimmst und den Blick zum Mandala in der Kuppel wandern läßt. Das Mandala birgt ja immer in seiner Mitte die geheimnisvolle Kraft der Wandlung. Und doch scheint heute die Wirkung noch verstärkt. Deine Augen werden gleichsam zur Mitte gezwungen – und der Blick fällt durch sie hindurch nach innen, im selben Moment, als die Augenlider zufallen. Innen aber blickst du in eine eigenartig bewegte Urlandschaft: Urwüchsige Baumriesen stehen da inmitten dichter Farnwälder – Lianen schlingen sich um die Äste, und bunte Blumen leben in den Astnischen der Bäume. Das Eigenartigste aber sind nicht die Pflanzen, sondern der schnelle Fluß der Zeit, der hier herrscht – alles wächst zusehends im Zeitraffer. – Du erlebst, wie sich Blüten entfalten und neue Blätter und spitze Triebe hervorschießen. – Üppiges Wachstum überall. – – – Eben war das Wetter noch schön, und schon braut sich ein schwerer Orkan zusammen, Sturm beginnt zu toben, Blitze durchzucken den plötzlich düsteren Himmel – die Gewalt der Elemente tobt sich aus. Das Feuer der Blitze erhellt eine gespenstische Urwaldwelt. Die schweren Wolken entladen ihr Wasser in wahren Sturzbächen – und der Sturm peitscht erbarmungslos die Bäume, zerrt sogar an ihren Wurzeln. – Und da entwurzelt er einen der Riesen. Im Fallen noch reißt er andere mit. Eine Wunde klafft nun im Urwald, und erbarmungslos fährt der Orkan hinein und reißt weitere Baumriesen nieder. Und so schnell wie das Unwetter begann, legt es sich auch schon. Der Wind selbst vertreibt die Wolken, und eine heiße Sonne bringt den geschlagenen Wald zum Dampfen. Die Zeit muß rasen, denn du siehst nun, wie die gefallenen Riesen bereits zu faulen und zu zerfallen beginnen. Noch bevor sie ganz zu Erde geworden sind, siedeln schon wieder andere Pflanzen auf, ja in ihnen. Noch bohren Käfer und Larven in ihrem modrigen Holz, da werden sie schon von anderen Pflanzen gleichsam gefressen, auf jeden Fall aber überwuchert. Und es dauert nicht lange, da stoßen kräftige Triebe durch das Gewucher und wachsen zu jungen, kräftigen Bäumen empor im Kampf um das lebensspendende Licht. Die alten Riesen sind verschwunden, verwest, aufgelöst, zu Mutterboden geworden für eine neue Generation junger, kräftiger Bäume. Und wieder beginnen Lianen sich um ihre Äste zu ranken, siedeln kleine, saftraubende Pflanzen auf den starken Ästen. Die Bresche im Urwald hat sich geschlossen – und der Kreis in der Natur. Der Tod des Alten ist zum Dünger des Neuen geworden – die große Wandlung überall in der Natur! – – – Und nun, wo das Symbol einmal Form angenommen hat, kannst du das Prinzip überall wiederfinden. – – Dort schleicht eine Raubkatze durch den Urwald, pirscht sich an Wild an, das noch friedlich auf einer Lichtung ist – und dann ein Sprung – wilde Flucht – doch ein älteres Tier hat keine Chance und fällt der großen Katze zum Opfer. Noch bevor es fallend den Boden erreicht, ist seine Kehle durchbissen. Die Raubkatze aber schleppt den Kadaver sogleich zu ihren Jungen, die ihn mit Lust und Kraft zerfleischen und sich die Bäuche vollschlagen. Und wieder wandelt sich Tod in Leben – wieder schließt sich der Kreis. – – – Und der Schauplatz wandelt sich. Das nächste Bild ist viel friedlicher, ja geradezu gemütlich. Du siehst dich selbst beim Essen sitzend – an einem reich gedeckten Tisch vor all deinen Lieblingsgerichten, und du langst nach Herzenslust zu, beißt kräftig hinein und kaust gut – bist ganz bewußt dabei – spürst die Kraft in deinen Kiefern, den Biß und die Schärfe deiner Schneidezähne – den kräftigen, zermalmenden Druck der Mahlzähne und erlebst nun, daß das gar nicht so friedlich ist, wie es zuerst aussah. Natürlich mußt du nicht töten, aber etwas Aggressives hat das Essen doch. Und mußten nicht andere vorher für dich töten, damit du nun scheinbar so friedlich essen kannst? – Mußten nicht Pflanzen geschnitten, Tiere geschlachtet werden? – – – Und zerkleinern nicht gerade deine Zähne die getötete Nahrung mit großer Aggressivität? – Von außen sehen wir so wenig von unserer Verdauung, aber du willst es nun wissen; läßt dich wieder winzig klein werden und folgst einem Bissen in den Mund. Es ist ein Glück, daß du in dieser winzigen, punktförmigen Gestalt nicht verletzbar bist, denn es geht hier drinnen wirklich aggressiv zu. Während noch die Zähne zerbeißen und zerquetschen, zerkleinert der gar nicht so harmlose Speichel auf seine viel unscheinbarere, aber nicht weniger aggressive Art die kleinen Bröckchen der Nahrung weiter. Mit den kleinsten Stückchen rutschst du nun langsam nach hinten Richtung Schlund, und schon wirst du mit verschluckt. Auch in diesem Schlucken liegt eine ziemliche Kraft, und nun geht die Reise viel schneller weiter. Von einer Welle, die entlang der Speiseröhre läuft, wirst du durch das enge Rohr vorwärts gepreßt, bis dich die geräumige Höhle des Magens in Empfang nimmt. Hier ist viel mehr Platz, aber die Wellen laufen ja weiter, jetzt über die Magenwand und kneten den Speisebrei durch – und dich gleich mit. Dabei mischen die Knetbewegungen aber auch die äußerst aggressive Magensäure unter den Brei. Sie ist so sauer und so ätzend, daß jetzt die meisten der noch lebendigen Bakterienwesen in der Speise sterben müssen – und schon geht die Reise mit der Wellenbewegung weiter in das wieder engere und vielfach gewundene Dünndarmrohr. Hier bietet sich nun ein eigenartiges Bild: Eine bizarre Landschaft voller Bergrücken und tiefer Täler, übersät mit kleinen Zotten, empfängt dich und die breiigen Speisemassen. Weitere aggressive Säfte strömen von der Seite hinzu, und die Zerkleinerung geht unbarmherzig weiter. Und dann beobachtest du, wie die nun winzigen Speiseteilchen an den Zotten noch einmal gespalten und dann von einer Art Schleuse einfach verschluckt werden. Schon bist du selbst an solch einer Schleuse, und ehe du dich versiehst, bist auch du verschluckt und gelangst mit vielen Nahrungsteilchen ins träge fließende Blut. Die Reise ist nicht lang und führt direkt zur Leber. Hier wirst du Zeuge, wie aus all den winzigen Einzelteilchen wieder größere Ketten zusammengebaut werden, eben die Stoffe, die dein Körper zum Leben braucht – und wieder hat sich der Kreis geschlossen. Aus der getöteten Nahrung entsteht wieder neues

Leben – dein Leben. Und der Weg, auf dem das geschieht, ist rauh und aggressiv – von den beißenden Zähnen bis zur zersetzenden Säure. – – – Nun willst du zum Darm zurück und nachschauen, was aus dem übrigen Nahrungsbrei wird – und dazu gibt es einen bequemen Weg, denn die in der Leber hergestellte Gallenflüssigkeit fließt in den Darm, und so nimmst du den Weg der Galle durch die Gallenblase zurück zum Dünndarm. Du bist froh, als du schließlich ankommst, gar nicht fern der Stelle, wo du ausgeschleust wurdest. Die Gallensäuren waren auch eine zu scharfe und aggressive Gesellschaft! Der Darm ist hier nun deutlich leerer, und hauptsächlich ist es unbrauchbares Material, was da von den rhythmischen Wellen weitergetrieben wird. Dann wird das Darmrohr plötzlich weiter und weniger gewunden, dafür aber bekommt es nun eine Fülle von dunklen Nischen und Winkeln, in denen sich manch eigenartig dunkle Gestalt zu verbergen scheint. Es wird dir direkt etwas unheimlich hier – eigenartige Dämpfe begleiten nun die Nahrungsreste und entwickeln sich aus ihnen. Die dunklen Nischen verbergen offenbar manch düsteres Geheimnis, und auch der ehedem flüssig-weiche Brei, mit dem du reist, wird nun dunkler und vor allem fester. Das Wasser verläßt in Mengen den Darm, und zurück bleibt der letzte Rest, der Abfall eigentlich, und doch wird er gar nicht so schnell wie möglich ausgestoßen, im Gegenteil: In einer extra dafür vorgesehenen Ausbuchtung der Darmwand wird er gesammelt, und auch in den Nischen bleibt so manches hängen. Die sich ständig entwickelnden Gase allerdings suchen, nach einigem Hin- und Herirren, den Weg in die Freiheit. Dir wird recht mulmig in dieser düsteren Unterwelt. Die dunklen Schatten wirken wie Gespenster, und es würde dich nicht wundern, wenn es wirklich welche wären. Du bist im Totenreich des Körpers angelangt und erlebst es auf eindrucksvolle Weise. Du spürst einen ausgeprägten Drang, diesen Ort zu verlassen und doch auch die Notwendigkeit, dir anzuschauen, wie und warum dein Körper all diese Düsterkeiten noch so lang aufbewahrt. Und es ist auch faszinierend, in der eigenen Unterwelt zu Gast zu sein! Wenn der Tod wirklich im Darm sitzt, muß das hier sein Palast sein! – Du nimmst dir Zeit, zu spüren, was das für alte, überlebte Dinge sind, die du da über die Zeit festhältst. – Und dann nimmst du deinen ganzen Mut zusammen, um dir anzuschauen, was das Tote in deinem Leben ist, das du nicht loslassen kannst – oder willst. – – – Erkennst von hier aus auch – angesichts deines Darms, der so viel tote Materie festhält, wie wichtig du tote Materie nimmst. – – – Es tauchen Situationen aus deinem Leben vor dem inneren Auge auf, wo du dich geradezu an tote Materie klammerst. Und all das, was du auf keinen Fall hergeben willst, tot oder lebendig, nimmt jetzt Gestalt an. – – – Und dann taucht auch all das auf, was du keinesfalls ans Licht kommen lassen willst, all das Düstere, das du bisher verstecken mußtest. Jetzt aber hast du die Kraft, hinzuschauen zu all den düsteren Gedanken, Phantasien und Vorstellungen. Und in der Besonderheit dieser Situation wächst dir noch mehr Kraft und Mut zu, die Kraft nämlich, all das Düstere mit der Zeit los- und damit ans Licht zu lassen – und du beginnst gleich jetzt und hier, in der Unterwelt des Dickdarms, wo sonst? Du lenkst deine neugewonnene Energie und Lust vor allem, hier einmal aufzuräumen, in die dunklen Nischen – und deine Energie wird zu Licht und beleuchtet und löst zugleich die Krusten und Ablagerungen – bringt so Weite in die Enge und Fluß in die Verstopfung. Das Harte wird weich und Unbewußtes wird bewußt. Das Licht der Bewußtheit bringt die Wandlung in Gang. Und während du auf der einen Ebene, der des Darms, aufräumst, ist es sehr wahrscheinlich, daß dir auf einer anderen, der des Bewußtseins, alte Dinge in einem neuen Licht erscheinen und sich so vor deinen Augen wandeln, ganz ähnlich wie die tote Materie, wenn du sie aus deinem Darm entläßt, ihre Wandlung durchläuft und den Kreis wieder schließt. Sie wird irgendwann den Weg zurück zu Mutter Erde finden. Und in ihrem Schoß wird aus dem toten Kot neues Leben wachsen. So wird das Dunkle zur Quelle des Lichts und der Tod zum Dünger des Lebens. Und genauso kann aus den düsteren Schätzen der eigenen Unterwelt neue Lebendigkeit in dein Leben treten, wenn du dich diesen Schätzen zuwendest und ihnen Beachtung und damit Licht schenkst. Wie viele dunkle Schätze in den Tiefen deiner Unterwelt lagern, kannst du am besten erkennen, wenn du dir die Frage stellst nach dem Gleichgewicht zwischen Nehmen und Geben. Gibt es Situationen und Zeiten in deinem Leben, wo du mehr nimmst als gibst? – Und schau dir ruhig die Ebene der körperlichen Nahrung an – aber vergiß auch nicht die geistige Nahrung! – Solche Fragen und vor allem ehrliche Antworten auf solche Fragen brauchen viel Mut und viel Kraft und einige Zeit, und du kannst jederzeit an diesen Ort und zu diesen Fragen zurückkehren – und es mag noch manches Mal notwendig sein. Jetzt aber löst du dich von diesen Bildern und kehrst mit einem sanften Atemzug zurück auf das Ruhebett in der Mitte des Saales der Selbsterkenntnis und verabschiedest dich von der Kuppel und dem Raum. – – – Draußen aber im Saal der Tore erinnerst du dich an die Tür mit der Aufschrift »Saal der Geschenke«. Du kannst jetzt gleich oder wann immer du später Lust hast, dieses Tor öffnen und wirst dahinter einen Raum voll jener Geschenke finden, die du im Laufe deines Lebens erhalten hast, und nicht nur die materiellen – und du kannst dir anschauen, was jedes dir gegeben und bedeutet hat. Im Anschluß an diesen Raum wirst du dann noch eine zweite Tür finden, auf der Wiederum »Saal der Geschenke« steht. Hinter dieser zweiten Tür wirst du all die Geschenke finden, die du im Laufe deines Lebens gemacht hast, schau dir auch hier an, was dir die einzelnen bedeutet haben. Nimm vor allem auch die Geschenke, – materielle und immaterielle – von denen du dich nur schwer trennen konntest. Wenn du diesen Saal wieder verläßt, wird dir klarwerden, was wichtiger für dich war und ist: Geschenke erhalten oder verteilen – und was dir rückwirkend betrachtet mehr Freude macht und bringt. Und du wirst dann noch eine dritte Tür finden – zu einem dritten »Saal der Geschenke«. Und hier wirst du all die Geschenke finden, die du im Laufe deines Lebens nicht gemacht hast – und schau dir auch hier wieder an, was dir all diese Geschenke bedeuten. – –

– Danach wird dir noch einmal und noch klarer bewußt werden, wie es bei dir um das Verhältnis von Nehmen und Geben bestellt, ist. Jetzt aber hast du die Wahl, in den ersten Saal der Geschenke einzutreten oder dich mit einem tiefen Atemzug aus deinem Tempel zu verabschieden und zurückzukommen ins Hier und Jetzt, wo du dich auf längst bewährte Weise in Raum und Zeit orientierst.

12. Meditation
Ursprung und Wandlung – Leber

Leg dich entspannt hin – die Beine nebeneinander, die Arme locker seitlich vom Körper – und laß die Augen zufallen. – Du spürst die Unterlage, die dich trägt und kannst dich ihr ganz anvertrauen und dein ganzes Gewicht einfach loslassen, abgeben an den Grund, der dich trägt – und so kannst du es genießen, getragen zu werden – aufgehoben zu sein – spürst deinen Hinterkopf, wie er aufliegt – und läßt ihn los – und spürst deinen Rücken breiter und entspannter werden – läßt ihn tiefer sinken – und das Becken ebenso. – Arme und Beine losgelassen und schwer – der Strom der Entspannung – wie er dein Gesicht und den ganzen Kopf befreit und in die Tiefe dringt – aus der Mitte des Kopfes aber hinunter in den Körper fließt, Hals- und Nackenmuskeln löst und die Schultern erreicht – die Arme auch, bis hinab zu den Fingerspitzen – und wieder loslassen und fallenlassen – alles, was nun überflüssig ist – und sich anvertrauen – der Unterlage und der Situation – dem Augenblick. – Zeit und Raum werden unwichtiger – und der Strom der Entspannung erreicht die Brust – vereinigt sich in der Mitte mit dem Strom der Herzensenergie – und es geht weiter hinab – in den Bauch – alle Spannungen lösen sich – die Organe atmen auf – und du atmest sanft und läßt dich mit dem Ausatemstrom noch tiefer sinken – läßt noch weitgehender los und wirst so noch gelassener, als der Strom der Entspannung den Unterleib erreicht. Auch hier, im Becken, geschieht Loslassen und Entspannen – und der Strom findet mühelos den Weg in die Beine und durch die Beine, bis hinab zu den Zehenspitzen. Der Atem aber ermöglicht ein letztes Fallenlassen. Mit dem Loslassen der verbrauchten Luft im Ausatem sinkst du noch tiefer und läßt zu den Zehenspitzen all das abfließen, was nun in der unteren Körperhälfte überflüssig geworden ist – und zu den Fingerspitzen all das, was den Oberkörper verlassen will. – Und du läßt es geschehen – läßt einfach alles geschehen und seinen Weg nehmen – die Töne der Musik und die Worte – den Strom der Entspannung und den sanften Atemwind, der die Vorderseite deines Körpers – Brust und Bauch – sanft bewegt – und dein breiter Rücken hinten – das entspannt gelassene Becken unten – und der ruhende Kopf oben – und dazwischen in der Mitte – die Mitte – deine Mitte – jener Raum, den die Entspannung und der sanfte Atemstrom so weit und frei gemacht haben – und in diesen Raum läßt du dich nun hinabgleiten – tauchst unter und ein auf diese Weise – bis dein Tempel inmitten deiner Landschaft auftaucht und du dich auf den Weg machst – den schon so vertrauten Weg in den Tempel. – Und du nimmst die Treppe hinab zum Saal der Tore. Hier schaust du dich nun etwas genauer um – liest die Aufschriften auf den ungezählten Türen – erkennst auch die schon benutzten Tore wieder – aber auch und vor allem noch unbekannte. – »Mein Märchen« steht da auf einer Tür. – »Mein wichtigster Traum« auf einer anderen. Aber auch so sonderbare Aufschriften finden sich wie »Mein Lieblingsgift« oder »Meine Schatz- und Vorratskammer«. – Schließlich löst du dich und betrittst den Saal der Selbsterkenntnis. Alles ist dir hier nun schon sehr vertraut. – Heute jedoch empfängt dich eine Atmosphäre von besonderer Vertrautheit, ja, ein Gefühl wie Urvertrauen breitet sich aus. Das gedämpfte Licht und der Duft der Essenzen lösen ein Empfinden von Heimat und Zuhause aus – von neuen Möglichkeiten auch und der Freiheit, gewohnte Grenzen zu überschreiten und in neue Dimensionen der Tiefe vorzudringen – aus der Geborgenheit dieses Raumes, in die du immer wieder zurückfinden kannst. – In diesem Gefühl liegst du auf dem Ruhebett in der Mitte und läßt die Augen zum Mandala der Kuppel über dir schweifen. Wie gewohnt fangen die runden Strukturen des Mandalas deinen Blick ein und holen ihn in die Mitte, wo er im Mittelpunkt verschwindet. Die Augenlider fallen zu und der Blick hindurch auf die Ebene dahinter. – Und wieder formt sich dein letzter Gedanke vor dem Augenschließen auf der geheimnisvollen Leinwand der Kuppel aus – der Gedanke an Urvertrauen – Verbindung zum Urgrund – ein Bild deiner Mutter taucht auf – ein altes Bild – oder nein – deine Mutter in früherer Zeit – mit einem Baby im Arm – und das bist du – und du spürst nun, wieviel Vertrauen dir deine Kindheit geschenkt hat – und da tauchen hinter der Mutter deren Eltern und ihre Großeltern auf – und dahinter deren Eltern und immer so weiter – mehr und mehr Menschen – eine ständig breiter werdende Schlange – fast wie eine Pyramide, deren Spitze du bist. – Und dann verschwimmt alles wieder – und ein Gefühl ist da – ein Gefühl, daß der Untergrund noch viel tiefer liegen muß. – Auf der Leinwand bilden sich kleine, von positiver Energie vibrierende Strukturen – im Meer einzelner Atomkernteilchen, dem Sternenhimmel nicht unähnlich. Und diese Teilchen verbinden sich nun vor deinen Augen zu Gruppen, wobei sie eine strenge Ordnung einhalten. Das Teilchen des Anfangs bleibt allein, bildet für sich das kleinste Atom, den Wasserstoff. – Das nächste Atom enthält schon zwei solcher Teilchen, das nächste drei, dann vier und fünf, und über sechs Teilchen verfügt das Kohlenstoffatom, über acht der Sauerstoff und so fort, bis alle Atome da sind und die größten über hundert solcher positiv geladener Kernteilchen enthalten. Da liegt das Baumaterial der Welt – und sogar des Universums – symbolisch vor dir – in der Kuppel ausgebreitet – die Familie der Atome – der materielle Urgrund aller Struktur. – – – Und aus diesen Bausteinen formen sich nun vor deinen Augen noch komplexere Strukturen: die Moleküle des Lebens. Große Zucker- und Fettmoleküle entstehen da aus vielen einzelnen Atomen und Aminosäuren, die sich noch einmal zu größeren

Molekülen zusammenfinden, Eiweißmolekülen nämlich, den Grundbausteinen allen Lebens. Und dir wird klar, daß aus diesen Grundbausteinen alles Lebendige entsteht und alles auch wieder in sie zerfällt. Und du siehst es nun vor dir auf der Leinwand: Eine Wiese taucht da auf – und es dauert einen Moment, bis dir dämmert, daß jede einzelne dieser unzähligen Pflanzen der Wiese immerzu dieses Wunder schafft. Aus den einfachsten Molekülen und einzelnen Atomen – aus den leblosen Strukturen des Uranfangs also – das Wunder des Lebens aufbaut, jene größeren Moleküle nämlich, auf die die Pflanzen selbst und auch alle Tiere und wir Menschen angewiesen sind. Jede einzelne Pflanze, ja jede Zelle jeder einzelnen Pflanze verfügt über ein Labor, in dem dieses Wunder sich ständig vollzieht. In jedem neuen Lebenszyklus greifen die Pflanzen zurück auf die ursprünglichsten Grundbausteine der Schöpfung: einfache Atome und kleine Moleküle, aus denen sie ihren Körper, die Wurzeln, Stengel, Blätter und Blüten aufbauen. Und am Ende ihres Lebenszyklus zerfallen sie wieder in die einfachsten Bausteine des Anfangs. Es sei denn, ein Tier oder Mensch nimmt sie als Nahrung zu sich. Dann werden sie nur bis zur Ebene der großen Moleküle abgebaut und so zur Grundlage eines neuen Zyklus. Immer klarer kannst du die beiden ineinandergreifenden Lebenskreise auf der Leinwand der Kuppel erkennen: der Lebenskreis der Pflanzen, mit dem Samen beginnend, der aus der leblosen Materie, – den Mineralien des Bodens, Wasser, den Gasen der Luft und der Energie des Sonnenlichts Leben aufbaut, und da ist auch der andere Kreis, der auf diesem ersten der Pflanzen aufbaut und ihre Lebensmoleküle benutzt, um daraus die Körper von Tier und Mensch aufzubauen. Das Bild des Menschen als Fünfstern, das schon so vertraute Menschenmandala, erscheint nun wieder auf der Leinwand, diesmal jedoch in einer durchsichtigen Form, so daß du bis auf die Ebene der Organe blicken kannst. Und so erkennst du das Laborzentrum des Menschen, nahe der Mitte gelegen, unter dem rechten Rippenbogen: die Leber. In ihr wird das menschliche Eiweiß aus seinen Bausteinen, den einzelnen Aminosäuren, aufgebaut, jenen Aminosäuren, die im Darm aus der Nahrung gewonnen werden. Und nun erkennst du, daß so, wie die Pflanzenlabors die Rückverbindung zum anorganischen Reich der leblosen Materie sicherstellen, unsere Leber die Rückverbindung zum Urgrund des Lebendigen sichert. Sie verbindet uns über die Grundbausteine der Aminosäuren mit allen Lebewesen, denn alle Lebewesen bauen sich aus diesen selben Aminosäuren auf, entwickeln ihre Organe und Muskeln, ihre Gehirne und Knochen daraus. Und du machst dir bewußt und spürst, daß auch dein eigener Leib aus diesen Grundbausteinen besteht, die dich mit allen Lebewesen vereinen – über die Leber, unser Zauberlabor – die Rückverbindung zum gemeinsamen Urgrund allen Lebens. – Die Hinwendung zum Urgrund, ja zum Ursprung der Materie des Lebens, holt andere Fragen hervor, die Frage vor allem nach dem Urgrund, aus dem ich lebe. – – – Und wie ist meine Verbindung zu diesem Urgrund? – – – Du weißt nicht, wie sollst du sie empfinden – – – aber sie entwickelt sich jetzt in dir – diese Geborgenheit des Grundes – der Heimat. Du spürst es vielleicht nicht einmal deutlich und nicht so klar, aber doch gewiß – jetzt in diesem Moment – die Geborgenheit im Urgrund der Seele. – – Aus der tiefen Gewißheit dieser Erfahrung kehrst du wieder zurück zum Ausgangspunkt im Körper – deiner Leber und erkennst nun noch andere ihrer Aufgaben. Hier wird auch Energie gewonnen aus den Zucker- und Fettmolekülen der Nahrung, jene Energie, die unseren Körper wärmt und bewegt. Und die Entgiftung findet hier statt. Die meisten der mit der Nahrung und Atmung aufgenommenen Gifte und auch der im Körper selbst anfallenden werden im Leberlabor erkannt und entschärft, und ihre Aufgabe ist es auch, zu unterscheiden und das rechte Maß zu finden, denn im Übermaß kann alles zu Gift werden. Und du verharrst einen Moment bei diesem Gedanken, und machst dir bewußt, was in deinem Leben ins Übermaß geraten ist. Und nicht nur Körperliches wird sich hier melden. Auch Gefühle und Gedanken können ja im Übermaß auftreten und so Körper und Seele vergiften. – Und dabei fällt dir auch wieder die Tür im Saal der Tore ein. »Mein Lieblingsgift« stand darauf. Und du beschließt, dich diesem Thema später noch intensiver zu widmen. Jetzt aber bleibst du mit dem Gedanken an das rechte Maß und horchst in dich hinein und erspürst, wie weit du es gefunden hast in diesem Leben, das rechte Maß, dein Maß, zwischen Aktivität und Ruhe – Mut und Vorsicht – Macht und Liebe – Stolz und Demut – Härte und Weichheit – Anstrengung und Muße – Arbeit und Genuß – das eigene, für dich angemessene Maß in der Partnerschaft – in deinem Beruf – was deine Lebensaufgabe – und was deinen Körper anbelangt. – Und Zeit spielt nun keine Rolle. – – – – Diese Fragen stellen und beantworten sich in deiner eigenen Zeit – lange Augenblicke nach innerer Zeit gemessen, Sekunden nur in äußerer Zeit. Ja, manchmal scheint es, als kämen Fragen und Antworten zugleich im Bewußtsein an. Die Frage taucht etwa auf, welche Rolle Wachstum für dich spielt. Wie etwa ist das Verhältnis von materiellem zu seelischem Wachstum in deinem Leben? – Und die Antwort taucht fast gleichzeitig auf – aus der Tiefe deiner eigenen Mitte. Der erste Gedanke trägt wie immer die Antwort in sich. Wachstum in Wissen und Weisheit und Wachstum an Geld und Einfluß stehen sich gegenüber; Wachstum an Macht und das Wachsen der Kraft der Liebe. Und dieser Augenblick jetzt enthüllt dir deine Schwerpunkte. – – – Und jene Zeit deines Lebens taucht nun auf, wo das körperliche Wachstum allmählich aufhörte. Und du schaust dir an, ob seelisches Wachstum die Energie übernehmen und sich nun entsprechend vorrangig weiter entwickeln kann. – – – Und welche Rolle hat heute geistig-spirituelles Wachstum in deinem Leben und in deiner Umwelt? Und du schaust dir all die Fragen und all die Antworten an. – Dabei spürst du, daß du ähnlich wie die Leber alles bewertest – danach, ob es günstig für dich ist oder ungünstig – genau wie die Leber alle in den Körper gelangenden Stoffe danach bewertet, ob sie nützlich oder schädlich sind. Und nun nimmst du dir Zeit, diese eigenen Wertungen anzuschauen, dieses ganze Wertsystem, unter dem du dein Leben und sein Umfeld siehst. Was ist dir da wichtig

und was unwichtig? – Was magst du und was verabscheust du?
– Und so erkennst du immer mehr, wie sehr deine Wertungen
dein Leben bestimmen, die Richtung deiner Entwicklung festlegen – und du gibst dir jetzt einmal Rechenschaft darüber, ob
du wirklich und ganz einverstanden bist mit diesen Wertungen
und ihrem Ergebnis. Nimmt dein Leben den Lauf, den du dir
wünschst? – – – Werden alle Teile von dir und dein ganzes
Wesen von diesem Wertsystem angemessen vertreten? – – –
Oder gibt es da Regungen und Bereiche in dir, die ganz anderer
Meinung sind? Ganz andere Gefühle und Wünsche hegen? –
Sich in eine andere Richtung entwickeln wollen? – – – Gibt es
da Wertvorstellungen, die bisher nicht zum Zuge kommen, die
unterdrückt sind und Sehnsucht nach Verwirklichung haben?
– – – Schau dir das ganze System deiner Werte an – die gelebten
und die noch unterdrückten! – Und gleichzeitig erkennst du
die Wichtigkeit der richtigen Bewertung aller Stoffe durch die
Leber und die Wichtigkeit, das rechte Maß zu finden in all den
lebendigen Fragen deines Lebens – der Partnerschaft und des
Berufes – der Arbeit und des Genusses. – Und dann spürst du
noch eine andere, noch tiefere Ebene – eine Ebene, wo Wertungen allmählich aufhören und schließlich alles in eins zusammenfällt. Diese Ebene erscheint dir wie ein Punkt hinter oder
in der Mitte von allem – und dein Blick wandert noch einmal
hinauf in die Kuppel. Die schwach leuchtenden Strukturen des
Mandalas tauchen auf. Du erkennst, daß sich alles darin abbildet – auch der Weg der Wertungen. – Außen, im weiten Kreis
des Lebens findet die Suche nach den – Werten statt. Weiter
innen zur Mitte kann das rechte Maß der Dinge gefunden
werden. Noch weiter zur Mitte zu kommen sich jedoch alle
Werte näher, und schließlich im Mittelpunkt fallen sie in eins
zusammen und hören auf. Alles wird hier wertvoll und richtig
– alles ist in Ordnung, weil alles in der großen Ordnung ist. Mit
diesem Gefühl von Annehmen und Einheit löst du deinen Blick
langsam und allmählich aus der Kuppel. Das verbindliche Gefühl der Mitte aber bleibt, wenn du nun aufstehst und den Saal
der Selbsterkenntnis verläßt. Draußen im Saal der Tore stehst

du vor der Wahl – noch weiter zu reisen oder aufzutauchen – vielleicht später zurückzukehren – jedenfalls siehst du da noch einige, vielleicht wichtige Eingänge, wie etwa die Tür »Mein Lieblingsgift«, hinter der du alle Aspekte findest, die dir das ganze Umfeld dieses Gifts erhellen – oder den Eingang, »Meine Schatz- und Vorratskammer«, hinter der du alles findest, was du hortest und aufhebst, um eine ungewisse Zukunft gewisser zu machen. Hier kannst du dir anschauen, was die einzelnen Posten dir bedeuten und welche Angst auch hinter jedem steckt. Und nun kannst du einen dieser Zugänge wählen oder aber auftauchen – dich verabschieden und mit einem tiefen Atemzug aus deinem Tempel zurückkehren und dich im Hier und Jetzt orientieren.

13. Meditation
Entwicklungsgeschichten

Leg dich an deinem Meditationsplatz bequem hin und schließ die Augen. Mit dem Zufallen der Lider laß auch dich fallen in die Unterlage und in die Entspannung – jetzt oder gleich – und wie von selbst stellt sich der Strom der Entspannung ein – erfaßt wieder zuerst die Stirn- und Augenpartie, um sich dann zum Mund und Kinn hin auszubreiten und bis zum Hinterkopf und schließlich das ganze Gesicht und den ganzen Kopf befreiend – und in die Tiefe sinkend – aus der Tiefe des Kopfes zum Herzen fließend füllt der Strom den ganzen Brustraum aus und dringt weiter hinab in Bauch und Becken, alle Organe und Muskeln mit sanfter Energie auffüllend und Verkrampfungen lösend. Und die Energie des Beckens kommt hinzu – und der Strom fließt hinab durch das Becken in die Beine – und bis hinunter zu den Füßen. Alles Überflüssige kann nun hinausströmen an den Zehen- und Fingerspitzen – und der sanfte Fluß des Atems kommt unterstützend hinzu, mit dem Ausatmen geschieht Loslassen und Fallenlassen – in die Tiefe der

Entspannung und die Welt der Bilder und Töne, Schwingungen und Farben. Die Töne und die Worte begleiten dich in vertrauter Weise – jetzt – und in jedem Moment – Zeit und Raum verlieren ihre Bedeutung und fließen ineinander – und der Strom der Entspannung öffnet den Raum der Mitte zwischen dem ruhenden Kopf oben und dem entspannten Becken unten – dem breiten Rücken hinten und der mit dem Atem schwingenden Brust- und Bauchwand vorne – jenen Raum der Mitte, aus dessen Tiefe jetzt deine Landschaft auftaucht – und du tauchst ein in die Landschaft und näherst dich schon deinem Tempel. Der Weg ist vertraut und sicher – und schon bist du angekommen, betrittst den Tempel und wählst den Weg hinab durch den Saal der Tore zum Saal der Selbsterkenntnis. So vertraut ist hier nun schon alles – dieser Raum ist dir lebendige Verbindung zu allen Bereichen der eigenen Seele und des eigenen Körpers – und darüber hinaus zur Welt – deiner Herkunft und Entwicklung. – Alles ist hier möglich und kann sich auf dem Bildschirm der Kuppel entwickeln – und alles kommt hier auch zusammen. Du kannst dir in jede Entwicklungsebene Einblick verschaffen und durch den Blick in die Mitte des Mandalas im Zentrum der Kuppel. Und so nimmst du wieder Platz auf dem Ruhebett darunter und läßt deinen Blick hinaufwandern. In einem Gefühl der Verbundenheit zu allem Anfang und Ende wird der Blick zur Mitte des Mandalas gezogen. Die schier unbegrenzten Entwicklungsmöglichkeiten des Lebens gehen dir noch durch den Kopf, und dann tauchst du ein in die Mitte und sinkst tief in eine dunkle Welt des Wassers, die Welt des Anfangs – das Urmeer mit all seinen Möglichkeiten. Du empfindest dich unendlich winzig – ein Punkt fast – eine einzige Zelle nur – und doch ist schon Leben und auch Bewußtsein in dir. Rund herum umgibt dich das wäßrige Element – aus ihm lebst und atmest du – es schützt und nährt dich – enthält und gibt dir alles Notwendige. In diesem dunklen Schoß des Lebens ist dir warm und wohl – du spürst dich und weißt manchmal doch nicht, ob dieses Urmeer nun im Schoß der Mutter Erde ist oder im Schoß deiner eigenen Mutter. Und es ist auch gleichgültig. – Es ist die Zeit des Anfangs. – Allmählich erlebst du Bewegung in dir und die Kraft der Entwicklung. Dein Bewußtsein beginnt sich auszudehnen auf immer mehr Zellen, die sich alle um die eine Zelle des Anfangs lagern. – Kommen sie alle von außen hinzu oder entstehen sie durch Teilung der schon vorhandenen? – Auch das ist gleichgültig. – Du wächst und nimmst eine längliche Form an – einem Fisch ähnlich – und du wirst zu einem Fisch in den Wassern des Urmeeres – erlebst dich als Wasserwesen. – Nun kannst du dich auch selbst bewegen und bist nicht mehr nur den Strömungen des Wassers passiv unterworfen. Deine Bewegungen sind schlängelnd und rollend. Der ganze Körper regt sich als Einheit. – Du gleitest dahin durch die ruhige Tiefseewelt. – Das Wasser ist dein Element – du atmest aus ihm und nährst dich daraus. Zu sehen ist in der Dunkelheit der Tiefe nicht viel, aber um so mehr kannst du spüren. – Wasser umhüllt dich überall, und es fängt all deine Bewegungen auf und läßt sie sehr ruhig und sanft erscheinen. – Du fühlst dich geborgen in der dunklen Tiefe des warmen Urmeers – in jedem Moment – und da ist nur dieser eine Moment. – Zeit spielt keine Rolle in dieser Welt – und wieder drängen sich für einen kurzen Moment Bilder und Gefühle aus jener so ähnlichen Welt im Mutterbauch dazwischen. Auch hier sind die Bewegungen sanft und sacht. Das Fruchtwasser ist warm und schützend – und die gleiche Ruhe und Dunkelheit umgibt dich. Und dann treten wieder die schlängelnden Fischbewegungen in den Vordergrund, und du schwimmst höher hinauf auf den schwachen Lichtschein zu, der da von oben in deine dunkle Welt der Tiefe dringt. – Das Licht zieht dich eigenartig an, und zugleich ist es beängstigend. – Tatsächlich siehst du nun auch Gefahren – andere Wasserwesen sind da, und manche wirken bedrohlich. Auch erkennst du nun, wie groß du selbst bist. – Das Licht läßt dich gar nicht mehr los, trotz der Gefahren, die es mit sich bringt. Es ist im Augenblick viel faszinierender als das vertraute Dunkel der Tiefe. Und der Wunsch nach Licht bringt auch Veränderungen mit sich. Immer öfter schwimmst du zur Oberfläche des Meeres, wo nur noch Licht und Leichtigkeit sind – ja, du löst dich gar nicht mehr von dieser Oberfläche und springst sogar jetzt hinaus in das neue Element, die Luft. Und so dauert es nicht lange, und du gewöhnst dich an diese Luft, brauchst sie dann sogar zum Atmen, und so lebst du nun in beiden Elementen. Und dann entdeckst du noch ein weiteres Element: das feste Land. Zuerst scheint es nur ein Hindernis zu sein, dann aber wagst du dich hinauf. Mit deinen kräftigen vorderen Flossen kannst du den schweren Unterleib nachziehen und so ein gutes Stück aufs Land schleppen. Nach dem ersten Schreck ist es wie eine neue Geburt. Du kannst atmen und auf deinem Bauch herumrutschen und wenn du willst, zurück ins Wasser. Aber du willst immer weniger, spürst vielmehr die Zukunft vor dir auf dem Land. – Wie du so mit Hilfe deiner vorderen Glieder auf dem Bauch vorwärtsrobbst, kommen wieder neuere Bilder dazwischen – wo du als kleines Baby auch auf dem Bauch liegst und genauso versuchst, dich mit den Armen vorwärts zu ziehen. Dann spürst du wieder dieselbe Unruhe in dir aufsteigen, die dich schon aus dem Wasser getrieben hat – eine Unruhe, die dich irgendwie vorwärts zwingt – und du paßt dich dem neuen Erdelement noch besser an. – Aus den Flossen werden kräftige Gliedmaßen, und so kannst du dich etwas schneller bewegen und dabei sogar den Bauch manchmal vom Boden heben. Auch dem vierten Element, dem Sonnenfeuer, mußt du Tribut zahlen, willst du nicht ständig hoffnungslos austrocknen – und so wächst dir ein fester Panzer, der nicht nur vor den Sonnenstrahlen, sondern auch vor Feinden an Land schützt – ein ganz neues Durchhaltevermögen entsteht so, und du fühlst dich wieder sicherer und auch zunehmend mächtig. Von sehr großen Tieren magst du noch bedroht sein, du wirst aber auch selbst zu einer Gefahr für alle kleineren und langsameren Lebewesen. Jagen und Fressen gehören zunehmend zusammen. – – – Und wieder blenden sich neuere Bilder darüber, und du siehst und erlebst dich als kleines Kind, das, mit allen vieren rudernd, seine neue Welt zu erobern sucht und in alles hineinbeißt, was erreichbar ist. Und auch diese Bilder beginnen sich nun weiter zu entwickeln, und es gelingt dir schließlich, dich auf die Knie zu ziehen und, auf die Arme gestützt, den Bauch vom Boden zu heben und zu krabbeln, und in deiner Freude darüber beginnst du vor Vergnügen zu quietschen und andere Babylaute auszustoßen. Nun ist dein Lebenskreis viel größer und spannender; und die alten Bilder kommen zurück, und auch hier hast du dich nun vom Erdboden gelöst und bewegst dich auf allen vieren viel zielsicherer. Der dicke Panzer ist jetzt viel zu schwer und hinderlich, und statt dessen wächst dir ein dichtes Fell. Auch auf dieser Ebene hast du gelernt, deinen Kopf unabhängig vom übrigen Körper zu bewegen und Laute auszustoßen – die grunzenden und kreischenden Laute eines frühen Säugetiers. Deine Bewegungen werden immer koordinierter und fließender, und du eroberst dir den neuen Lebensraum mit Kraft und Energie – läufst weite Strecken über Sand und Gras – über Felsen und Hügel und kletterst sogar auf einen der Bäume hinauf. Du spürst dabei deine Kraft und genießt das Spiel deiner Muskeln – es ist so selbstverständlich und gehört so sehr zu diesem Moment – und du lebst ganz und ausschließlich in diesem Moment – erlebst seine Kraft und Lebendigkeit. Es ist ein Spiel – das Spiel dieses Augenblicks, und du spielst es jetzt. – – – Und wieder scheinen jüngere Bilder hindurch – von jenem kleinen Kind, das du bist – wie du, in den Augenblick versunken, dasitzt und spielst – und da kommt der alles entscheidende Augenblick, wo du versuchst, aufzustehen, um nur auf den beiden nackten Füßen zu balancieren – und sogleich fällst du wieder um. Aber du versuchst es wieder – und dann stehst du, und die Welt schaut anders aus. Zum ersten Mal siehst du sie von oben. Es ist ein schwankendes Stehen – aber du stehst zum ersten Mal – und die Welt liegt dir zu Füßen. – – – Und dann gleitest du zurück in jene alte Bilderwelt. Auch dort hast du dich inzwischen aufgerichtet auf deinen Hinterbeinen und schaust suchend auf die Urweltlandschaft hinab. Du suchst deinesgleichen, andere verwandte Wesen, denn nun lebst du nicht mehr allein, sondern in einer Gruppe. Das Aufstehen hast du den anderen Tieren der Gruppe nachgemacht. – Nachahmen ist nun ein wichtiger Moment deines Lebens. Du findest Spaß daran, alles und jeden nachzuäffen. Fast alle Affen deines Rudels können sich aufrichten, und nur zum schnellen Laufen müssen sie zurück auf alle viere. Deine erwachende Neugier richtet sich auf alles mögliche und auch auf die anderen Affen der Gruppe, und manche davon magst du lieber als andere. Auch das ist ganz neu und fast so wunderbar wie das neugewonnene Gefühl von Leichtigkeit. Du bist nun nicht mehr an den Boden gefesselt, kannst springen und dich behende kletternd und aufrecht stehend von der Erde erheben: ein ganz neues Lebensgefühl! Und es verändert sich noch weiter, denn durch deine Neugier und das ständige Nachäffen der Gesten und Bewegungen der anderen lernst du, ohne es zu bemerken. Auch die Laute, die du ausstoßen kannst, verändern sich, werden zahlreicher und erhalten Bedeutung. Du lernst, dich durch Töne zu verständigen, mit jenen Affen zuerst, die du besonders magst. Dann aber auch durch scharfe, aggressive Laute mit jenen, die du haßt, den mächtigeren vor allem, die die Gruppe beherrschen. Und gerade entwickelt sich solch eine Situation. Du bist mit deinem Lieblingspartner zusammen und ihr krault und reinigt euch das Fell, als einer der mächtigen großen Affen dazwischenfährt. Er will euch trennen und führt deinen Partner weg. Und da spürst du eine ganz neue Wut in dir aufsteigen. Und ohne zu überlegen, nimmst du den Stein, den deine Hand wie unbewußt umkrallt hat und schleuderst ihn dem großen Affen nach. Als der Stein seinen Kopf trifft, bricht er auf der Stelle bewußtlos zusammen, und du kannst zu deinem Lieblingspartner zurück. Ein nie gekanntes Gefühl von Kraft und Stolz steigt in dir auf und nimmt noch zu, als der große Affe bis zum Abend noch nicht wieder richtig auf den Füßen ist. Er torkelt herum und hat offensichtlich Angst vor dir. Nun kannst du dir nehmen, was du willst, und fast bist du dem Gegner dankbar für diesen Aufstieg. Steine werden jetzt zu einem wichtigen Inhalt deines Lebens, und du verbesserst noch ständig deine Fähigkeit, sie gezielt zu schleudern. – – –

Und schon tauchen wieder neuere Bilder auf: Du bist ein kleines Kind unter anderen Kindern und spielst mit runden glatten Kieselsteinen. Mancher fliegt in hohem Bogen durch die Luft, und als dir die Mutter das verbietet, spürst du Widerwillen in dir aufsteigen, und ein scharfes »Nein« formt sich lautlos auf deinen Lippen. Und du ziehst mit deinen Freunden hinters Haus, und dort fliegen die Steine um so besser. Eine neue Kraft und vor allem ein mächtiger Wille melden sich tief in dir, und zusammen mit der wachsenden Erfindungslust leiten sie eine neue Phase in deiner Entwicklung ein. – Und dann bist du wieder in der alten Zeit mit den entsprechenden Bildern und unter deinesgleichen in der Urweltlandschaft, gehst nun mit einfachen Werkzeugen um und hast eine einfache Lautsprache, und beides brauchst du auch, denn die Welt, in der du lebst, ist nicht ohne Gefahr. Dein ehemals dichtes Fell ist fast ganz verlorengegangen, und wenn du nicht frieren willst, mußt du dich in die Felle von Tieren kleiden. Du empfindest deutlich deine Verletzlichkeit, besonders des weichen ungeschützten Bauches. So hast du Waffen erfunden zu deinem Schutz und zur Jagd auf Tiere, deren Haut und Fell du nun gleichsam stehlen mußt, um dich zu schützen und zu wärmen. Du spürst die wachsende Überlegenheit, die dir deine Intelligenz gibt, aber auch die körperliche Unterlegenheit gegenüber den Tieren, die im Umfeld deiner Höhle hausen. Dabei bist du selbst kräftig gebaut und muskelbepackt und kannst auch auf den Zusammenhalt der Höhlengemeinschaft vertrauen. Wieder ist es diese seltsame Unruhe aus dem tiefsten Innern, die dich schon bisher weiter getrieben hat und die dich nun unaufhörlich lernen läßt. Und schon kommen wieder neuere Bilder dazwischen. – Du bist ein dreijähriges Kind, aufgeweckt und erfinderisch, und spielend erforschst du deine Welt, lernst täglich Neues, und nicht nur deine Finger werden geschickter, die Gedanken werden auch immer schneller und gewitzter. Du hast nur ein Ziel – willst so groß und mächtig sein wie Mama und Papa – so viel wissen und können – – – und dann ist da das eigenartige Gefühl, daß der nächste Entwicklungssprung dich

330

gerade dorthin führen wird – geradewegs ins Hier und Jetzt. In diesem Punkt fließen alle Bilder zusammen, die neuen, aber auch die alten – denn auch den Urmenschen führt der nächste Schritt hierher – ins Hier und Jetzt dieses Augenblicks – in der Meditation, im Saal der Selbsterkenntnis deines Tempels – und du spürst nicht nur, du weißt jetzt, daß all diese Stufen der Entwicklung noch in dir leben, Spuren hinterlassen haben, die heute noch wichtig sein können. Noch immer sind da Hinweise, die unsere Herkunft aus dem Wasser verraten, – und noch immer sind wir amphibische Wesen, die sich dem Wasser und dem Land anpassen können. Auch die Neugier und Geselligkeit der Affen sind uns geblieben wie auch die Geschicklichkeit und der Erfindungsreichtum der frühen Menschen. Und manches mag auch geblieben sein über seine Zeit, und die Frage stellt sich wie von selbst, ob du etwa den festen Panzer aus der Reptilienzeit noch heute herumschleppst – wenn auch in übertragenem Sinne. – – – Oder bist du beim Nachahmen hängengeblieben, anstatt dir die freie Kreativität der nächsten Stufe zu erschließen? – – – Und wie hat der alles entscheidende Schritt des Aufstehens geklappt? Ist mit der Aufrichtung auch Aufrichtigkeit in dein Leben eingezogen? – – – Und dir wird bewußt, wie wichtig es ist, die eigene Geschichte anzunehmen und ihr Weiterwirken zu erkennen, aber auch einzusehen, wie wichtig es ist, frühere Stufen ganz abzuschließen und weit und offen für das Neue zu werden. Auch die Prinzipien der Frühzeit sind noch unvermindert wirksam. Heute noch können wir am meisten von unseren Feinden lernen, und die größten Schritte vorwärts werden immer noch durch Fehler und Schwierigkeiten eingeleitet. Und die Frage steigt auf, inwiefern du heute noch bereit bist, Neues, Fremdes und Feindliches zu integrieren, um zu wachsen. Jetzt, in diesem Moment, wo du dich im Zentrum der Zeitströme weißt, gelingt es dir, ganz ehrlich zu sein. Heute kannst du zum Verantwortlichen für deine Entwicklung werden, und du spürst es mit jeder Faser deines Wesens. Du hast Zugang zu all den vergangenen Bildern und Mustern, ja, du lebst weiter in ihnen fort. Und das Neue liegt zugleich weit und offen vor dir. Die zentralen Fragen stehen klar und deutlich im Raum. Bin ich bereit, mich in das große Ganze einzufügen oder bin ich doch noch mehr der egoistische Einzeller? – – – Verläuft mein Leben in der großen Richtung der Evolution? – – – Erhöht sich durch mein Leben die Harmonie und Ordnung in meiner Umwelt, und in der Welt – oder vergrößere ich – einem Krebsgeschwür ähnlich das Chaos um mich herum? – – – Wo liegt der Schwerpunkt meiner Entwicklung im Moment? Und wohin zielt mein nächster Entwicklungsschritt? – – – Diese Fragen können sich im selben Augenblick beantworten, und du kannst dir genausogut einige Zeit dafür nehmen. – – – Im Vorraum, dem Saal der Tore, hat jede der Fragen eine eigene Tür. – – – Überhaupt jede deiner Fragen hat dort ihr Tor, hinter dem du Antwort und Lösung findest. – – – So kannst du nun dort hingehen oder einfach auftauchen – und dich mit einem tiefen Atemzug im Hier und Jetzt orientieren.

14. Meditation
Lebenskreise

Du liegst, bequem ausgestreckt an deinem Meditationsplatz und vertraust dich der Unterlage an – und den Tönen – deinem Atem und der ganzen Situation – schließt die Augenlider, und im selben Moment beginnt der Strom der Entspannung im ganzen Körper zugleich bewußt zu werden. Eng verbunden mit dem Atem fließt er in Wellen – jetzt oder gleich – und trägt alle Spannungen mit sich fort. – Und die Entspannung dringt in die Tiefe des Kopfes – und aus seiner Mitte durch den Hals hinunter in den Körper – Brust und Rücken befreiend – und die Quelle der Energie in der Mitte der Brust öffnend. – Der Atem fließt nun gleichsam durch das Herz – alle Energie wird mit dem Einatem hierhergesogen und mit dem Ausatem wieder losgelassen, und so atmest du durch dein Herz und wie in einem Kreis. Der Strom des Atems fließt im großen Kreis – durch die Nase herein – den Körper durchströmend und zu Finger- und Zehenspitzen wieder hinaus. – Du atmest ganz normal – sanft und bewußt – und doch durch das Herz. Die Entspannung breitet sich nun noch schneller aus – erfaßt Bauch und Becken im Nu und erreicht die Beine und Füße. – Mit dem Ausatem strömt alles Überflüssige zu Zehen- und Fingerspitzen hinaus – und du läßt es bereitwillig los. Der Atem trägt es fort und kehrt selbst zurück zum Herzen, Verkrampfungen lösend und Energie spendend – im großen Kreis. Zeit und Raum werden immer unwichtiger und gleichgültig, wie tief du schon bist, führt die Reise doch noch tiefer hinab. Gestern, heute und morgen fließen zusammen im Jetzt – und so gibt es keine Zeit, die du schon daliegst und keine Zeit, die du noch liegen wirst. Du bist in jedem Augenblick – jetzt – geborgen im großen Kreis des Atems. – Anfang und Ende fallen zusammen. Die große Schlange Zeit beißt sich in den eigenen Schwanz und wird zum Kreis des Atems – und seine Mitte ist das Herz – dein Herz. Der Atem tanzt um diese Mitte und strömt zugleich durch sie hindurch. Er schafft Offenheit und Weite. – Und obgleich du noch nichts Bestimmtes fühlst, ist hier doch alles möglich. Die Mitte enthält alles im Keim und ist so die Quelle von Raum und Zeit. Das aber spürst du deutlich, daß die Wurzel der ganzen zweigeteilten Welt in deiner Mitte liegt – in diesem Raum zwischen dem Kopf oben und dem Becken unten – dem Rücken hinten und der Brust vorne – in dieser Mitte ist nichts und ist Stille – ist alles. – Und du tauchst ein in dieses Feld von Unbegrenztheit – der Tempel entwickelt sich sogleich vor deinem inneren Auge – und mit dem nächsten Gedanken schon bist du in ihm und im Saal der Selbsterkenntnis – liegst auch bereits auf deinem Ruhebett in der Mitte, direkt unter der Kuppel – die Liege ist von vielen Lichtkreisen umgeben, die sich wellenförmig in den Raum ausbreiten – ganz so, als gingen sie von dir selbst aus – wie die Wellen eines ins Wasser geworfenen Steins. Du läßt deine Blicke nun hinaufsteigen ins Mandala – und wieder wird deine Konzentration von den äußeren Kreisen und Bögen gefangengenommen und weiter nach innen in die Mitte des magischen Kreises gezogen. Die Mitte des Mandalas und die Mitte der Kuppel sind eins – jener eine Punkt, durch den dein Blick nun hindurchfällt, während deine Augenlider zufallen und du in die Wirklichkeit dahinter sinkst. Jetzt siehst du allerdings oben auf der Leinwand der Kuppel dasselbe Muster – Kreise, die aus dem Punkt der Mitte herauswachsen, sich wellenförmig ausbreiten und im Wechsel von hellen und dunklen Ringen ein Mandala aus Licht bilden. Im Zentrum ist das Licht am hellsten und wirklich strahlend. Wenn es sich über die Wellen ausdehnt und immer größer werdende Ringe bildet, wird es schwächer, und schließlich hört es ganz auf, und der letzte, äußerste Lichtring ist am schwächsten und von tiefem Dunkel umgeben. Das Lichtbild des Mandalas ist so groß, daß es dein ganzes Gesichtsfeld ausfüllt. Und nun entsteht in seiner Mitte, aus der ja auch alle Ringe gewachsen sind, Bewegung – Gestalten formen sich da – es wächst eine Geschichte aus der Mitte – wie bei einem Spielfilm, nur auf runder Leinwand. Die Lichtringe verschwinden nicht ganz, treten aber etwas zurück und bilden eine Art Muster im Hintergrund der Geschichte, als wollten sie anzeigen, wie weit sich die Handlung von der Mitte entfernt. Die Gestalten werden konkreter und kommen dir immer bekannter vor. Ganz im Zentrum sitzt ein wahrhaft väterlicher uralter Mann – Weisheit und Güte stehen ihm ins Gesicht geschrieben. Seine Züge sind nicht eigentlich alt, sondern vielmehr offen und wissend, von zeitloser Erfahrung geprägt. Seine Augen ruhen voller Liebe und Verständnis auf seinen beiden Söhnen. Während der Alte ganz in seiner Mitte ruht und nichts als Stille von ihm ausgeht, zieht es den einen der beiden Söhne, jenen mit den dunkleren Haaren, hinaus aus diesem beschaulichen Zentrum. Sein Blick dringt über den innersten Kreis des Hofes hinaus. Über die stattlichen Gebäude und fruchtbaren Felder schweift er in die Ferne, ohne einen Halt zu finden. Der Vater warnt ihn auf gütige Art vor den Gefahren und Fallen der Welt. Der junge Mann aber läßt nicht locker, beharrt auf seinen

Reiseplänen und fordert seinen Anteil aus Hof und Land. Schließlich willigt der Vater ein, schweren Herzens zwar, doch teilt er nicht den Zorn seines anderen Sohnes. Wie sich diese Szene auf der Leinwand über dir entwickelt, spürst du jetzt gleich oder bald eine eigenartig tiefe Verbundenheit mit den Gestalten – tiefer noch als in anderen Filmen, – ja, du gehst und erlebst wirklich mit. Während der Vater und der blonde Sohn im Hof im hellen Licht der Mitte zurückbleiben, bricht der dunkle Sohn in die Fremde auf und überquert schon den ersten Ring aus Licht. Auf seinem Weg wird es, langsam erst, aber dann doch deutlich dunkler. Er macht seine Erfahrungen und bezahlt Lehrgeld. Das süße Leben hat seinen Preis und fordert ihn unerbittlich. Das Geld des Vaters verschwindet in den Taschen geschickter Gastwirte, und verführerische Mädchen nehmen bereitwillig ihren Teil. Alles scheint käuflich und kostet, und der junge Mann kostet von allem, und schließlich siehst du die letzten Taler dahingehen für ein paar Becher Wein. – Und beim Spiel verdient er sich nicht neues, sondern verliert auch noch die guten Kleider von zu Hause. Jetzt ist er schon über viele Kreise gegangen, und das Licht ist dünn geworden. Und doch muß er noch weiter. Mühsam verdient sich das Geld nur und langsam. Im Schweiße seines Angesichts erwirbt er sich Schwielen und manche Demütigung. Die verdienten Taler aber machen sich schnell wieder davon für ein paar kurze Freuden. Schließlich, als er auch noch den schwächsten Lichtkreis überquert und das äußere Dunkel erreicht, haben sich die letzten Hoffnungen verflüchtigt. Er ist so tief in Schulden geraten, daß ihn auch härteste Arbeit nicht mehr aus der Abhängigkeit befreien kann. Verlassen von seinen Trinkkumpanen, Kartenbrüdern, käuflichen Freundinnen und selbst von den wenigen Freunden, muß er erkennen, wie allein er in Wirklichkeit ist und die ganze Zeit über war. Niemand ist da, um ihm zu helfen, ihm beizustehen in dieser schlimmsten Stunde. In der größten Verzweiflung, ohne Aussicht auf Erlösung taucht der Gedanke auf, sein gescheitertes Leben selbst zu beenden. Mitten in dieser absoluten Finsternis, auf dem Grund der tiefsten Ohnmacht, sieht er da das Bild des Vaters in sich auftauchen und zugleich den Gedanken an Heimkehr. Das ganze Ausmaß seines Elends, sein vollkommenes Scheitern und die Aussichtslosigkeit seiner Lage sind ihm bewußt in diesem Moment. Und als er sich umwendet, um heimzukehren, weiß er, daß er den ganzen Weg zurückgehen muß, sich alle Fehler und sein schrittweises Scheitern eingestehen und noch einmal bewußt durchleben muß. Ring für Ring überquert er so. Aus dem Stolz und den Machtgelüsten des Hinwegs ist Ergebenheit und Demut geworden, und mit jedem Schritt zurück gewinnt er wieder mehr Licht. Die Liebe zum Vater, der einzigen Lösung, wächst mit der Demut und dem zunehmenden Licht. Als er schließlich den innersten Ring überquert, erwartet ihn der Vater schon, und er geht auf in der befreienden Liebe seiner offenen Arme. Der verlorene Sohn ist heimgekehrt, und ein großes Fest wird zu seinen Ehren gerichtet. Der Vater und der Sohn sind wieder vereint, und alle haben teil an ihrer Freude. Nur der zu Hause gebliebene Sohn ist voller Neid und Wut. Er, der nicht gefehlt hat, bleibt unbeachtet. Er hat weder Fehler noch Erfahrungen gemacht, hat sein Leben im Licht verbracht, und der Vater freut sich doch mehr über den heimgekehrten Bruder mit seiner dunklen Vergangenheit. Während die Bilder des rauschenden Festes die Kuppel füllen, erkennst du die Bedeutung des Ganzen: Das ist nicht nur ein Gleichnis – sondern das Gleichnis. Es bildet den Weg des Menschen ab im Muster des Mandala. Es ist derselbe Weg, den der junge Parzival nehmen muß: aus der Geborgenheit des Elternhauses hinaus in die feindliche Welt, wo er scheitert und versagt. Und auch er muß zurückkehren auf dem harten Weg der Bewußtwerdung, bis er reif ist, den Gral in der eigenen Mitte zu finden und die Erkenntnis: »Der König und das Land sind eins.« Auch die Spuren von Gautama, dem Buddha, kannst du nun im Muster des Mandala erkennen. Auch er mußte aus der Geborgenheit der Mitte hinaus in das Leid der Welt, um schließlich die Erlösung wieder in der Mitte, seiner eigenen Mitte zu finden. Und auch die Spuren ungezählter Märchenhelden zeichnen sich im Lichtmuster des Mandala ab. Sie alle sind diesen Weg gegangen und gehen ihn immer noch: Aus der Mitte der Einheit – durch die Schwierigkeiten der Welt – zurück in die Einheit des Mittelpunkts – wo Zeit und Raum bedeutungslos sind und Ewigkeit herrscht. Der Weg des Menschen und also auch deiner ist im Mandala aus Lichtkreisen zu sehen, und du schaust dir an, wo du selbst stehst auf deinem Weg aus der Einheit der Mitte in die Einheit der Mitte. – – – Und dann erkennst du die wichtigen Stationen deines Weges nicht nur oben im Muster, du erlebst und spürst sie auch noch einmal. Das Gefühl von Freiheit ist wieder da, bevor du auf diese Welt kommst – Einssein mit allem vor der Empfängnis – und dann das Ergriffenwerden vom Strudel der Empfängnis – und die Gefangenschaft in der warmen Dunkelheit des Mutterschoßes – ein Gefühl von Geborgen- und Verbundenheit mit der Mutter – und der großen Mutter – das warme Fruchtwasser dieses schützenden Urmeeres – und dein unaufhörliches Wachsen, bis alles immer enger wird und schließlich der Druck fast unerträglich ist. Es drückt so sehr, und du wirst vorwärts gepreßt, mußt, ob du willst oder nicht die schützende Heimat des Mutterbauches verlassen. Draußen ist alles so fremd und so kalt! Immer weiter führt der Weg aus der Mitte hinaus – und die innere Verbundenheit mit der Mutter läßt nach, selbst wenn du zuerst noch an ihrer Brust liegst und ihre wärmende Nähe spüren kannst. Das selbstverständliche Genährtwerden aus dem Blut der Mutter ist vorüber, du mußt dich saugend selbst um die Milch bemühen – und dann hört auch das auf. Du wächst weiter und wirst schwerer, zu schwer, um immer von der Mutter getragen und mitgenommen zu werden. Häufig bleibst du nun zurück. Und wenn du dich nicht selbst bewegst, bewegt sich nichts. Es ist mühsam genug: Auf allen vieren krabbelst du im Lebensmandala weiter aus der Mitte. Und dann mußt du dich sogar noch von Mutter Erde lösen, als du wackelig zuerst, dann aber immer gekonnter, aufstehst und beginnst, deine eigenen Wege zu gehen – noch weiter hinaus im Lichtmandala des Lebens. Dann kommt der Moment, wo du dein erstes Nein denkst und bald sogar aussprichst. Dir ist nun bald nichts mehr gleichgültig. Du läßt nicht mehr einfach alles mit dir geschehen und entfernst dich mit jedem Nein weiter aus der Mitte – überschreitest einen der Lichtkreise nach dem anderen – und als du schließlich dein Geschlecht entdeckst, hörst du endgültig auf, Kind zu sein – wirst nicht nur größer, sondern auch erwachsener – und wächst so, Schritt für Schritt, aus der Einheit in die Welt der Gegensätze. Alles ist hier draußen gespalten – auch du selbst bist nur noch ein halber Mensch und beginnst, deine andere Hälfte, deinen Partner zu suchen. In der Welt der Zweiheit bekommt diese Suche leicht etwas Verzweifeltes. Nicht nur einen Partner suchst du, sondern auch einen Beruf und schließlich Erfolg und Anerkennung – und dein Lebensziel und so vieles noch. In der Welt der Gegensätze nimmt das Wünschen kein Ende – und die zehntausend Dinge füllen Auge und Herz und machen es schwer. Mit einem Mal verändern sich die Bilder im Mandala, werden unpersönlicher – und du siehst an deiner Stelle einen behaarten Urmenschen, der sich vorsichtig aus seiner Höhle wagt, Mutter Erde verläßt und sich mit einem Speer bewaffnet, hinaus in die offene Welt der Ebene wagt. Und dir wird klar, daß dieses Muster, wenn es den Weg des Menschen enthält, auch die Geschichte der Menschheit abbilden muß. Und so siehst du, wie die frühen Menschen im Einklang mit der Natur leben, geborgen in den Höhlen der Mutter Erde. Und tatsächlich nehmen sie denselben Weg wie der verlorene Sohn und Parzival, wie die Märchenhelden und der Buddha und wie du selbst. Auch die ersten Menschen müssen sich auflehnen gegen die Einheit mit der großen Mutter und entfernen sich so Schritt für Schritt von ihr. Das Paradies der natürlichen Harmonie mit den lebendigen Wesen der Natur geben sie auf, um Wissen und Macht über die Natur und die Mutter Erde zu erlangen, und es gelingt ihnen Schritt für Schritt – unter Schmerzen und Qualen zwar, aber sie schreiten fort auf ihrem Weg aus der Mitte nach draußen, bis an den Rand des Lebensmandalas. Das ganze Muster mit all seinen Kreisen, bis hin zu den äußersten erforschen sie und entdecken, daß das Ziel hinter ihnen liegt und eigentlich in ihnen – der Anfang und das Ziel ist die eine Mitte des Mandalas. Und nun erkennst du auch dich selbst und deinen eigenen Weg wieder – im selben Mandala aus Lichtkreisen – prägst dir die zeitlose Symbolik dieses Weges ein: aus der Mitte bis zum Rand des Mandalas, dem Feld der größten Ausdehnung und Spannung, der größten Macht und Dunkelheit, dem Punkt der Katastrophe und Umkehr damit – und der bewußte Rückweg, die Heimkehr zur Einheit der Mitte. – – – Jeder Mensch ist irgendwo auf diesem Weg – erkennst du, und diese Erkenntnis hilft dir, die anderen Menschen mit Verständnis und Mitgefühl zu sehen. – Und du schaust dir auch noch einmal deinen eigenen, momentanen Standort im Lebensmandala an und betrachtest auch ihn mit Verständnis und Mitgefühl. – – – Und wenn du nun – mit dem Muster des Weges im Herzen – zurückkehrst, spürst du schon, daß dieses Wissen dich nicht mehr verlassen wird. Selbst wenn du es wieder wegschieben wolltest, ist das kaum möglich, zu tief ist das Muster in jedem Menschen verankert – und einmal erkannt, bleibt es für immer. Sobald du nun aufstehst und in den Saal der Tore hinaustrittst, hast du wieder die Möglichkeit, noch eines der vielen Tore zu öffnen, zum Beispiel das mit der Aufschrift »Mein bisheriger Weg«. Hinter dieser Tür kannst du all die konkreten Situationen deines Weges in Beziehung zum Urmuster entdecken. – Und du kannst auch genausogut den Tempel jetzt erst einmal verlassen – auf den Schwingen des Atems – und mit einem tiefen Ein- und Ausatmen zurückkehren und dich bewußt im Hier und Jetzt orientieren.

15. Meditation
Zeitreise – Aussöhnung
mit der eigenen Geschichte

Leg dich wieder bequem und ausgestreckt hin – die Beine nebeneinander – die Arme locker seitlich vom Körper und horch in dich hinein – spüre das sanfte Fließen des Atems und das Gewicht deines Körpers auf der Unterlage – laß dich fallen – und vertrau dein Gewicht der Unterlage an und dich dem Fluß des Atems – und den Tönen und Schwingungen, die dich begleiten auf dem Weg zu dir selbst und in die Bilder und Muster deines Lebens. Die Augenlider fallen zu, wenn es nicht längst geschehen ist, alle Aufmerksamkeit fließt nach innen – und der Strom der Entspannung nimmt seinen vertrauten Weg – die Gesichtsmuskeln werden bewußt – und schon dabei entspannst du dich – läßt los – und eine samtige Weichheit breitet sich aus bis zum Hinterkopf – und der Strom dringt in die Tiefe und erreicht die Mitte des Kopfes und fließt hinab durch Hals und Nacken – in Schultern und Rücken – und die Muskeln entspannen sich hier – der Rücken wird breiter – und du sinkst tiefer in die Unterlage und in die Entspannung – jetzt oder gleich – und loslassen und den Fluß fließen lassen ist so leicht – in die Brust und nach hinten in den Rücken – und auch der Atem wird noch bewußter und sanfter. – Jeder Einatem macht dich leichter und freier – jeder Ausatem aber läßt dich tiefer sinken in die Ruhe der Mitte – und hier, in der Mitte deiner Brust, öffnet der Strom die Quelle deiner Herzensenergie und verbindet sich damit – und dieser vereinigte, weite und warme Strom breitet sich aus in alle Richtungen und vor allem weiter hinunter in Bauch und Becken. Und jetzt schon oder jeden Augenblick lösend und mit sich nehmend, was dich hindern könnte auf dem Weg in die eigene Mitte. – Und so dringt der Strom durch das Becken in die Beine und bis hinunter zu den Füßen. Mit jedem Ausatmen schwemmt er zu den Zehen- und Fingerspitzen hinaus, was stören könnte auf der

Reise zu dir selbst. – Und so wirst du mit jedem Atemzug freier und mit jedem Einatmen auch weiter und leichter – die Mitte öffnet sich wie von selbst – jener Raum zwischen dem Kopf oben und dem Becken unten – dem Rücken hinten und der Brust vorne – jener Raum der Mitte, in den du dich nun fallen läßt, um in die vertraute Landschaft zu gleiten, die deinen Tempel umgibt und dich sogleich aufnimmt. Du bist auf dem Weg in den Tempel und nimmst alles sehr bewußt wahr – seinen äußeren Anblick und den Eingang – den Raum, den du zuerst betrittst und die Treppe hinab zum Saal der Tore – all die Türen mit den Aufschriften in dem kreisrunden Raum – und die eine Tür zum Saal der Selbsterkenntnis, die schon so gut bekannt ist. So vertraut und nahe aber war dir die Atmosphäre noch nie – warm und ganz persönlich angenommen fühlst du dich, als du dich auf der Liege niederlegst, und dein Blick nach oben in die Kuppel wandert und sich von den kreisrunden Strukturen des Mandalas fangen läßt. In der Mitte angelangt, fallen die Augenlider zu, und der Blick fällt durch die Mitte des Mandalas und zugleich nach innen – und du erfährst und erlebst in diesem Moment, daß die Mitte innen und außen eins ist. Du bist in der Mitte des Mandalas – und die Mitte des Mandalas ist in dir – du bist im Tempel, und der Tempel ist in dir – ja, du bist und fühlst vielleicht sogar schon den Tempel und auch das Mandala – und die Welt, die es abbildet – und jedes deiner Atome – den Kosmos und jede einzelne Zelle – die Erde und deinen Körper. – – Du siehst nun sogar alles zugleich auf der Leinwand der Kuppel – all die Lichtbilder projizieren sich übereinander – der Energiewirbel des Kosmos mit seinem Zentrum verschwimmt aus der Mitte heraus in die Welt eines einzigen Atoms – und aus seiner Mitte wächst das Bild einer Zelle darüber – aus deren Kern aber entwickelt sich die Erde – Mutter Erde – unser blauer Planet mit seinen weißen Wolkenschleiern – aus der Tiefe der Erdmitte schimmert ihr roter, heißer Kern durch und entwickelt sich zu einem Herzen, deinem Herzen. – Und dein Körper nimmt um diese Mitte herum Gestalt an – überlagert sich mit ausgebreiteten Gliedern in seiner Fünfsterngestalt dem Erden-Mandala – und doch bleibt auch die Erde noch sichtbar. – – – So siehst du nun die eigene Gestalt als Mandala ausgebreitet über die Erdkugel. Wie Prometheus an den Felsen scheint dein Körper an den der Erde geschmiedet. Ist es der Gedanke an Prometheus Schicksal oder die Zusammengehörigkeit der Materie – du fühlst Mitgefühl in dir aufsteigen – Mitgefühl mit jener verbundenen Figur aus Erdenleib und eigenem. Und wie du dich immer tiefer einfühlst in diese Gestalt, empfindest du deutlich, wie sehr du die Erde in dir trägst. Im selben Augenblick aber ist auch all die Verantwortung gegenwärtig, die du trägst für dich und die Erde – für deine Vergangenheit und deine Zukunft und diesen Augenblick. Und alles, das weißt du in diesem Moment, beginnt jetzt und damit, dich selbst und die Mutter Erde anzunehmen. Mit dieser Erkenntnis vertieft sich das Mitgefühl noch, und du ahnst etwas von dem Leid, das beide zu tragen haben und erkennst zugleich, wieviel Geduld und Demut dazu notwendig ist. Auch diese Geduld teilt sich dir nun mit – und aus der Demut heraus verstehst du in diesem Augenblick, daß all die Schmerzen und Probleme, die dein Körper und der der Erde ausdrücken, lediglich Zeichen sind – Signale, die dich aufwecken wollen für die Wirklichkeit. Der Körper nämlich, dein eigener und der Erdenkörper, zeigen in ihrer Ehrlichkeit alles, und wir brauchen nur hinzuschauen und zu akzeptieren, was sowieso ist. Und das tust du jetzt einfach – voller Mitgefühl für all das Leid und voller Demut im Akzeptieren. Aus der Demut des Annehmens und dem Mitgefühl mit dem Leid wächst vielleicht jetzt schon der Wunsch in dir zu helfen – Hilfe zu leisten für Körper und Seele von Mensch und Erde – für dich selbst. – – – Und genauso, wie du die Einheit von eigenem und Erdenkörper erfahren hast, siehst du nun auch die Einheit der Zeit. Ohne jede Anstrengung kannst du zurückblicken in die eigene Kindheit und Jugend und in die der Erde. Und als du zurückschaust in der Zeit, erscheint dir im Mandala nicht nur dein eigener Körper jünger, sondern auch der der Weltkugel dahinter. Wie du den eigenen und den Körper der Welt so eng verwoben erkennst in Raum und Zeit, wird dir ganz bewußt, wie sehr beide zusammenhängen und daß du alles, was du dir tust, auch der Welt tust und alles, was du der Welt tust, auch dir selbst. So wie diese Erkenntnis etwas Schmerzliches hat, liegt auch Hoffnung in ihr. Wenn du dir selbst hilfst, hilfst du auch der Erde, und wenn du der Erde hilfst, dann immer auch dir selbst. Mit dieser Erkenntnis beginnst du auch schon, zurückzugehen zu den besonderen und wichtigen Situationen deines bisherigen Lebens. Zuerst siehst du dich nur ein wenig jünger – an deinem letzten Geburtstag – und du bist mit deiner heutigen Gestalt zu Besuch bei dir selbst – nur eben vor einiger Zeit, und du nimmst die Gelegenheit wahr, deinem etwas jüngeren Ich zu berichten von der kommenden Zeit, ihm die Angst zu nehmen vor all dem, was du schon kennst, was aber noch unbekannt vor ihm liegt. Dein jüngeres Ich erkennt auch sogleich deine ältere Autorität und nimmt deine Ratschläge und Hilfen bereitwillig an, ja, du spürst sogar körperlich, wie dein jüngeres Ich sich entspannt, was die kommende Zeit bis zum Jetzt angeht. Der Abschied ist herzlich, denn niemand ist sich vertrauter als ihr beide. – Und dann reist du weiter zurück in der Zeit – weiter und weiter – bis zu jenem Zeitpunkt, wo du einen wesentlichen Teil deiner Ausbildung, die Schule etwa, abschließt. Jetzt siehst du dich an diesem Punkt, bei jenem deutlich jüngeren Menschen, der du einmal warst und irgendwie auch noch bist. Dein jüngeres Ich ist überrascht, aber erkennt dich trotz deiner veränderten heutigen Gestalt sogleich und ist neugierig auf dich. Wieder nutzt du die Gelegenheit, dein älteres Wissen weiterzugeben und deinem jüngeren Ich die Angst vor der kommenden Zeit zu nehmen. Du kannst ihm aus Erfahrung alles erklären, was ihm noch neu und unvertraut ist. Auch weißt du bereits, wie die Dinge ausgehen, die für dein jüngeres Ich noch in der Zukunft liegen und mit Angst und Spannung beladen sind. So kannst du auch diese Furcht erleichtern. Und als sich die Spannung in deiner jüngeren Hälfte löst, erlebst du es selbst auch mit – spürst, wie ihr beide durch die Zeit verbunden seid. So wird es möglich, von heute aus Harmonie in dein früheres Leben zu bringen. Und die neue Harmonie in der eigenen Geschichte wirkt sich ihrerseits auf das Heute aus. Mit dieser Erfahrung gehst du nun noch weiter zurück durch die Zeit zu jenem Tag, wo du in die Schule kommst – du bist in deiner heutigen Gestalt zu Gast bei deinem eigenen ersten Schultag und setzt dich zu deinem jüngeren Ich in die Bank. Was da als Schulzeit wie eine große dunkle Macht vor ihm liegt, ist dir vertraute Erfahrung. Und wieder kannst du beruhigen und mit nützlichen Erklärungen die Furcht nehmen. Was von vorne so bedrückend wirkt, wie all die Prüfungen, ist von rückwärts betrachtet eher harmlos und keiner Aufregung wert. Und so verschwinden all die Ängste und Belastungen aus dieser Zeit, und du spürst es bis in die Gegenwart, wie sich alte Spannungen auflösen. – Auch nimmst du die Gelegenheit wahr, dem jüngeren Geschwister all deine Erfahrungen in der Partnerschaft mitzuteilen und so auch aus diesem Bereich Angst abzulassen wie Luft aus einem Luftballon. Es macht dir immer mehr Spaß, die Energie aus den Angstknoten zu lösen, und es ist so leicht durch deine zeitliche Überlegenheit. Die schillernden Angstknoten platzen wie Seifenblasen im Angesicht deiner gelebten Erfahrung. Für dein jüngeres Ich ist es wie ein Wunder. Und selbst als du ihm die Illusion der Zeit erklärst, bleibt es wundervoll genug. Am liebsten würde es dich bei sich behalten, und es hilft ihm sehr, zu erfahren, daß du in Wirklichkeit ja immer bei ihm bist, weil es in Wirklichkeit gar keine Zeit gibt. Auf der Ebene unserer Wirklichkeit aber nimmst du nun doch wieder Abschied, denn auch die ersten Lebensjahre warten noch auf deine entlastende Hilfe. Du gleitest zurück durch die Illusion der Zeit zu jenem Tag, wo du das erste Mal allein auf deinen Füßchen stehst und sehr stolz bist. Für das kleine, unsicher schwankende Kind ist der große, lichte Erwachsene, der da plötzlich neben ihm steht und der du auch bist, gar nicht so erstaunlich, und die Unterhaltung ist eher noch entspannter und lockerer als die bisherigen. Dein kleines Ich ist so beschäftigt mit dem Augenblick und seinem schwankenden Stehen, daß es gar nicht so neugierig auf die Zukunft ist, aber es öffnet sich doch auch bereitwillig deinen Hinweisen, und es ist ja auch nützlich, die eigenen Eltern besser zu verstehen und von einem Großen einmal zu hören, wie die Großen wirklich sind. Bei diesem Besuch gewinnst du nun fast den Eindruck, als wäre er für dich heute wichtiger als für dein Baby-Ich. Es fühlt sich so lebendig und gut an, ein Kind zu sein, und am liebsten würdest du einfach bleiben – und wieder leben wie als kleines Kind. Und fast hättest du es selbst schon wieder vergessen: Du kannst es, denn es gibt sie ja nicht, die Zeit – und so bist du auch immer ein kleines Kind, voller Energie und mit unbegrenzter Lust zu spielen und zu leben. Es ist schwer zu sagen, wem der Abschied aus dem Moment des ersten Stehens schwerer fällt. – Aber noch ruft dich der Tag deiner Geburt. Und da triffst du auf jenes winzige, etwas verdrückte Menschenkind, als das du dieses Leben begonnen hast und kannst dich selbst auf den Arm nehmen und dem kleinen Wesen ohne Worte zu verstehen geben, daß du für es da sein wirst. Deine Sicherheit überträgt sich, und so fließt auch in die ersten beiden Lebensjahre ein beruhigendes, vertrauensvolles Gefühl. »Alles in Ordnung« gibst du als Gefühl weiter und wird auch in Ordnung bleiben. Du weißt, daß du verstanden wirst von dem kleinen Baby, in dessen Zügen du die eigenen erkennst. Du spürst es daran, daß es Vertrauen gewinnt und viel von dem Druck loslassen kann, der seit der Geburt auf ihm lastete. Und du erlebst auch, wie sich in dir Entspannung und eine tiefe Ruhe ausbreiten. Jede Minute des vergangenen Lebens ist so eng mit dem Jetzt verknüpft, und so wirkt sich jede Entlastung in deiner Geschichte natürlich auch auf diesen Augenblick aus, in den du nun zurückkehrst. Und wo es keine Trennung gibt zwischen Vergangenheit und Gegenwart, muß auch die Zukunft eng mit der Gegenwart verbunden sein. Und so, wie noch immer das Neugeborene in dir lebt, muß auch ein sehr altes, weises Ich schon jetzt in dir existieren. Und allein dieser Gedanke genügt, und du bekommst einen Impuls in der Zeit nach vorne und findest dich vor dem erleuchteten Menschen, der du einmal sein wirst und eigentlich schon immer auch bist – stehst in deiner heutigen Gestalt neben deinem uralten Ich – und wieder ist die Verbindung zwischen euch beiden sofort sehr innig und vertraut, und ein Austausch beginnt, weniger ein Gespräch als ein Miteinanderfühlen. Von deinem alten, weisen Ich fließt Vertrauen und Zuversicht zu dir herüber – Vertrauen in deine Zukunft, die noch gelebt werden will – das Bewußtsein auch, daß der Weg weiter geht bis zur inneren Ruhe und Zufriedenheit – ja, bis zur Weisheit. Und etwas von all dem fühlst du jetzt schon zu dir herüberströmen, und eine neue und tiefe Ruhe breitet sich in deinem Herzen aus. Es gibt den Weg, und er ist schon gegangen. Dieser alte weise Mensch, der du auch bist, wird immer an deiner Seite sein – nicht so offensichtlich wie gerade jetzt – aber doch spürbar. Und du kannst ihn jederzeit besuchen – auf den Flügeln deiner Gedankenbilder – genau wie du jederzeit zu deinem Kinder-Ich zurückkehren kannst. Bei diesen Gedanken wird dir bewußt, wie ähnlich sich die beiden sind, der alte weise Mensch und das kleine Kind. Mit beiden verstehst du dich ohne Worte – und durch beider Züge schaut ein Wesen – dein Wesen – – –. Und eigentlich ist es so, daß das Kind durch die Augen des alten weisen Menschen blickt, und du erlebst an ihm, deinem uralten Ich, was es bedeutet, wieder zu werden wie die Kinder. – – – Und nicht nur das wird dir bewußt in den glänzenden gütigen Augen. Du erkennst darin auch die ganze Bedeutung deiner Reise durch Zeit und Raum – denn so, wie die Trennung der Zeiten nur Illusion ist, ist es auch die Trennung von Mensch und Welt. Auch die Erde und du selbst sind eine Einheit. Du erkennst es nun nicht nur, sondern spürst und erlebst es auch. So wie das Aufräumen und Harmoniestiften in deiner Vergangenheit und Zukunft Ruhe und lichte Klarheit in dein jetziges Leben bringen, muß auch gleichzeitig deine Umwelt solch eine Erleichterung verspüren und du erlebst auch schon eine Ahnung davon. Sich mit der eigenen Geschichte versöhnen bedeutet, sich mit der Geschichte der Erde versöhnen. – Sich selbst auf den Weg zu helfen bedeutet, der Erde auf den Weg zu helfen. – Sich heilen bedeutet, die Erde heilen. – Die Erde heilen ist eigene Heilung und Heilung der Welt zugleich. – – – In diesem Gefühl von Verbundenheit und Einheit mit allem kehrst du zurück auf dein Ruhebett im Saal der Selbsterkenntnis voll Dankbarkeit für die erhaltene Einsicht – voll Demut auch vor der lebendigen Schöpfung. – – – Wenn du dich nun hier verabschiedest und in den Saal der Tore hinaustrittst, hast du die Wahl, jedes der Tore zu benutzen. Und du wirst sehen, daß es hier auch in jede Phase deines bisherigen Lebens ein Eingangstor gibt und auch eines, auf dem steht: »Mein altes weises Ich«. – – Und es ist gleichgültig, ob du jetzt noch eine der Türen öffnest und in einem weiteren Abschnitt deines Lebens intensiver aufräumst oder lieber auftauchen willst aus dem Tempel, um, ohne irgend etwas von diesen Erfahrungen zu vergessen, mit einem Atemzug direkt im Hier und Jetzt zu landen.

16. Meditation
Heilung

Leg dich nun wieder bequem und entspannt hin – die Beine nebeneinander und ausgestreckt – die Arme locker seitlich vom Körper – und laß die Augen zufallen. – Noch einmal machst du dich auf zu einer Reise in die innere Welt der Vorstellungen und Bilder, Farben und Töne, Schwingungen und Muster – vertraust deinen Körper der Unterlage an und dich selbst dem Land der Träume und Phantasien – läßt dich wieder hinabgleiten auf längst bekanntem Weg in das Reich deiner eigenen inneren Bilder und der Bilder der Welt. – Während der Körper tiefer sinkt, wirst du ruhiger und bewußter – spürst hinein in dich und hinab in die eigene Tiefe. – Und während die wohlbekannten Wellen der Entspannung den Kopf bis in seinen Innenraum erfassen und sich den vertrauten Weg hinunter in den Körper suchen zur Energiequelle des Herzens und weiter hinab zu jenem anderen Zentrum im Bauch, tut sich wiederum der Raum der Mitte auf zwischen Becken unten und Kopf oben, Rücken hinten und Brust vorne – jener innere Tempel des Körpers. – Und wie schon so oft, läßt du dich aufnehmen von diesem Raum und hinabsinken, bis du wieder auf die wohlvertraute Landschaft triffst – jene Landschaft, die deinen Ort der Kraft birgt, den Tempel der Selbsterkenntnis und Selbstverwirklichung. – – – Und als eben dieser Tempel, wie auf Bestellung, aus dem Dunst der Vorstellung auftaucht, spürst du ein sehr vertrautes, fast heimeliges Gefühl – aber auch die Gewißheit – daß alles Traum ist, diese ganze Landschaft eine Traumgeburt, genau wie dieser Tempel da vor dir – und das ganze Leben, das noch vor dir liegt – Traumbilder in Traumwelten – alles und jedes gewebt aus den gleichen Mustern – farbig und lebendig – mächtig auch und manchmal verschlingend – und doch Illusion nur und Traum – und Traum wird alles bleiben bis zu jenem Moment des Erwachens für den Augenblick des Auftauchens im Hier und Jetzt, wo das Bewußtsein in die Einzigartigkeit und Kostbarkeit des Augenblicks fließt. Solange aber die Wirklichkeit aus Traumgeweben besteht, ist es nur angemessen, auch die Traumwelten mit ihren unendlichen Möglichkeiten zu nutzen, sowohl die Traumwelt des täglichen Lebens, als auch die des nächtlichen; und auch jene Traumwelt, in die du jetzt wieder hinabgetaucht bist. Und trotz der vielfältigen Erfahrungen, die du hier schon machen konntest, dämmert dir, daß die Möglichkeiten dieser Ebene noch lange nicht erschöpft, ja, noch nicht einmal ganz erkannt sind. Denn obwohl du schon manches in deinem Tempel erlebt hast, hat sich doch bisher fast alles im Untergeschoß abgespielt. Und selbst dort sind noch so viele Türen ungeöffnet und so viele Möglichkeiten ungenutzt. – Wenn du jetzt den Tempel betrittst, bleib einmal in den oberen Räumen und schau dich hier weiter um. – Schon bald wirst du eine Tür entdecken mit der Aufschrift »Saal der Wandlung«. – Öffne sie und betrete den Saal der Wandlung, der dir nicht ganz unbekannt vorkommen wird, da er in vielem dem gerade darunter gelegenen Saal der Selbsterkenntnis gleicht. Allerdings verbirgt sich an den Wänden auch viel Geheimnisvolles und Unbekanntes – von eigenartigen Geräten wie aus einem Zukunftsfilm bis zu lampenartigen Gebilden und medizinisch anmutendem Inventar. Andererseits findest du auch hier in der Mitte das vertraute Ruhebett – und auch hier ist die Atmosphäre mit Licht und Duftessenzen gestaltet. Sogar eine ähnliche Kuppel überspannt den Raum – und darunter steht die Liege, auf der du nun Platz nimmst. Sogleich erkennst du, daß auch in diesem Mandala der Kuppel geheimnisvolle, wenn auch andere Möglichkeiten verborgen liegen. Du streckst dich gelöst auf dem Ruhebett aus. – Der Tempel hat dir schon so viel Wesentliches enthüllt, daß du dieser neuen Möglichkeit entspannt und freudig gelassen entgegensiehst. – Wie du so daliegst – nach oben schaust und dich an das Türschild mit den Worten »Saal der Wandlung« erinnerst, steigt eine Ahnung von den Möglichkeiten dieses Raumes in dir auf. All das, was du weiter unten im Saal der Selbsterkenntnis entdeckt hast und auch, was dir die Türen des Saales der Tore bisher schon enthüllt haben, kannst du hier oben nun wandeln in ureigenste Erfahrung – du kannst all das zu einem integralen Teil von dir selbst machen. So ist der Saal der Wandlung eigentlich auch ein Ort der Heilung, der dir alle nur erdenklichen Möglichkeiten zur Verfügung stellt, um Heil und Ganzheit zu fördern. Wenn du etwa im Saal der Selbsterkenntnis einen Fehler entdeckt hast, ist es nun hier oben möglich, das Fehlende einzufügen in das Muster deines Lebens. Alle möglichen Hilfsmittel, von medizinischen über technische bis zu spirituellen stehen dir zur Verfügung, das Fehlende anzunehmen und schließlich sogar liebzugewinnen. Die Möglichkeiten sind hier gänzlich unbeschränkt, und es mag sein, daß dich diese Fülle anfangs sogar etwas hilflos macht. Und so wollen wir, bevor du selbst mit den heilenden Wandlungsprozessen beginnst, einige grundsätzliche Möglichkeiten durchspielen. Bleib dazu einfach entspannt auf dem Ruhebett liegen und laß deine Augen nach oben in die Kuppel wandern. Das Mandala in der Kuppel wird alles Weitere übernehmen, die Blicke nach innen ziehen zum höchsten Punkt der Kuppel direkt in der Mitte – und wieder werden die Augen wie von selbst zufallen. Und wenn du nun an den Teil deines Körpers denkst, der dir am problematischsten erscheint, der dich am häufigsten und unangenehmsten leiden läßt, wird er sofort auf der Leinwand vor deinem inneren Auge auftauchen. Liegt das Problem in der Tiefe dieses Körperteils, ist auch das kein Problem, denn du kannst ihn ganz einfach durchleuchten – brauchst nur daran zu denken, und schon entwickelt sich das entsprechende Bild der Tiefe auf dem Bildschirm. Zugleich wirst du dir des entsprechenden Ortes in deinem Körper bewußt. Nun kannst du aus der Kraft der Gedanken jede Therapie, die dir in den Sinn kommt, gefahrlos anwenden, genauso wie du eben das Problemfeld auch gefahrlos durchleuchten konntest. Voraussetzung für eine wirkliche Heilung ist allerdings, daß du dir vorher, zum Beispiel im Saal der Selbsterkenntnis über den Hintergrund deines Problems klargeworden bist und es als dein ganz persönliches Eigentum anerkannt hast. Dann wird wie von selbst bei allen Heilungsbestrebungen und Wandlungen das Eingliedern und Annehmen des Musters hinter dem Symptom im Vordergrund stehen. Verschwinden wird es ganz von selbst, wenn es seine Schuldigkeit getan, seine Botschaft mitgeteilt und die ihm innewohnende Lernaufgabe vermittelt hat. Bevor es verschwindet aber mag es sich durchaus verwandeln: von dem lästigen Störenfried zu einem feinen Anzeigeinstrument, das dir immer sofort mitteilt, wenn du eine für dich gültige Grenze übertrittst. Solche Möglichkeiten werden im Saal der Wandlung ganz von innen heraus und wie von selbst auf dich zukommen. Du brauchst nur die Augen für einen Moment zu schließen und an den nächsten Schritt zu denken – schon wird er sich zeigen – als Symbol auf der Kuppelleinwand oder ganz praktisch im Raum. Ist etwa dein erster Gedanke »Heilstrahlentherapie«, so wird sogleich aus verschiedenen Strahlern aus allen Richtungen des Raumes die entsprechende Heilstrahlung auf dich und die besonders problematische Körperstelle strömen. Du brauchst dich jetzt nur noch von innen heraus zu öffnen und die Energie einzulassen

– so lange und so viel, wie die entsprechende Körperstelle aufnehmen will. Der Rest zieht sich danach in Gedankenschnelle zurück. – Und dann schließt du wieder die Augen und läßt die nächste heilende Strahlung auftauchen und sogleich auch wirksam werden. Und mach es ruhig jetzt gleich mit: Öffne ganz bewußt deinen Körper für dieses Licht und laß es einströmen – wieder, bis der Bedarf gedeckt ist. – So kannst du später mit jeder spontan auftauchenden Heilschwingung verfahren, bis du alle durch hast und keine weitere mehr auftaucht. Gleichzeitig kannst du auf der Leinwand in der Kuppel kontrollieren, wie es dem betreffenden Körperteil mit dieser Therapie geht. Es können sich bereits in kürzester Zeit ganz erstaunliche Verbesserungen und Wandlungen deiner Situation zeigen. Falls dein augenblickliches Problem noch weitere Strahlungstherapie benötigt, hast du später noch reichlich Gelegenheit dazu. Jetzt wollen wir uns noch einer der vielen anderen Therapiemöglichkeiten zuwenden. Wenn als nächster Heilungsschritt etwa »Magnetfeldtherapie« auftaucht, wirst du erleben, wie an den geheimnisvollen Wänden des »Saales der Wandlung«, die notwendigen Voraussetzungen getroffen werden. Und sogleich wirst du die wohltuende und heilungsfördernde Wirkung des Magnetfeldes spüren. Die notwendige Feldstärke und selbst die Behandlungsdauer regeln sich wie von selbst oder eigentlich wie von innen heraus aus deiner eigenen Intuition. Wenn es genug ist, wird sich das Magnetfeld von allein zurückziehen und der nächsten Heilmaßnahme Platz machen. Und darüber hinaus ist die Zeit auf diesen inneren Ebenen kein wichtiger Faktor – wenig hängt von ihr ab – alles aber von der Bewußtheit und Konzentration der Gedankenkraft auf die jeweilige Behandlungsform. So wirst du ganz automatisch immer genug Zeit haben. Es gibt hier noch eine Fülle anderer Therapieformen, die heilende Schwingungen benutzen. So wird sich etwa von selbst – sobald du den Raum betrittst – das für dich im Moment heilsamste elektromagnetische Feld im Raum aufbauen und die entsprechende Ionenkonzentration der Luft. Auch wenn du das zuerst gar nicht direkt

merkst, wirst du es doch vielleicht indirekt schon spüren können – allein daran, daß du dich in diesem Saal immer besonders
frisch und voller Lebenskraft fühlen wirst. Aber auch spezifi-
schere Therapien sind natürlich möglich. Falls etwa »Aku-
punktur« als Behandlungsform auf dem inneren Bildschirm
erscheint, ist auch sie, sogar in einer besonders angenehmen
Form, verfügbar. Die Nadeln lassen sich durch scharf gebündelte Lichtstrahlen ersetzen. Diese Laserstrahler richten sich
nun ganz von selbst auf die wichtigen Punkte deines Körpers
und besonders der Ohrmuscheln. Dazu sollte die Haut allerdings nackt sein, und schon ein einziger Gedanke genügt, und
sie ist es. Auch die Zeit dieser Behandlung regelt sich wieder
von selbst, indem die Strahler zur rechten Zeit ausgehen.
Allerdings ist auch hier, wie überhaupt auf dieser Ebene der
Meditation die Quantität unwichtig gegenüber der Qualität.
Die richtige Qualität aber bekommt Zeit dadurch, daß du
Bewußtsein in sie hineinfließen läßt. Dadurch kann jeder Moment zu einer Kostbarkeit werden, und dann liegen alle Mög-
lichkeiten in diesem einzigen Augenblick. Nun kannst du mit
Therapien weitermachen, die vielleicht gröber erscheinen, aber
doch sehr wirksam sind. – Wenn etwa auf deinem inneren
Bildschirm als nächster Schritt »Massage« auftaucht, hält der
Saal der Wandlung natürlich auch dafür alles Notwendige
bereit. Sobald du die Augen wieder öffnest, wird gerade jener
Mensch den Raum betreten, der am fähigsten ist, dich jetzt, in
diesem Moment zu behandeln, und du bekommst genau die
Massage, derer du jetzt bedarfst. Du brauchst nur dich und dein
Gewebe der Chance dieses Augenblicks zu öffnen – und wirst
alles Notwendige bekommen. Dabei sind die Fähigkeiten dieses
magischen Therapeuten nicht auf einfache Massagen beschränkt. Er kann dich, je nach Bedarf, richtig durchkneten oder
auch ganz sanft, fast ohne die Haut zu berühren, deine Aura
behandeln und etwaige Stauungen und Blockaden ausgleichen
und auch dein Strahlungsfeld reinigen, und er kann dir seine
Hände an einer Stelle auflegen, die es jetzt gerade besonders
nötig hat, und so die ganze Heilenergie dieser Ebene zur

Verfügung stellen. Du kannst dich von ihm auch mitnehmen lassen in die nahe Bäderabteilung, wo dir alle Geheimnisse der Badekunst offenstehen – von Waschungen mit duftenden Wassern über Güsse, die die Lebensgeister wecken, Fußbäder, die dem Körper alles Überflüssige entziehen, bis hin zu Vollbädern in seltenen und harmonisierenden Essenzen und Einreibungen mit wundervollen Salben und anderen heilenden Tinkturen. Wenn du schließlich mit allen Wassern gewaschen bist, stehen dir auch noch Dampfbad und Sauna zur Verfügung und anschließend Ruhebetten für Luft- und Sonnenbäder. Auch alle Arten von Packungen und Umschlägen mit seltenen, hochwirksamen Heilerden wird dir dein Therapeut machen, sobald deine Intuition ihn dazu ruft. Und natürlich kannst du das alles nicht jetzt sofort und auf einmal erleben. Im Augenblick geht es nur darum, die Möglichkeiten dieses Raumes kennen- und schätzenzulernen. Zeit, um seine Möglichkeiten auszuschöpfen, hast du genug, wenn du später hierher zurückkehrst und ohne Einengung durch Worte und vorgegebene Strukturen dein eigenes Heilungsprogramm und Ritual entwickelst. Dann kannst du alles von selbst und in der angemessenen Zeit geschehen lassen, bis hin zur Musik, denn auch Musik kann sehr wirksam zu Harmonie und Heilung beitragen. Je mehr du dich nach innen wendest, desto stimmiger kann sich gerade jene Musik von innen heraus entwickeln, derer du im Moment am meisten bedarfst. Auch mit einer solchen Musiktherapie sind die Möglichkeiten des »Saales der Wandlung« noch keineswegs erschöpft. Du kannst dir hier, etwa wieder mit Hilfe deines Therapeuten, jede Art von Medizin für jedes Organ und jede Situation zubereiten lassen und sie auch gleich auf dieser Ebene einnehmen, von Tees und Kräutertinkturen bis zu mineralischen Mitteln. Die Zubereitung unterliegt ganz deiner intuitiven Kontrolle und kann von einfachen Lösungen und Verreibungen bis zu alchimistischen Prozessen gehen, von der richtigen Blüten-Essenzen-Mischung bis zu homöopathischen Verschüttelungen in jeder geeigneten Potenz, und sogar die Übertragung reiner Schwingungsenergien auf das Arzneimittel ist möglich. Natürlich lassen sich auch einige dieser Wege sinnvoll verbinden. Stell dir vor, du machst dir jetzt gerade eine Medizin. Auf einem kleinen Tisch vor dir im Raum steht eine Amphiole voll reinen Quellwassers. Nun schließ die Augen und laß auf dem inneren Bildschirm der Kuppel den ersten Bestandteil deiner Medizin erscheinen, zum Beispiel eine Pflanze. Du wirst dann die betreffende Pflanze zunehmend deutlicher vor dir sehen. Dabei ist es völlig gleichgültig, ob du die Pflanze oder ihren Namen kennst. Nun kannst du noch einmal deine Augen schließen und dich innerlich auf die Verarbeitungsart der Pflanze einstellen. Wenn du den Körper der Pflanze benötigst, wird sich sogleich und vor deinen Augen die ganze Pflanze in der Amphiole auflösen. Brauchst du die Seele der Pflanze, werden einige Tropfen ihres ätherischen Öls in das Fläschchen perlen. Und bedarfst du ihres Geistes, wird ein Tropfen ihres reinen Alkohols in die Amphiole fallen. Der nächste Bestandteil ihrer Medizin könnte zum Beispiel ein für dich jetzt gerade wichtiger Edelstein sein. Sogleich wird er auf dem Bildschirm auftauchen und sich auch im Raum zeigen, und es könnte gut sein, daß ein Strahl gebündelten Sonnenlichtes Einlaß in den Saal der Wandlung findet und, den Edelstein durchstrahlend, auf das Fläschchen fällt. So wird die Energie der Kristalle auf das Quellwasser übertragen, und du hast neben dem Pflanzen- auch ein Edelsteinelixier. Wenn du schließlich fertig bist mit deiner Medizin, was du daran erkennst, daß der innere Bildschirm leer bleibt, kannst du das fertige Elixier zu dir nehmen, indem du es trinkst, daran riechst oder es auf eine empfindliche Hautstelle, wie etwa den Nabel, einreibst – am besten gerade wieder auf die Art, die dir dein innerer Bildschirm anzeigt. Der Saal der Wandlung eröffnet dir aber noch umfassendere Möglichkeiten, kann dir der Bildschirm doch auch geistige Medizin anzeigen, die es zu sich zu nehmen gilt, etwa ein Urprinzip, dem du dich widmen solltest oder irgendeine Lernaufgabe. Das kann dadurch geschehen, daß du ein Symbol auf der Leinwand siehst oder aber eine Schrift, die dir die Aufgabe erklärt, und schließlich kann natürlich auch eine Stimme direkt zu dir sprechen. Ist die Botschaft noch nicht klar genug, kannst du um weitere Erklärungsschritte bitten und wirst Antwort auf der inneren Leinwand erhalten. Je mehr du lernst, deinem ersten Gedanken zu vertrauen, desto klarer und deutlicher werden nicht nur die Bilder, sondern auch die Botschaften. Obwohl wir damit noch lange nicht alle Möglichkeiten der Wandlung und Heilung, die sich hier bieten, berührt haben, ist es nun doch an der Zeit, sich aus diesem Raum zu lösen, denn zum Tempel gehören noch andere, nicht minder wundervolle Räumlichkeiten. Die meisten allerdings mußt du selbst entdecken, und es gibt nichts, das für dich notwendig wäre, und in diesem Tempel nicht enthalten ist. Nun wollen wir uns noch gemeinsam und nur im Vorbeigehen dem »Saal der Reisen« zuwenden, der ganz in der Nähe liegt und schnell gefunden ist. Innen drin schaut alles sehr vertraut aus – die Liege in der Mitte unter der Kuppel, das Mandala darin – nur die Beleuchtung und die Atmosphäre sind eher neutral gehalten – und das ist für den Moment auch gut so, denn die Reisen sind für später – jetzt geht es nur darum, sich mit den Möglichkeiten vertraut zu machen. Wenn du in die Kuppel hinaufschaust, erlebst du, auch ohne alle Trance, etwas sehr Vertrautes. Das Mandala zieht sogleich den Blick in die Mitte, und aus dem Mittelpunkt taucht das bekannte Bild des Menschenmandalas über dem der Erde auf, und im selben Moment ist dir klar, was dieses Bild in diesem Saal bedeutet: Der Mensch und die Erde sind eins – du selbst bist eins mit der Erde. Das aber heißt nichts anderes, als daß alle Reisen in die innere Körper- und Seelenwelt Reisen in die äußere Welt spiegeln und natürlich auch umgekehrt. Alle Reisen in die äußere Welt, in ferne und nahe Länder und Kontinente sind Abbilder innerer Reisen. Alles, was du in der großen, weiten Welt finden kannst, muß auch in dir sein, und alles, was in dir ist, muß auch in der Welt zu finden sein. So kannst du hier in diesem Saal nach all den vorangegangenen Reisen nach innen nun alle äußeren Orte besuchen, die dich berühren, im Angenehmen wie im Unangenehmen. Welcher Ort auch immer dich auf der Erde anzieht oder abstößt, er ist wichtig für dich, weil er dir ein Prinzip zeigen kann, das dich in dir selbst angenehm oder unangenehm berührt. Du brauchst dich dazu später nur auf das Ruhebett der Mitte zu legen, dich dem Prozeß der Konzentration in der Mandala-Mitte auszuliefern – und schon wird dein Reiseziel auftauchen, und du wirst dich selbst auf der betreffenden Reise erleben und lernen können, was es hier gerade zu lernen gibt. So werden alle äußeren und inneren Reisen zu Pilgerreisen mit dem einen Ziel: dein Selbst – denn der Mensch und die Welt sind eins. Auch dieser Saal kann und wird auf dich warten – und du verläßt ihn nun wieder – und kommst vorbei an anderen Türen, mit den verschiedenen Themen deines Lebens, die alle noch auf dich warten. Schließlich erreichst du eine Treppe, die hinauf in die Obergeschosse des Tempels führt. Und du gehst so lange weiter hinauf, bis du wirklich vor dem höchsten Raum des Tempels anlangst. Es ist das jener Raum, der in der Spitze der großen Kuppel liegt – hoch über allem. Auf der Tür steht in feiner Schrift: »Andacht«. Wenn du diese Tür öffnest, wirst du deinen Gebets- und Meditationsraum vor dir sehen, genauso, wie du ihn dir immer vorgestellt hast. Er ist nicht nur wie erwartet eingerichtet, sondern auch von gerade jener Schwingung erfüllt, die du dir für solch einen Ort erträumst – und natürlich ist da dein besonderer Platz, an dem du dich jetzt niederläßt zu einer Meditation über dich selbst und die Mutter Erde, die dich trägt. Und so, wie du dich schon früher mit deinem eigenen Ich in seinen verschiedenen Stadien, vom Babyalter bis zum Jetzt ausgesöhnt hast, tust du es jetzt mit deiner Mutter, der Erde – schaust sie an, wie sie am Anfang war und wie sie jetzt ist und nimmst sie an, genauso wie du sie jetzt vor dir siehst und wie sie geworden ist mit der Zeit. Und dann schließlich laß sie vor deinem inneren Auge erstehen, wie du möchtest, daß sie sich in Zukunft entwickelt. – Und schau dir dabei auch an, was du an eigener Entwicklung dazu beitragen willst. – Zum Abschluß aber danke der Mutter Erde, auf deren Körper du lebst und danke auch deinem eigenen Körper, in dem du lebst, für die Möglichkeiten, die beide dir bieten. Und bevor du dich für jetzt von hier verabschiedest, mach dir noch einmal bewußt, daß dieser ganze Tempel mit seinen unübersehbaren Chancen in deiner eigenen Mitte liegt und dir jederzeit zugänglich ist und bleibt. So wie er nach dem Bild äußerer Tempel erschaffen ist, sind alle äußeren Tempel nach dem Bild innerer Tempel erschaffen – denn außen und innen entsprechen sich – und der »Mensch und die Welt gehören zusammen«. Und nun kannst du deinen Abschied feiern und deine Andacht halten – solange du willst – und dann einzelne Bereiche des Tempels ausführlicher besuchen oder aber auftauchen aus der Meditation – so wie du es nun schon oft und in eigener Verantwortung getan hast – und kehrst mit diesem Entschluß dann zurück ins Hier und Jetzt – an deinen vertrauten Meditationsplatz.

Anmerkungen

1 Hier handelt es sich um das archetypische Uroboros-Symbol.
2 Aus diesem Grund nennt man die Traumphasen auch REM-Phasen, von »rapid eye movement« für schnelle Augenbewegungen.
3 Zusätzlich ist an das Wort »meditari« zu denken, was »geschehen lassen, loslassen, zulassen« bedeutet und wie »mederi« nur in der Passivform gebraucht wird. In jedem Fall ist Meditation also ursprünglich etwas, das einem geschieht und nicht gemacht werden kann.
4 Mandalas sind jene kreisrunden Strukturen, die es in jeder Kultur gibt und die bei uns etwa in den Rosenfenstern der Gotik auftauchen. Sie stellen das Grundmuster des menschlichen Entwicklungsweges dar und zeigen in ihrer Mitte Herkunft und Ziel des Menschen gleichermaßen. Für nähere Informationen siehe: Rüdiger Dahlke, Mandalas der Welt, Hugendubel 1985.
5 Zazen: Sitzmeditation mit Beobachtung des Atems bei geöffneten Augen. Vipassana: Sitzmeditation mit Beobachtung des Atems bei geschlossenen Augen.
6 Das Übersinnliche bezieht sich hier zumeist auf die Unmöglichkeit, diese Phänomene auf den ersten Blick und mit Hilfe von schulwissenschaftlichen Methoden, die zumeist noch im mechanischen Denken fußen, zu verstehen. Aus einem tieferen Verständnis von Bewußtsein sind sie ebenso verständlich wie Hypnosephänomene.
7 Eine ausführliche Einführung zu den morphogenetischen Feldern findet sich in Sheldrakes Buch »Das Schöpferische Universum«.
8 Rüdiger Dahlke, »Innerer Arzt«, München 1988, zwei 50minütige Meditationen zur Aktivierung der Selbstheilungskräfte und zum Aufbau eines eigenen Heilungsrituals auf MC oder CD.
9 Hier wäre vor allem an Psychosen zu denken, aber auch schon an jene Übergangszustände, die die Psychiatrie »Borderline«, also Grenzlinie, nennt. Auch Patienten mit schweren Angstzuständen sollten sich nur mit Hilfe von Therapeuten in ihre inneren Bilder-

welten vortasten. Aber auch für sie wäre das Kennenlernen dieser Seelenebenen von großer Bedeutung, wie jahrelange Erfahrungen mit der Reinkarnationstherapie zeigen.

10 In Psychotherapien können Blinde, ähnlich gut wie normalsichtige, innere Bilder erleben und folglich auch bearbeiten, selbst wenn sie von früher Kindheit an blind sind.

11 Simonton Carl, auf der 3. Konferenz für Humanistische Medizin in Garmisch 1993.

12 Janosch, »Oh, wie schön ist Panama«.

13 Das Kreuzbein wird in der Medizin »os sacrum«, heiliges Bein genannt, gerade so, als ob auch bei uns früher bekannt gewesen wäre, daß die Entwicklung in Richtung Heiligkeit bzw. Ganzheit hier unten auf der Höhe des untersten Chakras Muladhara beginnt.

14 Die hier verwendeten Hervorhebungen (Unterstreichungen von Verknüpfungen, Vergrößerung von Betonungen) werden in derselben Weise in den Meditationstexten benutzt.

15 Eine Kassette, auf der dieses Verfahren angewendet wurde, ist zum Beispiel »Tiefenentspannung« bei Edition Neptun.

16 Bruce Werber, Movemento – Studio für Percussion und Tanz, 80805 München, Ungererstr. 70, Tel.: 0 89-65 40 26.

17 Die Musiken sind in Musik- und Esoterikbuchläden erhältlich und als CDs, bis auf wenige Ausnahmen, auch über die Versandmusikhandlung Aquarius, 80701 München, Postfach 400168.

18 Weiterführende Informationen über die aktive Imagination finden sich in dem Buch »Inner Work« von Robert Johnson, das im Hugendubel Verlag voraussichtlich 1995 erscheinen wird.

19 Mit Unterbewußtem ist hier jener Bereich zwischen Bewußtem und Unbewußtem gemeint, in den Erfahrungen abgesunken sind, die einmal bewußt waren, die aber abgesunken sind und zu denen dem Bewußtsein der Zugang momentan verwehrt ist. Das Unbewußte wäre also noch eine Ebene tiefer.

20 Von griechisch hieros = heilig und archein = herrschen; Hierarchie = Herrschaft des Heiligen.

TEIL II

1 und 2 Ähnliche Meditationen finden Sie mit entsprechenden Elementegeräuschen unterlegt auf der Kassette »Luft – Wasser – Feuer – Erde« bei Edition Neptun.

3 Eine andere Tiererfahrung für Kinder befindet sich auf der Kassette »Ich bin mein Lieblingstier«, Edition Neptun.

4 Die auf Kassette verfügbaren speziellen Titel lauten »Allergie«, »Gewichtsprobleme«, »Verdauungsprobleme«, »hoher Blutdruck«, »niedriger Blutdruck«, »Rückenprobleme«, »Krebs«, »Leber«, »Angstfrei leben«, »Rauchen«, »Sucht und Suche«. Die Kassette »Innerer Arzt« bringt eine allgemeine, das heißt nicht auf ein spezielles Krankheitsbild bezogene längere Heilungsmeditation und auf der zweiten Seite ein entsprechendes Ritual.

5 Zu diesem Thema ist im Hugendubel-Verlag das Buch von Rüdiger Dahlke »Der Mensch und die Welt sind eins« erschienen. Es kann den intellektuellen Rahmen zu den Meditationen schaffen.

6 Siehe hierzu das Buch »Bewußt Fasten – ein Wegweiser zu neuen Erfahrungen« von Rüdiger Dahlke, Urania Verlag 1980.

7 Siehe hierzu das Buch »Inner Work« von Robert Johnson, das 1995 unter dem Titel »Bilder der Seele« im Hugendubel Verlag erschienen ist.

Du öffnest sich dem Auge bleck
u. keine Energie

Kraft der Entspannung fließt
ergießt
Nacken durch strömend
die Schultern durchfließend
Muskeln werden weich u. geschmeidig
Kraft strömt auf mächtigen Strom die
Quelle der ... Ausatmend
in die ... Finger ... hin ausfließ
Ausatmend Einatmend ... ...
Raum öffnend

Zelle liegt wie Haus an
Haus

ANHANG

*Das feuer ist [?] nicht
zu verstehen man [?] zu erspüren*

KASSETTENPROGRAMM

Übersicht über die auf Kassetten existierenden geführten Meditationen des Autors:

Begleitkassetten zu diesem Buch

1. *Kassette:* Schritte nach Innen
Seite A: Seelenbegleiterin. *Seite B:* Ort der Kraft und Problembetrach-
tung

2. *Kassette:* Innere Symbolwesen
Seite A: Lebensbaum und eigenes Pflanzenwesen. Seite B: Totemtier
und eigenes Tierwesen
(Beide Kassetten im Hugendubel-Verlag, München, erhältlich.)

Sternzeichen-Meditationen

12 Kassetten zu den 12 Tierkreiszeichen
Eine sehr einfache Möglichkeit, Zugang zur Praxis der Meditation zu
finden, sind die Sternzeichen-Meditationen von Margit und Rüdiger
Dahlke. Bei diesen 24 Reisen werden für das jeweilige Tierkreiszeichen typische Themen meditierend behandelt. Die A-Seite widmet
sich eher alltäglichen Aspekten des Archetyps, während die B-Seite
von mythologisch-rituellen Bezügen inspiriert ist. Zusätzlich sind
auch die Entspannungseinstiege auf die archetypischen Muster der
Sternzeichen abgestimmt, so daß es besonders leicht fällt, mit dieser,
dem eigenen Wesen vertrauten Art in Harmonie zu gehen und so
einen annähernd individuellen Einstieg in die Meditation zu bekommen. Nicht nur das eigene Sonnenzeichen kann den Einstieg erleichtern, sondern ebenso das Zeichen des Aszendenten und das, in dem der
Mond steht.

Heil-Meditationen

Der innere Arzt: Meditationen zur Selbstheilung bei verschiedenen Krankheitsbildern; Rückenprobleme, Verdauungsprobleme, Gewichtsprobleme, Suchtprobleme, Rauchen, Krebs, Allergien, hoher Blutdruck, niedriger Blutdruck, Angstfrei leben, Leberprobleme.

Kinder-Meditationen

Ich bin mein Lieblingstier, Märchenland

Allgemeine Themen

Tiefenentspannung: 2 Meditationen zur Einführung in die Tiefenentspannung

Elemente-Meditation: Feuer – Wasser – Luft – Erde (entspricht den Texten in diesem Buch)

Lebenskrisen als Entwicklungschance (Alle Kassetten, außer denen zum Buch, sind erhältlich in der Edition Neptun, München.)

Elemente – Rituale, Bauer-Musikverlag, Freiburg

Bücher und Vorträge

Mandalas der Welt – Ein Meditations- und Malbuch, München 1985

Das senkrechte Weltbild – Symbolisches Denken in astrologischen Urprinzipien, München 1986 (mit N. Klein)

Der Mensch und die Welt sind eins – Analogien zwischen Mikrokosmos und Makrokosmos, München 1987

Krankheit als Sprache der Seele – Be-Deutung und Chance von Krankheitsbildern, München 1992

Krankheit als Weg – Deutung und Bedeutung der Krankheitsbilder, 1983 (mit T. Dethlefsen)

Bewußt Fasten – Ein Wegweiser zu neuen Erfahrungen, München 1980

Okkultismus – Der Esoterik-Boom: Ursachen – Gefahren – Chancen, München 1990

Die Psychologie des blauen Dunstes – Be-Deutung und Chance des Rauchens München 1989 (mit M. Dahlke)

Gewichtsprobleme – Be-Deutung und Chance von Über- und Untergewicht, München 1989

Herz(ens)probleme – Be-Deutung und Chance von Herz-Kreislauf-
  Problemen, München 1990
Verdauungsprobleme – Be-Deutung und Chance von Magen- und
  Darmproblemen, München 1990 (mit R. Hößl)
Lebenskrisen als Entwicklungschance – Be-Deutung der Übergänge
  und ihrer Krankheitsbilder, München 1995
Vorträge auf Audiokassetten: Verlag Audiotex A-6020 Innsbruck,
  Gramartstr. 46 d, Tel.: 00 43/5 12/89 36 85)
1. Der Mensch und die Welt sind eins 2. Krankheit als Weg 3.
  Krankheitsbilder unserer Zeit 4. Sucht und Suche 5. Fasten –
  Gesund durch Verzicht 6. Krankheit als Sprache der Seele

Dr. med. Rüdiger Dahlke *wurde 1951 geboren und kam bereits während seiner Schulzeit erstmals mit Meditation und östlicher Philosophie in Berührung. Nach dem Medizinstudium in München folgte die Weiterbildung zum Arzt für Naturheilverfahren und zum Psychotherapeuten.*

Seit 1979 beschäftigt er sich im Rahmen der Psychotherapie mit geführten Meditationen; seit 1981 leitet er Fasten- und Meditationskurse sowie Seminare über psychosomatische Medizin und esoterische Philosophie.

Zusammen mit seiner Frau Margit gründete er 1990 das Heil-Kunde-Zentrum in Johanniskirchen, wo beide auf einem alten niederbayerischen Bauernhof leben und arbeiten.

DIE BEGLEIT-KASSETTEN ZUM BUCH

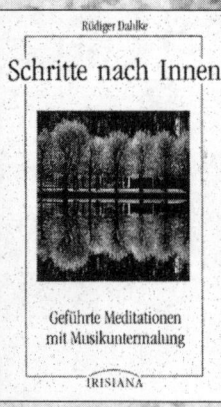

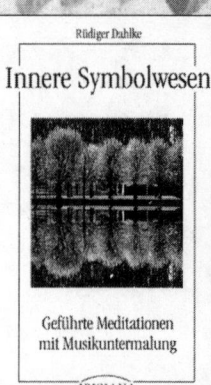

**Rüdiger Dahlke
Schritte nach Innen
Geführte Meditationen
mit Musikuntermalung**

**Rüdiger Dahlke
Innere Symbolwesen
Geführte Meditationen
mit Musikuntermalung**

**Diese Kassetten führen entspannt durch die verschiedenen
Meditationen – aufeinander aufbauende innere Reisen für
alle, die sich mit den Problemen des eigenen Körpers, ihren
seelischen Entsprechungen und der Beziehung zur Umwelt
auseinandersetzen wollen.**

Herausgegeben von
Margit und Rüdiger Dahlke